Rudolf Neumann · Zielwirksam schreiben

Dieses Buch widme ich meiner Frau Gertrud, die mit großem Verständnis dazu beitrug, daß diese Arbeit entstehen konnte.

Rudolf Neumann

Zielwirksam schreiben

Ein zeitgemäßer Ratgeber
für beruflichen und privaten Gebrauch

3., durchgesehene Auflage

Mit 55 Bildern

expert verlag, 7032 Sindelfingen
Taylorix Fachverlag, Stuttgart
Verlag Industrielle Organisation, Zürich

CIP-Kurztitelaufnahme der Deutschen Bibliothek

Neumann, Rudolf:
Zielwirksam schreiben: e. zeitgemässer Ratgeber
für berufl. u. privaten Gebrauch / Rudolf Neumann.
– 3., durchges. Aufl. – Sindelfingen: expert verlag;
Stuttgart: Taylorix Fachverlag; Zürich: Verlag
Industrielle Organisation, 1986
    (Unternehmensführung + Unternehmensberatung)
    ISBN 3-88508-406-6 (expert verlag)
    ISBN 3-7992-0262-5 (Taylorix-Fachverlag)
    ISBN 3-85743-858-4 (Verlag Industrielle
    Organisation)

ISBN 3-88508-406-6 (expert verlag)
ISBN 3-85743-858-4 (Verlag Ind. Organisation)
ISBN 3-7992-0262-5 (Taylorix Fachverlag)

Taylorix-Bestellzeichen: 2670.8

3., durchgesehene Auflage 1986

© 1982 by expert verlag, 7032 Sindelfingen
Alle Rechte vorbehalten
Printed in Germany

Alle Rechte, insbesondere die der Übersetzung,
des Nachdrucks, der Entnahme von Abbildungen,
der photomechanischen Wiedergabe (durch
Photokopie, Mikrofilm oder irgendein anderes
Verfahren) und der Übernahme in Informations-
systeme aller Art, auch auszugsweise, vorbehalten.

Vorwort

Ein gelungener Wurf?

Mehrere Anzeichen deuten zeittypisierend auf eine erfreuliche Tatsache hin: auf zunehmende Aufgeschlossenheit und wachsendes Interesse am geschriebenen Wort, genauer gesagt am „Gebrauchstext". Für jedermann ablesbar ist etwa die steigende Zahl an Schreibkursen und themenbezogener Fachliteratur: dünne und dicke, fragwürdige und rundum empfehlenswerte Bücher über die Schreibe im Alltag, für Beruf und Familie.

Und warum nun noch ein weiteres Buch zu dieser textorientierten Heerschar? Diesem Sachbuch „Zielwirksam schreiben" liegt ein zeitgemäßes, wohl aber etwas hochgestecktes Ziel zugrunde; denn es will mehrere bedeutsame Einsichten, Erkenntnisse und Erfahrungen aus verschiedenen Wissenschaftsdisziplinen — etwa aus der Philologie, Psychologie, Kommunikationslehre, aus der Ziel- und Planungslehre, Rhetorik, Pädagogik und Kunstpädagogik — in das weite Feld des Gebrauchstextes und das Gebiet der Textverarbeitung einbringen. Darüber hinaus ist beabsichtigt, das „Gebrauchsbild" als textunterstützendes und wirkungssteigerndes Mittel in die Gesamtbetrachtung einzubeziehen.

Zweifellos ein anspruchsvolles Vorhaben — ein langer und mitunter kräftezehrender Weg für einen Lerner. Doch der weitaus größte Teil des dargestellten Inhaltes war bereits mehrmals auf dem „Prüfstand" und hat sich dabei in den vergangenen Jahren vornehmlich im Rahmen beruflicher Weiterbildung didaktisch und methodisch bewährt.

Und schließlich zum Schlußkapitel dieses Buches. Es möchte Ihnen einen Fingerzeig geben und dazu noch etliche Anregungen sowie Ratschläge, den Weg zu einem — vielleicht auch von Ihnen insgeheim angestrebten — profilierenden Schreib-Individualstil aufzuspüren; er soll eines Tages erkennbarer Ausdruck Ihrer Persönlichkeit sein, also eigenständige Stilgestalt, Signet — beglückender Lohn für zielbewußte und harte Arbeit!

Ob der Wurf gelungen ist? Ob „Zielwirksam schreiben" im Hinblick auf Inhalt und Methode das abgesteckte Zielgebiet erreicht? Zwei Fragen, die nur Sie, verehrter Leser und Lerner, beantworten können. Vermutlich schon bald.

Inhaltsverzeichnis

1	Zielwirksam schreiben — aber wie?	13
1.1	„In's Schwarze" treffen?	13
1.2	Zur „Problem-Situation"	13
1.3	Mögliche „Problem-Löser"	14
1.4	Sachbuch „Zielwirksam schreiben" — seine besonderen Vorteile	14
1.5	Auf dem Prüfstand bewährt	18
1.6	Zielbewußt auf den Weg	19
2	Im Vorfeld zielgerichteter Text-Planung	20
2.1	Grobziele	20
2.2	Der Schreiber im „Schreib-Wirkungssystem"	21
2.2.1	Feinziele	21
2.2.2	Zur Struktur des Schreib-Wirkungssystemes	21
2.2.3	Wichtige Elemente des Schreib-Wirkungssystemes	23
2.3	Grundwissen über zielgerichtete Text-Planung	27
2.3.1	Feinziele	27
2.3.2	Sinn und Vorteile des Grundwissens	27
2.3.3	Text — unter dem Blickwinkel der Kommunikation	28
2.3.4	Mitbestimmende Wirkfaktoren in der Text-Kommunikation	29
2.3.4.1	Selbstbild des Schreibers	35
2.3.4.2	„Thema" und „Titel"	36
2.3.4.3	Zum Leser	39
2.3.4.3.1	Zusammenhang: „Thema/Titel — Leser — Ziel"	40
	Merkmalgruppen für die Zielgruppen-Analyse 41 ff.	
2.3.4.3.2	Die Sozio-demographische Merkmalgruppe	41
2.3.4.3.3	Die Psychologisch-sozialpsychologische Merkmalgruppe	44
2.3.4.3.4	Die Wirtschaftliche Merkmalgruppe	45
2.3.4.3.5	Die Geographische Merkmalgruppe	46
2.3.4.3.6	Statistische Materialquellen	46

2.3.4.3.7	Vertiefung der Psychologisch-sozialpsychologischen Merkmalgruppe	47
2.3.4.3.8	Vermerke zum Funktionskreis „Weltzuwendung — Weltbegreifen — Weltgestaltung" Einstellung (Begriff, Arten, Funktion u. a.) 50 ff. — Rolle und Rang 53 — Erwartung 53 f. — Anspruchsniveau 54 — Image 54 ff. — Bedarf 60 f. — Motiv/Bedürfnis (Begriff, Arten u. a.) 62 ff. — Stimmung 67 ff. — Tiefenseelische Funktionen 70 f. — Erbanlagen 71	49
2.3.4.3.9	Erweiterung der Zielgruppen-Merkmale Diffusion 72 f. — „Produkt"-Lebenszyklus 73 f. — Problem/Problemanalyse 75 ff.	71
2.3.4.4	Positionierung von „Meinungsgegenständen"	78
2.3.4.5	Zur Zielgruppen-Bestimmung	80
2.3.4.6	Zur Zielsetzung Zielbildungsprozeß 87 — Begriff „Ziel" 87 f. — Ziel-Bestimmungselemente 88 f. — Zielsystem 89 ff. — Zielarten (didakt., kommunikat.) 92 ff. — Kategorien von Ziel-Systemen (z. B. Strategie, Operation, Taktik u. a.) 97 ff. — Impulse für die Text-Kommunikation? 100 ff. — Operationale Zielsetzung 102 ff.	86
2.3.4.7	Verhaltensorientiertes Beeinflussungsmodell Begriff „Verhalten" 108 ff. — Hemmungen 110 ff. — Verstärkung 112 ff. — Wiederholung 115 ff. — Wirkung/Rückkoppelung 118	105
2.3.4.8	Grundwissen für die Text-Gestaltung	119
2.3.4.8.1	Geistige Baupläne (= Denkmuster) Begriff „Denkmuster" 121 f. — Grundmuster (= Einleitung/Hauptteil/Schluß) 124 ff. — Lasswell-Formel 126 ff. — Deskriptives Denkmuster 128 ff. — Denkmuster „Problem — Problemlöser" 131 ff. — Argumentblock 133 ff. — Steigernde Reihe 135 f. — Dramatisierende Reihe 136 f. — Dialektische Form 137 ff. — Argumentblöcke 139 f. — Induktives Denkmuster 140 ff. — Deduktives Denkmuster 142 f. — Argumentatives Denkmuster 143 ff. — AIDA-Formel 146 ff. — Denkmuster BIDA-EVAZA 148 ff. — Denkmuster „Formalstufen" 151 ff.	120
2.3.4.8.2	Die Gliederungsmuster Dezimalgliederung 153 ff. — Klassische Gliederung 155 f.	153
2.3.4.8.3	Die Text-Sorten Die Welt — in schriftlicher Darstellung 158 ff. — Begriff „Text-Sorte" 164 f. — Text-Grundsorten und Text-Sondersorten 165 f.	156

Die Text-Grundsorten 166 f.:
Beschreibung (Sortenmerkmale, Arten, Beispiele) 166 ff. —
Bericht (Sortenmerkmale, Arten, Beispiele) 175 ff. —
Schilderung (Sortenmerkmale, Arten, Beispiele) 178 ff. —
Erörterung (Sortenmerkmale, Arten, Beispiele) 184 ff. —
Erzählung 189
Text-Sondersorten im Schulbereich 189 ff.:
Die „Begriffsbestimmung" 190 ff. — Inhaltsangabe 192 ff. —
Text-Analyse 194 ff. — Text-Interpretation 205 ff. —
Fachaufsatz/Facharbeit 209 ff. — Brief (Sortenmerkmale,
Gestaltungshinweise, Arten, Beispiele u. a.) 211 ff.
Text-Sorten in der Wirtschaft 221 ff.:
Geschäftsbrief (Angebots-, Reklamations-, Mahnbrief;
Beispiele) 222 ff. — Telegramm/Fernschreiben 225 f. —
Rundschreiben 226 ff. — Bericht 228 f. — Beschreibung
229 — Facharbeit 230 ff. — Protokoll (Verlaufs-, Ergebnis-
protokoll) 236 ff. — Verbesserungsvorschlag 240 ff. —
Bewerbung 244 ff. — Lebenslauf 246 ff.
Text-Sorten in der Verwaltung 252 ff.:
Antrag 252 ff. — Aktennotiz/Aktenvermerk 254 f. —
Besprechungsniederschrift 255 f.
Text-Sorten in der Journalistik 256 ff.:
Nachricht 257 ff. — Bericht 261 ff. — Reportage 265 ff. —
Kommentar 268 ff. — Interview 273 ff. — „Waschzettel"
282 f. — Buchbesprechung 283 f.
Text-Sorten in der Werbung 284 ff.:
Wirtschaftswerbung (Begriff, Ziel, Aufgabe) 284 f. —
Zur Werbesprache 285 f. — Richtpunkte für einen
zielwirksamen Werbetext 286 ff. — Verkaufsanzeige
294 ff. — Werbeschrift/Prospekt 298 ff. — Werbe-
brief 302 ff. — Bedienungsanleitung 305 ff.

2.3.4.8.4 Das text-unterstützende Mittel „Bild" 309
Begriff „Bild" 309 — Bild-Funktionen 310 f. — Begriff
„Bildsorte" 311 — Bild-Grundsorten: Sachbild 312;
Bildnis/Porträt 314; Handlungsbild 314; Ereignisbild 314;
Phantasiebild 314 f. — Gedankenführung im Bild 315 —
„Wünschelrute" für Bild-Ideen? 315 ff. — Zusammen-
wirken „Text — Bild" 318 ff. — Beurteilungsmerkmale
für „Bild und Bildtext" 320 ff.

2.3.4.9 Die Text-Mittel 323
Brief, Beilage, Informationsfolge u. a.

2.3.4.10 Die Text-Träger 324
Zeitung, Zeitschrift 324 f. — Beurteilungsmerkmale für
gedruckte Massenmedien 325 f.

3	**Zielgerichtete Text-Planung**	**327**
3.1	Feinziele	327
3.2	Was ist „Planung"	328
3.3	Systemorientierte Schreibe	328
3.4	Dynamisch-flexible Text-Planung	329
3.4.1	Die Informations-Phase	329
3.4.2	Die Text-Planungsphase	333
3.4.3	Der Text-Plan (= Ergebnis der Planungs-Phase)	336
4	**Zielbezogene Text-Realisierung**	**341**
4.1	Stoffsammlung — Stoffordnung Intuitive Methode 341 f. — Systematische Methode 342 f.	341
4.2	Die Text-Gestaltung	343
4.2.1	Text-gestalterische Leitpunkte: KLAVKA Leitpunkt „klar" 347 ff. — Leitpunkt „lebendig" 348 ff. — Leitpunkt „anschaulich" 353 ff. — Leitpunkt „verständlich" 362 f. — Leitpunkt „knapp" 363 f. — Leitpunkt „angemessen" 364 f.	345
4.2.2	Tips für wirksamen Worteinsatz Zum Zeitwort 365 f. — Zum Hauptwort 366 f. — Zum Eigenschaftswort 367 ff.	365
4.2.3	Acht Ratschläge zum Satzbau Kurze Sätze bauen 369 f. — Die Hauptsache gehört in den Hauptsatz 369 f. — Wichtiges gehört an die eindrucksstärkste Satzstelle 370 — Die Satzglieder sinnvoll aufeinander beziehen 370 — Eine enge Satzklammer bringt mehr Klarheit 371 — Stets die „angemessene" Möglichkeitsform verwenden 371 — Zielende Zeitwörter in der Tätigkeitsform verwenden 372 — Rhythmus, Takt, Klang und Reim bedenken 372 ff.	369
4.2.4	Gebrauchstext „dramaturgisch" optimieren?	374
4.2.5	Texte rationell erstellen — durch Text-Verarbeitung	377
4.2.6	Über die Bedeutung des „Feilens"	380
4.2.7	Der Text-Entwurf „Formt Sport die Persönlichkeit?" Arbeitsbeispiel	381
5	**Zielbezogene Text-Beurteilung**	**387**
5.1	Zur Eigenkontrolle	390
5.2	Zur Fremdkontrolle	392
5.3	Abweichungsanalyse und Rückkoppelung	393

6	Vom Stil zum Individual-Stil	395
6.1	Stilarten	396
6.2	Zum Begriff „Schreib-Individualstil"	397
6.3	Sieben Meilenschritte zum „Schreib-Individualstil"	398
6.3.1	Erster Schritt: Planvolle Persönlichkeitsbildung beginnen	399
6.3.2	Zweiter Schritt: Die eigene Persönlichkeit positionieren	401
6.3.3	Dritter Schritt: Das Stil-Bewußtsein und -Empfinden schärfen	404
6.3.4	Vierter Schritt: Ein „Stil-Vorbild" kritisch auswählen	408
6.3.5	Fünfter Schritt: Text-Analysen des Stil-Vorbildes vornehmen	408
6.3.6	Sechster Schritt: Stil-Analysen von Werken des Stil-Vorbildes vornehmen	410
6.3.7	Siebter Schritt: Bewußt-kraftvolle Befreiung vom Stil-Vorbild	423
7	„Schlußbilanz" ziehen?	425
8	Anhang	427
8.1	Zeichensetzung (= Interpunktion) Punkt 428 — Beistrich (= Komma) 428 — Strichpunkt (= Semikolon) 429 f. — Fragezeichen 430 — Ausrufezeichen 430 — Gedankenstrich 431 — Anführungszeichen 431 f. — Klammern 432 — Auslassungspunkte 434	427
8.2	Korrekturzeichen: notwendiges „Handwerkszeug"	433
8.3	Quellennachweise	435
8.4	Personenregister	437
8.5	Sachregister	439
8.6	Literaturnachweise	442
8.7	Bildnachweise	443

1. Zielwirksam schreiben – aber wie?

1.1 „In's Schwarze" treffen?

Das geschriebene Wort gleicht mitunter einem Pfeil, der ins Leere fliegt. Er trifft also nicht „in's Schwarze": nicht in die Denk- und Erlebniswelt des Lesers. Darum kann ein noch so sorgsam gestalteter Gebrauchstext — etwa ein Bericht, ein Protokoll, ein Fachaufsatz oder ein Rundschreiben — beim Leser nicht oder nur recht begrenzt die beabsichtigte Wirkung erzielen. Gründe für eine so mißliche Tatsache gibt es mehrere.

1.2 Zur „Problem-Situation"

Einige dieser Gründe für textliche Fehlschüsse sind gewiß auch Ihnen aus eigener Erfahrung bekannt. So weiß z. B. manch einer nicht so recht und sicher:

○ was man beim Planen und Gestalten eines Gebrauchstextes alles bedenken sollte, um den Gedankengang zielgerichtet, klar und folgerichtig darzustellen;

○ ob es im unmittelbaren Zusammenhang damit einige Denkhilfen gibt, also zielgerichtete geistige Baupläne (→ Denkmuster), die einem helfen, ein festgelegtes und eingegrenztes Zielgebiet mit großer Wahrscheinlichkeit zu erreichen;

○ auf welche Leitpunkte es anschließend ankommt, um einen „guten" Text zu schreiben, ihn wirksam zu gestalten;

○ was man wissen und bedenken sollte, wenn die Wirkung eines Textes durch ein Bild gesteigert werden soll;

○ welche Beurteilungsmerkmale sich als „Meßlatte" eignen, um den Textentwurf auf seine Qualität und Wirksamkeit hin überprüfen zu können — und —

○ worin ein profilierender Schreib-Individualstil gründet, da doch so mancher von uns „seinem" Text eine individuelle Prägung, einen persönlichkeitsbezogenen „Markencharakter" geben möchte.

Was ist in einer derartigen Defizit-Situation zu tun?

1.3 Mögliche „Problem-Löser"

Im Kielwasser eines solchen Wissens-Defizites treibt, wie die Erfahrung immer wieder lehrt, eine angstgetönte Unsicherheit, oft gepaart mit einer spürbaren Lustlosigkeit: Man „drückt" sich davor, umfangreichere oder bedeutsamere Gebrauchstexte zu schreiben. — Helfen kann in solch einer Situation in erster Linie eine personale Bildungsmaßnahme, etwa ein gründlicher Übungskurs zum Thema „Gebrauchstext".

Helfen kann darüber hinaus — wenn ein zureichendes Vorwissen gegeben ist — aber auch einschlägige Fachliteratur. Eben ein solcher Helfer will dieses hier vorliegende Sachbuch „Zielwirksam schreiben" sein: Es möchte Ihnen in Beruf und Familie in etlichen Schreib-Situationen ein leichtverständlicher und zuverlässiger Ratgeber sein. — Blättern Sie diese Darstellung bitte zunächst mal in Ruhe durch; machen Sie an einigen interessanten Stellen kurze Leseproben und nehmen Sie auf diese Weise das Sachbuch „Zielwirksam schreiben" schrittweise und zunehmend bewußt in den Griff.

1.4 Sachbuch „Zielwirksam schreiben" — seine besonderen Vorteile

Beim kritischen Durchblättern und nach einigen Leseproben dürften Ihnen mehr und mehr die Vorteile dieses Sachbuches einsichtig werden, so etwa:

○ die klare Zielsetzung
  Das Richtziel (= Hauptziel) lautet: Durch gründliches und ernsthaftes Durcharbeiten dieses Buches werden Sie künftig müheloser als bisher einen Gebrauchstext zielwirksam schreiben können; denn Sie lernen, den Text auf eine Zielgruppe und ein darauf bezogenes Ziel hin zu gestalten, ihn nach einem zielorientierten Denkmuster aufzubauen und den Text nach praktikablen Leitpunkten (→ KLAVKA) zu gestalten. Zugleich wird Ihr Text dadurch sachlich überprüfbar.

Um jenes anspruchsvolle Richtziel lernmethodisch zu erreichen, sind untergliedernd mehrere Grobziele (= Unterziele) gesteckt; so z. B. lernen Sie kennen und/oder können:

— das Text-Wirkungssystem, mit seinen wichtigen Elementen;
— notwendiges Grundwissen über eine zielwirksame Text-Planung, und zwar unter kommunikativem Blickwinkel (z. B. Thema/Titel, Leser/Zielperson, Zielsetzung, zielorientierte geistige Baupläne (= Denkmuster), gebräuchliche Text- und Bildsorten, das Gebrauchsbild als text-unterstützendes Mittel, das Zusammenwirken von Text und Bild u. a. m.);
— wesentliche Arbeitsstufen einer zielgerichteten und systematischen Text-Planung, mit ihrem Ergebnis: dem Text-Plan;
— bedeutsame Leitpunkte für die Text-Gestaltung (→ KLAVKA);
— im engen Zusammenhang damit versachlichende (→ objektivierende) Text-Beurteilungsmerkmale;
— Merkmale und Nutzen eines Schreib-Individualstiles.

Da außerdem am Beginn kleinerer Abschnitte des öfteren noch Feinziele formuliert sind, werden Sie den Weg auch über kurze Lernstrecken leicht überschauen können;

○ der leicht überschaubare Lerninhalt
An der oben dargestellten klaren Zielsetzung orientiert sich der weitausholende Inhalt dieses Sachbuches.

Die grafische Übersicht (Bild 1, S. 16) verdeutlicht mit einem Blick den Inhalt und Aufbau, sie zeigt gleichzeitig wichtige Teile der Gliederung des gesamten Buches. Deshalb dürfte es Ihnen leicht fallen, beim Arbeiten in der weitgespannten Stoffülle stets und schnell den jeweiligen Lern-Standort im Gesamtfeld zu bestimmen;

○ die lernmethodischen Hinweise
Dieses Sachbuch läßt Sie methodisch keineswegs allein auf weiter Flur, sondern es gibt Ihnen wie ein Wegweiser etliche Hinweise, um den fülligen Inhalt in sinnvoller Schrittfolge zu erarbeiten. — Nach vorliegender Erfahrung sollten Sie in folgenden drei großen Schritten vorgehen:

— Erster Arbeitsschritt (= Grundwissen)
  — Machen Sie sich mit dem Schreib-Wirkungssystem vertraut, es vermittelt Ihnen eine systemorientierte Sicht auf die gesamte Schreib-Situation (s. S. 21 ff.);
  — erwerben oder wiederholen Sie einiges Grundwissen, das man benötigt, um eine zielorientierte Text-Planung vornehmen zu können. Dazu sollten unbedingt zählen: der Unterschied zwischen „Thema" und „Titel"

1. **Einleitung:** Zielwirksam schreiben — aber wie?

2. **Im Vorfeld zielgerichteter Text-Planung:**

    - Der Schreiber im Schreib-Wirkungssystem

    - Grundwissen über zielgerichtete Text-Planung:
      Thema — Titel
      Leser (= Zielperson/Zielgruppe)
      Zielsetzung
      Text-Gestaltung
      z. B. geistige Baupläne (= Denkmuster); Text-Sorten, wie Beschreibung, Bericht, Brief, Protokoll, Verbesserungsvorschlag u. a.;
      Gliederungsmuster (→ dezimal, klassisch)

      text-unterstützendes Mittel „Bild"
      Bildsorten, z. B. Sachbild, Handlungsbild u. a.
      Zusammenwirken „Text — Bild";
      Beurteilung „Text — Bildtext"

      Text-Mittel
      z. B. Brief, Anzeige, Druckschrift u. a.
      Text-Träger (= Medien)
      z. B. Tageszeitung, Zeitschrift, Illustrierte u. a.

3. **Zielgerichtete Text-Planung:**
    - systemorientierte Schreibe
    - zielorientierte kybernetische Text-Planung:
      (Informationsphase — Text-Planungsphase — Text-Plan)

4. **Zielbezogene Text-Realisierung:**
    - Stoffsammlung
    - Text-Gestaltung (→ Leitpunkte KLAVKA;
      Tips für wirksamen Worteinsatz;
      Acht Ratschläge zum Satzbau)

5. **Zielbezogene Text-Beurteilung:**
    - Eigenbeurteilung/Fremdbeurteilung
    - Abweichungsanalyse und Rückkoppelung

6. **Vom Stil zum Individual-Stil**

Bild 1: Sachbuch „Zielwirksam schreiben"
Inhaltlicher Überblick (Kybernetisches Modell)

(s. S. 36 ff.); die Analyse des Lesers und die zielorientierte Zielgruppen-Bestimmung in schriftlicher Form (s. S. 39 ff.); die operationale Zielsetzung (s. S. 102 ff.); mehrere geistige Baupläne, z. B. das Grundmuster (s. S. 125), der Argumentblock (s. S. 133), das Argumentative Denkmuster (s. S. 144) sowie das Deskriptive Denkmuster (s. S. 129); ferner die Text-Grundsorten, etwa „Beschreibung – Bericht – Schilderung – Erörterung" (s. S. 166 ff.); das text-unterstützende Mittel „Bild", z. B. die Bild-Grundsorten, wie „Sachbild – Ereignisbild – Handlungsbild – Bildnis/Portrait – Phantasiebild" (s. S. 311 ff.); das Zusammenwirken „Text – Bild" (s. S. 318 ff.);

danach sollten Sie noch gründlich diese drei Kapitel durcharbeiten:
— zielgerichtete Text-Planung (s. S. 327 ff.);
— zielbezogene Text-Realisierung (s. S. 341 ff.) – und –
— zielorientierte Text-Beurteilung (s. S. 387 ff.).

Um bei alledem den Lernprozeß über weite Strecken leichtverständlich zu gestalten und ihn zugleich ergebnisträchtig zu machen, wird ein Arbeitsbeispiel (→ „Sport formt die Persönlichkeit") leuchtspurartig Leitfaden durch das Lerngebirge sein: von der Nennung des Themas – über Text-Planung und Text-Plan – zum Text-Entwurf (→ Text-Realisierung) – bis hin zur Text-Kontrolle.

Gleichzeitig wurden die meisten Kapitel dieses Sachbuches, soweit sinnvoll und nützlich, methodisch jeweils in folgenden fünf Stufen aufgebaut:
— Zielsetzung (→ Grobziel, Feinziele);
— Lernstoff-Darbietung;
— Beispiel(e);
— stoffbezogene Einsichten und Erfahrungen;
— Empfehlungen für Analyse – und/oder Schreibübungen.

Und wenn zwischendurch eine bedeutsame Frage punktuell emporschnellt, dann bietet ein ausführliches Sachregister am Schluß dieses Sachbuches (s. S. 439 ff.) als informativer Seismograph seine Hilfe an; im Nu sagt Ihnen das jeweilige Stichwort, auf welcher Seite Sie eine Antwort finden. – Zudem wollen Ihnen Hinweise auf weiterführende „Fachliteratur" (s. S. 442) dienlich sein und einen tieferen Einstieg erleichtern. – Im „Anhang" finden Sie ferner eine Kurz-Information über geläufige Satzzeichen und Korrekturzeichen (427 ff. und 433 f.).

Wenn so das Grundwissen – auf rund 310 Buchseiten – verfestigt und durch mehrere empfohlene Schreibübungen zu Ihrem Besitz geworden ist, dann haben Sie ein Fundament gelegt, von dem aus man aufbauend zwei weiterführende Arbeitsschritte vornehmen kann.

— Zweiter Arbeitsschritt (= Aufbaustufe I)
Je nach Bedarf und Interesse können Sie nun das bisherige Grundwissen erweitern oder vertiefen, z.B. zielorientierte Baupläne (= Denkmuster) zusätzlich durcharbeiten — oder etwa den Abschnitt über das textunterstützende Mittel „Bild" (s. S. 309 ff.).

— Dritter Arbeitsschritt (= Aufbaustufe II)
Wer schließlich nach angemessener Zeit tiefer in die reizvolle Gestaltungswelt von Gebrauchstexten eingedrungen ist, dem wird sich in wachsendem Maße die Frage aufdrängen: Sollte ich meiner ziemlich „gesichtslosen" Schreibe nicht eine „persönliche Note" geben? Sollte ich meinem Stil nicht unverkennbare individuelle Züge verleihen? — Glücklich alle die, denen sich diese Frage aus der Tiefe ihres Ich unabweisbar aufdrängt! Kündet sie ihnen doch einen seelisch-geistigen Reifegrad an, der danach drängt, die Schreibe zum einen grundsätzlich als stilprägende Kraft zu werten, sie zum anderen bewußt und in voller Absicht als sichtbaren Ausdruck seiner erlebten, herangereiften und geformten Persönlichkeit, seines So-Seins herauszustellen.

Sollte eines Tages auch in Ihnen jene besagte Frage heranwachsen und schließlich „bedrängend" werden, dann finden Sie — vielleicht und hoffentlich — im Abschnitt „Schreib-Individualstil (s. S. 395 ff.) einige Gedanken, Einsichten und Anregungen; sie mögen dazu beitragen, eine Wegespur aufzuspüren, die Sie ohne labyrinthische Verirrungen schnurstracks zu Ihrem persönlichen Stil-Erlebnisfeld hinführt.

1.5 Auf dem Prüfstand bewährt

Lange Stoffstrecken dieses Buches haben sich inzwischen in mehrjähriger Schulungsarbeit als lernergiebig gezeigt und haben darüber hinaus bei so mancher objektiven Lernbilanz (= Lernerfolgskontrolle in der betrieblichen Weiterbildung) ihre didaktische Bewährung bewiesen.

Eingegangen in dieses Sachbuch sind außerdem berufliche Erfahrungen und Anregungen mehrerer Fachkollegen, mit denen ich in den zurückliegenden Jahren des öfteren über den „Gebrauchstext" und das „Gebrauchsbild" gewinnbringend diskutiert habe; genannt seien insbesondere die Herren Lange, Hawranek, Lindner, Dr. Schwarzer und Breyer; alle tätig in der Siemens AG, im Hauptbereich Werbung und Design. Ihnen gilt an dieser Stelle mein Dank — und ebenso den beiden Grafikern, Herrn Hüttner sowie Herrn Hörmann.

Als ernsthafter Lerner werden Sie außerdem erwarten, daß wesentliche Aussagen in diesem Sachbuch durch wissenschaftliche Erkenntnisse abgesichert sind. Dies ist der Fall; denn zahlreiche Aussagen gründen in den Erkenntnissen verschiedener wissenschaftlicher Bereiche, etwa in denen der Sprachwissenschaft (wie Sprachpsychologie, Dramaturgie, Stilistik), der Psychologie (z. B. der Motiv-, Sozial-, Lern- und Persönlichkeitspsychologie), der Kommunikationslehre, Planungslehre, der Pädagogik und Kunstpädagogik, der Philosophie, Journalistik und Rhetorik.

1.6 Zielbewußt auf den Weg

So, nachdem wir etliche orientierende Gesichtspunkte geklärt haben — wie Zielsetzung dieses Sachbuches, Methode, Marschroute und anderes mehr —, kann jetzt der Start beginnen.

Vor uns: eine Fernstraße; sie führt in die Weite der Textlandschaft, über einige Hügel und Kuppen, zügig hinein in ein massiv-wuchtiges Lerngebirge.

Und in uns: ein ernsthafter Lernwille —, zielklar gerichtet auf das geschriebene Wort, vielleicht neugierig gespannt auf manches Neue, vielleicht und hoffentlich bald ergriffen und insgeheim gesteuert durch die persönlichkeitsmotivierende Kraft unserer Sprache!

Als ermutigende Wegzehrung eine chinesische Spruchweisheit, in einer behutsam abgewandelten Form:
„Wer es nicht wagt, auf hohe Berge zu steigen,
kann die Ebene nicht erkennen."

2. Im Vorfeld zielgerichteter Text-Planung

2.1 Grobziele

Dieser Abschnitt bietet Ihnen Grundwissen in knapper Form an, das zum einen als Wiederholung im Sinne einer stofflichen Auffrischung gedacht ist —, zum anderen helfen möchte, vorhandene Kenntnisse zu erweitern und zu vertiefen. Denn: Dieses dargestellte Grundwissen sollte heutzutage ein Schreiber haben, ja beherrschen, wenn er Gebrauchstexte „zielorientiert" planen und gestalten will —, sie auch gelegentlich zielbewußt unterstützen möchte durch das „Gebrauchsbild". In dem weiten Feld dieses Grundwissens gilt es vor allem zu beachten bzw. durchzuarbeiten:

○ die Sichtweise „Der Schreiber im Schreib-Wirkungssystem" (s. S. 21 ff.)
— sowie —

○ das „Grundwissen über zielgerichtete Text-Planung" (s. S. 27 ff.), und zwar in praxiserprobter Reihenfolge:

— Thema — Titel
— Leser (→ Zielperson/Zielgruppe)
— Zielsetzung (→ in operationaler Form)
— Text-Gestaltung
geistige Baupläne (= Denkmuster) für die Text-Gestaltung; geläufige Text-Sorten (z. B. Beschreibung, Bericht, Protokoll; Nachricht, Interview u. a. m)
— text-unterstützendes Mittel „Bild"; das Zusammenwirken von Text und Bild
— Text-Mittel (etwa Brief, Druckschrift u. a.)
— Text-Träger (z. B. Zeitung, Zeitschrift, Mitteilungsblatt u. a.).

Falls Sie dieses Grundwissen beherrschen, dann bitte das weite „Vorfeld zielgerichteter Text-Planung" mit Siebenmeilenstiefeln überspringen und einsteigen in den Abschnitt

○ „Zielgerichtete Text-Planung" (s. S. 327 ff.).

Wer aber meint, die Wiederholung der oben genannten Stoffelder bzw. einiger dieser Felder sei sinnvoll oder gar erforderlich, der wende sich dem ersten Kapitel zu: „Der Schreiber im Schreib-Wirkungssystem". — Anschließend wandere er durch das gesamte Lerngebirge „Grundwissen"; oder er greife nur diejenigen Stoffstrecken heraus, die ihm nach selbstkritischem Urteil den erwarteten Lernzuwachs bringen dürften.

2.2 Der Schreiber im „Schreib-Wirkungssystem"

2.2.1 Feinziele

Der folgende Abschnitt will Ihnen die Feldsituation bewußt machen und verdeutlichen, in der sich ein jeder Schreiber befindet — und welche Faktoren die Wirkung seines Textes mitbestimmen.

Dabei sollen Sie vor allem kennenlernen

○ die Struktur des Schreib-Wirkungssystemes — und —
○ wichtige Elemente (= Wirkfaktoren) dieses Systems.

2.2.2 Zur Struktur des Schreib-Wirkungssystemes

Wenn Sie zur Feder greifen, um einem Mitmenschen etwas mitzuteilen — sei es hand- oder maschinenschriftlich —, dann wird man als Schreiber unwillkürlich selbst zu einem Wirkfaktor (= Element) in einem unsichtbaren und nicht selten rätselvollen Feld: in einem Wirkungssystem.

Dazu ein Beispiel aus dem Alltag: Angenommen, Sie gehören einem Sportverein an, der 4—5mal im Jahr seinen rund 3.000 Mitgliedern das Mitteilungsblatt ‚Sport-Echo' (Format DIN A 5, 40 Seiten Umfang) zuschickt. Dieses Blatt bringt des öfteren auch Beiträge aus den Reihen der Mitglieder. — Eines Tages wendet sich der Präsident dieses Sportvereins an Sie und fragt: „Herr X., Sie zählen doch als Geräteturner und Leichtathlet seit langem zur Elite unseres Vereins. Können Sie für unser ‚Sport-Echo' in der nächsten Ausgabe nicht mal einen Beitrag über das Thema ‚Sport und Persönlichkeit' oder so ähnlich schreiben? Umfang des Beitrages: etwa sieben bis acht Schreibmaschinenseiten, dazu vielleicht zwei bis drei Bildmotive. Und der Beitrag sollte sich vor allem an die jüngeren Mitglieder wenden."

Unbestritten – ein ehrenvolles Angebot, und zudem eine direkte Frage des Präsidenten, auf die er von Ihnen als Antwort natürlich nur ein Ja erwartet.

Darum: den Text-Entwurf dieses Beitrages „Sport und Persönlichkeit" nicht auf die lange Bank schieben. Papier und Füller zur Hand – und mit einem Kopfsprung hinein ins Thema! Nach einem zunächst nebeligen Wirrwarr, durchzuckt von einigen Ideenblitzen, tritt in der Gedankenlandschaft aber doch bald Ruhe ein. Und vielleicht beginnt man von da an etwas systematischer zu denken. Worauf richtet sich dabei erfahrungsgemäß unser Augenmerk? Zumeist auf folgende Fragen oder Gesichtspunkte:

○ Welchen zugkräftigen Titel gebe ich dem Thema;

○ wie beginne ich; welche Gedanken verweise ich in den Hauptteil; wie gestalte ich den Schluß;

○ bis wann soll dieser Beitrag als maschinenschriftliches Manuskript vorliegen, zusammen mit den Bildmotiven.

Möglich, daß später beim Schreiben noch die eine oder andere weitere Frage auftaucht, etwa: Worauf kommt es besonders an, damit die jungen Leser meinen Beitrag mühelos verstehen und weitgehend akzeptieren? Auf welche Weise kann ich mir schrittweise eine deutlichere Vorstellung vom Thema und von einigen Faktoren der Gesamt-Situation verschaffen? – Kurze „Situations-Analysen" solcher Art sind, wie wir alle aus der Praxis wissen, an der Tagesordnung. Indes, sie vermitteln – wenn unsere Schreibe „zielwirksam" sein soll – oft nicht den notwendigen Überblick über das Gesamtfeld.

Deshalb sollten wir uns an dieser Stelle das bereits erwähnte „Schreib-Wirkungssystem" (Bild 2) verdeutlichen: ein Gefüge, das mindestens aus neun wichtigen Einflußgrößen (= Wirkfaktoren) eine dynamische Ganzheit bildet. Mit „Wirkung" ist in diesem Falle ein Geschehen gemeint, das nur deshalb stattfindet, da ein anderes Geschehen – also eine Ursache, etwa ein Zweck, eine Zielsetzung – dazu den Anstoß gab.

Aus der Pädagogik (z. B. Johannes Zielinski in seiner Schrift „Ausbildung der Ausbildenden"),[1]) aus der Verhaltenspsychologie sowie aus eigenen Beobachtungen und Berufserfahrungen wissen wir:

○ alle diese dargestellten Faktoren bilden zusammen ein dynamisches „Schreib-Wirkungssystem";

○ sie alle stehen in einem mehr oder weniger engen Bezug zueinander und beeinflussen sich gegenseitig; verändert man nur einen einzigen Faktor, so wirkt sich dies auf alle übrigen Faktoren aus;

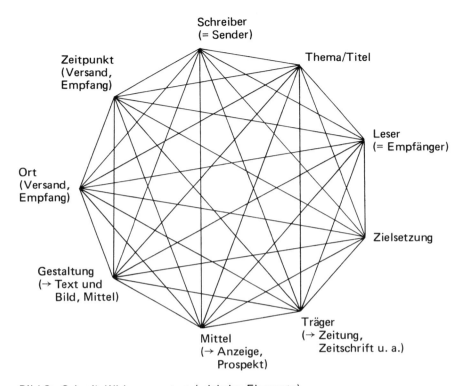

Bild 2: Schreib-Wirkungssystem (wichtige Elemente)

○ jeder einzelne Wirkfaktor hat eine bestimmte Eigenstärke und Wirkungsrichtung, die beide, je nach Situation, bald mehr oder weniger im Erlebnis-Gesamtfeld wirksam sind.

2.2.3 Wichtige Elemente des Schreib-Wirkungssystemes

Die Grafik (Bild 2) erhellt nicht nur die gefügehafte Feldsituation, sondern sie verdeutlicht auch die einzelnen neun Elemente (= Wirkfaktoren), die man sich als Schreiber — bevor die ersten Zeilen aufs Papier kommen — bewußt machen und die man in ihrem Wirkzusammenhang wertend sehen sollte. Denn umso gezielter und stärker können wir dann den einen oder anderen Wirkfaktor im Gesamtfeld der Textarbeit beeinflussen.

Was ist mit den stichwortartig genannten Wirkfaktoren im einzelnen gemeint?

○ Schreiber
Je nach der Fachrichtung nennt man ihn z. B. „Journalist" oder „Texter"
(→ Werbung); im Modell „Sprachliche Kommunikation" wird er oft als
„Sender" bezeichnet;

○ Thema — Titel
Thema = das, worüber man schreibt (→ Inhalt); Titel = die Überschrift,
mitunter auch „Aufmacher" oder „Schlagzeile" genannt (z. B. in der
Journalistik bzw. in der Werbung);

○ Zielsetzung
Sie beschreibt das Ziel, das durch den Text beim Leser erreicht werden soll;

○ Träger
Er „trägt" die Schreibe (= Text) zum Leser hin; Träger sind z. B. Tageszeitung,
Illustrierte, Vereinszeitschrift, Fachzeitschrift, Litfas-Säule u. a. m.;

○ Mittel
Verstanden als Schrift- oder Druckerzeugnis, das man einsetzt, um einen
Zweck, ein Ziel zu verwirklichen; weitverbreitete Mittel sind z. B. Brief, Buch,
Prospekt, Anzeige u. a. m.;

○ Gestaltung
Gemeint ist die grafische und/oder typografische Gestaltung eines Mittels
(etwa eines Briefes, eines Buches u. a.); außerdem die Gestaltung eines Textes
(→ Textbau, Denkmuster) oder eines Bildes (→ Bildaufbau, Form, Farbe,
Licht, Format);

○ Ort
Zum einen ist damit gemeint der Ort des Schreibers (z. B. Arbeitsplatz im
Betrieb, Urlaubsort, Privatwohnung, Altersheim o. ä.), zum anderen der Ort
des Empfängers (etwa Arbeitsstätte, Klinik, Privatwohnung o. ä.);

○ Zeitpunkt
Bezeichnet wird damit der Termin, wann der „Sender" die Mitteilung schreibt,
veröffentlicht bzw. absendet — und/oder — wann der „Empfänger" diese
Mitteilung erhält oder liest.

Beim Schreib-Wirkungssystem haben wir es mit einem feinsinnigen Gewebe aus
unsichtbaren Fäden (= Bezügen) und Verdichtungen (= Elementen) zu tun,
einem Zusammenschluß von Mannigfaltigem zu einer einheitlichen und gegliederten Ganzheit.

Aus einsichtigen Gründen kann man beim kritischen Betrachten jener Grafik (Bild 2) die Frage stellen: Haben eigentlich in der Schreibpraxis alle neun Wirkfaktoren die gleiche Bedeutung, das gleiche Gewicht? — Nein, keineswegs. Denn die Gewichtung der einzelnen Elemente verändert sich von Situation zu Situation. Dennoch wissen wir aus jahrelanger Erfahrung, daß des öfteren auf folgenden Wirkfaktoren und ihren Bezügen ein größeres Gewicht liegt, auf:

- Thema/Titel
- Schreiber (= Sender)
- Leser (= Empfänger, Zielperson/Zielgruppe)
- Zielsetzung
- Gestaltung (→ geistiger Bauplan, Text-Gestaltung, Bildbau)
- Mittel (z. B. ein Fachbeitrag)
- Träger (etwa das Mitteilungsblatt „Sport-Echo").

Im eingangs erwähnten Beispiel — Beitrag für das „Sport-Echo" — wird z. B. das Gewicht vor allem liegen auf folgenden Faktoren:

- dem Schreiber — seiner Fachkompetenz und Glaubwürdigkeit, die er bei der jungen Lesergruppe hat (= Schüler von Mittel- und Oberschulen, etwa 15 bis 25 Jahre; ca. 40 % der Gesamt-Mitgliederzahl);

- dem Leser — ist nämlich der größere Teil der jungen Leser bereits reif genug und aufnahmebereit, ein Thema über „Persönlichkeitsbildung" zu verarbeiten;

- der Zielsetzung — entscheidend wird weniger die Frage sein: „Was *will* ich bei den jungen Lesern erreichen?" — als vielmehr die Frage: „Was *kann* ich bei den jungen Lesern durch meinen Beitrag erreichen?";

- der Gestaltung — der Text muß in erster Linie wirklichkeitsnah und problemorientiert sein (etwa: Vermögen bestimmte Sportarten auf die Persönlichkeit formend einzuwirken?), anschaulich (z. B. durch Beispiele) und lebendig (etwa kurze Sätze, Zeitwörter, Zitate) sein; bedeutsame Aussagen sollten möglichst durch einige Bildmotive (etwa Foto oder Grafik) unterstützt werden.

Eine derartige Analyse anhand des Schreib-Wirkungssystemes vermittelt uns im konkreten Fall in wenigen Minuten einen deutlichen Überblick über die Gesamt-Situation —, des weiteren über wichtige Einzelfaktoren und vorrangige Bezüge untereinander! Eine kleine Mühe; sie lohnt sich immer dann, wenn man den festen Willen hat, „zielwirksam" zu schreiben.

Einsichten und Erfahrungen

- Eine Kurzanalyse der jeweiligen Schreib-Situation – anhand der grafischen Darstellung des Schreib-Wirkungssystemes – verdeutlicht dem Schreiber bei nur geringem Zeitbedarf die Gesamt-Situation, erhellt und öffnet also schnell das anfangs meist engstirnige Gesichtsfeld;

- der Schreiber bekommt durch den systemorientierten Überblick und „Durchblick" größere Sicherheit und kann sich den jeweils situativ-bedeutsamen Wirkfaktoren beim späteren Ausarbeiten des Textes gezielt und intensiv zuwenden;

- schließlich erhält der Schreiber das Bewußtsein, daß auch er selbst ein Teil in einem dynamischen Wirkungssystem ist; dies führt nicht selten zu einer versachlichenden Eigenbewertung, wodurch ihm die eigenen Möglichkeiten und Grenzen seiner Schreibe klar und realistisch werden.

Empfehlenswerte Übungen

Erstellen Sie bitte für bevorstehende bedeutsamere Textarbeiten (z. B. Berichte, Beschreibungen, Protokolle, Facharbeiten o. a.) stets eine grafische Schnell-Skizze des „Schreib-Wirkungssystems":

- gewichten Sie dann die Bedeutung der einzelnen Wirkfaktoren (= Elemente), bezogen natürlich auf die jeweils anstehende Textarbeit – und –

- gewichten Sie anschließend situationsorientiert die Bezüge zwischen den einzelnen Wirkfaktoren.

Dabei werden sich unterschiedliche Gewichte im Hinblick auf die einzelnen Wirkfaktoren und deren Bezüge untereinander ergeben: diese gilt es später – bei der Text-Planung und Text-Gestaltung – zu bedenken und angemessen zu berücksichtigen.

Ein solcher „Einstieg" in ein Thema sollte künftig fester Bestandteil sein, wenn Sie bedeutsamere und umfangreiche Textarbeiten vorbereiten und planen. Der geringe Zeitaufwand – meist nur wenige Minuten! – lohnt diese kleine Mühe.

2.3 Grundwissen über zielgerichtete Text-Planung

2.3.1 Feinziele

In diesem weitgespannten Kapitel wird mehrerlei Grundwissen in praxisbezogener Art zusammengestellt, das die Basis bildet für eine qualifizierte und zielorientierte Text-Planung; im einzelnen finden Sie Grundwissen über:

○ Thema — Titel
○ den Leser (= Zielperson, Zielgruppe)
○ die Zielsetzung
○ die Text-Gestaltung
  z. B. über geistige Baupläne (= Denkmuster); über mehrere Textsorten (etwa Beschreibung, Bericht, Brief u. a.); Sprache — Wort — Satz; empfehlenswerte Gliederungen (→ dezimal, klassisch)
○ das text-unterstützende Mittel „Bild"
  etwa Bild-Grundsorten (→ Sachbild, Handlungsbild u. a.);
  außerdem das Zusammenwirken „Text — Bild"
○ mehrere Text-Mittel
  z. B. Brief, Prospekt, Bedienungsanleitung u. a.
○ einige Text-Träger
  etwa Tageszeitung, Zeitschrift, Mitteilungsblatt u. a.

Das dargebotene Grundwissen wird — zum leichteren Verständnis — weitgehend dargestellt am Arbeitsbeispiel „Sport formt die Persönlichkeit"; durch empfohlene lernträchtige Übungen können Sie das aufgefrischte bzw. erworbene Wissen zum Können verfestigen.

2.3.2 Sinn und Vorteile des Grundwissens

Nachdem wir uns das Schreib-Wirkungssystem, seine Struktur und seine Elemente verdeutlicht haben, könnte man doch jetzt mit der Text-Planung beginnen — oder?

Nun, die Praxis zeigt es immer wieder: nicht selten stürzt sich so mancher Schreiber just zu diesem Zeitpunkt kopfüber in die Text-Planung und -Gestaltung. Jedoch: Mehrjährige Berufs- und Schulungserfahrung belehrt uns eines anderen, eines besseren. Nämlich: Wer zielorientiert und zügig eine Text-Planung vornehmen will, der braucht — als unabdingbare Voraussetzung! — ein breites und vertieftes Grundwissen. Er muß gewissermaßen die „Elemente" (= Grundbausteine des Planungs-Wissens) beherrschen, um sie im späteren Planungsprozeß sinnvoll und gekonnt anwenden zu können; schließlich bestimmt der Qualitätsgrad einer Text-Planung den Gütegrad des Text-Planes (= Ergebnis des Text-Planungsprozesses)!

Und er wiederum, der Text-Plan, enthält wichtige Informationen und zielgerichtete Leitpunkte, die insgesamt die Chance vergrößern, unserem Text die beabsichtigte Zielwirkung zu geben: die präzise Festlegung von Zielgruppe(n) und operationaler Zielsetzung; die Entscheidung über die bestgeeignete Text-Sorte; den zweckorientierten Einbau von Bildmotiven in den Text; die Festlegung effizienter Text-Träger o. a. m.

Zugegeben, der Weg durch dieses aufgehäufte Grundwissen mag manchen von Ihnen wie eine beschwerliche Kraxelei durch ein Moränenfeld anmuten. Doch der Aufwand an Mühe lohnt, da Sie bald nach dem Überwinden dieses Moränenfeldes zielorientierte und damit wirkungsvollere Texte schreiben werden: Briefe, Protokolle, Berichte, Beschreibungen, Fachaufsätze und etliches andere mehr. Darüber hinaus wird Ihnen durch einen solchen Wissenszuwachs ein weiterer, nicht unerheblicher Nutzen zuteil: Ihr Denken im täglichen Lebensumfeld wird schrittweise weiträumiger, analytischer, gründlicher, zielgerichteter; und dies wiederum wird auch Ihrem gesprochenen Wort, Ihrem Dialog im Alltag oder Ihren Vorträgen zugute kommen.

2.3.3 Text — unter dem Blickwinkel der Kommunikation

Jenes besagte bausteinartig aufgehäufte Grundwissen (etwa über Leser/Zielperson, Zielsetzung, Denkmuster u. a.) für die Text-Planung sollten wir nicht isoliert im geistigen Raum sehen, sondern — ähnlich wie bereits die Elemente im Schreib-Wirkungssystem — innerhalb einer größeren dynamischen Ganzheit, in einem weitflächig-kommunikativen Feld.

„Kommunikation" — noch immer ein Modewort? Wortgeschichtlich hat es seine Wurzel im lateinischen Hauptwort „communicatio" und bedeutet: Mitteilung, Gemeinschaft.

Im philosophischen Sinn kann man unter menschbezogener „Kommunikation" wohl das verstehen, was Karl Jaspers in seiner „Existenzphilosophie" so darstellt: „... Kommunikation, d. i. das Leben mit Anderen, wie es im Dasein auf mannigfache Weise vollzogen wird, ist in Gemeinschaftsbeziehungen da, die zu beobachten, in ihren Besonderheiten zu unterscheiden, in ihren Motiven und Wirkungen durchsichtig zu machen sind ..."[2]

Unter dem Blickwinkel der Kybernetik und Informationstheorie sei folgendes verstanden: „Kommunikation" ist ein Austausch von Mitteilungen zwischen einzelnen Menschen, zwischen Gruppen oder Institutionen (→ gesellschaftliche

Einrichtungen); dieser Austausch wird in der Regel nur dann möglich, wenn bei den Beteiligten ein gemeinsamer Zeichenvorrat (etwa gemeinsame Sprache, gemeinsame optische oder akustische Signale) gegeben ist.

2.3.4 Mitbestimmende Wirkfaktoren in der Text-Kommunikation

Licht in das untergründige zwischenmenschliche Geschehen will die Kommunikationsforschung bringen. Da eng verbunden mit Psychologie und Sozialpsychologie, befaßt sich die Kommunikationswissenschaft mit dem Verhalten und den Wechselwirkungen zwischen den Beteiligten, im einzelnen mit den Zeichen, Zeichen-Komplexen, mit Sprache und Schrift.

Tiefere Einsicht in die kommunikativen Wechselwirkungen vermittelt uns u. a. das „Kommunikationsmodell": eine Nachbildung zwischenmenschlicher, wirklichkeitsnaher Informations-, Erlebnis- und Reaktionssituation –, dargestellt in grafischer, in verbaler oder mathematischer Form. Schöpfer dieses „Ur-Modelles" sind die beiden amerikanischen Professoren Shannon und Weaver (1949). – Im vorliegenden Falle haben wir uns für eine grafische Darstellungsform (Bild 3, S. 30/31) entschieden. Dazu ein knapper Vermerk; die Grafik zeigt vier Kontaktebenen:

1) Der Schreiber (= Sender, Kommunikator) beschafft sich möglichst alle diejenigen Informationen über den Leser (= Empfänger, Zielgruppe, Kommunikant), die er benötigt, um eine zielgerechte Text-Planung und Text-Gestaltung vornehmen zu können;

2) dann erstellt der Schreiber die Zielsetzung (→ möglichst schriftlich, in operationaler Form) für seine Textarbeit;

3) danach gestaltet er den Text und versendet ihn über einen „Kanal" (= Text-Träger) an den Leser; dabei ermöglicht und erleichtert ein gemeinsamer Zeichenvorrat (= Code, z. B. gleiche Sprache, gleiche Schrift) die Verständigung zwischen dem Schreiber und Leser; bei diesem Übertragungsvorgang muß man erfahrungsgemäß mit Störungen rechnen, die auf den Kanal nachteilig einwirken (z. B. schlecht lesbare Schrift);

4) abschließend wird die Text-Wirkung auf den Leser erfaßt, eine Abweichungsanalyse erstellt (Soll-Ist-Vergleich), ihr Ergebnis als „Rückkoppelung" vom Schreiber (= Sender) aufgenommen und bei der weiteren Textarbeit berücksichtigt.

Wirklichkeitsnahe Kommunikationsmodelle sind natürlich komplex und enthalten mehrere Faktoren, wie etwa: Thema/Titel, Leser (z. B. Sozio-demographische, Psychologische Merkmale u. a.), Zielsetzung, Text-Mittel (etwa Brief, Prospekt,

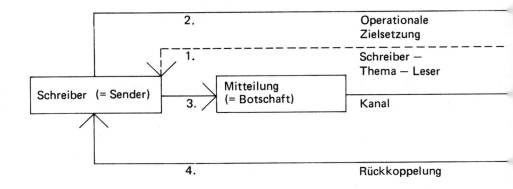

1
Selbstbild des Schreibens

2
Thema — Titel/Untertitel

4
Positionierung
(→ Thema, Produkt)

6
Zielsetzung

— Zielbildungsprozeß

- Ziel/Zielelemente
- Zielsystem
  Zielsystem-Struktur
  Zielebenen — Zielarten
  Zielkonflikt
  Zielsystem-Kategorien
  Impulse für die
  Text-Kommunikation

— Operationale Zielsetzung

7
Verhaltensorientiertes
Beeinflussungsmodell

8
Text-Gestaltung

— Geistige Baupläne (= Denkmuster)

— Gliederungsmuster:

- Dezimale Gliederung
- Klassische Gliederung

— Text-Sorten:
Beschreibung, Bericht, Erörterung, Brief
Protokoll, Aktennotiz u. a.;
Nachricht, Bericht, Reportage,
Kommentar u. a.;
Anzeige, Prospekt, Werbebrief u. a.

— Text-unterstützendes Mittel „Bild"

- Wichtige Bildfunktionen
- Bildsorten (z. B. Sachbild, Handlungsbild;
  Tabelle, Diagramm, Schaubild u. a.)
- Zusammenwirken „Bild—Text"
- Beurteilung „Bild—Bildtext"

9

— Text-Mittel
z. B. Brief, Prospekt, Bedienungsanleitung
u. a.

10

— Text-Träger (= Medien)
wie Tageszeitung, Illustrierte u. a.

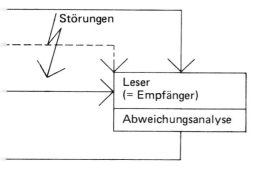

3
Leser (= Zielperson/Zielgruppe)

- Zielgruppen-Analyse
  Merkmalgruppen:
  - Sozio-demographische Merkmale
  - Psychologisch-sozialpsych. Merkmale
  - Wirtschaftliche Merkmale
  - Geographische Merkmale
  - Funktionskreis
    „Weltzuwendung — Weltbegreifen —
    Weltgestaltung":
    Einstellung(en), Rolle und Rang,
    Erwartung, Anspruchsniveau, Image;
    Motiv/Bedürfnis, Motivation/Bedürfnisse;
    Stimmung, Tiefenseelische Funktionen,
    Erbanlagen

- Merkmal-Erweiterung
  - Diffusion (→ Leser)
  - Themen-Lebenszyklus
    (→ Produkt-Lebenszyklus)
  - Problem(e) (→ Leser, Thema)

5
Zielgruppen-Bestimmung
(→ schriftlich, operational)

Bild 3:
Wichtige Wirkfaktoren
zielorientierter Text-
kommunikation (bewährte
Reihenfolge der
Arbeitsschritte: 1—10)

Buch o. ä.), Text-Träger (z. B. Zeitung, Mitteilungsblatt) und andere mehr. Diese komplexe Kommunikations-Situation werden wir auf den nächsten Seiten gründlicher betrachten; denn ihr können wir wichtige Grundinformationen entnehmen für die spätere Text-Planung und Text-Gestaltung.

Übrigens, Kommunikation findet man nicht nur zwischen Menschen, sondern auch im Tierreich und ebenso in der Technik, z. B. in der Nachrichtentechnik: als Nachrichtenaustausch zwischen Menschen und technischer Einrichtung (= „Mensch-Maschine-Kommunikation") oder als Nachrichtenaustausch innerhalb technischer Einrichtungen.

Verlassen wir an dieser Stelle für wenige Minuten die bisher ernsthaften Betrachtungen und lassen Sie uns „Kommunikation" mal unter humorvollem Blickwinkel entspannend betrachten:

„Kommunikation"

Befehl des Obersten an den diensttuenden Offizier:
Morgen abend gegen 20.00 Uhr ist von hier aus der Halleysche Komet sichtbar. Dieses Ereignis tritt nur alle 75 Jahre ein. Veranlassen Sie, daß sich die Leute auf dem Kasernenplatz in Drillichanzügen einfinden. Ich werde Ihnen dann diese seltene Erscheinung erklären. Wenn es regnet, sollen sich die Leute im Kasernenkino einfinden. Ich werde ihnen dann Filme dieser Erscheinung zeigen.

Befehl des diensttuenden Offiziers an seine Kompaniechefs:
Auf Befehl des Herrn Obersten wird morgen um 20.00 Uhr der Halleysche Komet hier erscheinen. Lassen Sie die Leute bei Regen in Drillichanzügen antreten und marschieren Sie zum Kino, wo diese seltene Erscheinung stattfinden wird, die nur alle 75 Jahre eintritt.

Befehl eines Kompaniechefs an seine Leutnante:
Auf Befehl des Herrn Oberst ist morgen um 20.00 Uhr Dienst im Drillichanzug. Der berühmte Halleysche Komet wird im Kino erscheinen. Falls es regnet, wird der Herr Oberst einen anderen Befehl erteilen, etwas, das nur alle 75 Jahre eintritt.

Befehl eines Leutnants an seine Feldwebel:
Morgen um 20.00 Uhr wird der Herr Oberst im Kino zusammen mit dem Halleyschen Kometen auftreten. Dieses Ereignis tritt nur alle 75 Jahre ein. Falls es regnet, wird der Herr Oberst dem Komet die Anweisung geben, bei uns hier zu erscheinen.

Befehl eines Feldwebels an seine Unteroffiziere:
Wenn es morgen um 20.00 Uhr regnet, wird der berühmte 75 Jahre alte General

Halley im Drillichanzug und in Begleitung des Herrn Obersten seinen Kometen durch unser Kasernenkino fahren lassen.

Befehl eines Unteroffiziers an seine Mannschaften:
Stillgestanden! Wenn es morgen um 20.00 Uhr regnet, wird der 75jährige General Halley in Begleitung des Herrn Obersten einen Kometen fahren lassen. Ich bitte mir respektvolles Benehmen aus. Wegtreten!"

Damit also ein Kommunikationsprozeß zustande kommen kann und die einzelnen Faktoren im Kommunikationsfeld wirksam werden können, ist ein Phänomen unentbehrlich: verstehbare ,,Sprache" — als gesprochenes oder geschriebenes Wort.

Zum Begriff ,,Sprache"

,,Sprache" — sie läßt sich aus sprachphilosophischer Sicht weiträumiger so bestimmen: ,,Sprache ist ein vielgestaltiges und feinsinniges Mittel, das vornehmlich der zwischenmenschlichen Verständigung dient; Sprache ermöglicht es aber auch, Selbstgespräche zu führen, ferner unsere Umwelt, die menschliche Innenwelt sowie die Über-Wirklichkeit auszudrücken, etwa durch: Laute (→ Lautsprache), Zeichen (→ Zeichensprache) oder Gebärden (→ Gebärdensprache). Die Sprache — höchste Erscheinungsform des subjektiven und objektiven Geistes — baut, prägt und bewahrt unser Weltbild."

Mit dieser etwas stiefmütterlich anmutenden Antwort wollen wir uns begnügen; denn aus Raumgründen ist eine ausführlichere Darstellung leider nicht möglich.

Ein klärendes Wort aber ist noch zu zwei Begriffen notwendig, die innig mit der Sprache verquickt sind, nämlich: ,,Text" und ,,Denken".

Der ,,Text"

Beheimatet im Begriffsfeld ,,Sprache" ist der kleinräumigere Begriff ,,Text".

,,Text": Darunter sei hier verstanden eine größere sprachliche Einheit — vornehmlich in schriftlicher Form (aber auch in mündlicher Form) —, bestehend stets aus mehreren Sätzen (= Gedanken), die in sinnvoller Reihenfolge angeordnet sind und deshalb einen Sinnzusammenhang ergeben. Die Sätze eines Textes stehen also inhaltlich niemals isoliert nebeneinander und können daher nicht willkürlich miteinander vertauscht werden.

Mit ,,Sprache" und so auch mit ,,Text" innig verwoben ist: das Denken.

Das „Denken"

Im erweiterten Sinne sei damit folgendes gemeint: Denken ist die Fähigkeit des Menschen, durch kritisch-prüfenden Verstand oder schöpferische Geisteskraft das eigene Ich und andere Menschen in ihrem Sein zu erfassen sowie Undurchsichtiges bzw. Unklares in der Welt (z. B. Zustände, Vorgänge, Situationen, Probleme, Phänomene und Beziehungen) aufzuhellen, es zu klären. An den verschiedenartigen Denkprozessen — wie Begriffsbildung, kritischem, kausalem und schöpferischem Denken — sind stets beteiligt: Meinungen, Vorstellungen, Erfahrungen, Assoziationen, Träume und das Sicherinnern. So beeinflußt Denken weitgehend unser Verhalten, unser Planen und Handeln.

Das erzielte Denkergebnis wird den Mitmenschen durch Zeichen (etwa Sprache, Schrift, Mimik oder Gestik) übermittelt.

Als einfachsten Denkakt kennen wir den „Begriff", z. B. Hund, Baum, Freiheit und anderes mehr. Ein Begriff kann — je nach Lebensalter, Denkvermögen und Bildung eines Menschen — verschiedene gedankliche Schärfegrade aufweisen; denn als Denkinhalt, der oft entfernt ist vom Anschaulichen und Konkreten, vereint er in sich zumeist mehrere Einzelmerkmale eines Gegenstandes (z. B. Baum) oder eines Lebewesens (etwa Hund). — Dazu ein bekanntes Beispiel: Ein Kleinkind bezeichnet jedes größere Tier mit vier Beinen (= gemeinsame Wesenseigenschaften) als „Wauwau"; dieser verschwommene Begriff aber wird für das Kind mit zunehmendem Lebensalter enger und schärfer; es beginnt schrittweise genauer zu unterscheiden, etwa zwischen „Hund", „Katze", „Hase" und anderen Vierbeinern.

Aus philosophischer Sicht kann man darum das „Denken" begrifflich verstehen als: das innerliche und aktive „Schalten" und „Walten" mit Bewußtseinsinhalten, nämlich mit eigenen Begriffen, Vorstellungen, Gefühls- und Willensregungen, mit Erwartungen u. a. m. — In einem so komplexen Denkgeschehen vollzieht sich ständig ein Trennen und Verknüpfen von Bewußtseinsinhalten, sprachlich letztlich faßbar in der Gestalt wort- oder schriftgewordener Gedanken. So wird das Wort zum „Zeichen" für das, was man jeweils denkt, erlebt, will. Mithin steht ein Wort zwischen dem Bewußtseinsinhalt — und — dem gemeinten Ding; ein Beispiel:

Bewußtseinsinhalt „Tisch" ↔ *Wort* „Tisch" ↔ *Ding* „Tisch"
(= Vorstellung)   (= Zeichen)   (= Erzeugnis)

Nach diesem gerafften Blick auf das Kommunikationsfeld (Bild 3) sowie auf einige verständnisfördernde Grundbegriffe (→ Kommunikation, Sprache, Text, Denken), wenden wir uns jetzt eingehender den Wirkfaktoren im Kommunikationsfeld zu, z. B. dem Selbstbild des Schreibers, Thema/Titel, der Zielgruppe, Zielsetzung und etlichem anderen mehr.

2.3.4.1 Selbstbild des Schreibers

Kennen Sie die Bewußtheit, die sich mitunter im erlebnishaften Halbdunkel einstellt, wenn man einen bedeutsameren Text fertiggestellt hat? Er wird dann gefühlshaft manchmal so wahrgenommen: „Dieser Text — hmm —; mit ihm bin ich nicht so recht zufrieden, nicht ganz glücklich ...". Ein solcher Text entspricht also nicht, so sagt man mitunter, dem eigenen „inneren Gesicht". Man könnte aber ebenso sagen: Er liegt mehr oder weniger neben dem eigenen „Selbstbild". Insofern sollten wir das Selbstbild (= Selbst-Image) als Wirkfaktor in das nuancenreiche Feld einbeziehen und ihm, je nach dem darzustellenden Thema, im Gesamt-Wirkungsgefüge den angemessenen Wert zugestehen.

Als „Selbst" wird hier allgemein die Eigenart einer Person verstanden, die in ihren Grundzügen als weitgehend vorgegeben gedacht wird, und zwar im Hinblick auf ihr Denken, Erleben und Verhalten; im Selbstbild offenbart sich eine Vorstellung von der eigenen Gesamtperson in einer recht konkret-anschaulichen Weise, gewissermaßen ein Spiegelbild: äußerlich und innerlich.

Aus eigener Lebensbeobachtung und Erfahrung wissen wir, daß man bei einem Selbstbild zwei Aspekte unterscheiden kann:

o das äußere Bild
  Wir lernen es als dynamische Gesamtgestalt eingehender und kritisch-beschaulicher kennen, etwa als Aufzeichnung durch den Video-Recorder, z. B. bei Rhetorik-Übungen; das bis dahin mitunter „ideal-geschönte" äußere Selbstbild tritt uns jetzt plötzlich als eine befremdende Wirklichkeit gegenüber, mit der man sich in manchen (wichtigen) Einzelheiten erst herantastend befreunden muß (z. B. mit lascher Körperhaltung);

o das innere Bild
  Sein Kernstück ist jene bereits angesprochene „individuelle Eigenart" der Persönlichkeit, die im Wechselbezug zu anderen Menschen (= Mitwelt) sowie zu den Gegenständen (= Umwelt) steht und die bewußt und kernhaft erlebt wird als „Ich": als Träger seiner geistig-seelisch-leiblichen Ganzheit; dabei entwickelt das Ich erfahrungsgemäß ein waches Bewußtsein seiner wertgerichteten Stetigkeit (= Kontinuität) über Zeit und Raum — stabile Grundlage des Selbstwertgefühls. In ihm finden sich verschiedenartige individualbezogene Werte, ausgerichtet z. B. auf:

  — Ethik und Moral
    = faßbar etwa als bekenntnishafte Tugenden (z. B. Besonnenheit, Tapferkeit, Gerechtigkeit; Wahrheit, Zuverlässigkeit, Bescheidenheit, Aufrichtigkeit o. a.); eng damit verbunden ist verhaltensorientiert die Stilfrage (s. S. 401 ff.);

- Güter (z. B. Gegenstände) unserer Umwelt
  = ihnen verleihen wir jeweils einen unterschiedlichen Wert (etwa den Wert des Nützlichen, Angenehmen, Brauchbaren);

- Ästhetik
  = das nachspürende Erleben des Schönen, seines Wesens, seiner Formen und Gesetze;

- Leistung
  = der willentliche, oft gebündelte Einsatz von Wissen und Erfahrung im Lebensumfeld, um ein bestimmtes erstrebenswertes Ziel zu erreichen —, möglichst in einer angemessenen knappen Zeit; zudem aber auch das Bewußtsein um die eigenen Grenzen und eingezäunten Möglichkeiten.

Alles das — bald mehr dieses, bald mehr jenes — geht ein in unsere Schreibe, so der jeweilige Inhalt an Bedeutung gewinnt und damit zunehmend erlebnishaft zum Spiegelbild unseres Ich wird — unseres Selbstbildes.

Darum ist ein jeder von uns gut beraten, wenn er sich als Schreiber (oder Redner) fortan mehr Klarheit über sein Selbstbild verschafft, willentlich mehr Bewußtheit über seine sittlich-moralische und wertorientierte Grundposition, mehr Einsicht in die Möglichkeiten und Grenzzonen seines Ich: um zum einen bei bedeutsamen Text-Aufgaben das ganze Gewicht seiner Persönlichkeit voll einzusetzen und es wirksam werden zu lassen, volle Individualkraft einzusetzen und sie sinnvoll zu nutzen —, um zum anderen bedachtsam auf die Grenzen zu achten, die einem von der eigenen Natur und des öfteren von einer besonderen Situation gesetzt sind.

2.3.4.2 ,,Thema" und ,,Titel"

Zum ,,Thema"

Wenn irgendeine Textarbeit ansteht, befassen wir uns ,,automatisch" etwas mehr mit dem ,,Thema", ohne jedoch gleich eine ausgedehnte Stoffsammlung zu beginnen. Denken wir an unser Arbeitsbeispiel: ,,Sport — Persönlichkeit"; wir werden uns also mit diesem Thema näher befassen, z. B. mit dem Begriff ,,Persönlichkeit", mit dem Sinn und Wesen des ,,Sportes" sowie mit einigen Sportarten, die auf die Persönlichkeit formend einzuwirken vermögen — und mit manchem anderen. Erfahrungsgemäß gewinnt dabei das ,,Thema" schrittweise an geistiger Klarheit: der Gesamt-Inhalt wird deutlicher, und meist werden dabei auch die Grenzen des Themas sichtbar; nicht selten schiebt sich gleichzeitig eine deutlichere Text-Fassung des Themas in unser geistiges Blickfeld — in Richtung ,,Titel".

Im Alltag verwendet man die Begriffe „Thema" und „Titel" oft gleichbedeutend, sieht also in den beiden verschiedenartigen Wörtern keine wesentlichen Unterschiede und kann diese daher bei geistig-textlicher Vorarbeit weder bedenken noch berücksichtigen. — Dies aber ist insbesondere dann nachteilig, wenn ein Text (z. B. ein umfangreicher Bericht oder ein längerer Fachbeitrag) präzis, zielgerichtet und zeitsparend geplant werden soll oder muß.

Warum nachteilig? Da eben zwischen „Thema" und „Titel" ein bemerkenswerter Unterschied besteht. Mit „Thema" meint man in der Text-Kommunikation allgemein und hauptsächlich

○ den Darstellungsgegenstand (= das „Was"), gelegentlich aber auch eingeschränkt —
○ den Haupt- oder Leitgedanken in einem Text.

Ein Thema (griech. = etwas hinsetzen) — also ein „Darstellungsgegenstand" — kann irgendetwas von alledem sein, was insgesamt „Welt" ist (Bild 4).

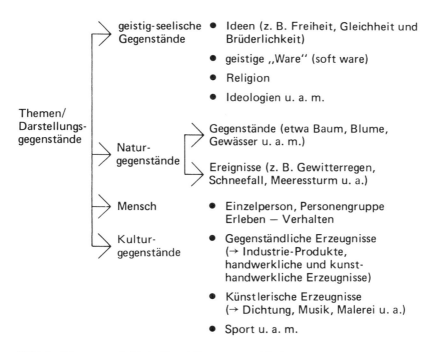

Bild 4: Themengerichtete Darstellungsgegenstände

Einige Beispiele für „Themen":

- Thema „Brüderlichkeit"
- Thema „Baum"
- Thema „Bergarbeiter"
- Thema „Staubsauger"

- Thema „Sport"
- Thema „Persönlichkeit"
- Thema „Sport — Persönlichkeit"

Zum „Titel"

Sobald wir uns näher mit dem jeweiligen Thema befassen, wir dabei tiefer in den „Darstellungsgegenstand", in seinen Stoff eindringen, gewinnt er geistig an Struktur, an gedanklicher und auch sprachlicher Präzision. Und, meist mit bewußtem Blick auf den voraussichtlichen Leser unseres Textes, verengt sich das zuerst noch ausgeweitete Thema nun allmählich — zum „Titel". Mithin wird ein Thema erst immer dann zum „Titel", wenn wir den Darstellungsgegenstand stofflich einengen, ihn etwa von einem bestimmten Blickwinkel aus betrachten oder dabei einen besonderen Akzent setzen.

Auch dazu einige Beispiele:

Themen	Titel
Der Gewitterregen	Gewitterregen auf einer Berghütte
Das Hochhaus	Ein Hochhaus in der Dorfmitte?
Der Rhein	Die Verschmutzung des Niederrheines bei X.
Sport — Persönlichkeit	Sport formt die Persönlichkeit

Übrigens, mit „Titel" wird des öfteren auch die „Überschrift" gemeint, z. B. die Überschrift eines Berichtes, eines Fachbeitrages oder einer anderen Textarbeit.

Titel — Untertitel

Wenn man als Schreiber meint, der gewählte Titel sei für den Leser vermutlich etwas zu allgemein oder noch erklärungsbedürftig, dann empfiehlt es sich, zusätzlich einen „Untertitel" zu setzen.

Beispiele:

Titel: „Sport formt die Persönlichkeit"
Untertitel: „Dargestellt an Beispielen aus der Leichtathletik"

Titel: „Zielgerichtete Kundenbriefe"
Untertitel: „Tips für die Argumentation"

Einsichten und Erfahrungen

○ „Thema" und „Titel" sollte man in der aufgezeigten Weise klar voneinander unterscheiden, um bald zu Beginn geistiger Arbeit den Titel bzw. Arbeitstitel (= vorläufiger Titel) zu setzen und dadurch das weite Stoffeld des Themas/ Darstellungsgegenstandes gedanklich zu verkleinern und es einzugrenzen;

○ ein zu Beginn geistiger Arbeit gesetzter klarer Titel bzw. Arbeitstitel bringt für die weitere Denk- und Schreibarbeit noch andere Vorteile, etwa: die Leser (= Zielgruppe) lassen sich dann schneller und präziser bestimmen, die Zielsetzung läßt sich leichter formulieren; und bei der späteren Stoffsammlung werden Zeit wie auch Mühe eingespart, da der anfangs meist ausufernde Themenstrom durch den Titel recht schnell und deutlich eingegrenzt und in ein gedanklich tragfähiges „Fahrwasser" gelenkt wird;

○ ein Titel erhält stets dann einen stärkeren Lese-Anreiz, wenn man darin ein wichtiges Interesse, Motiv oder Problem der voraussichtlichen Leser anspricht.

2.3.4.3 Zum Leser (= Zielperson, Zielgruppe) Feinziele

Dieser Abschnitt will Sie vertraut machen hauptsächlich mit:

— dem Zusammenhang zwischen „Thema/Titel — Leser — Ziel";

— den Begriffen „Zielperson — Zielgruppe";

— der Zielgruppen-Analyse, und zwar mit den vier Merkmalgruppen
  — Sozio-demographische Merkmalgruppe
  — Psychologisch-sozialpsychologische Merkmalgruppe
  — Wirtschaftliche Merkmalgruppe
  — Geographische Merkmalgruppe

— einer vertiefenden Betrachtung der psychologisch-sozialpsychologischen Merkmalgruppe, verdeutlicht am Funktionskreis „Weltzuwendung — Weltbegreifen — Weltgestalten";

— der Zielgruppen-Bestimmung, wobei in die Darstellung einbezogen werden: die Diffusion, der Themen-Lebenszyklus (→ Produkt-Lebenszyklus) und das leser- bzw. themenorientierte Problem; abschließend finden Sie einige Vermerke zur schriftlichen Festlegung der Zielgruppen-Bestimmung.

2.3.4.3.1 Zusammenhang: „Thema/Titel — Leser — Ziel"

Wie wir aus der Praxis zur Genüge wissen, wird vor dem Beginn einer Textarbeit meist an dreierlei gedacht, an: das Thema bzw. den Titel/Arbeitstitel (z. B. „Sport formt die Persönlichkeit") — den Leser (etwa vornehmlich gerichtet an die jüngeren Mitglieder des Sportvereins X; vielleicht zusätzlich noch an die meinungsbeeinflussenden „Vereinsfunktionäre") — und an das Ziel (z. B. man beabsichtigt, durch den Fachbeitrag den Leser vorrangig zu beeinflussen oder aber ihn nur zu informieren). An diese drei Gesichtspunkte denkt man, ohne sich gleich in eine vertiefende Betrachtung der jeweiligen Zielgruppe zu versenken. Man bleibt mithin erfahrungsgemäß vorerst bei einer oberflächlicheren und damit recht unklaren Vorstellung von der Zielgruppe — und begnügt sich fürs erste damit.

Beabsichtigen wir jedoch ernsthaft, das genannte Thema „zielgruppenorientiert" darzustellen — nämlich klar ausgerichtet auf einige wesentliche Besonderheiten der Zielgruppe —, dann kommt man nicht umhin, die meist unklare Zielgruppen-Vorstellung um einige Schärfegrade zu verdeutlichen; denn erst dann wird es möglich, mit dem Text gedanklich in gewichtigen Merkmalen der Zielgruppe (etwa in psychologisch-sozialpsychologischen Merkmalen und/oder soziodemographischen Merkmalen) wie in „Ösen" einzuhaken.

Was bleibt uns also anderes übrig, als die Zielgruppe „zergliedernd" zu betrachten: sie zu analysieren. So können wir über diesen Weg aus dem unsicheren Halbdunkel an Information herausfinden zu mehr Klarheit, kommen näher an vorerst noch verschleierte Wahrheiten heran. Erfahrungsgemäß drängen sich uns in einer solchen Situation unvermittelt einige Fragen unabweisbar auf, Fragen wie:

○ An welche Lesegruppe(n) wendet sich vorrangig der Titel (z. B. ein Produkt, der Beitrag „Sport formt die Persönlichkeit" o. a.) meines Beitrages?

○ Nach welchen Merkmalen oder Merkmalgruppen kann ich die Lesergruppe(n) analysieren?

○ Was sollte man nach vollzogener Zielgruppen-Analyse bedenken, wenn danach endgültig die Lesergruppe festzulegen ist —, also man die Zielgruppen-Bestimmung vornehmen muß?

○ Was eigentlich bedeutet „Zielperson — Zielgruppe"?

Und andere Fragen mehr.

Greifen wir von diesen vier Fragen zunächst die letzte auf.

Begriffe „Zielperson — Zielgruppe"
In der Text-Kommunikation hat es sich seit längerem eingebürgert, weniger vom „Leser" als vielmehr von der „Zielperson" und „Zielgruppe" zu sprechen.

Mit „Zielperson" ist gemeint: der einzelne Empfänger des jeweiligen ausgesendeten Textes, also der Leser, bei dem durch den Text in der Regel eine bestimmte Wirkung erzielt werden soll.

Im Unterschied dazu versteht man unter „Zielgruppe" zwei oder mehrere Empfänger (= Leser), an die z. B. eine textliche Mitteilung zielorientiert gerichtet wird. — Zielgruppen können alle Arten sozialer Gruppen sein, sie können unterschiedliche Merkmale aufweisen und im Hinblick auf bestimmte Merkmale (etwa Bedürfnisse/Motivation, Einstellungen, Gewohnheiten u. a.) entweder weitgehend gleichgeartet (= homogen) oder ungleichartig (= heterogen) sein.

Merkmalgruppen für die Zielgruppen-Analyse (Bild 5, S. 42/43)

Gibt es ein „Rezept", um einigermaßen mühelos und zeitsparend die Zielgruppe durchleuchten zu können? „Rezepte" sind im Bereich der Text-Kommunikation leider kaum vorhanden. Aber man kennt seit Jahren mehrere „Zielgruppen-Merkmale" bzw. „Merkmal-Gruppen", die es einem ermöglichen, die Zielgruppen-Analyse sorgfältig und dennoch zeitsparend durchzuführen. Jene Merkmalgruppen — vier an der Zahl — bewähren sich seit längerem als arbeitsmethodische Hilfe, etwa in der Marktpsychologie, in den Public Relations (= Öffentlichkeitsarbeit), in der Werbung — und nicht zuletzt auch in zeitgemäßer Text-Kommunikation. — Die erwähnte Arbeitshilfe (Bild 5) gibt Ihnen beim Analysieren rasch einen Überblick über die verschiedenen Merkmalgruppen, erleichtert den Quervergleich bei zwei oder mehreren Zielgruppen (z. B. das Herausfinden gemeinsamer Merkmale) und erleichtert ferner nach abgeschlossener Analyse die endgültige Zielgruppen-Bestimmung. In diese Darstellung ist das Arbeitsbeispiel „Sport formt die Persönlichkeit" eingebracht (○).

Zu jenen vier besagten Gruppen zählen:

2.3.4.3.2 Die Sozio-demographische Merkmalgruppe

= quantitative Merkmale, die beschreibend den Zustand, die Zusammensetzung und die Veränderung einer Bevölkerung (einschließlich gesellschaftlicher Aspekte) verdeutlichen; hierher gehören z. B. Merkmale, wie

○ Bevölkerungsgröße

○ Bevölkerungsbewegung (etwa Geburten, Sterbefälle, Wanderungen)

Ziel-gruppe(n)	Merkmal-gruppen			
	Zielgruppen-Merkmale			
	Sozio-demographische Merkmalgruppen	psychol.-sozialpsychol. Merkmalgruppen	Wirtschaftliche Merkmalgruppen	

Zielgruppe I	• Gesamtzahl
	  ○ 140 Personen
	• Lebensalter
	  ○ 15 — 25 Jahre
	• Geschlecht
	  männlich
	  ○ 80 %
	  weiblich
	  ○ 20 %
	• Zivilstand
	  ledig
	  ○ 95 %
	  verheiratet
	  ○ 5 %
	• Ausbildung
	  ○ Industriearbeiter
	    Lehrlinge
	  ○ Oberschüler
	  ○ Studenten
	• Beruf(e)
	  ○ Industriearbeiter
	  ○ Handwerker
	• Funktion(en)
	  ○ Arbeiter
	  ○ Gesellen
	• soziale Schicht
	  Unterschicht
	  ○ Mittelschicht
	  Oberschicht
	• Einkommen
	  ○ 1000 — 1400,— DM
	• Staatsangehörigkeit
	  ○ deutsch
	• Religion
	  ○ Protestanten
	  ○ Katholiken
	
	• Problem
		• Motiv/Bedürfnis
		• Motivation/Bedürfnisse
		  ○ Prestige
		  ○ Leistung (→ Sport)
		• Meinungsbildungs-
		  prozeß:
		    Sender
		    Beeinflusser
		    Entscheider
		• Lernbereitschaft
		  ○ klein
		    mittel
		    groß
		• Stimmung
		• Einstellung(en)
		  kognitive Kompo-
		  nente
		  ○ geringes Wissen
		    über „Persönlich-
		    keit" und
		    charakterbildende
		    Kraft des Sportes
		  affektive Kompo-
		  nente
		  psychomotor.
		  Komponente
		  ○ starke Bereitschaft
		    zu bewußter
		    Persönlichkeits-
		    bildung
		• Rang und Rolle
		• Erwartung
		  klein
		  mittel
		  ○ groß
		• Diffusion/Phase
		  ○ Innovatoren
		  ○ frühe Übernehmer
		    frühe Mehrheit
		    späte Mehrheit
		    Nachzügler
		• Problem
		  ○ Widerspruch:
		    geringe Lern-
		    bereitschaft —
		    große Erwartung
			• Gesamtmarkt
			  Teilmarkt
			• Institutionen
			  private Haushalte u. a.
			• Wirtschaftssektoren
			• Güter-Art
			• Bedarf
			• Kaufkraft
			• Nachfrage
			• Zahlungsfähigkeit
			
			PS
			Wirtschaftl.
			Merkmalgruppen:
			unzutreffend
			
			• Problem	

Bild 5: Zielgruppen-Analyse; Beispiel: „Sport formt die Persönlichkeit"

Geographische Merkmalgruppen	Phase des Themen-Lebenszyklus (→ Produkt-Lebensz.)	Kommunikations-mittel	Kommunikations-träger
● Region (→ Staat, Bundesland) ○ Bayern ● Siedlungsstruktur (z. B. Orte mit 1000 Einwohnern; City-Lage, Dorf-Lage u. a.) ● Wohngebiet(e) ○ Erlangen (80 %) ○ Büchenbach und Frauenaurach (20 %) ● klimat. Bedingungen (→ Temperatur, Luftfeuchtigkeit, Niederschläge u. a.) ● landschaftl. Bedin- gungen (→ Bodenformen, Gewässer, Vegetation, Verkehrswege u. a.)	● Einführung ○ ● Wachstum ● Reife ● Sättigung ● Abschwung	● Buch ● Beilage ● Informations- folge ● Druckschrift ● Plakat ● Brief ● Anzeige ● Beschreibung ● Bericht ● Facharbeit (= Fachaufsatz u. a.) ○ ● u. a. Mittel	● Zeitung A. ● Zeitung X. ● Zeitschrift A. ● Zeitschrift X. ● Illustrierte A. ● Illustrierte X. ● Mitteilungsblatt A. ○ ● Mitteilungsblatt X. ● Plakatsäule ● u. a. Träger
● Problem		● Problem	● Problem

● = zutreffendes Merkmal (→ Arbeitsbeispiel)

- Bevölkerungsaufbau:
  - Lebensalter
  - Geschlecht
  - Zivilstand
    (z. B. ledig, verheiratet,
    verwitwet, geschieden)
  - Familie
    (etwa Gesamtzahl, Größe o. ä.)
  - Ausbildung/Studium
    (z. B. Betriebswirt)
  - Beruf
    (z. B. kaufmännischer Angestellter,
    Schlosser, Hausfrau u. a.)
  - Funktion
    (etwa Marketing-Leiter)
  - (Dienst)Grad
    (etwa Prokurist)
  - soziale Schicht
    (z. B. Mittelschicht)

- Einkommen

- Staatsangehörigkeit

- Religion

2.3.4.3.3 Die Psychologisch-sozialpsychologische Merkmalgruppe

- Psychologische Merkmale
  = qualitative Merkmale, die das Welt-Erleben des Lesers sowie sein auf die Umwelt gerichtetes Wollen und Verhalten charakterisieren; dabei denke man z. B. an:
  - Motiv/Bedürfnis — Motivation/Bedürfnisse
  - Informationsprozeß
  - Meinungsbildungsprozeß ⎫
  - Kaufprozeß ⎭ → Sender — Beeinflusser — Entscheider
  - Lernbereitschaft (Grad der Lernbereitschaft)
  - Stimmung

- Sozialpsychologische Merkmale
  = Merkmale, mit denen hauptsächlich die Beziehungen eines Individuums oder von Gruppen zu einem Mitmenschen bzw. zu anderen Gruppen in der Umwelt aufgehellt werden; hierbei gilt das besondere Interesse den Gebilden der Kultur (→ Sprache, Wirtschaft, Technik, Staat, Recht, Kunst, Gesellschaft u. a.), die aus jenem geistig-seelischen Beziehungsgeflecht entstanden sind oder entstehen; in Betracht kommen etwa:
  - die Einstellung (→ Komponenten der Einstellung); Rolle und Rang; Erwartung, Anspruchsniveau, Image;
  - Motiv/Bedürfnis, Motivation/Bedürfnisse; Stimmung, Tiefenseelische Funktionen, Erbanlagen;
  - Diffusion (→ Phase der „Eindringung" in die geistig-seelische Befindlichkeit der Zielperson/Zielgruppe u. a.

2.3.4.3.4 Die Wirtschaftliche Merkmalgruppe

= vornehmlich quantitative Merkmale, die alle jene Sachverhalte, Einrichtungen und Tätigkeiten beschreiben, mit denen die Bedürfnisse des Menschen durch Güter (= Produkte) und Dienstleistungen befriedigt werden; gedacht sei z. B. an:

○ Gesamtmarkt — Teilmarkt (Marktanteil)

○ Institutionen
  — private Haushalte (Einfamilienhaushalte, Einpersonenhaushalte, u. a.)
  — Öffentliche Anstalten
  — Gewerkschaften
  — Unternehmen/Betriebe (→ Groß-, Mittel-, Kleinbetriebe)

○ Wirtschaftssektoren
  — Primäre Sektoren: Landwirtschaft, Bergbau, Fischerei, Forstwirtschaft
  — Sekundäre Sektoren: Weiterverarbeitende Gewerbe (= ohne Primäre Sektoren, freie Berufe, künstlerische und wissenschaftliche Betätigung, Hauswirtschaft, Beamtendienste u. a.);
    Industrie (z. B. Maschinenbau, Elektro-Industrie, Chemische Industrie, Optische und Feinmechanische Industrie u. a.);
    Handwerk
  — Tertiäre Sektoren: Dienstleistungen, etwa Handel, Groß- und Einzelhandel, Banken, Börsen, Verkehr u. a.

○ Güter-Arten, Arten der Dienstleistung
  Lebenszyklus (→ Phasen eines materiellen Produktes oder immateriellen/geistigen Erzeugnisses im Markt)

○ Bedarf (z. B. Existenzbedarf, wie Nahrung, Bekleidung, Wohnung; Kulturbedarf: etwa Lebens- und Wohnkultur, Musik, Theater, Kunst u. a.; Luxusbedarf: etwa Yacht, Privatflugzeug u. ä.).

○ Kaufkraft

○ Nachfrage

○ Zahlungsfähigkeit

○ Abnehmer (→ voraussichtliche Kunden, Kunden, Nicht-Kunden)

○ Verwender (→ Selbstverwender, Nicht-Verwender, Weiterverarbeiter)

2.3.4.3.5 Die Geographische Merkmalgruppe

= Merkmale, die Auskunft geben im ausgeweiteten Sinn, unter anderem über die Geographie von Menschen, z. B. über Siedlungs-, Wirtschafts-, Sozial- und Politische Geographie; ferner über Länderkunde, etwa über Länder und Landschaften; so sind bei der Analyse z. B. diese Einzelmerkmale wissenswert:

○ Region (→ Staaten, Bundesländer)

○ Siedlungsstruktur
  → z. B. Orte mit 1000 Einwohnern, Orte mit über 100.000 Einwohnern usw.
  → etwa Dorflage, City-Lage, Stadtrandlage o. a.

○ klimatische Bedingungen
  z. B. Temperatur, Luftfeuchtigkeit, Niederschläge, Sonnendauer, Windrichtung u. a. m.

○ topographische Bedingungen
  etwa Angaben über die Bodenformen, Gewässer, über die Vegetation eines Landes; damit zusammenhängend etwa Verkehrswege, Verkehrsanbindungen u. a. m.

Eine Übersicht in solch gegliederter Art ermöglicht es uns: bestimmte Merkmale miteinander zu verbinden (etwa Sozio-demographische Merkmale mit dem einen oder anderen Merkmal aus der Psychologisch-sozialpsychologischen und/oder Wirtschaftlichen Merkmalgruppe) — und — darüber hinaus einen Schwerpunkt im Feld der verschiedenartigen Merkmale zu setzen. Zum Beispiel: als „Hauptzielgruppe" alle „Einpersonen-Haushalte", männlich und weiblich, bis zu einem bestimmten Einkommen (= Sozio-demografische Merkmale) festlegen — gleichzeitig bezogen auf Städte mit 100.000 Einwohnern und darüber (= Geographische Merkmale).

2.3.4.3.6 Statistische Materialquellen

„Amtliche" Auskunft über mehrere der aufgezeigten und zahlreichen Merkmale geben internationale wie nationale Institutionen und Behörden. So veröffentlichen z. B. folgende Stellen aufschlußreiches statistisches Material:

○ das Statistische Amt der Vereinten Nationen (New York);

○ der Statistische Dienst der OECD (Paris);

○ das Statistische Bundesamt der Bundesrepublik Deutschland; weithin bekannt ist das „Statistische Jahrbuch für die Bundesrepublik Deutschland", dieses

Standardwerk will „ . . . einen umfassenden Überblick über das gesellschaftliche und wirtschaftliche Leben . . ." der Bundesrepublik Deutschland vermitteln und damit „ . . . weiterführende Analysen . . ." ermöglichen.[3] In dieser Darstellung finden wir Abschnitte über Bevölkerung, Erwerbstätigkeit, Unternehmen und Arbeitsstätten, Land- und Forstwirtschaft, Fischerei, Rechtsfragen, Bildung und Kultur, Preise, Gesundheitswesen, Umweltschutz u. a. m.;

o die Deutsche Bundesbank; großes Interesse finden die „Monatsberichte";

o das Bundesministerium für Arbeit und Sozialordnung; monatlich erscheinen die „Arbeits- und Sozialstatistischen Mitteilungen";

o die Bundesanstalt für Arbeit; ebenfalls monatlich werden die „Amtliche Nachrichten" veröffentlicht;

o das Kraftfahrt-Bundesamt; es publiziert monatlich „Statistische Mitteilungen";

o die Statistischen Landesämter; bekannt sind die Jahrbücher der verschiedenen Bundesländer, wie Baden-Württemberg, Bayern, Hessen, Niedersachsen, Nordrhein-Westfalen, Berlin, Hamburg, Bremen u. a.

Je umfassender und präziser wir durch eine Breiten- und Tiefensicht die Zielgruppen-Analyse durchführen, desto zielklarer können wir später die Text- und Bildgestaltung vornehmen! Aus diesem Grunde wurden auf den zurückliegenden Seiten die vier Merkmalgruppen mit jeweils mehreren Einzelmerkmalen „aufgelistet"; so können Sie künftig jede Zielgruppen-Analyse mit Hilfe dieser checklistenartig dargestellten Merkmalgruppen je nach Erfordernis vornehmen: bald umfassender und tiefengegliedert –, bald eingeengt im Umfang und konzentriert auf nur wenige Merkmale.

2.3.4.3.7 Vertiefung der Psychologisch-sozialpsychologischen Merkmalgruppe

Unter den aufgezeigten vier unterschiedlichen Merkmalgruppen nimmt – bezogen auf die Text-Kommunikation – die Psychologisch-sozialpsychologische Merkmalgruppe eine besonders bedeutsame Stellung ein. Denn des öfteren läuft die Zielsetzung darauf hinaus, den Leser geistig-seelisch zu beeinflussen, also einzuwirken auf: seine Bedürfnisse/Motivation, seine Einstellungen, sein Image (z. B. von einem bestimmten Gegenstand, Erzeugnis oder von einer Person), seine Erwartungen oder andere psychologische Sachverhalte.

Wie mehrjährige didaktische Erfahrung gezeigt hat, erleichtert ein grafisches Grundmodell erkenntnismäßig den Zugang zu den unauslotbaren Bereichen

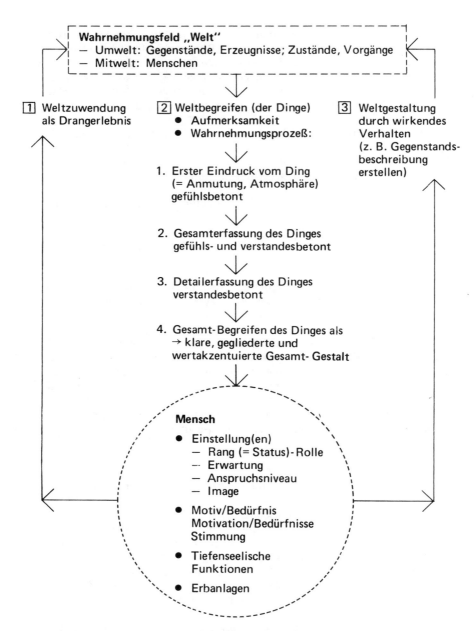

Bild 6: Funktionskreis „Weltzuwendung – Weltbegreifen – Weltgestaltung"

seelisch-geistigen Seins: der Funktionskreis „Weltzuwendung — Weltbegreifen — Weltgestaltung" (Bild 6); Philipp Lersch verwendete dieses Modell in seinem Vorlesungsmanuskript „Entwicklungspsychologie".[4] Im Hinblick auf die Zielsetzung dieses Sachbuches wurde das Modell um einige Aspekte erweitert und vertieft, so daß dadurch die Zusammenschau des Gesamtfeldes wie auch die Einsicht in wesentliche psychologische Einzelheiten und Prozesse leichter fällt.

2.3.4.3.8 Vermerke zum Funktionskreis „Weltzuwendung — Weltbegreifen — Weltgestaltung"

Diesem dynamischen Modell liegen folgende Gedanken zugrunde:

o Der Mensch ist und wird durch sein Bewußtsein: Er erlebt die Umwelt (= Gegenstände, Erzeugnisse u. a.) sowie die Mitwelt (= Mitmenschen) und hat bei alledem immer Bewußtsein auch von seinem Selbst;

o er, der Mensch, steht ununterbrochen in einem Wechsel- und Wirkungsbezug zur Welt: zu Umwelt (→ Gegenstände, Produkte, Geschehen u. a.), zur Mitwelt (→ Mitmenschen), zu Ideen und zum Über-Wirklichen;

o bei seiner „Weltzuwendung" — bewegt und gesteuert durch Motivation/ Bedürfnisse, Einstellungen, Images, tiefenseelische Funktionen und Erbanlagen — treten selektiv in sein Wahrnehmungsfeld: Gegenstände der Natur (etwa Blumen, Bäume, Gewässer u. a.), Erzeugnisse (z. B. Produkte aus Industrie und Handwerk, wie Seife, Kleidung, Möbel u. a.), Zustände und Vorgänge (etwa eine statische Ist-Situation oder eine dynamische Handlung);

o dabei beginnt und vollzieht sich das „Weltbegreifen" — angeregt durch das Phänomen „Aufmerksamkeit" und gelenkt durch die Selektivität (= interessebesetzte Auswahl) — als Einstieg in einen mehrstufigen Wahrnehmungsprozeß; im Verlaufe dieses Vorganges koordiniert das Selbst die verschiedenen Wirkgrößen und übernimmt eine steuernde Funktion bei der Meinungsbildung und Wertgebung, beim Urteilen, in Entscheidungssituationen sowie beim Verhalten, also: beim wirkenden Verhalten gegenüber Umwelt, Mitwelt und Über-Wirklichkeit;

o das so vollzogene „Weltbegreifen" der jeweiligen Dinge (z. B. einer alten Eiche) beeinflußt in der Regel das Verhalten des Menschen;

o in vielen Fällen reagiert der Mensch darauf in einer zweckorientierten Weise, und zwar im Sinne von „Weltgestaltung"; so kann aus seinem wirkenden Verhalten etwa eine Erlebnisschilderung entstehen, vielleicht unter dem Titel „Unsere alte Dorfeiche bekommt ‚Krücken' ".

Bei dem besagten Wechsel- und Wirkungsbezug zur Welt sind im Menschen, wie schon angedeutet, mehrere Faktoren orientierend, wertend, drängend und steuernd wirksam, so etwa: Einstellungen, Images, Bedürfnisse/Motivation, Stimmungen und Erbanlagen. Darum wollen wir uns im weiteren mit einigen dieser wesentlichen psychologischen Wirkfaktoren näher befassen, denen in der Text-Kommunikation stets dann eine erhebliche Bedeutung zukommt, wenn unsere Schreibe beim Leser psychologisch-sozialpsychologisch „greifen" soll. — Natürlich muß sich eine solche Darstellung im engen Rahmen dieses Sachbuches auf ein begrenztes Mindestwissen beschränken; doch dürfte es für zahlreiche Praxisfälle ausreichen, um einen Gebrauchstext zielwirksam gestalten zu können.

Zum Bereich der „Einstellungen"

Bei jenem dynamischen Bezug zur Welt tritt der Mensch, genauer betrachtet, zu sehr unterschiedlichen Dingen in Kontakt, etwa zu: Mitmenschen, Gegenständen, Erzeugnissen, Zuständen, Vorgängen, Ideen, Meinungen, Vorstellungen und anderem. Mithin sind sein Erleben, Denken, Fühlen, Wollen, seine Erfahrungen, Erwartungen, Überzeugungen, Interessen, Hoffnungen, Befürchtungen, Vorurteile und manches andere individuell und zeitlich ausgerichtet auf jene Dinge und Sachverhalte der Um- und Mitwelt. Dabei bildet sich der Mensch, gründend oft in persönlichen Erlebnissen und Erfahrungen, über die einzelnen Dinge eine Meinung, ein Urteil — eine „Einstellung".

Was ist eine Einstellung?

Unter „Einstellung" versteht man im allgemeinen: die Wahrnehmungsorientierung und Reaktionsbereitschaft eines Menschen, bezogen auf ein bestimmtes Subjekt, auf ein Objekt, eine Idee — oder bezogen auf eine bestimmte Gruppe von Menschen bzw. eine bestimmte Klasse von Objekten. Einstellungen sind in der Regel wertorientiert und affektiv. Da meist in persönlichen Erlebnissen und Erfahrungen gründend, haben sie eine starke Tendenz zur Beständigkeit und Dauerhaftigkeit —, zeigen also hartnäckige Widerstandskraft gegen jedweden Versuch, sie ändern zu wollen.

Da man Einstellungen nicht unmittelbar beobachten kann, muß man sie aus dem beobachtbaren Verhalten erschließen (z. B. aus Meinungsäußerungen, Gestik, Mimik, physiologischen Veränderungen oder Handlungsfolgen); daher zählen sie zu den hypothetischen Konstrukten.

Wichtige Funktionen der Einstellung

Einstellungen haben vor allem dann eine wirksame Funktion (= Aufgabe; Wirkung), wenn das Individuum mit seiner sozialen Umwelt in Kontakt tritt. Grundsätzlich spricht man den Einstellungen eine „Filterfunktion" zu, da sie z. B. steuernd darüber mitentscheiden, ob man ein bestimmtes Ding beachtet oder nicht — und wenn, dann in welchem Maße und welcher Weise. Nach M. J. Mac Guire unterscheiden wir vier Funktionen der Einstellung:

1. die utilitaristische Funktion — Einstellungen vermögen uns auf Dinge hin auszurichten, die für uns oder andere einen bestimmten Wert darstellen. Ein Beispiel: Ein Mensch übernimmt die Einstellung eines Mitmenschen oder einer Gruppe, um von ihr geachtet und anerkannt zu werden;

2. die ökonomische Funktion — Einstellungen ermöglichen es, die unübersichtliche Welt zu ordnen und zu vereinfachen, um sie für uns erfaßbarer zu machen; zudem erleichtern sie uns, etwa neuen überraschenden Situationen gegenüber, ein angemessenes Verhalten;

3. die expressive Funktion — Einstellungen können auch die Aufgabe der Selbstbestätigung sowie einer Selbstbefreiung haben und stützen oder rechtfertigen dann das individuelle Verhalten;

4. die Ich-Verteidigungsfunktion — Einstellungen können dazu beitragen, bestimmte innere Konflikte zu lösen, indem sie z. B. das Ich auf äußere Objekte hin ausrichten, es ablenken.

Arten der Einstellung

Für eine schärfere Diagnose empfiehlt es sich, im Hinblick auf die Wirkungsdauer zwei Arten von Einstellungen zu unterscheiden:

○ „set" — eine relativ kurzzeitig-gerichtete Einstellung auf bestimmte Dinge der Umwelt und Mitwelt, etwa auf Umweltreize, Meinungen, Vorstellungen oder Ideen — und —

○ „attitude" — ein verhältnismäßig überdauerndes, durch Umwelteinflüsse und Erfahrungen geprägtes, recht komplexes und verfestigtes System von Anschauungen, Meinungen oder Überzeugungen; sie wirken sich intensiver aus, z. B. auf Wahrnehmen, Erkennen, Erleben, Motivation und Verhalten des Individuums.

Drei Komponenten der Einstellung

An einer Einstellung können wir — nach der „Drei-Komponenten-Theorie" — drei Dimensionen (= Komponenten) unterscheiden, die systemhaft miteinander verbunden sind:

die kognitive Komponente — sie ist verstandesbetont und beruht vornehmlich auf dem Wissen über ein Ding: Man „kennt" das Ding und „weiß" einiges darüber; hierher gehört z. B. auch das „Vor-Wissen" über ein bestimmtes Thema (z. B. ein Erzeugnis);

die affektive Komponente — gemeint sind hiermit bestimmte Gefühle (positive und negative), die beim Kontakt mit einem Ding bzw. Menschen oder auch bei der gedanklichen Beschäftigung damit entstehen; man wird vom Einstellungsobjekt angemutet und erlebt es z. B. als „freundlich — heiter — traurig u. a.";

die Aktionskomponente — sie drückt sich als handlungsorientierte Stellungnahme zu einem bestimmten Menschen bzw. Ding aus, dem Einstellungsobjekt; so werden wir z. B. gedrängt, „etwas zu tun", einen Menschen oder ein Projekt zu fördern bzw. es zu bekämpfen.

Einstellungsbezogene Zielsetzungen

Als Schreiber sind wir bemüht, wichtige Einstellungen unserer Leser — bezogen auf uns selbst, auf das jeweilige Thema und die Gesamtsituation — in unserem Gebrauchstext zu berücksichtigen. Darüber hinaus werden wir bestrebt sein, auf den Einstellungsbereich der Leser einzuwirken, so etwa darauf:

○ noch nicht vorhandene Einstellungen aufzubauen;

○ vorhandene Einstellungen zu festigen;

○ vorhandene Einstellungen zu ändern:
  — sie zu erweitern — oder —
  — diese abzubauen und dafür andere Einstellungen aufzubauen.

Zur Einstellungsänderung

Unsere Beobachtungen werden durch die Ergebnisse zahlreicher wissenschaftlicher Untersuchungen erhärtet: es ist in der Regel schwierig, Einstellungen zu ändern.

Drei amerikanische Forscher — C. J. Hovland, L. Festinger, C. L. Sheriff — haben sich mit dem Problemkreis „Einstellungsänderung" intensiv auseinandergesetzt. So hat Festinger vornehmlich die „kognitive Dissonanz" durchleuchtet: Dabei stehen zwei oder mehrere kognitive Elemente im Widerspruch zueinander; z. B. ein starker Raucher akzeptiert einen Bericht, wonach Rauchen zu Lungenkrebs führen kann.

Aus Festingers Theorie ergeben sich u. a. zwei bemerkenswerte „Regeln":

1. die Einstellung eines Menschen läßt sich ändern, wenn man ihn zunächst zu einer Handlung veranlaßt, die im Widerspruch zu seiner bisherigen Einstellung steht; die so entstehende „kognitive Dissonanz" kann dann durch Einstellungsänderung verringert werden, etwa durch Ändern des anderen kognitiven Elementes oder durch Hinzufügen neuer kognitiver Elemente;

2. um einen Menschen zu jener einstellungswidrigen Handlung zu bewegen, sollte man ihm eine relativ geringe Belohnung anbieten, nur eben so groß, daß sie die gewünschte Handlung auslöst. — Durch großen Druck erreicht man erfahrungsgemäß nicht die angestrebte Einstellungsänderung —, weitaus eher aber durch einige feinstufige Belohnungen.

Verquickt mit den Einstellungen sind: Rolle und Rang.

Rolle und Rang
Mit „Rolle" sind festgelegte Äußerungen und Verhaltensweisen gemeint, die der Partner oder Betrachter in einer bestimmten Situation von einer Person „normartig" erwartet, und zwar aufgrund ihrer sozialen Stellung oder der hiermit verbundenen Funktion. — Peter R. Hofstätter definiert die Rolle in seiner „Einführung in die Sozialpsychologie" folgendermaßen: „. . . Unter einer Rolle verstehen wir die Summe der von einem Individuum erwarteten Verhaltensweisen, auf die das Verhalten anderer Gruppenmitglieder abgestimmt ist. Von einer Einzelrolle zu sprechen hat jedoch wenig Sinn; der Begriff verlangt zumindest zwei Partner . . ."[5]

Eine Rolle hängt also, wie eben vermerkt, eng zusammen mit der sozialen Stellung, die eine Person in einem sozialen Gebilde (etwa in einer Gruppe) innehat. Diese Stellung — eine bestimmte Stufe innerhalb einer solchen sozialen Ordnung — bezeichnet man allgemein als „Rang" (= Status) oder „Position". Da erfahrungsgemäß jeder Mensch im Alltag mehrere Positionen innehat (z. B. ein Mann: „Familienoberhaupt", „Exportleiter" und „Vorstand" eines Sportvereines), erwarten seine Partner von ihm bei jeder der verschiedenartigen Positionen die jeweils dazugehörige Rolle.

Die Erwartung

Im Bereich der Einstellung, etwa bei Vorgesprächen mit voraussichtlichen Lesern, taucht häufig als „spürbare" Wirkungsgröße die Erwartung auf. — Man stellt sich unter „Erwartung" ein künftiges Ereignis vor, das mit gewisser Wahrscheinlichkeit eintreten wird (z. B. einen großen Informationsgewinn durch einen bestimmten Fachaufsatz). Diese wiederum hängt vornehmlich ab von der Bedürfnislage des Erwartenden; ferner von Wertvorstellungen, die auf den „Sender" sowie den erwarteten Sachverhalt (z. B. einen informationsreichen Fachaufsatz) bezogen sind; und schließlich davon, in welchem Maße die Erwartung in das persönliche Weltbild eingebettet ist.

Je nach Qualität des Gefühlstones unterscheiden wir eine positive Erwartung (z. B. Hoffnung) sowie eine negative Erwartung (etwa Befürchtung). Einer Erwartung liegen häufig nur verschwommene Zielvorstellungen zugrunde, daher kann man sie oft nur mühsam und recht unklar artikulieren. Eben dies erschwert unser Bemühen, zuverlässige Information über die „Erwartung" der künftigen Leser zu erhalten.

Anspruchsniveau

Verquickt mit den Erwartungen ist bei den Lesern oft ein bestimmtes „Anspruchsniveau": der Grad des Anspruches, den man an die eigene Leistung oder eine Fremdleistung stellt, etwa an einen Fachaufsatz und dessen Autor. Zum Maßstab hierfür wird der bisher erlebte oder erfahrende themenbezogene Erfolg oder Mißerfolg, zugleich aber auch ein (insgeheim) gesetztes Ziel oder eine zu erreichende Norm. — In hohem Maße wird das Anspruchsniveau von der Leistungsmotivation des Individuums beeinflußt (z. B. von Stärke, Gerichtetheit, Zuversicht auf Erfolg — oder von Angst vor Mißerfolg). Bei mehrfachem Mißlingen sinkt das Anspruchsniveau, bei mehrfachem Gelingen erhöht es sich. Aus der Erfahrung wissen wir: Menschen, die zuversichtlich und wirklichkeitsnah auf den Erfolg hin orientiert sind, haben ein Anspruchsniveau, das maßvoll über ihrem bisher erreichten Leistungsstand liegt.

Praxisbezogen bleibt auszuloten die Frage: Ragt im aufklärenden Vorgespräch mit einigen künftigen Lesern unseres Textes die eine oder andere Erwartung heraus — oder — sind Leser-Erwartungen weitmaschig verbunden etwa mit Merkmalen eines überhöhten Anspruchsniveaus? Sollte das eine oder andere zutrieffen, dann müssen wir solche Erwartungsaspekte unserer Leser angemessen bei der Text-Planung und Text-Gestaltung berücksichtigen.

Das Image

Seit Jahren schon redet alle Welt „vom" Image und „über" das Image. Und das nicht ohne triftigen Grund; denn diese sozial-psychologische Einflußgröße vermag stark mitzuwirken in der zwischenmenschlichen Kommunikation, sei es in der personalen oder medialen Kommunikation (= Kommunikation durch Medien, wie Presse, Rundfunk, Fernsehen u. a.). Art und Grad dieses Mitwirkens aber lassen sich keineswegs einfach und mühelos erfassen, da ein Image weitgehend „verdeckt" im Seelisch-Geistigen angesiedelt ist: im Halbbewußtsein oder im Unterbewußtsein.

Das Bild — in Vorstellung und Gedächtnis

Das im englischen Wortgut beheimatete „image" bedeutet in seinem Kernbereich: „... Bild, Bildnis ... Ab = Ebenbild ... Verkörperung ... Vorstellung, Idee, (Leit)bild ..."6) bzw. „... mental picture or idea ..."7). Mit dem Phänomen „Bild", seinem Verwobensein mit bildhaften Sinnes- und Gedächtniseindrücken, hat man sich schon im Altertum befaßt. Denken wir etwa an Augustinus (354 — 430 n. Chr.), den herausragenden christlichen Kirchenlehrer. In tiefsinniger Selbstanalyse hört und schaut er hinab in sein Ich und beschreibt z. B. in seinen berühmten „Confessiones" (= Bekenntnisse) so das bildartige Geschehen innerhalb seiner Vorstellungs- und Gedächtniswelt: „ ... Da gelange ich zu den Gefilden und weiten Hallen des Gedächtnisses, wo aufgehäuft sich finden die Schätze unzähliger Bilder von wahrgenommenen Dingen aller Art. Dort ist auch aufgehoben, was wir uns erdenken, Sinneseindrücke mehrend, mindernd oder irgendwie verändernd, und was sonst zur Aufbewahrung dort niedergelegt wird, soweit nicht Vergessenheit es verschlungen und begraben hat ..."8). „... Drinne tue ich das, in der weiten Behausung meines Gedächtnisses. Himmel und Erde und Meer sind da untergebracht nebst allem, was ich je in ihnen erspürt, ausgenommen, was ich vergaß. Da begegne ich mir auch selbst und erinnere mich daran, was ich getan und wann und wo und wie mir zumute war, als ich's tat. Da ist alles, dessen ich mich erinnere, ob ich's nun selbst erfahren oder es gläubig aufgenommen habe. Aus diesem Vorrat nehme ich die Bilder von allerlei Dingen, mag ich sie selbst wahrgenommen oder auf Grund eigener Erfahrung andern geglaubt haben, bald diese, bald jene, knüpfe an Vergangenes an und stelle mir im Anschluß daran künftige Handlungen, Ereignisse und Hoffnungen vor Augen, und all das wiederum so, als wär's gegenwärtig. ‚Dies oder jenes will ich tun', so sage ich und greife hinein in den ungeheuren Mantelsack meines Geistes voller Bilder, unzählig vieler und großer, und dies oder jenes geschieht auch ..."9)

Nach gegenwärtiger Auffassung gelten Vorstellungen, gemeinsam mit den Einstellungen, als Elemente menschlichen Denkens und Phantasierens; sind sie doch im weiteren Sinne ein mehr oder minder anschaulicher Bewußtseinsinhalt, also: das im Bewußtsein entstehende Bild von Menschen, Gegenständen, Zuständen, Vorgängen, Ereignissen und Ideen.

Zum Begriff „Image"

Heute ist der Begriff „Image" als bildhaft-anschauliche Vorstellung weit verbreitet in einem Sinn, wie ihn die sozial-psychologische Absatzforschung Amerikas festgelegt hat und wie man ihn inzwischen z. B. in der Politik, in den Public Relations sowie in der Werbepsychologie benutzt:

Das Image ist ein mehr oder weniger anschaulich-konkretes Vorstellungsbild, das ein Individuum hat oder das mehrere Individuen haben von einem Menschen, einer Menschengruppe, von Gegenständen, Zuständen, Vorgängen, Erlebnissen oder Ideen. — Im Image, einem komplexen Phänomen, ist Subjektives (z. B. Vorstellungen, Einstellungen, Wertungen, Erfahrungen, Gefühle, Vorurteile, Erinnerungen) wie auch Objektives (etwa Wissen, Kenntnisse) wirksam in einer vereinfachten, typisierten, verfestigten und wertorientierten Form. Erfahrungsgemäß erleichtern Images dem Menschen die Orientierung in der Welt und beeinflussen seine Meinung sowie sein Handeln im sozialen Feld, natürlich auch im ökonomischen Bereich, im Markt.

Wichtige Image-Gattungen und -Arten

Da ein Image als bildhafte Vorstellung auf ein bestimmtes Ding gerichtet ist und eben diesen mehr oder minder anschaulichen Bewußtseinsinhalt gegenüber anderen Dingen in der Welt abgrenzt, ergeben sich aus einem solchen Sachverhalt unterschiedliche Image-Gerichtetheiten, und zwar auf:

1. Menschen (→ Subjekt; Kleingruppe, Großgruppe, Gesellschaft, Volk; Branche; Organisationsgefüge u. a.);

2. Gegenstände (→ in der Natur) und Erzeugnisse (→ in der Kultur, etwa in der Wirtschaft oder Technik, z. B. Produkte, Systeme, Anlagen);

3. Menschen und von ihnen Geschaffenes (→ z. B. Betrieb, Firma);

4. Ideen, hier verstanden im Sinne Fichtes: „ . . . Die Idee, wo sie zum Leben durchdringt, gibt eine unermeßliche Kraft und Stärke, und nur aus der Idee quillt Kraft . . ." — Große Ideen (wie Liebe, Brüderlichkeit, Freiheit o. a.) haben als symbolbesetzte Images in der Geschichte oftmals ihre drängende Kraft, ihre steuernde Macht wirksam werden lassen.

Aus den aufgezeigten vier Grundgerichtetheiten kann man vier Image-Gattungen ableiten:

○ das subjektbezogene Image;
○ das objektbezogene Image;
○ das subjekt-objektbezogene Image;
○ das ideenbezogene Image.

Wenn wir zwischendurch unser Augenmerk zur Gesamt-Orientierung auf die
"Text-Kommunikation" (s. S. 31) richten, dann kann man bei diesen vier
Gattungen untergliedernd jeweils folgende Image-Arten unterscheiden:

Image-Gattung
○ subjektbezogenes Image
  Image-Arten:
  — Individual-Image (= Image des einzelnen Lesers, der Zielperson);
  — Gruppen-Image (= Image der Lesergruppe, der Zielgruppe, z. B. einer
    Branche);

Image-Gattung
○ objektbezogenes Image
  Image-Art:
  — Produkt-Image (z. B. Image des Personenkraftwagens als Gattungsbegriff);
    wichtige Einflußgrößen: das Produkt selbst (etwa Art, Größe, Material,
    Geruch, Geschmack u. a.); das Design (= gestaltetes Aussehen, z. B. Form,
    Farbe); die Produkt-Ausstattung (etwa Name und seine Ausstattung;
    Symbol, z. B. der Mercedes-Stern als "Guter Stern auf allen Straßen"
    o. ä.); der Preis, die Distribution (etwa Vertriebswege, Vertriebsnetz,
    Kundendienst; Art, Zahl und Gestaltung der Läden); die werbliche
    Kommunikation (z. B. Werbestil, bevorzugte Werbemittelarten und -träger
    u. a.);

Image-Gattung
○ subjekt-objektbezogenes Image
  Image-Art:
  — Firmen-Image (= Firmenbild, z. B. des Unternehmens VW, Siemens, Krupp
    o. a.);
    wichtige Einflußgrößen: der Mensch als kommunizierender Mitgestalter
    und Träger eines Firmenbildes; die Firma selbst (z. B. Größe, Kapital,
    Kapazität, Krisenfestigkeit, Weltmarkt-Position u. a.); das Produkt/
    Produktprogramm; die Preispolitik; Distribution; die Kommunikation
    (etwa Firmenzeichen, Werbestil, Werbestrategie, Hausfarbe u. a.); zusam-
    menhängend damit liest man in dem Beitrag "Erscheinungsbild Siemens/
    Voraussetzungen und Auswirkungen" folgende Gedanken: " . . . Ein
    Erscheinungsbild zur Interpretation des Unternehmens in der Öffentlich-
    keit, aber auch zur Identifizierung des Mitarbeiters mit seinem Unterneh-
    men, zur Befriedigung eines allgemeinen Bedürfnisses nach Orientierung,
    als zusätzliche Information über jedes einzelne Produkt, zur erkennbaren
    Abgrenzung des Unternehmens gegenüber vergleichbaren Mitbewerbern, als
    kultureller Beitrag zwischen Kunst und Technik, zur Befriedigung atmo-
    sphärisch-ästhetischer Bedürfnisse . . ."[10]; als "Konstanten" kommen beim
    Gestalten vor allem zum Tragen: " . . . die einheitliche Behandlung der

Marke, die gleichbleibende Verwendung einer Schrift, die konstante und konsequente Beibehaltung bestimmter Innovationen ..."11).

Image-Gattung:
○ ideenbezogenes Image
  Image-Art:
  — Marken-Image (= Brand-Image; z. B. Image des „VW-Käfers", Image des Waschmittels „Persil" o. a.).
    Die Marke — ein Zeichen (→ Bild, Schrift, Ziffer, Zahl, z. B. „4711" u. a.) oder eine Zeichenkombination — hat vor allem in der Wirtschaft für den Wahrnehmungs- und Erkennungsprozeß große Bedeutung; denn sie dient dem leichteren Wahrnehmen von Gegenständen, dem Erkennen und Wiedererkennen, wie auch der Kennzeichnung (→ Namensgebung) von Erzeugnissen, damit der Betrachter (= Leser/Zielperson) den Ursprung der Marke oder ihre Zugehörigkeit (→ Produkt, Firma) mühelos erfassen kann.
    Bekannt sind hauptsächlich die Herkunftszeichen (→ Wort- oder Bildzeichen) des Herstellers (= Fabrikmarke) oder des Händlers (= Händlermarke) sowie die Eigentumszeichen (= etwa auf Grenzsteinen oder an beweglichem Eigentum, z. B. entsprechende Zeichen an Werkzeugen, Stammholz oder Tieren).

Funktionen eines Image

Daß ein Image ein „wichtiges Orientierungsmittel" für einen Menschen in seiner Umwelt ist —, dies dürfte zugleich die Grundfunktion eines Image sein. Damit aber erschöpft sich keineswegs das Merkmal „Funktion" (= Tätigsein, Aufgabe, Wirkung). Dies wird uns deutlich bei einem Blick in den Fachbeitrag „Image nach Plan"; darin stellt der Autor, Uwe Johannsen, zehn „Image-Thesen" auf, die nach wissenschaftlicher Erkenntnis und hinsichtlich seiner Berufserfahrung als bedeutsame Funktionen eines Image anzusehen sind. Einige dieser Thesen lauten:

„1. Das Image trägt den Charakter eines Produktes oder einer Marke oder einer Firma. Es wird in dieser Funktion zum Wegweiser, deren Konsumenten in der unübersichtlichen Vielfalt des ständig wachsenden Angebots gleichwertiger Produkte, die sich auf der realen Produktebene kaum unterscheiden, zeigen kann, was für ihn richtig ist ...

5. Das Image verschafft einer Marke, einer Firma das öffentliche Vertrauen, nimmt eine Vermittlerfunktion ein; denn es beseitigt die Anonymität zwischen Erzeuger und Verbraucher. Insofern ist das Image ein Mittel der Kommunikation ...

6. Erst das Image hebt verwandte, ja gleiche oder sich sehr ähnelnde Firmen, Produkte voneinander ab, individualisiert sie, personifiziert sie, gibt ihnen eine Produktpersönlichkeit oder eine Firmenpersönlichkeit, zu der ein Verbraucher eine positive Beziehung gewinnen kann . . .

10. Es sollte nicht verkannt werden, daß das Marken- oder Firmenbild, das ja nicht nur Konsumenten, sondern auch Mitarbeiter des Hauses, Aktionäre, Besucher etc. haben, die Tendenz hat, zu bewerten. Es vereinfacht charakteristische Details, typisiert und reduziert also. Daraus ergibt sich die Aufgabe, den Stil im Rahmen einer ,Stilamplitude' stets schöpferisch den sich wandelnden Gelegenheiten des Marktes anzupassen! . . ."[12]

Strategie im Image-Bereich

Da in der Komplexität eines Image häufig zählebige Einstellungen und einzementierte Werturteile wirksam sind, entsteht beispielsweise dem Werbefachmann (etwa beim Einsatz von Text und Bild) dann eine schwierige Aufgabe, wenn z. B. Änderungs-, Verbesserungs- oder Profilierungsarbeit an einem bestehenden Image vorzunehmen ist. Als Richtschnur diene in solchem Falle das Sprichwort ,,Eile mit Weile": mehrere kleine Schritte eindeutig auf ein mittel- oder langfristiges Image-Ziel hin planen — bedachtsam vorgehen und dabei die Wirkungen seines Tuns in der Zielgruppe stetig kritisch und wirklichkeitsgemäß beobachten.

Im Vorausblick auf Zielbegriffe der Text-Planung — Strategie, Operation, Taktik (s. S. 97) — steht die ,,Strategie" zweifellos an oberster Stelle in der Bedeutsamkeitsskala; denn Images lassen sich eben nur mittelfristig, meist sogar nur langfristig ändern, verbessern oder profilieren. In der Praxis textlich-visueller Kommunikation bevorzugt man, soweit ein Einblick in die ,,Geheimressorts" mittlerer oder größerer Unternehmen möglich ist, vermutlich und zumeist folgende zwei Image-Strategien:

○ die ,,Schirm-Strategie"
= alle Produkte oder Dienstleistungen des Anbieters haben einen gemeinsamen Nenner: den Firmennamen.

Vor- und Nachteile: Aufmerksamkeits- und Erinnerungswert in recht kurzer Zeit erreichbar, jedoch Profilierung der einzelnen unterschiedlichen Produkte bzw. Dienstleistungen schwierig.

Die Schirm-Strategie bietet sich dort an, wo z. B. ein vielfältiges Produktprogramm vorliegt, das in der Absatzlandschaft nicht verstreut sein soll, sondern dem man unter einem gemeinsamen Schutzdach größere Geborgenheit und mehr Sicherheit geben möchte;

- die „Pilz-Strategie"
  = jedes einzelne Produkt bzw. jede einzelne Dienstleistung eines Anbieters trägt einen individualisierenden Markennamen. Vor- und Nachteile: eine klare Produkt-Profilierung in kürzerer Zeit möglich, jedoch besteht größere „Flop-Gefahr" (= Mißerfolg, „Blindgänger").
  Anzutreffen ist die Pilz-Strategie des öfteren z. B. in der Zigaretten-Industrie.

Neben diesen beiden Strategie-Arten mag es noch einige weitere geben; denn kreatives Denken vermag bestimmt noch etliche andere markt- und zielorientierte Image-Strategien zu ersinnen. Übrigens, Denkanstöße findet der Kommunikationsstratege nicht zuletzt im Gedankengut der Militärstrategie (s. S. 99 ff.).

Image-Forschung

In der experimentellen Forschung befaßt man sich im Rahmen der Assoziationspsychologie auch mit der Bedeutungsanalyse von Vorstellungsbildern, z. B. mit der Methode „Polaritäts-Profil" (= semantic differential), entwickelt von Osgood und Hofstätter. Hierbei soll die Versuchsperson einen Begriff (z. B. Liebe, rot) oder einen Gegenstand der Anschauung (z. B. einen Stuhl) auf einer „Polaritätenreihe" einstufen, die zu diesem Begriff oder Gegenstand möglicherweise in einem assoziativen Bezug steht —, nicht aber in einem Sachbezug. Verglichen werden die so ermittelten Profile etwa mit Hilfe der Korrelationsrechnung; sie gibt Hinweise auf wechselseitige Beziehungen und Zusammenhänge bestimmter Merkmale.

Das folgende Beispiel (Bild 7) zeigt uns die Profile der beiden Begriffe: „Liebe" und „rot"; beide Profile sind einander sehr ähnlich, da sie beinahe parallel zueinander verlaufen.

Die Ergebnisse der Image-Forschung kann man auch in der Text-Kommunikation praktisch nutzen, etwa beim Aufbau eines Produkt-Image, bei vorzunehmenden Image-Änderungen, bei notwendig werdenden Image-Korrekturen oder bei einer Image-Profilierung.

Zum Stichwort „Bedarf"

Wie schon anklang, haben die Bedürfnisse eine große Bedeutung in der Wirtschaft, in der Volkswirtschaft. Als „Gefühl eines Mangels" drängen sie mit dem Ziel einer Bedürfnisbefriedigung auf verschiedenartige Güter hin (z. B. Erzeugnisse des täglichen Bedarfes, wie Möbel, Elektrogeräte, Schallplatten, ein bestimmtes Buch, ein Musikinstrument o. a.) und werden dabei spürbar und faßbar als

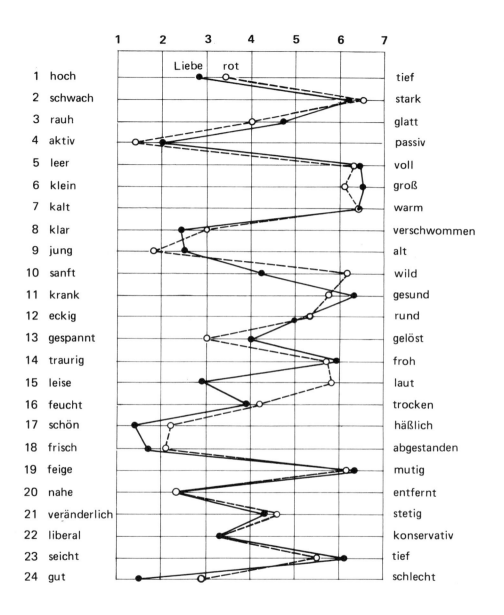

Bild 7: Das Polaritätsprofil

„Bedarf". — Umwelt- und Zeiteinflüsse wandeln die Bedürfnisse unaufhaltsam, was erkennbar wird in der steigenden Zahl, wachsenden Vielfalt und Verfeinerung. So begnügt man sich z. B. beim Lebensmitteleinkauf nicht mehr mit einem „Brot", sondern verlangt „Urkorn-Brot von X: Saftig-herzhaft-würzige Körnerkruste — gebacken aus 100 %igem Roggenbrot".

Bei dem üblicherweise mannigfaltigen Angebot an Bedarfsgütern — horizontal (z. B. unterschiedliche Brot-Sorten) und vertikal (z. B. Schwarzbrot, Kuchen, Torte, Hörnchen u. a.) — wird die Bewertung des einzelnen Bedarfes oft zu einem Problem: zum einen für den Käufer, zum andern ebenso für den Anbieter. — Die Lösung dieses Problems: Die jeweilige Bedarfsstruktur (= Schwarzbrot — Kuchen — Torte u. a.) läßt sich durch eine Präferenzskala (= unterschiedliche Wertung von Schwarzbrot, Kuchen, Torte u. a.) verdeutlichen und als Grafik darstellen. Dadurch wird die bisherige subjektivistische Werttheorie (= Nutzwerttheorie) zu einem Bestandteil der Entscheidungstheorie. Diese befaßt sich mit dem Entscheidungsverhalten von Individuen und Gruppen bzw. Organisationen; sie entwickelt sich offensichtlich zu einem interdisziplinären Forschungsgebiet, in das z. B. die Kybernetik, die Mathematik, die Wirtschaftswissenschaft, Psychologie, Soziologie, Politologie u. a. ihre Beiträge einbringen; in zahlreichen Unternehmensbereichen der Wirtschaft ist sie inzwischen zu einem Zentralbegriff geworden.

Motiv/Bedürfnis

Unser Verhalten und Handeln wird zum einen von äußeren Reizen aus der Umwelt und Mitwelt beeinflußt —, zum andern aber auch von bewegenden Kräften in unserem Innern, von Kräften, die man nicht unmittelbar aus Umweltreizen ableiten kann, etwa von: Motiven, also Bedürfnissen. Beide Begriffe werden in der Psychologie meist sinnverwandt (= synonym) verstanden und verwendet.

Zu den Begriffsbestimmungen
„Motiv/Bedürfnis — Motivation/Bedürfnisse"

Mit „Motiv" meint man im allgemeinen den einzelnen innermenschlichen Beweggrund, der im Sinn einer Zielvorstellung den Impuls zu einem individuellen Verhalten gibt, etwa zu einer Handlung.

Das „Bedürfnis" wird weitgehend als „Gefühl eines Mangels" aufgefaßt, eng verbunden mit dem Wunsch oder gar der Notwendigkeit, diesen Mangel zu beseitigen. Mithin bewirkt das Bedürfnis ein suchendes, auf bestimmte Dinge gerichtetes Verhalten. — Als Begriff und Vorstellung findet man das Bedürfnis stark verbreitet im Bereich der Wirtschaft und sieht es hier im unmittelbaren Wirkungszusammenhang mit dem „Bedarf": man meint damit alle diejenigen Erzeugnisse und Dienstleistungen, die geeignet sind, die Bedürfnisse zu befriedigen. Erläuternd dazu ein Beispiel: Wir haben das Bedürfnis nach „aktivierender Anregung — Aufmunterung"; deshalb greifen wir z. B. zu einer Tasse Kaffee, da sie erfahrungsgemäß als „materieller Bedarf" geeignet ist, jenes Bedürfnis zu befriedigen.

Arten des Bedarfes

Den Begriff „Bedarf" haben wir oben verdeutlicht und gegenüber dem „Bedürfnis" abgehoben. Bleibt weiter die Frage: Gibt es nicht auch verschiedene Arten von Bedarf? Natürlich mehrere; man kann sie gliedern, etwa im Hinblick auf Inhalt, Richtung, Umfang und Fälligkeit des Bedarfes. Wir entscheiden uns hier für eine vereinfachte Einteilung, die aber unser Anliegen — Text-Planung und Text-Gestaltung — sehr zu unterstützen vermag. So entscheiden wir uns für folgende Dreiteilung von Bedarfsarten:

○ Existenz-Bedarf
  = bestehend aus dem Lebensbedarf, da er unser Leben, unser sich vollziehendes Dasein ermöglicht (z. B. Nahrung, Kleidung, Wohnung u. ä.);

○ Kultur-Bedarf
  = gemeint ist hiermit die Gesamtheit ausgeprägter Lebensformen (= Leistungen und Werke), samt der sie tragenden Geistesverfassung und Wertvorstellungen, die typisch sind für eine Gruppe von Menschen oder für ein Volk.

  Da der Mensch in seiner langen Geschichte sich stetig der wechselnden Natur anpassen mußte, hat er hierbei eine Vielzahl unterschiedlicher, dennoch aber „typischer" Lebensformen entwickelt; man denke nur an Hausbau, Ackerbau und Viehzucht, Kleidung, Werkzeug; darüber hinaus an Sprache und Schrift, Sitte, Wirtschaft, Technik Heer, Recht, Wissenschaft, Kunst u. v. m. Alle die mannigfaltigen Erscheinungsformen kulturellen Lebens, oft profilierende Zeugnisse menschlichen Tuns, sind letztlich sinn- und geisterfüllt und zugleich werttragende Vergegenständlichungen, darum: Kulturgüter, stets gekoppelt an den Bedarf.

○ Luxus-Bedarf
  = „Luxus" wird hier verstanden als ein persönlicher Aufwand, der in auffälliger Weise die übliche Lebenshaltung übersteigt —, was von den Mitmenschen meist als „üppig" oder „unnormal" empfunden wird. Wie weithin bekannt, schwankt der Luxusbedarf, und zwar je nach Kulturkreis und sozialer Schicht. Wohl zu allen Zeiten aber stand Luxus und damit der Luxusbedarf im Widerspruch zur Sitte (= „schicklicher" Stil des Handelns und Verhaltens in der Gemeinschaft), und erst recht zum sittlichen Ideal.

„Motiv — Motivation" vertiefend betrachtet

Nach jenem Seitenblick auf den Bezug „Bedürfnis — Bedarf" nun wieder zurück zu „Motiv — Motivation". In der Regel wirken nach Ernst F. Salcher z. B. beim Handeln mehrere Beweggründe, also Motive, gemeinsam als Impulsgeber, als „Mobilisierung und Ausrichtung von Energie zur Erreichung eines bestimmten Zieles . . ."[13]; wir sprechen dann von „Motivation" (= Bedürfnisse). Diese ist zu verstehen im Sinne einer verhaltensorientierten Zielvorstellung oder eines Gefühlszustandes, die bewußt oder unbewußt wirken können und menschliches Verhalten hinsichtlich Richtung, Stärke und Form beeinflussen oder bedingt kontrollieren.

Im Begriffsfeld „Motivation/Bedürfnisse" findet man Zustände und Vorgänge, die z. B. als „Antriebe — Triebe — Strebungen — Drang — Interessen" bezeichnet werden. — Die Motivation dient u. a. dazu, beobachtbares Verhalten zu erklären; daher ist sie, wie die Einstellung, ein hypothetisches Konstrukt.

Arten der Motive/Bedürfnisse

Die Einteilung der Motive/Bedürfnisse wird oft vorgenommen im Hinblick auf

1. die vermutliche Herkunft der Triebelemente:

    o „angeborene/primäre" Motive
    = damit meint man Bedürfnisse, die vornehmlich für die Selbsterhaltung des Individuums lebensnotwendig sind, wie: Hunger, Durst, Verlangen nach Schlaf, Bewahrung des optimalen Wärmezustandes (= Homöostase), Schutz vor Gefahr, sexuelle Aktivität; im erweiterten Sinne auch Neugier (→ Instinkt), Spieltrieb und Funktionslust;

    o „erworbene/sekundäre" Motive
    = diese werden als erlernte Motive aufgefaßt, die der Selbsterhaltung, darüber hinaus aber auch der Selbstentfaltung und Selbstgestaltung dienen, wie: Macht, Geltung (= Prestige) oder deutlich ausgeprägte Interessen (z. B. religiöse, geistige, soziale oder künstlerische Interessen).

    Oft sind diese erworbenen Motive merklich ausgerichtet auf Erleben und Genußstreben.

2. den Bewußtheitsgrad:

    o bewußte Motive

    o unbewußte Motive

3. den Bezug zwischen Motiv und Zweck bzw. Ziel der Verhaltensweise; so unterscheidet z. B. Rohracher folgende Arten:

- Erhaltungstriebe (etwa Sexual-, Nahrungs-, Brutpflege-, Aggressions-, Fluchttrieb)
- gesellschafts-soziale Triebe
- Genußtriebe
- Kulturtriebe

Stärke, Vereinbarkeit innerhalb der Motivation und Erreichbarkeit des Zieles entscheiden im wesentlichen darüber, welche Motive/Bedürfnisse in der jeweiligen Situation wirksam und richtungweisend werden. Wie aus der Motivforschung bekannt, ist das bewußtseinsnaheste Motiv nicht immer zugleich bestimmend in einem Motivbündel.

Motiv/Bedürfnis — Wertigkeit

In den einzelnen Motiven/Bedürfnissen werden bestimmte Gesinnungen erkennbar. Wenn mithin ein Mensch ein bestimmtes Motiv oder mehrere in ihm wirksame Motive für sein Verhalten richtungweisend werden läßt, dann entscheidet er sich zugleich für den Wert, der dem jeweiligen Motiv nach seinem persönlichen Urteil eigen ist; so bestimmt sich daraus u. a. der sittliche Wert, der diesem bewußt gewählten Verhalten beigemessen wird.

Die fünf Grundmotive/Grundbedürfnisse

Wenn wir uns an den Motivarten von Rohracher orientieren, dann haben für unseren Standort — den Schreiber im kommunikativen Feld — die Erhaltungstriebe, die gesellschaftssozialen und kulturellen Triebe eine besondere Bedeutung. — In einem unmittelbaren Bezug hierzu dürften fünf Grundbedürfnisse stehen, die Werner Correll in seinem Buch ,,Motivation und Überzeugung in Führung und Verkauf" als durchgängig wirkend aufzeigt, da sie ,,. . . jetzt und hier gelten, weil entsprechende soziokulturelle Umstände der Gegenwart diese Bedürfnisse begünstigen. Die Bedürfnisse lassen sich in einer Pyramide anordnen . . ." (Bild 8, S. 66)[14)]

Und Correll fährt fort: ,, . . . An der Spitze steht jeweils ein Bedürfnis No. 1, dessen Befriedigung am längsten vorenthalten worden ist und das infolgedessen am dringendsten befriedigt werden muß. Es ist aber das stärkste Bedürfnis bei einem bestimmten Menschen. Sobald es aber befriedigt ist, sinkt es auf eine niedrigere Dringlichkeitsstufe herab und läßt einem zweiten Bedürfnis den Vortritt und so weiter bis zum 5. Grundbedürfnis . . .".

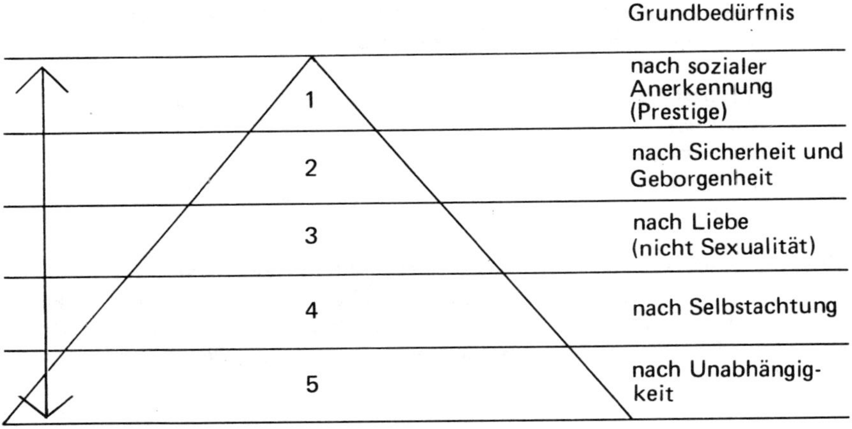

	Grundbedürfnis
1	nach sozialer Anerkennung (Prestige)
2	nach Sicherheit und Geborgenheit
3	nach Liebe (nicht Sexualität)
4	nach Selbstachtung
5	nach Unabhängigkeit

Bild 8: Die fünf Grundbedürfnisse

Sicherlich werden Sie sich nach alledem nun fragen: Wie erkennt man artspezifische Motive? Vor allem, wie erkennt man, welches jener fünf Grundmotive beim Leser gerade an oberster Dringlichkeitsstufe steht? Auch diese bedeutsame Frage hat Werner Correll in dem bereits genannten Buch behandelt, und zwar im Abschnitt „Die Diagnose der Grundmotivation". Danach bieten sechs Beobachtungsfelder mehrere Anhaltspunkte für eine Motivationsdiagnose:

1. das äußere Erscheinungsbild des Dialogpartners bzw. der Zuhörergruppe (z. B. Kleidung, Körperhaltung);

2. die Einstellung im Hinblick auf Freizeit und Hobby (z. B. Freizeitverhalten, Sportarten, Basteln, Gartenbau; Einzelgänger, Gruppenmensch);

3. das Verhalten in der Gruppe (z. B. in einer Freizeitgruppe, einer Gruppe im Betrieb; dominatives oder integratives Verhalten);

4. das Verhalten gegenüber Autoritäten und Vorgesetzten (z. B. gegenüber einer Führungskraft im Betrieb, gegenüber dem Vorstand im Sportverein);

5. das verbale Verhalten (wird z. B. die „Ich-Form" oder die „Man-Form" vornehmlich verwendet),

6. das Verhalten zu Kritik (z. B. Offenheit oder Verschlossenheit gegenüber Kritik).[15]

Als Beispiel hierfür eine kurze Leseprobe, und zwar zur Grundmotivation „Sicherheit — Geborgenheit", zugleich Anregung für eine weitere fachliche Vertiefung:

„... Bei der Motivation Nr. 2 wird es sich demgegenüber eher um Freizeit- und Hobby-Einstellungen handeln, die zuhause oder wenigstens in irgend einem auf Sicherheit und Unauffälligkeit ausgerichteten Milieu vollzogen wrden können. Basteln im eigenen Heim z. B. wäre typisch für diese Motivation. Aber auch die Beschäftigung im eigenen Garten, möglichst mit Obst- und Gemüse-Zucht-Ambitionen, die ebenso unauffällig, sicher, wie sparsam sein könnten, wäre durchaus typisch für Nr. 2. Diese Motivation kann aber auch das Sammeln von festverzinslichen Wertpapieren zu einer Art vorherrschendem Hobby werden lassen, während beispielsweise Aktien weniger attraktiv für diesen Menschen wären. Charakteristisch wäre die Neigung, den Garten auch mit einem stabilen Gartenzaun zu umgeben, sich also abzuschließen, mit Sicherheit zu umgeben ..."[16]

Schließlich bietet Correll dem Leser einen motivationsdiagnostischen Raster an und ermuntert ihn, diesen Raster „zur eigenen Übung" einmal auszufüllen.

Neben diesen fünf Grundmotiven/Grundbedürfnissen ist Ihnen bislang vielleicht noch ein anderes Modell begegnet: die Maslowsche „Hierarchie der Bedürfnisse" (Bild 9); an die Pyramidenspitze stellt Maslow, ein amerikanischer Psychologe, das „Bedürfnis der Selbsterfüllung", eine idealistisch-orientierte Selbstverwirklichung (s. S. 68).

Motiv-Liste für die Text-Kommunikation

In der Text-Kommunikation haben wir es bei Fragen der Zielsetzung mit einer Vielzahl von Motiven zu tun. Um dieses weite Feld „psychologischer Konstrukte" überschaubar und damit für die Tagesarbeit besser handhabbar zu machen, wurde die anliegende Motiv-Liste erstellt (Bild 10, S. 69).

Natürlich kann man, wie inzwischen schon mehrmals erwähnt, im seelisch-geistigen Bereich keine scharfen Trennlinien ziehen; so auch nicht bei dem Bemühen, gewisse Ordnungsschemata oder Gliederungen zu schaffen. Dennoch dürfte Ihnen diese checklistenartige Motivübersicht künftig das Ausfiltern der jeweils vorrangigen Motive bei der Zielgruppe erleichtern.

Stimmung

Damit kennzeichnen wir eine meist länger andauernde und recht diffuse Qualität in einem Menschen, die sein persönliches Erleben färbt: einen leiblichen Gefühls-

Bedürfnisse	Möglichkeiten ihrer Befriedigung in der Arbeitswelt
Selbstentfaltung	Interessante Aufgaben mit Entfaltungsspielraum
Anerkennung	Anerkennung der Leistungen Prestige der Arbeit Statussymbole
Kontakt und emotionale Geborgenheit	Kommunikation Team-Arbeit Gutes Verhältnis zu Kollegen
Sicherheit	Kündigungsschutz Altersversorgung Gesichertes Einkommen
Selbsterhaltung	Gesunder Arbeitsplatz genügend Licht und Wärme Essensmöglichkeit usw.

Bild 9: Hierarchie der Bedürfnisse (Modell nach Maslow); Bedürfnisbefriedigung in der Arbeitwelt

zustand (z. B. Behagen, Frische, Müdigkeit, Spannung o. a.) oder eine atmosphärische Qualität (etwa eine verdrossene oder heitere Stimmung, Ängstlichkeit, Unsicherheit o. a.). Mithin zählt man die Stimmung zur affektiven Komponente einer Einstellung von relativer Dauer.

Stimmungen spiegeln meist die allgemeine Körperverfassung des betreffenden Menschen wieder, sie dauern länger an, sind, wie gesagt, recht diffus und nicht allzu stark zielgerichtet. — Beim Lesen eines Textes beeinflussen Stimmung und „Einstimmung" unmittelbar vor Beginn und zu Beginn oft „tonangebend" die Erlebnissituation der gesamten Schreibe.

Motivgerichtetheiten	Motivgattungen	
	Angeborene Motive/ Bedürfnisse (= Grundmotive oder primäre Motive/Bedürfnisse)	Erworbene Motive (= sekundäre, gelernte Motive/Bedürfnisse)
• lebendiges Dasein (→ angeborene Motive)	• Selbsterhaltung und Selbstbehauptung: Hunger, Durst, Schlaf, Sexualität, Brutpflege, Aggression, Flucht	• Macht, Besitz • Leistung • Gestaltung • Geltung (→ Prestige) ↔ Vergeltung • Tätigkeit (→ Bewegung) ↔ Ruhe (→ Erholung)
• individuelles Selbstsein und Über-sich-hinaus-sein (→ erworbene Motive; Selbstentfaltung und Selbst-gestaltung)	• soziale Anerkennung (→ Prestige) • Sicherheit und Geborgenheit • Vertrauen • Liebe (nicht Sexualität) • Selbstachtung • Unabhängigkeit • Selbstentfaltung	• Erleben (→ Abenteuer), kulturelles Erleben (→ Musik, Literatur, Theater, Malerei u. a.) • Neugierde • Genuß • Unterhaltung (→ Freude, Überraschung/Spannung) • Ausgeglichenheit • Bequemlichkeit • Sparsamkeit • normative und/oder ethische Werte: Gerechtigkeit, Tapferkeit, Besonnenheit, Mäßigung; Zuverlässigkeit, Treue, Bescheidenheit, Aufrichtig-keit, Anpassung, Unterord-nung, Pflichterfüllung, Beharrlichkeit • Abwechslung ↔ Beständigkeit • Gesellung (= Miteinander, Sozialkontakt; Freund-schaft, Partnerschaft) • Fürsorge (= Hilfsbereit-schaft, Füreinander) • Teilhabe am Absoluten: am Göttlichen, in voll-kommener Weise und höchster Steigerung

Bild 10: Motiv-Liste für die Text-Kommunikation

Das „Gefühl" wird, neben dem Denken und Wollen, als seelisches Grundphänomen betrachtet aber — abweichend von den Stimmungen — im wesentlichen als gerichtete, schärfer umrissene und aktualisierte Erlebnisqualität wahrgenommen. Gefühle sind oft verbunden mit Wahrnehmungen, Erinnerungen und Wertungen. Wenn Gefühlszustände sich verdichten und verstärken, spricht man von „Affekten". — Nach allgemeiner Auffassung lassen sich die Gefühle nicht klar abgrenzen von den Stimmungen und Affekten, zweifellos sind sie aber bedeutsam in unserem Erleben, obwohl man sie kaum unmittelbar erfassen kann.

Tiefenseelische Funktionen

Seit längerem stimmen alle Tiefenpsychologen in dem Urteil überein: Es gibt ein Unbewußtes. Man versteht darunter all jene psychischen Vorgänge, die das erlebende Individuum nicht aufzufassen und wahrzunehmen vermag, die aber das bewußte Erleben und Verhalten beeinflussen und steuern. Jene psychischen Vorgänge sind der Selbstbeobachtung unzugänglich, können aber in ihren Wirkungen erkannt werden. Unmittelbar wahrnehmen kann man sie vor allem deshalb nicht, da sie nicht zum phänomenalen Erlebnisbereich gehören (z. B. als physiologische Prozesse, wie Hormonausschüttung; oder als hypothetische Konstrukte, wie die Motivation). — Zum Bereich des Unbewußten zählen auch die unterbewußten Vorgänge, die zwar nahe der Bewußtseinsschwelle liegen, jedoch wegen ihrer geringen Stärke bzw. geringen bewußten Anteilnahme nicht in das Bewußtsein dringen.

Das diagnostische Bemühen in diesem Bereich spitzt sich zuletzt auf die Frage zu: Welche Funktion (= Aufgabe, Tätigkeit) liegt der jeweiligen beobachtbaren tiefenseelischen Erscheinung zugrunde?

Nach Robert Heiß — „Allgemeine Tiefenpsychologie"[17] — kann man die verschiedenen Funktionen sinnvoll in drei Gruppen ordnen, in die

- Funktionen der Angleichung — Identifizierung und Imitation;

- Funktionen der Abwehr — direkte Abwehrformen, Frustration, Verdrängung und Kompensation;

- Funktionen der Umwelterfassung, Wahrnehmung und Gestaltung — Introjektion, Projektion, Spielprojektionen, Traumprojektionen, wache und halbwache Projektionen, projektive Erschaffung und Umbildung der Wirklichkeit, Testprojektionen.

In einem Schlußwort schreibt Heiß über die Wirkung des Unbewußten, über den triebhaft-affektiven und mit machtvollen Bildern bevölkerten Bereich seelischen

Lebens: „ . . . Da er die ursprünglichere und stärkere Verfügungsgewalt über das triebhaft-affektive Geschehen hat, so steht er überall in einer Spannung zum bewußten Ich, wo dieses sich allzuweit von den triebhaft-affektiven Grundlagen des Daseins entfernt . . ."[18]

Erbanlagen

Bei der schwierigen Aufgabe, Menschen in ihrer Motivation und in ihren Einstellungen zu beeinflussen, sollte man nicht zuletzt dies berücksichtigen: Die Psychologie betrachtet mehrere geistig-seelische Sachverhalte als erbbedingt; sie können den Beeinflussungsprozeß in erhöhtem Maße hemmen oder fördern, je nach Einstellung, Motivation und Zielsetzung. Als besonders erbbedingt gelten nach Gustav Morf[19]:

○ die Art des Kontaktes mit der Umwelt (z. B. extravertiert, introvertiert, gesellig, zurückgezogen; kontaktstark, kontaktschwach);

○ das Verhältnis zum Besitz (Materialismus, Idealismus; Geiz; die Unfähigkeit, mit Geld und Gut umzugehen);

○ das Verhältnis zur Autorität (gehorsam, unterwürfig, schwer lenkbar, eigenwillig, eigensinnig);

○ die Arbeitseigenschaften (genau, flüchtig, sorgfältig, nachlässig, überlegt, dreinfahrend);

○ die Art sich durchzusetzen (ungeschickt, hemmend, frech, draufgängerisch, listig, erpresserisch, bluffend).

An dieser Stelle dürfte eine Gedankenpause angebracht sein. Denn, was alles haben wir bisher näher betrachtet? Den Leser, und zwar: vier Merkmalgruppen für eine sorgfältige Analyse (→ Sozio-demografische, Wirtschaftliche, Psychologisch-sozialpsychologische und Geografische Merkmale) — und außerdem — mit gewissem „Tiefgang" die bedeutsame Gruppe der Psychologisch-sozialpsychologischen Merkmale durchleuchtet. Dieses Grundwissen über den Leser (= Zielgruppe) reicht nach vorliegender Erfahrung aus, um in einem nächsten Arbeitsschritt eine für die Text-Kommunikation zureichende Zielgruppen-Bestimmung vornehmen zu können.

2.3.4.3.9 Erweiterung der Zielgruppen-Merkmale

Ausnahmen aber bestätigen bekanntlich die Regel. So auch hier, in der Textplanung; denn gelegentlich wird es erforderlich, die oben dargestellten Zielgruppen-Merkmale durch drei weitere Analyse-Kriterien zu ergänzen: die Diffusion, den Lebenszyklus (→ Produkt, Thema) und eine Problem-Untersuchung.

Diffusion

Wie verbreiten sich interpersonal, z. B. in größeren Gruppen, bestimmte Ideen, Verhaltensweisen und Erzeugnisse? Dieser Frage ist die sozialpsychologische Forschung nachgegangen; sie versucht, durch die Diffusions-Theorie eine Erklärung für jene interpersonale Ausbreitung in größeren sozialen Gebilden zu geben und bemüht sich darüber hinaus, zuverlässige Aussagen über den Verbreitungsgrad zu machen (Bild 11).

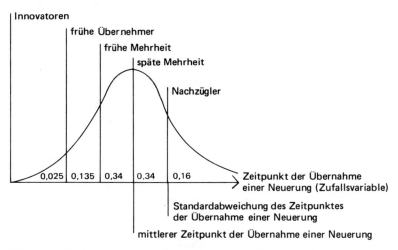

Bild 11: Die Verteilung der Übernahme einer Neuerung (neues Thema) (nach Böcker/Thomas, Marketing, 1981)

Impulsgeber und Förderer für derartige „Durchdringungen" in sozialen Systemen sind beim Diffusionsprozeß vornehmlich zwei Typen, mit jeweils deutlicherem Profil:

○ die Meinungsführer
  = Personen, die zumeist im unmittelbaren zwischenmenschlichen Kontakt ihre Partner beeinflussen, etwa hinsichtlich ihrer Einstellungen, ihrer Motivation, ihrer Urteile, Meinungen, Produkt-Präferenzen u. a. m.; zu diesem Kreis zählen z. B. Publizisten, PR-Fachleute, Politiker, Werbefachleute u. a. m.;

- die Innovatoren
  = Personen mit einer meist höheren beruflichen Position, mit gehobener Bildung; jüngeres bis mittleres Lebensalter; risikobereit, aufgeschlossen gegenüber Neuem, mit offenkundigem „Informationshunger".

Beide Typen bilden in der Regel keine soziale Gruppe; denn sie leben zumeist isoliert voneinander, stehen auch nur recht selten miteinander im fachlichen oder menschlichen Kontakt. — Jedoch: Beide Typen haben Bedeutung für absatzpolitische Überlegungen und damit im weiteren Sinne für die Text-Kommunikation.

Böcker und Thomas verweisen in ihrem Buch „Marketing" auf eine bedeutsame Erfahrung, sie schreiben „. . . Aufgrund der insgesamt konservativeren Einstellung der Meinungsführer im Vergleich zu der der Innovatoren ist es ratsam, zunächst Innovatoren anzusprechen, die allerdings nicht direkt die Massen beeinflussen, wohl aber als Informanten der Meinungsführer fungieren können. Auf diese Weise kommt es zu einer mehrstufigen Marktkommunikation, wobei die Innovatoren die Einstellung der fortgeschrittenen Meinungsführer beeinflussen und diese wiederum die Einstellungen der übrigen Meinungsführer . . .".[20]

„Produkt"-Lebenszyklus

Unter Marktforschern und Absatzstrategen stößt man des öfteren auf die Meinung oder Vorstellung: Ein Produkt (= Thema) unterliegt, wie ein Mensch, einem „Lebenszyklus"; bezogen auf das „Leben" eines Produktes im Markt — also auf die Menschen, die Zielgruppe — unterscheidet man gewöhnlich fünf Phasen (Bild 12, S. 74):

— die Einführungsphase
— die Wachstumsphase
— die Reifephase

— die Sättigungsphase (= Scheitel)
— die Abschwungphase

Hauptsächliche Ursachen für das Phänomen „Lebenszyklus" dürften sein: Änderungen beim Bedarf und bei den Bedürfnissen (= Motivation), in den Einstellungen und damit oft im Verhalten von Interessenten und Verbrauchern; ferner das Auftreten wettbewerbsstarker Konkurrenzprodukte; oder die nachlassende Anziehungskraft eines Produktes auf die Zielgruppe u. a. m. — Für die Marktforschung ergeben sich daraus einige konkrete Ansatzpunkte, um den „Lebenslauf" eines Produktes am Markt schärfer beobachten zu können. Die hierbei erzielten wirklichsnahen Ergebnisse dienen u. a. der Marketingabteilung nicht selten als begehrte Entscheidungshilfe.

Es liegt nahe, die Sichtweise des „Produkt"-Lebenszyklus im übertragenen Sinn auch auf „geistige Ware" anzuwenden, also z. B. auf bedeutsame Ideen, Themen

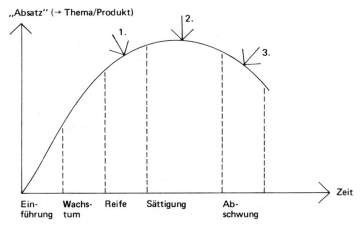

Bild 12: Lebensphasen eines Themas, z. B. Produktes
(drei Zeitpunkte für Tests)

und Gedanken, etwa im Kulturbereich (in Wissenschaft, Kunst, Politik, Sport u. a.). Daher sollten wir bei einer Text-Planung immer dann an das Stichwort „Lebenszyklus" denken, wenn bedeutsame Themen (= Gegenstände oder Ideen) als Textarbeit anstehen, die im Erlebnisbereich des Lesers (= Zielgruppe) mit großer Wahrscheinlichkeit einem phasenartigen „Lebenslauf" unterliegen.

Zum Arbeitsbeispiel „Sport formt die Persönlichkeit"
Gespräche mit mehreren mutmaßlichen künftigen Lesern (15 — 25jährige Mitglieder des Sportvereines X) ließen erkennen: in das Thema „Persönlichkeitsformung durch Sport" haben die meisten von ihnen noch keinen geistig-seelischen Zugang gefunden; folglich befindet sich dieses Thema mit großer Sicherheit vorerst noch in der „Einführungsphase" des Themen-Lebenszyklus.

Nebenbei, eine kritische Stimme gegen das Modell vom „Produkt"-Lebenszyklus war unlängst zu vernehmen im Harvard manager; in dem Beitrag „Abschied vom Konzept des Produktlebenszyklus" schreiben die Autoren Nariman K. Dhalla und Sonia Yuspeh: „. . . Das Konzept des Produktlebenszyklus hat kaum Gültigkeit. Die Abfolge der für die Zyklusstadien empfohlenen Marketingstrategien bringt die Unternehmen, die sich danach richten, mit großer Wahrscheinlichkeit in Schwierigkeiten. In verschiedener Hinsicht hat das Konzept mehr Schaden als Nutzen angerichtet, weil es dazu verleitet, bestehende Marken zu vernachlässigen und das Schwergewicht in unangemessener Weise auf neue Produkte zu verlagern."
(Quelle: Harvard manager, Hamburg 1980. I. Quartal 1, S. 77)

Problem — Problemarten — Problemanalyse

Beinahe an jedem Tag haben wir die Chance, unsere Kenntnis — zielgerichtet auf Welt und Umwelt — schrittweise zu erweitern. Dadurch wird es uns möglich, den Sinngehalt erlebter und erfahrener Sachverhalte, Zustände, Vorgänge und Ereignisse zum persönlichen Eigentum zu machen. Am Beginn und im Mittelpunkt solcher Erkenntnis- und Lernprozesse steht als Perpetuum mobile: die ,,Frage" —, ein sprachliches Zeugnis für vorhandene Leerräume im Bereich neugierigen Erkundens.

Enthalten in jeder bewußteren Erkenntnis sind Urteile, die sich zumeist auf Erfahrung stützen. Dazu ein einfaches Beispiel: Wer (aus Erfahrung) weiß, was ein ,,Sitzmöbel" ist, daß es auch Sitzmöbel gibt und wozu sie dienen, kann einen ,,Stuhl" stets als Sitzmöbel erkennen und seine Vorteile nutzen. Angenommen aber, uns wäre ein Stuhl und wären die damit verbundenen angenehmen Erfahrungen unbekannt — wir hätten jedoch das starke Bedürfnis uns hinzusetzen, um auszuruhen —, dann entstünde eine heikle Situation: ein Problem.

Problem — Problemarten

Unter ,,Problem" wird hier nach weitverbreiteter Auffassung eine ungelöste Aufgabe oder offene Frage verstanden. Deutlicher ausgedrückt, meint Jürgen Wild: ,, . . . ein Problem kann allgemein als negative Abweichung zwischen angestrebten Soll-Zuständen (Zielen) und gegenwärtigen oder künftigen Ist-Zuständen definiert werden . . ."[22]. Die Größe dieser Abweichung bestimmt in der Regel die Größe des Problems. — Ein Problem kann also entstehen: Wenn man ein Ziel erreichen möchte, aber vorerst nicht weiß, wie man dahin gelangen kann; wie irgendein Hindernis zwischen mir und dem Ziel zu beseitigen ist; — oder ob man das Ziel überhaupt anstreben soll. Vereinfacht und knapp läßt sich die Begriffsbestimmung auch so formulieren: Ein ,,Problem" ist ein Hindernis auf dem Weg zum Ziel.

So verschiedenartig wie erfahrungsgemäß die Hindernisse sind, so unterschiedlich präsentieren sich uns auch die Probleme. Im allgemeinen unterscheidet man zwei Gattungen:

○ primäre Probleme
 = Ausgangsprobleme, die jeweils die Ursache sind für eine entstehende Schwierigkeit.
 Bernd Rohrbach, ein international erfahrener Fachmann für Methoden von Problemlösungen, unterscheidet vornehmlich drei Problem-Arten, mit jeweils folgenden typologischen Merkmalen:

- Informationsprobleme
  Hierbei wird etwas „an und für sich" Bekanntes oder etwas „leicht" zu Ermittelndes benötigt, jedoch eben dieses erforderliche Wissen ist augenscheinlich noch nicht verfügbar;

- Innovationsprobleme
  Diese sind gekennzeichnet durch die Frage: „Wie kann man erreichen, daß ...?" —, eine Frage, die mit verfügbarer oder leicht zu beschaffender Information nicht beantwortet werden kann; als bewährte Innovationstechniken (= Methoden der Ideenfindung) empfiehlt und praktiziert Rohrbach unter anderem: die Basic Synectic, die Methode 635, den Morphologischen Kasten und das Brainstorming;

- Entscheidungsprobleme
  Kennzeichnend sind hierfür vor allem die beiden Fragen:
  „Welche von verschiedenen Möglichkeiten?" (= selektive Entscheidung);
  „Soll man — oder — soll man nicht?" (Ja/nein-Entscheidung);

○ sekundäre Probleme
  = Probleme, die sich aus den primären Problemen ableiten, z. B. Maßnahmen-Probleme, Termin-Probleme, Ressourcen-Probleme oder Organisations-Probleme.

Methodenschritte beim Problemlösen

Denken — kausales, urteilendes und Schlüsse ziehendes Denken — ist der Sturmbock gegen die oft stark vernebelte Festung „Problem". Operativ vollzieht sich der „Angriff" zumeist in diesen sechs Schritten:

1. Lage-Analyse
   = hauptsächliche Quelle der Problemerkenntnis, da der Ist-Zustand analytisch-vertiefend ermittelt wird; die Lage-Analyse (= Situations-Analyse) wird gelegentlich ergänzt durch Erkenntnisse, die man durch die Kontrolle von Plänen erhält, soweit sich diese bereits in der Realisierung befinden;

2. Lage-Prognose
   = eine Vorausschau auf Situationsänderungen, die im Planungszeitraum mit großer Wahrscheinlichkeit zu erwarten sind; dieser „vorausgeschauten" Situation stellt man gegenüber die wichtigsten Ziele (= das Richtziel, s. S. 91, dazu gegebenenfalls einige wenige aber bedeutende Grobziele). Eine solche Gegenüberstellung verdeutlicht das Primärproblem; abgeleitete Sekundärprobleme (→ z. B. Maßnahmen-Probleme, Termin-Probleme o. a.) lassen sich leichter erkennen, und zugleich werden zukunftgerichtete Prämissen hinsichtlich der bevorstehenden Problem-Lösungen faßbar;

3. Problem-Analyse
   = das Problem (= oft ein feldartiger Komplex) wird zerlegt in Teil-Probleme oder noch weiter in Problem-Elemente, dabei ermittelt man zugleich das ihnen zugrunde liegende Bezugssystem;

4. Problem-Strukturierung
   = eine Ordnung und Wertung der Teil-Probleme wird vorgenommen, meist in Form einer Problem-Hierarchie (→ Prioritäten und Abhängigkeiten);

5. Problem-Darstellung
   = das so strukturierte Problem wird nun in knapper, konzentrierter Weise dargestellt; zwischenzeitlich eingetretene Problem-Änderungen sind selbstverständlich zu berücksichtigen;

6. Problemlösungs-Ansätze
   = mit Hilfe unterschiedlicher Methoden oder Methoden-Kombinationen (z. B. PLT-Methode, Basic Synectic u. a.) sucht man Ansätze für mögliche Problemlösungen — oder möglichst die Problemlösung selbst; da es erfahrungsgemäß bei einer Anzahl von Aufgaben meist mehrere Lösungsmöglichkeiten gibt, sollte man diese Tatsache bedenken und bemüht sein, auch einige Alternativ-Lösungen zu erarbeiten; entscheiden wird man sich letztlich, etwa mit Hilfe einer Bewertungsmatrix, für die „optimale" Lösung.

Drei grundsätzliche Problemlösungs-Möglichkeiten

Die oben aufgezeigten Methodenschritte verdeutlichen als Schnellskizze lediglich eine von mehreren Problemlösungs-Möglichkeiten. Insgesamt kennen wir nämlich drei Möglichkeiten, an die stets und rechtzeitig gedacht werden sollte, bevor man überhaupt mit der Problemlösungssuche beginnt. Denn ein Problem läßt sich grundsätzlich auf dreierlei Art lösen, durch:

○ geeignete Maßnahmen (= „Problemlösungen") bereits in der Ist-Situation;

○ Veränderung der Ziele (z. B. die Ziele zeitlich verschieben — oder — die Ziele aufgeben);

○ Anpassung der Ziele, verbunden mit geeigneten Maßnahmen.

Also: zuallererst und immer diese drei grundsätzlichen Möglichkeiten überdenken, bevor Zeit und Mühe in eine mitunter hartleibige Problemlösungsarbeit investiert wird!

2.3.4.4 Positionierung von „Meinungsgegenständen"

Manch einem von uns widerfährt im Alltag gelegentlich das folgende Bewußtsein oder Erlebnis: „Mit meiner Meinung stehe ich innerhalb eines eingegrenzten Themenfeldes — z. B. bei verschiedenen Meinungen von Partnern zum Thema ‚Entwicklungshilfe' — an dieser oder an jener Stelle." Diese allgemeine Erfahrung hat die Marktforschung genutzt; und sie hat Methoden entwickelt, mit denen sich ein jeder „Meinungsgegenstand" (z. B. eine Person, ein Produkt, eine Firma) im Meinungsfeld vergleichbar einordnen (= positionieren) läßt als „Image-Position" —, zwangsläufig aber stets beschränkt auf das Wesentliche im Erlebnis- und Beurteilungsraum eines Individuums oder einer Gruppe (s. Bild 13).

Den Ablauf von „Positionierungs-Verfahren" beschreibt Ernst F. Salcher in einer vereinfachten Art folgendermaßen:

„... ein bestimmter Produktraum (z. B. der Biermarkt) wird daraufhin untersucht, nach welchen Wahrnehmungs- und Beurteilungskriterien der Verbraucher die einzelnen Marken unterscheidet, welche dieser Urteilsdimensionen besonders bedeutsam sind und wie die verschiedenen Marken anhand dieser Beurteilungsdimensionen eingestuft werden. Das Ergebnis eines Positionierungs-Verfahrens ist immer ein anschauliches Marktmodell, dessen Achsen von den wichtigsten Urteilsdimensionen gebildet werden, wobei die exakte Position jeder beurteilten Marke aus allen abgegebenen Einzelurteilen berechnet wird ..."[22]

Nutzen der Marktpositionierung

Welchen Nutzen bietet eine Markt-Positionierung dem Planer (etwa im Marketing, in der Politik, Werbung) — oder dem Text-Planer? Salcher nennt 13 Vorteile als „Praktischen Nutzen"; einige davon beschreibt er so:

„(1) Erfassung der Struktur eines Teilmarktes nach den wesentlichen Dimensionen, die der Verbraucher zur Beurteilung und Unterscheidung der hier konkurrierenden Marken heranzieht ...

(3) Positionierung der einzelnen Marken in diesem auf das Wesentliche reduzierten Wahrnehmungs- und Beurteilungsraum ...

(4) Definition des Images jeder einzelnen Marke anhand ihrer Position im Beurteilungsraum (wie wird die einzelne Marke vom Verbraucher aus gesehen?) ...

(5) Definition der Stärken und Schwächen jeder einzelnen Marke ...

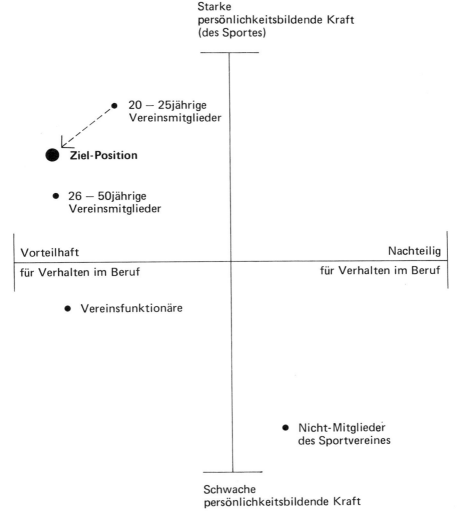

Erklärung:

- Ziel-Position
  = Zielvorstellung des Schreibers:
  „Sport formt die Persönlichkeit"

Bild 13: Positionierung der Sport-„Marke"
im Meinungsfeld der Vereinsmitglieder und Nicht-Mitglieder

(7) Ableitung notwendiger Maßnahmen, um die Imageposition entsprechend der Marketing-Zielsetzung zu erreichen . . .

(8) Darstellung der Position der wichtigsten Konkurrenzprodukte aus der Sicht des Verbrauchers . . .

(11) Hinweise auf die Marken, die eine gewisse Alleinstellung erreicht haben . . .

(13) Demonstration unbesetzter Segmente mit Hinweisen auf die Maßnahmen, mit denen es gelingen könnte, die eigene Marke in diesen Raum hineinzupositionieren . . ."23)

Allein diese ausgewählten acht Vorteile signalisieren den Nutzen, den die Arbeitshilfe „Markt-Positionierung" bei bedeutsamen Planungsvorhaben anzubieten vermag. Und da die Ereignisse stets als meßbare Daten vorliegen, eignet sich diese Methode vor allem dazu, die Abstände zwischen den jeweiligen Meinungsgegenständen (z. B. zwischen Produkten, Politikern, Firmen, Ideen u. a.) als Momentaufnahme aufzuzeigen — oder die betreffenden Abstände später im Zeitablauf als „Positionsänderungen" zu verdeutlichen.

Zum Arbeitsbeispiel „Sport formt die Persönlichkeit"
In Gesprächen mit sieben Mitgliedern des Sportvereines X (Lebensalter 15 — 25 Jahre) ergab sich zum „Meinungsgegenstand: Sport — Persönlichkeitsformung" eine recht eindeutige Positionierung (Bild 13); der Pfeil zeigt auf das von uns (= vom Schreiber) anvisierte Richtziel, also die Meinungspositionierung, die durch den Beitrag „Sport formt die Persönlichkeit" bei den Lesern erreicht werden soll.

2.3.4.5 Zur Zielgruppen-Bestimmung

Wenn schließlich die Zielgruppen-Analyse — in vertiefter oder weniger tiefer Weise — abgeschlossen ist, nähern wir uns immer dann, falls mehrere Zielgruppen für den jeweiligen Text-Beitrag in Betracht kommen können, einer meist schwierigen Entscheidung, nämlich: Für welche Zielgruppe oder welche Zielgruppen (z. B. zwei bis drei gleiche oder ähnlich geartete Gruppen) entscheide ich mich endgültig —, so man seine Botschaft (= Text) an mehrere Lesergruppen richten könnte?!

Zwei Denkansätze

An dieser Entscheidungsschwelle sei grundsätzlich ein wichtiger Vermerk eingeschoben: Wir haben grundsätzlich zwei verschiedene Möglichkeiten, nämlich zwei Denkansätze, um die eben aufgeworfene Frage zu klären:

○ den themenorientierten Denkansatz
„Welches Thema kommt bzw. welche Themen kommen gegenwärtig für die Zielgruppe (z. B. für junge Mitglieder des Sportvereines X) in Betracht"?
— und —

○ den zielgruppenorientierten Denkansatz
„Welche Zielgruppe(n) kommt bzw. kommen gegenwärtig für das anstehende Thema (etwa „Sport — Persönlichkeit") in Betracht?"

Ganz gleich, ob wir von dem einen oder anderen Denkansatz ausgehen: immer ist es sinnvoll, die anstehende Entscheidung — also die Zielgruppen-Bestimmung — in zwei Arbeitsschritten vorzunehmen.

Erster Schritt
Zunächst sollte man die analysierten Zielgruppen miteinander vergleichen und dabei wesentliche Gemeinsamkeiten herausfiltern (z. B. Sozio-demografische Merkmale, wie Beruf, Lebensalter, Ausbildung o. a.; Psychologisch-sozialpsychologische Merkmale, etwa eine themenbezogene vorherrschende Einstellung oder ein Grundbedürfnis); so entsteht als Ergebnis eine merkmalbetonte geistige „Grobskizze" von der Zielgruppe oder von einigen wenigen Zielgruppen.

Zweiter Schritt
Anschließend ist diese zielgruppenbezogene Grobskizze in ein elementartiges Bezugssystem einzufügen (Bild 14, S. 82), das aus mehreren Wirkfaktoren besteht von denen ein jeder unseren Entscheidungsprozeß „Zielgruppen-Bestimmung" stark mitbeeinflußt: „Thema/Titel — Zielgruppenskizze — Zielsetzung/Richtziel — Kommunikationsmittel (z. B. Fachbeitrag) — Kommunikationsträger (etwa Mitteilungsblatt des Sportvereines)".

Vorteile systemorientierter Sichtweise

Welchen wesentlichen Vorteil bietet uns diese systemorientierte Sichtweise? Wir können mit großer Sicherheit bei solchem methodischen Vorgehen die Zielgruppe oder Zielgruppen auch bestimmen im Hinblick auf: die Kommunikationsmittel und vor allem die Kommunikationsträger. Denn allzu leicht geschieht es in der Hektik des Alltages, daß wir eine Zielgruppen-Bestimmung vornehmen, aber danach bald erkennen müssen, daß z. B. der erforderliche Kommunikationsträger nicht vorhanden oder zu dem entscheidenden Zeitpunkt nicht verfügbar ist. Ein Beispiel: Bei der Zielgruppen-Bestimmung haben wir uns endgültig entschieden für „geschiedene Männer und Frauen — im Alter von 20 bis 40 Lebensjahren"; nach dieser Entscheidung aber stellen wir plötzlich fest, daß es gegenwärtig noch keinen Kommunikationsträger gibt (z. B. keine zielgruppenbezogene Zeitschrift); — oder aber, daß es zwar eine entsprechende Zeitschrift

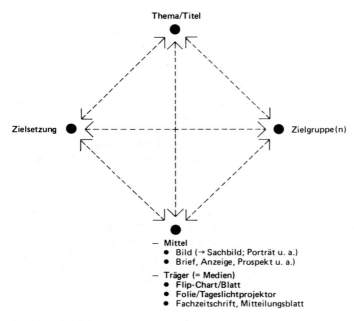

Bild 14: Zielgruppen-Bestimmung (→ systemorientierte Sicht)

gibt, diese jedoch nur vierteljährlich erscheint und daher für unseren termingebundenen „Schnellschuß" (etwa ein bedeutsames juristisches Spezialthema) in den nächsten zehn Wochen als Kommunikationsträger ausscheidet. Darum: eine Zielgruppen-Bestimmung in jedem Falle systemorientiert vornehmen!

Merkmalgruppen der Zielgruppen-Bestimmung

Bei einer Zielgruppen-Bestimmung können sich — marktsegmentierend — verschiedene Gruppen ergeben, wie etwa:

○ Sozio-demografische Gruppen
  Beispiele:
  — Hausfrauen, in München
  — Männer über 45 Jahre
  — Angestellte im Öffentlichen Dienst
  — Angler
    u. a. m.

- Psychologisch-sozialpsychologische Gruppen
  Beispiele:
  - Prestige-motivierte Typen; sicherheitsmotivierte Typen
  - kognitive Einstellungstypen (etwa Leser, die vornehmlich einen Wissenszuwachs anstreben)
  - Meinungsbildner (z. B. Journalisten, PR-Fachleute)
  - rollenbezogene Typen (etwa Präsidenten der Marketing-Clubs, Vorstände großer Fußball-Vereine u. a.)

- Wirtschaftliche Gruppen
  Beispiele:
  - Kunden
  - Nicht-Kunden
  - Selbstverwender
  - Weiterverarbeiter

- Geographische Gruppen
  Beispiele:
  - Einwohner aller Großstädte in der Bundesrepublik Deutschland
  - Einwohner der Mittelstädte im Land Hessen
  - Einwohner der Rhön o. ä.

Dies sind natürlich nur einige wenige Beispiele aus einer Flut von Möglichkeiten. Daß man eine jede dieser festgelegten Zielgruppen jeweils skizzenartig erweitern und dadurch verdeutlichen kann, ist selbstverständlich und üblich. Daher als Abschluß dieses Abschnittes „Zielgruppe" nochmals ein erweitertes Arbeitsbeispiel.

Arbeitsbeispiel „Zielgruppen-Bestimmung"
Arbeitstitel: „Mit dem Siemens-Mikrowellenherd —
              Speisen schnell zubereiten und Vitamine schonen"

- Sozio-demografische Merkmale
  Personen in der Altersgruppe von 18 — 35 Jahren; Männer und Frauen; Schwerpunkt bei Männern; Ledige und Verheiratete; Berufe: hauptsächlich Angestellte in Wirtschaft und Verwaltung, mit mittlerem Einkommen, aber auch Jung-Akademiker und Studenten;

- Psychologisch-sozialpsychologische Merkmale
  Personen mit den Bedürfnissen: „schnell, vitaminschonend und energiesparend" kochen zu wollen; bestimmt vornehmlich von der Motivation nach Unabhängigkeit und weitgefächerter individueller Entscheidungsfreiheit (→ vielseitige „kreative" Erweiterung des Speisenplanes); nach offenkundiger Arbeitsentlastung und Hygiene im Haushalt strebend (→ Essenzubereitung),

mit der Tendenz zu einem modernen Lebensstil; gewisse Profilierungsabsicht, einen „fortschrittlichen" Haushalt und modernen Lebensstil zu haben, verbunden mit Risiko-Bereitschaft; Personen, bei denen gegenwärtig die emotionalgetönte Einstellungskomponente mitschwingt: „Mikrowellenherde scheinen ‚irgendwie' strahlengefährdet zu sein";
gegeben ist bei diesen Personen — den „Innovatoren" — zunächst noch die erste Phase der „Eindringung"; denn der Mikrowellenherd ist für viele von ihnen noch ein „unbeschriebenes Blatt", jedoch sie sind auf der Suche nach „Neuland"; darüber hinaus Personen, die vorerst kein Interesse am Produkt „Mikrowellenherd" haben, jedoch Interesse und Offenheit zeigen gegenüber Neuem und Fortschrittlichem; die vorhandene Geräte (z. B. Herd und Kühlschrank) sinnvoll zu einem leistungsfähigeren „Küchen-System" erweitern und so die Küchenarbeit rationalisieren möchten;

○ Geografische Merkmale
hauptsächlich Personen in Mittel- und Großstädten, zunächst im Bundesland Bayern; zu einem späteren Zeitpunkt wird der Personenkreis vermutlich ausgeweitet auf die übrigen Länder der Bundesrepublik Deutschland;

○ Wirtschaftliche Merkmale
— das Produkt „Mikrowellenherd" steht zur Zeit vom Blickwinkel des Absatz-Marketing aus in der „Einführungsphase" des Lebenszyklus;
— als Abnehmer kommen in Betracht alle die Personen, die elektrische Haushaltgeräte besitzen (z. B. vor allem Elektroherd sowie Kühlschrank) und diese Geräte zu einem leistungsfähigen „Küchen-System" ausweiten möchten; mithin Personen, die investitionsbereit sind und auch über die notwendige Kaufkraft verfügen;
— vorrangig aber sind zunächst Endgebraucher zu sehen: bisherige Nicht-Kunden; vor allem voraussichtliche Kunden; Selbstverwender; Erst-Käufer; bei diesen Gruppen besteht allerdings vorerst keine offenkundige Nachfrage.

Einsichten und Erfahrungen

○ Für bedeutsame Themen sollte man stets eine Zielgruppen-Analyse und anschließend eine Zielgruppen-Bestimmung vornehmen;

○ bei der Zielgruppen-Analyse sollten wir möglichst alle vier Merkmalgruppen berücksichtigen (→ Sozio-demografische Merkmale, Psychologisch-sozialpsychologische Merkmale, Wirtschaftliche Merkmale, Geografische Merkmale); danach gilt es, sich für ein Schwerpunkt-Merkmal (z. B. Beruf, Einstellungstyp, Kunde o. a.) oder nur für höchstens zwei bis drei Schwerpunkt-Merkmale zu entscheiden, die im Hinblick auf Zielsetzung und Text-Gestaltung taugliche Anknüpfungspunkte bieten (etwa Beruf + eine besondere Einstellung, Lebensalter + ein besonderes Problem o. a.);

○ kommen für ein Thema mehrere verschiedene Zielgruppen in Betracht (etwa Kaufleute + Techniker; Männer + Frauen + Jugendliche ab dem 16. Lebensjahr o. a.), so empfiehlt es sich, diese Gruppen zunächst auf die vier Merkmalgruppen hin zu analysieren, dann Gemeinsamkeiten wichtiger Merkmal-Punkte aufzusuchen (z. B. gleiches Problem; gleiches oder sehr ähnliches Grundmotiv, wie Sicherheitsstreben; gleiches Bedürfnis oder gleiche Interessen, etwa starkes Informationsinteresse an einem neu entwickelten Produkt);

○ liegt uns die Zielgruppen-Analyse leicht überschaubar als Übersicht vor, sollte man unbedingt die endgültige Entscheidung — also die Zielgruppen-Bestimmung — systemorientiert vornehmen, und zwar bezogen auf: Thema/Titel — Zielgruppe(n) — Zielsetzung — Kommunikationsmittel — Kommunikations-Träger (Bild 5, S. 42/43);

○ soweit vertretbar, sollten wir uns bei der Zielgruppen-Bestimmung nur für eine einzige, homogene (= gleichartige) Zielgruppe entscheiden (z. B. nur für Kaufleute, nur für Techniker, nur für Hausfrauen o. ä.); denn nur dann ist es in der Regel möglich, den Text in einem höheren Maße „zielgruppenorientiert" zu gestalten (z. B. nur abheben auf das vorrangige Problem der Zielgruppe und deren Hauptmotiv, etwa deren Sicherheitsbedürfnis);

○ wenn dennoch mehrere Zielgruppen anzusprechen sind, dann sollten es in einer ersten Kommunikationsstufe nur wenige sein, möglichst nur zwei bis drei Gruppen; diese sollten zumindest ein bis zwei bedeutende Zielgruppenmerkmale gemeinsam haben, etwa die Motivation „Prestige und Sicherheit" oder eine der wesentlichen Einstellungskomponenten (z. B. die kognitive oder die psycho-motorische Komponente, etwa „Tischler + Heimbastler").

Empfehlenswerte Übungen

○ Analysieren Sie fürs erste eine gleichartige (= homogene) Zielgruppe, und zwar hinsichtlich nur einer einzigen Merkmalgruppe, etwa der Sozio-demografischen Merkmale „Lebensalter" und „Beruf";

○ in einem weiteren Übungsschritt analysieren Sie bitte die gleiche Zielgruppe, jetzt jedoch auf alle vier Merkmalgruppen hin (→ sozio-demografische Merkmale, psychologisch-sozialpsychologische Merkmale, wirtschaftliche Merkmale, geografische Merkmale) —, natürlich nur auf bedeutsame Merkmale der einzelnen Merkmalgruppen gerichtet (etwa auf Lebensalter, Beruf, Wohnort, Motivation);

○ sobald Sie meinen, die Zielgruppen-Analyse zu beherrschen, sollten Sie aus dieser Methodensicherheit heraus die Zielgruppen-Bestimmung vornehmen, nämlich: von der geistigen Analysen-Breite aus knapp und anschaulich die Zielgruppe für die anstehende Text-Kommunikation schriftlich festlegen;

○ wenn Sie genügend Erfahrungen durch Analyse-Arbeit gesammelt haben, bleibt zu überlegen und zu entscheiden, ob die vorliegenden Analysen vertiefend zu erweitern sind, etwa durch: Diffusions- oder Problem-Analyse, bezogen natürlich stets auf die vorliegende und konkrete Text-Aufgabe.

2.3.4.6 Zur Zielsetzung

Fünf wichtige Wirkfaktoren haben wir inzwischen im Feld der Text-Kommunikation betrachtet:

○ Selbstbild (des Schreibers)
○ Thema – Titel
○ Leser/Zielgruppe
   Zielgruppen-Analyse, dazu die Problemanalyse
○ Positionierung der Leser/Zielgruppe im Meinungsfeld
○ Zielgruppen-Bestimmung

Die Spannweite der oben skizzierten Situations- und Problem-Analyse, mit Positionierung, reicht erfahrungsgemäß selbst bei umfangreicheren Textvorhaben aus, um danach die Zielsetzung – vor allem den Zielbildungsprozeß, mit optimaler Zielsetzung – sorgfältig vornehmen zu können.

Feinziele

Der bevorstehende Abschnitt will Ihnen Wissen vermitteln oder vorhandene Kenntnisse festigen im Hinblick auf

○ wichtige Schritte des Zielbildungsprozesses

○ den Begriff „Ziel" (= Einzelziel)

○ die Bestimmungs-Elemente eines Zieles

○ das Zielsystem
   – den Begriff „Zielsystem"
   – die dynamische Zielstruktur
   – die Zielebenen

- die Zielarten
- den Zielkonflikt
- verschiedene Zielsystem-Kategorien,
  insbesondere die Zielsystem-Kategorie „Strategie — Operation — Taktik";
- Impulse für die Text-Kommunikation

○ operationale Zielsetzung

Wichtige Schritte des Zielbildungsprozesses

Ein Ziel — und erst recht ein Zielsystem — ist das Ergebnis eines Zielbildungsprozesses, der weitausholend beginnt und in dem sich häufig folgende Schritte deutlich abzeichnen:

○ Situations-Analyse, Problem-Analyse

○ Zielsuche, zunächst von Einzelzielen

○ Zielsetzung, nämlich Festlegung der schon vorgeplanten oder bei der Zielsuche ermittelten Einzelziele

○ ordnender Aufbau der Einzelziele zum Zielsystem (→ meist wertorientiert)

○ operationale Zielsetzung (= überprüfbare schriftliche Festlegung wichtiger Einzelziele, vermascht zum Zielsystem)

○ nach abgeschlossener Zielbildung vollzieht man die Zielverwirklichung
  — und —

○ Zielwirkungskontrolle
  mit Abweichungs-Analyse sowie Rückkoppelung; gegebenenfalls Zielrevision.

Was ist ein „Ziel"?

Nach der Situations- und/oder Problem-Analyse formulieren wir konkret entweder das in Umrissen bereits vorgeplante Ziel — oder wir begeben uns auf die Zielsuche: auf die Suche nach einem Ziel oder nach verschiedenartigen Einzelzielen, die sich folgerichtig aus jenen Analysen ergeben.

Ein Ziel in der Text-Kommunikation ist ein vorgestellter „Soll-Zustand" oder „Soll-Vorgang", den man in einem begrenzten Zeitraum durch ein bestimmtes Text-Mittel mit Hilfe eines Text-Trägers erreichen will. — Im Brockhaus finden

wir zum Kennwort „Ziel" u. a. diese Bestimmung: „ . . . Ziel ist das, um dessentwillen alles geschieht, in dem es die Wirkungsursache zum Hervorbringen, zum Überführen von etwas aus der Möglichkeit in die Wirklichkeit bewegt . . ."[24].
Um ein Ziel zu erreichen, werden ihm die jeweils notwendigen Mittel sowie die Träger zu- und untergeordnet.

Bestimmungs-Elemente eines Zieles
Manfred Anton nennt in seinem Buch „Die Ziele der Werbung" drei Bestimmungs-Elemente oder Dimensionen (Bild 15), die zugleich das Ergebnis betriebswirtschaftlicher Zielforschung darstellen:[25]

- den Zielinhalt
  er beschreibt Tatbestände, die dem Entscheider erstrebenswert erscheinen; diese können bei einem Text gerichtet sein z. B. auf wirtschaftliche Gesichtspunkte (etwa Marktsituation, Absatz, Gewinn u. a.), psychologische Aspekte (z. B. Meinungen, Einstellungen, Bedürfnisse/Motivation, Verhalten, Image u. ä.) oder andere Tatbestände;

- die Zielhöhe
  durch sie wird der beabsichtigte Grad der Zielerreichung festgelegt:

  — begrenzt festgelegt — hierbei geht der Entscheider von einer Befriedigung oder einem Anspruchsniveau aus;
  — unbegrenzt festgelegt — man sucht so lange nach geeigneten Möglichkeiten, bis „keine Alternative mehr bekannt wird, die einen höheren Zielerreichungsgrad erwarten läßt" (E. Heinen, Betriebswirtschaftslehre);

- die Zielperiode
  sie bestimmt die Zieldauer oder Zeitspanne, in der das Ziel zu verwirklichen ist:

  — bezogen auf einen Zeitpunkt — oder —
  — bezogen auf einen Zeitraum.

Betrachtet man diese drei Bestimmungs-Elemente — Zielinhalt, Zielhöhe, Zielperiode — unter dem Blickwinkel der Schreibe, etwa im Hinblick auf eine Facharbeit, dann ergibt sich im wesentlichen folgende Beurteilung:

- der Zielinhalt ist problemlos
  man behandelt den jeweils anstehenden Themen-Inhalt;

- die Zielhöhe bereitet dagegen gewisse Schwierigkeiten
  so etwa, wenn z. B. Menschen intensiv beeinflußt werden sollen (etwa hinsichtlich ihrer Bedürfnisse/Motivation oder Einstellungen); dabei gilt

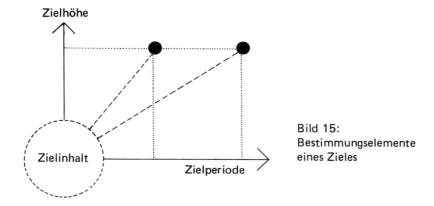

Bild 15:
Bestimmungselemente eines Zieles

die Lebenserfahrung: Auf den ersten Streich fällt kein Baum. — Auch bei Lernprozessen kann man die Zielhöhe mitunter nur annähernd bestimmen, etwa wenn Lernende einen schwierigen Wissensstoff vermittelt bekommen sollen, jedoch eine tragfähige Grundlage (= Vor-Wissen über das Thema) bei ihnen nur begrenzt vorhanden ist;

○ die Zielperiode ist meist eindeutig
sie wird zeitlich dann gegeben sein, wenn der Text (z. B. ein Fachbeitrag) von der Zielgruppe gelesen wurde; allerdings kann es gelegentlich auch eine Serie von Fachbeiträgen sein, die sich zeitlich über einige Wochen oder sogar Monate (z. B. 4 — 5 Monate) erstreckt; selbst dann ist aber nach betriebswirtschaftlicher Definition noch immer eine „kurzfristige Zielperiode" gegeben.

Ziel-System

Auf dem Arbeitsfeld präzisierender Zielsetzung hat in den zurückliegenden Jahren die Wirtschaftsforschung sowie die Ziellehre etliche Einsichten gewonnen, die wir nutzbringend auch bei einer zielwirksamen Schreibe anwenden können. Dazu zählen u. a. klärende Gedanken über das Ziel-System.

Mit „Ziel-System" meint man allgemein eine gefügehafte geistige Ordnungsstruktur, gründend in mehreren Zweck-Mittel-Beziehungen, die ein Vorhaben durchsichtig machen, so daß es leichter realisierbar und auch besser überprüfbar wird. Als Strukturen beggnen einem dabei z. B. Über- und Unterordnungen (= Zielhierarchie, etwa Richtziel — Grobziel(e) — Feinziele); Zeitraum-Ordnungen (z. B. Nahziele — Fernziele) oder Prioritäten-Ordnungen (etwa Hauptziele — Nebenziele).

Bei umfangreichen Planungsaufgaben wertet man das Erstellen eines Ziel-Systems als ein schwieriges Unterfangen —, so jedenfalls bekennen es etliche Planungsfachleute. Diese Auffassung vertritt u. a. Jürgen Wild in seinem Fachbuch „Grundlagen der Unternehmensplanung": „. . . Diese Idealvorstellung eines Zielsystems im Sinne einer Hierarchie der Unternehmensziele, deren einzelne Bestandteile und Beziehungen bestimmten Forderungen genügen, ist schwer realisierbar . . . Die Zielsysteme, die in den Unternehmungen heute vorherrschen, sind demzufolge nur partiell strukturiert, zum Teil ungeordnet, weisen Leerstellen, Widersprüche, Unklarheiten usw. auf und sind in der Regel nicht allen Unternehmensmitgliedern bekannt oder nur teilweise transparent . . ."[26].

Wie verhalten wir uns bei der Text-Kommunikation in einer derartigen Problem-Situation? — Wenn wir beim Zielbildungsprozeß die situations- oder problemorientierten Einzelziele ermittelt haben und sie danach zu einem umgreifenderen Ziel-System zusammenfassen wollen, benutzen wir in vielen Fällen als Ordnungsstruktur die „Zielebenen" (= hierarchische vertikale Ordnung) sowie die „Zielarten" (= Bestimmung der Zielebenen aus verhaltensorientierter Sicht); einen ordnenden Bauplan solcher Sehweise zeigt uns die Grafik „Ziel-System" (Bild 16).

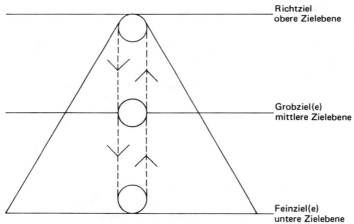

Bild 16: Zielsystem (→ Zielebenen)

Dynamische Struktur des Zielsystems

○ Zielinhalt (= Was)
er steht an der Spitze, an oberster Stelle (Bild 16), als „Thema" oder „Titel" (= Arbeitstitel) formuliert; ein Zielinhalt kann bezogen sein auf: Gegenständ-

liches (z. B. ein Produkt), auf Geistiges (etwa die Erlösungsidee des Christentums) oder auf einen Menschen bzw. mehrere Menschen (z. B. bestimmte Berufsgruppen, Funktionen, soziale Schichten, Lebensalter; Bedürfnisse, Motivation, Einstellungen u. a.).

Um den Zielinhalt durch planmäßiges Vorgehen ordnen und ihn vor allem textlich leichter gestalten zu können, unterteilt man den mitunter längeren Weg zum Ziel in drei kürzere Wegestrecken (= Abschnitte): die Zielebenen;

○ Zielebenen
diese sind senkrecht (= vertikal) im Ziel-System angeordnet, und zwar als stufenartige Gliederung, meist ausgerichtet auf Bedeutsamkeit und/oder Zielperiode (= voraussichtlicher Zeitbedarf für die jeweilige Zielverwirklichung). Deshalb begegnet man unterschiedlichen Bezeichnungen der Zielebene: bald mehr vom Blickwinkel der Bedeutsamkeit, bald mehr vom Blickwinkel der Zielperiode aus vorgenommen.

In der Grafik (Bild 16) bezeichnen wir die Zielebenen fürs erste als: Richtziel — Grobziel(e) — Feinziel(e) —, Begriffe, denen man in der Wirtschaft, Verwaltung und Schule begegnet, und die oft die Bedeutsamkeit sowie die Zielperiode des jeweiligen Zielinhaltes in sich vereinigen.

— Das Richtziel
Es bestimmt den Hauptzweck, die Grundrichtung des gesamten Zielinhaltes, steht an oberster Bedeutungsstufe und hat die längste Zielperiode; einem Richtziel sind oft mehrere Grobziele untergeordnet (z. B. Grobziele für Einleitung, Hauptteil, Schluß).

— Das Grobziel
Dem Richtziel bleibt in seiner Bedeutsamkeit und Zielperiode untergeordnet das Grobziel: Es ist nur auf einen Teil des Zielinhaltes bezogen (z. B. nur auf Einleitung, auf Hauptteil oder Schluß) und des öfteren lediglich auf eine kürzere Zielperiode hin begrenzt (etwa mittelfristig auf drei bis fünf Jahre).

— Das Feinziel
Dieses liegt in der unteren Zielebene hinsichtlich Bedeutsamkeit und Zielperiode; denn ein Feinziel bezieht sich immer nur auf ein Teilstück des Grobziel-Inhaltes, und seine Zielperiode ist kurzfristig (etwa bis zu einem Jahr).

Didaktische Zielarten

Für eine jede der drei „Zielebenen" — Richtziel/Grobziel(e)/Feinziel(e) — ist systemorientiert die „Zielart" festzulegen, nämlich:

In welcher Art und Weise soll die jeweilige Zielebene verhaltensorientiert verwirklicht werden; soll der Leser z. B. durch den Beitrag „Sport formt die Persönlichkeit"

- neues Wissen vermittelt bekommen (= kognitive Zielart);
- gefühlsmäßig beeinflußt werden (= affektive Zielart) — oder —
- tätig werden, also z. B. die eigene Persönlichkeitsbildung zielgerichtet beginnen (= psychomotorische Zielart).

Diese drei „Didaktischen Zielarten", seit langem im Schulbereich beheimatet, haben sich in -zig Lernprozessen bewährt, in jüngerer Zeit auch oftmals in der beruflichen Weiterbildung. Zugeschnitten auf die Berufspraxis, kennt man hier vereinfachend hauptsächlich zwei Zielarten: das „Kennenlernen" (= Wissensvermittlung) — und — das „Könnenlernen" (= Anwenden des erworbenen Wissens, z. B. in Übungskursen).

Neben jenen drei genannten „Didaktischen Zielarten" (→ kognitive, affektive, psychomotorische Zielart) sind in der beruflichen Text-Kommunikation differenzierend in breiter Palette noch „Kommunikative Zielarten" entstanden; diese erleichtern es nach vorliegender Erfahrung dem Schreiber, bei anstehenden Textaufgaben die jeweilige Zielebene (etwa ein Richtziel) verhaltensorientiert zu präzisieren.

Kommunikative Zielarten

Kommunikation umfaßt zwischenmenschlichen Kontakt in mehrstufiger unterschiedlicher Zielrichtung: etwa vom Informieren über das Beeinflussen, Lehren, Bekunden — bis hin zum Unterhalten von Lesern (= Zielperson/Zielgruppen). Wer in der Wirtschaft, in der Publizistik, Werbung oder in der beruflichen Fort- und Weiterbildung tätig ist, weiß um diese „Kommunikativen Zielarten" und ihre Bedeutsamkeit in der Tagesarbeit. Als zweckmäßig und praktikabel erweisen sich diese Zielarten oftmals und insbesondere dann, wenn sie richtzielgebend fungieren, also verhaltensorientiert grundsätzlich die Zielrichtung eines Textes — oder auch einer Rede — bestimmen; natürlich gilt das ebenso für andere Zielebenen, etwa für die darunter liegenden Ebenen der Grob- oder Feinziele.

Der Wert dieser Kommunikativen Zielarten wird einem — im Hinblick auf die Text-Planung und Text-Gestaltung — vor allem dann in vollem Ausmaß bewußt,

wenn sie in einen folgerichtigen Bezug gesetzt werden zu: „Denkmuster"
(= geistiger Bauplan) und „Text-Sorte", etwa zu Bericht, Protokoll, Charakteristik u. a. (s. S. 122).

Bleiben wir zunächst bei den fünf Kommunikativen Zielarten. Welche gedanklichen Gerichtetheiten liegen ihnen im einzelnen zugrunde? Insgesamt fünf Gerichtetheiten:

1. Informieren (= mitteilen, bekantmachen)
man beabsichtigt, seinen Lesern z. B. neue Erkenntnisse von der Funkausstellung in X. zu vermitteln, sachlich und wertfrei, etwa über die „Zeitung vom Bildschirm";

2. Beeinflussen
man beabsichtigt, bei den Lesern einzuwirken

   2.1 auf ihre Meinung, Gefühle und Vorstellungen; so will ich z. B. mehrere Zeitungsredakteure durch verschiedenartige Argumente davon überzeugen, daß die „Zeitung vom Bildschirm" keine ernsthafte Gefahr für die Tageszeitung in der BRD werden wird — oder —

   2.2 auf deren Verhalten;
   ich beabsichtige so nachhaltig auf verhaltensorientierte Merkmale meiner Leser einzuwirken, daß sie in nächster Zeit jene neue technische Errungenschaft — die „Zeitung vom Bildschirm" — für ihr Heim kaufen;

3. Lehren
man beabsichtigt, z. B. Service-Techniker zu schulen: Man will ihnen etwa durch eine Serie von „Lehr-Briefen" über die technische Funktion der „Zeitung vom Bildschirm" so viel Wissen in didaktischer Form (etwa nach dem Denkmuster „Formalstufen", s. S. 151) vermitteln, daß sie imstande sind, von dieser Grundlage aus vertiefende Fachliteratur gewinnbringend durchzuarbeiten;

4. Bekunden
man beabsichtigt, einem Leser oder mehreren Lesern seine wertende Anschauung oder sein Werturteil etwa über den Mitarbeiter X kundzutun und dies etwas ausführlicher darzustellen; so z. B. dem Mitarbeiter X volle Anerkennung und herzlichen Dank schriftlich auszusprechen für seine Arbeitsleistung, Hilfsbereitschaft und Toleranz — anläßlich seines 25jährigen Dienstjubiläums.

Bekundungen werden zumeist gerichtet an einen Einzelnen oder einen begrenzten und auserlesenen Leserkreis und sind oft gefühlsbetont, getragen z. B. von Freude, Lob, Schmerz oder Trauer;

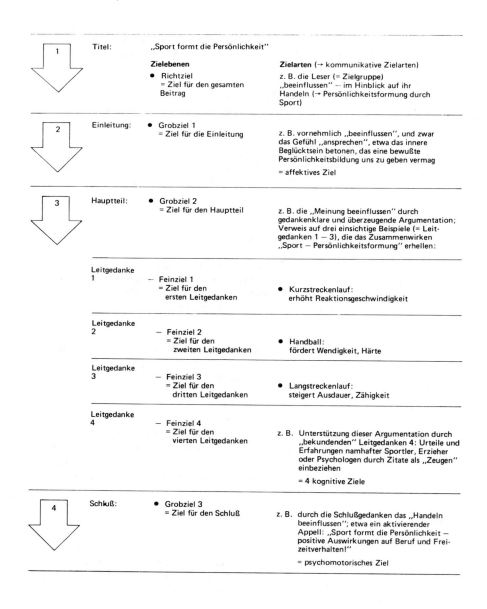

Bild 17: Zielebenen — Kommunikative Zielarten (Beispiel: „Sport formt die Persönlichkeit")

5. **Unterhalten**
man beabsichtigt, dem Leser oder der Leserschaft ausgewählte Themen anzubieten, die überwiegend im Interessenbereich seiner Freizeit und Muße angesiedelt sind —, kaum verbunden mit geistiger Denk- oder Lernanstrengung; im Gegenteil: Solche Themen sollen zum geistig-seelischen Entspannen beitragen und eindeutig als angenehmes Erleben empfunden werden.

Für eine solche Zielart bietet sich eine bunte Themenvielfalt an, z. B. Themen aus Sport und Spiel, Musik, Theater, Geschichte, aus Literatur, Dichtung und etlichen anderen Bereichen. — Derartige Text-Darstellungen liegen allerdings mitunter im Bereich des Trivialen, können aber ebenso künstlerische oder anspruchsvoll-literarische Qualität haben. Die Grenzen zur Kunst und Dichtung hin sind eben fließend.

Verbinden wir doch zum leichteren Verständnis der bisherigen zieltaxonomischen (= ziellehre-orientierten) Aspekte die Betrachtung erneut mit dem Arbeitsbeispiel „Sport formt die Persönlichkeit". — Legen wir diesem Fachbeitrag folgenden geistigen Bauplan zugrunde: Einleitung — Hauptteil — Schluß; und ordnen wir dem gesamten geistigen Gebilde zu: Zielebenen — und — Kommunikative Zielarten (Bild 17).

Zielkonflikt

Beim Aufbau eines Ziel-Systems (z. B. Richtziel, Grob- und Feinziele) kann es gelegentlich zu einem Zielkonflikt kommen: Zwei oder mehrere Grob- bzw. Feinziele treten (unbemerkt) in einen Widerspruch zueinander! Ein Beispiel: Man möchte seine erfolgsorientierten Aktivitäten im Handballspiel um rund 30 % steigern (= Richtziel) —, zugleich aber das Unfallrisiko möglichst um 50 % mindern (= Grobziel).

Bei der Architektur eines Textes, also bei „Aufbau" und „Gliederung", sind Zielkonflikte vornehmlich denkbar:

○ zwischen dem Richtziel und einem der Grobziele;

○ zwischen verschiedenartigen Grobzielen (z. B. auseinanderklaffende Grobziele für Einleitung, Hauptteil, Schluß);

○ zwischen Grob- und Feinzielen (z. B. Konflikt zwischen dem Grobziel des Hauptteiles und den untergeordneten Feinzielen);

○ unter zwei oder mehr Argumentblöcken (etwa gegensätzliche Grobziele der Argumentblöcke I und II, s. S. 140).

Anwendungsgebiete der Zielsysteme (= ZS)

Zielebenen	Pädagogik Kommunikation	Militär Politik Wirtschaft Kommunikation	Wirtschaft	Wirtschaft Verwaltung Politik Pädagogik Kommunikation	Kommunikative Zielarten (= ZA)	Pädagogische Zielarten (= ZA)
Obere Zielebene (= 1. Zielebene)	• Richtziel	• Strategisches Ziel	• Unternehmensziel (→ strategisches Oberziel)	• Langfristiges Ziel	Informieren Beeinflussen (Be)Lehren Bekunden Unterhalten	
Mittlere Zielebene (= 2. Zielebene)	• Grobziel(e)	• Operative Ziele	• Konkretisierte Unterziele (z. B. Ziele im Marketing-Mix)	• Mittelfristiges Ziel(e)		kognitive ZA affektive ZA psychomotorische ZA
Untere Zielebene (= 3. Zielebene)	• Feinziel(e)	• Taktische Ziele	• Bereichs(Abstimmungs)Ziele	• Kurzfristiges Ziel(e)		

Bild 18: Gebräuchliche Kategorien von Zielsystemen (= ZS)

Ein klassisches Beispiel für einen Zielkonflikt ist das Magische Fünfeck, in dem z. B. mehrere wirtschaftspolitische Ziele miteinander im Widerstreit liegen: Stabilität des Preisniveaus — Vollbeschäftigung und Zahlungsbilanzausgleich bei Konvertierbarkeit — gerechte Einkommensverteilung — stetiges und angemessenes Wachstum.

Bedrohlich starke Zielkonflikte sind im allgemeinen nur dann zu vermeiden, wenn man innerhalb des jeweiligen Zielsystems unter den wichtigen Einzel-Zielen fallweise eindeutige Prioritäten setzt —, was meist aber nur für begrenzte Zeiträume gültig sein kann. Die Lösung von Zielkonflikten liegt also häufig: im Kompromiß.

Kategorien von Ziel-Systemen

Wie sicherlich manchem von Ihnen bekannt, stoßen wir in der Wirtschaft und Verwaltung, in der Publizistik, Werbung und gelegentlich auch im Schulbereich auf Ziel-Systeme, die andere Ordnungsbezeichnungen tragen. Einen Überblick über geläufige Kategorien von Ziel-Systemen gibt Ihnen eine weitere Grafik (Bild 18); einer jeden der drei Zielebenen ist auch hier wiederum eine der Zielarten (etwa Didaktische oder Kommunikative Zielart) zuzuordnen, um so die verhaltensorientierte Wirkungsrichtung unmißverständlich festzulegen.

Unter diesen gebräuchlichen Kategorien hat insbesondere ein Ziel-System strahlenden — prestigebesetzten? — Glanz: „Strategie — Operation — Taktik". So führt es denn heute in zahlreichen Lebensbereichen ein zungenfertig-verbales Dasein —, mitunter als vollständiges Ziel-System, des öfteren aber nur als System-Fragment. Da aber gerade diese Zielkategorie in jahrhundertelangen Denkprozessen, in existenzbedrohlichen Handlungen und oft bitteren Erfahrungen — etwa von Alexander dem Großen über Clausewitz bis zu Littel Hart — ihre geistige Ausprägung erfahren hat, drängt sich die Frage auf: Können wir aus diesem geistigen Rüstkammer-Potential einige Einsichten kreativ in die Text-Kommunikation übertragen, um sie nutzbringend für unser Anliegen auszumünzen? Eine Frage, die zumindest einer knappen Betrachtung wert ist.

Zur Zielsystem-Kategorie „Strategie"

Strategie — strategisches Ziel
Der Begriff „Strategie", angesiedelt im militärischen Bereich, bedeutet: „. . . die Lehre von der Kriegsführung im Großen, im Unterschied zur operativen Führung . . ."[27] Seit Clausewitz (1780 — 1831) und Moltke (1800 — 1891) hat sich allerdings die Weltsituation durch die Atomwaffen stark verändert und damit auch die „Strategie" von damals. — Heute steht beherrschend im Mittelpunkt des

politischen und militärischen Denkens die „Gesamt-Strategie": kontinentales oder interkontinentales Denken — gerichtet auf Politik, Frieden, Sicherheit, Verteidigung und auch auf die letzte Alternative: Krieg — ist gesamtstrategischer Natur; die militärische Strategie bildet mithin nur einen unter mehreren Wirkfaktoren innerhalb der Gesamt-Strategie.

Immerhin aber handelt es sich bei der militärischen Strategie, Operation und Taktik — wie schon gesagt — um erprobtes Gedanken- und Erfahrungsgut, vor allem jedoch um ein zielbezogenes Ordnungsgefüge. Darum: schauen wir uns doch jenes System der Begriffe „Strategie — Operation — Taktik" etwas näher an; vielleicht kann es uns behilflich sein beim Erstellen zielgerichteter kommunikativer Ordnungsgefüge (= Zielsysteme).

Über „Strategie — Operation — Taktik"
Welcher Inhalt, welcher Nutzen verbirgt sich in diesen drei verschiedenen Begriffen? Die Antwort holen wir uns, was naheliegt, von drei Militärexperten, von Persönlichkeiten, in denen sich Fachwissen mit Lebenserfahrung verbindet.

Strategie

Feldmarschall Graf Moltke: „... Die Strategie ist ein System von Aushilfen. Sie ist mehr als Wissenschaft, ist die Übertragung auf das praktische Leben, die Fortbildung des ursprünglichen leitenden Gedankens entsprechend den stets sich verändernden Verhältnissen, ist die Kunst des Handelns unter dem Druck der schwierigsten Bedingungen. Die Strategie ist die Anwendung des gesunden Menschenverstandes auf die Kriegführung ... Es gilt, mit richtigem Takt die in jedem Moment sich anders gestaltende Lage aufzufassen und danach das Einfachste und Natürlichste mit Festigkeit und Umsicht zu tun ...

... Die Strategie gewährt der Taktik die Mittel zum Schlagen und die Wahrscheinlichkeit zu siegen durch die Leitung der Armeen und ihr Zusammentreffen auf dem Kampfplatz. Andererseits eignet sie sich aber auch den Erfolg jeden Gefechtes an und baut auf demselben weiter. Vor dem taktischen Sieg schweigt die Forderung der Strategie, sie fügt sich der neu geschaffenen Sachlage an..."[28]

Littel Hart hat in seiner „Strategie" (1954) das Begriffsfeld ausgeweitet, er spricht von „Höherer Strategie" und meint: „... Höhere Strategie ist zwar praktisch synonym mit dem Begriff der Kriegsführung bestimmenden Politik, unterscheidet sich aber doch von der Politik dadurch, daß diese das Ziel, den Zweck bestimmt. Der Begriff ‚Höhere Strategie' bedeutet also eine Art ‚Politik in der Ausführung', denn ihre Aufgabe ist es, alle Kraftquellen einer Nation oder einer Allianz zu leiten und zu koordinieren, und das von der Politik gesteckte Kriegsziel zu erreichen ..."[29]

„... Man kann somit die Strategie als die Lehre oder die Kunst bezeichnen, starke Streitkräfte in großen Räumen so zu bewegen und zu leiten, daß der strategische Zweck, das große Ziel erreicht wird. Ein Gesamtkrieg ist militärisch gesehen eine strategische, ein Feldzug in diesem Krieg ist nur eine operative Handlung; eine Schlacht oder ein Gefecht dagegen ist eine taktische Handlung. Deshalb wurden Divisionen und Armeecorps in erster Linie als taktische Verbände zum Zwecke des Gefechts angesehen, Armeen und Heeresgruppen als operative Körper und die Wehrmacht als Ganzes, als strategisches Werkzeug der übergeordneten Politik ..."[30]

Günther Blumentritt versetzt in seinem Fachbuch „Strategie und Taktik" die Grenzpfähle und erweitert in bemerkenswerter Dimension das Begriffsfeld „Strategie": „... Wir wollen neuzeitlich gesehen unter Strategie etwas wesentlich Erweitertes verstehen. Strategie in unserem Sinne ist eine Zusammenfassung aller politischen, wirtschaftlichen, propagandistischen, psychologischen Faktoren zu einer vielgestalteten Einheit ..."[31]

Operationen

Operationen: Verstanden werden darunter „Bewegungen" (= Operationen) in weitflächigen Räumen, nach festgelegten „operativen" Zielen, die ordnungsbezogene Unterbegriffe des beherrschenden strategischen Zieles sind.

Dazu ein verdeutlichendes Beispiel aus der Kriegslehre: Einen mehrjährigen Gesamtkrieg betrachtet man demnach als „strategische" Handlung; dagegen sind die einzelnen Feldzüge innerhalb dieses Gesamtkrieges untergeordnete Teilhandlungen, also „operative" Handlungen.

Taktik

Mit „Taktik" meint man: die Lehre oder das Können, verschiedenartige Waffengattungen (z. B. Heer, Marine, Luftwaffe) sowie Kampfmittel (z. B. Geschütze, Panzer, Granatwerfer u. a. m.) — im Hinblick auf die richtige Beurteilung von Feind, Lage und Gelände — so zweckorientiert zu organisieren und zu bewegen, daß sie im Gefecht auf das „taktische" Ziel hin wirkungsteigernd ineinandergreifen. Clausewitz bringt den Begriff „Taktik" auf die Kurzformel, sie ist: „... die Lehre vom Gebrauch der Streitkräfte im Gefecht ..."[32]

Im Unterschied zur Strategie und Operation gilt die Taktik als eine mühelos erlernbare Disziplin, da es hierbei zumeist um „griffige" Größen geht, die in Zahlen auszudrücken und erfaßbar sind, etwa: das genaue Wissen über die Eigenart bestimmter Waffen, Geräte und Kriegsmittel, ihre unterschiedliche Aufgabe und Wirkungsweise. — Zudem bieten einschlägige Lehrbücher einige abgesicherte taktische Grundsätze an, die in zahlreichen Praxisfällen nützlich sein können. Natürlich aber erfordert die "angewandte" Taktik ein gut Teil persönlicher Erfahrung. Daher ist und bleibt die Taktik nach weitverbreitetem Expertenurteil „... das ureigenste Gebiet des Soldaten, vor allem des Truppenführers ..."[33)]

Impulse für die Text-Kommunikation?

Können wir aus der Welt militärischen Denkens, Planens und Handelns — bei kreativer Interpretation — Impulse oder dienliche Hinweise bekommen? Zum Beispiel dann, wenn etwa für eine umfassendere mittelfristige Kommunikationsaufgabe eine zielsystem-orientierte Text-Planung vorzunehmen ist. — Nach eigener Erfahrung kann man eine ganze "Handvoll" an Denkanstößen und Einsichten erhalten; doch seien stichprobenartig nur einige wenige Anregungen herausgegriffen, die aber immerhin ausreichen dürften, lernbegierige "Text-Strategen" hellhörig zu machen, sie vielleicht zu Studien militärischer Fachliteratur anzuregen.

Anregungen aus der militärischen Denk- und Erfahrungswelt
Quelle "Vom Kriege", Clausewitz:

„... Die Strategie ist der Gebrauch des Gefechts zum Zweck des Krieges; sie muß also dem ganzen kriegerischen Akt ein Ziel setzen, welches dem Zweck desselben entspricht, d. h. sie entwirft den Kriegsplan, und an dieses Ziel knüpft sie die Reihe der Handlungen an, welche zu demselben führen sollen, d. h. sie macht die Entwürfe zu den einzelnen Feldzügen und ordnet in diesen die einzelnen Gefechte an ..."[34)]

„... Die beste Strategie ist: immer recht stark zu sein, zuerst überhaupt, und demnächst auf dem entscheidenden Punkt. Daher gibt es außer der Anstrengung, welche die Kräfte schafft, und die nicht immer vom Feldherrn ausgeht, kein höheres und einfacheres Gesetz für die Strategie, als das: seine Kräfte zusammenhalten. — Nichts soll von der Hauptmasse getrennt sein, was nicht durch einen dringenden Zweck von ihr abgerufen wird. An diesem Kriterium halten wir fest und sehen es als einen zuverlässigen Führer an ..."[35)]

„... Ist die Verteidigung eine stärkere Form des Kriegführens, die aber einen negativen Zweck hat, so folgt von selbst, daß man sich ihrer nur so lange bedienen muß, als man ihrer der Schwäche wegen bedarf, und sie verlassen muß, sobald man stark genug ist, sich den positiven Zweck vorzusetzen. Da man nun, indem man unter ihrem Beistand Sieger wird, gewöhnlich ein günstigeres Verhältnis der Kräfte herbeiführt, so ist auch der natürliche Gang im Kriege, mit der Verteidigung anzufangen und mit der Offensive zu enden ..."[36)]

„... Einer der wichtigsten Grundsätze für den Angriffskrieg ist die Überraschung des Feindes. Je mehr der Angriff überfallsweise geschehen kann, um so glücklicher wird man sein. Die Überraschung, welche der Verteidiger durch die Verstecktheit seiner Maßregeln, durch die verdeckte Aufstellung seiner Truppen hervorbringen kann, kann der Angreifende nur durch den unvermuteten Anmarsch gewinnen ..."[37]

„... Irgend ein großes Gefühl muß die großen Kräfte des Feldherrn beleben, sei es der Ehrgeiz wie in Cäsar, der Haß des Feindes wie in Hannibal, der Stolz eines glorreichen Unterganges wie in Friedrich dem Großen.
Öffnen Sie Ihr Herz einer solchen Empfindung! Seien Sie kühn und verschlagen in Ihren Entwürfen, fest und beharrlich in der Ausführung, entschlossen, einen glorreichen Untergang zu finden, und das Schicksal wird die Strahlenkrone auf Ihr jugendliches Haupt drücken, die eine Zierde des Fürsten ist, deren Licht das Bild Ihrer Züge in die Brust des spätesten Enkel tragen wird! ..."[38]

Quelle: „Gedanken von Moltke"

„... Es kann leicht ein tüchtiger Feldherr von einem weniger tüchtigen geschlagen werden, aber ich glaube, daß auf die Dauer wohl nur der Tüchtige Glück hat ..."[39]

„... Es ist eine Täuschung, wenn man glaubt, einen Feldzugsplan auf weit hinaus feststellen und bis zu Ende durchführen zu können. Der erste Zusammenstoß mit der feindlichen Hauptmacht schafft, je nach seinem Ausfall, eine neue Sachlage. Vieles wird unausführbar, was man beabsichtigt haben mochte, manches möglich, was vorher nicht zu erwarten stand. Die geänderten Verhältnisse richtig auffassen, daraufhin für eine absehbare Frist das Zweckmäßige anordnen und entschlossen durchführen, ist alles, was die Heeresleitung zu tun vermag ..."[40]

„... Für die Operationen so lange wie irgend möglich in der Trennung zu beharren, für die Entscheidung rechtzeitig versammelt zu sein, ist die Aufgabe der Führung großer Massen ..."[41]

„... Man sagt, der Schulmeister habe unsere Schlachten gewonnen. Das bloße Wissen hebt den Menschen noch nicht auf den Standpunkt, wo er bereit ist, das Leben einzusetzen für eine Idee, für Pflichterfüllung, für Ehre und Vaterland; dazu gehört die ganze Erziehung des Menschen. Nicht der Schulmeister, sondern der Erzieher, der Militärstand, hat unsere Schlachten gewonnen, welcher jetzt bald sechzig Jahrgänge der Nation erzogen hat zu körperlicher Rüstigkeit und geistiger Frische, zu Ordnung und Pünktlichkeit, zu Treue und Gehorsam, zu Vaterlandsliebe und Mannhaftigkeit ..."[42]

Quelle: „Strategie" von B. H. Littel Hart/Leitsätze

„... Stimme dein Ziel auf die zur Verfügung stehenden Mittel ab. Bei der Wahl des Zieles gilt es, einen klaren und kühlen Kopf zu behalten. Es ist töricht mehr zu schlucken, als man verdauen kann ..."[43]

„... Wähle einen Weg, den der Gegner am wenigsten erwartet. Versuche, dich in den Gegner hineinzudenken, und überlege, welchen Weg er wohl am wenigsten für wahrscheinlich ansieht ..."[44]

„... Nimm eine Operationsrichtung, die verschiedene Ziele anbietet. Denn so wirst du dem Gegner Rätsel aufgeben, die ein Großteil dazu beitragen können, daß du wenigstens ein Ziel erreichst – und zwar das, welches er am wenigsten deckt. Vielleicht kannst du sogar deine Ziele eines nach dem anderen erreichen ..."[45]

„... Nimm keinen Angriff in der gleichen Richtung (oder in der gleichen Form) wieder auf, wenn der erste fehlgeschlagen ist. Einfache Kräfteverstärkungen reichen nicht aus, denn wahrscheinlich hat auch der Gegner in der Zwischenzeit seine Verbände verstärkt. Es ist sogar wahrscheinlich, daß das erfolgreiche Abschlagen deines ersten Angriffs ihn moralisch gestärkt hat ..."[46]

„... Der Kern dieser Maximen liegt darin, daß zwei große Probleme zum Erfolg gelöst werden müssen: Verwirrung und Ausnutzung. Das eine geht dem tatsächlichen Schlag voran (der ein vergleichsweise einfacher Akt ist), das andere folgt ihm nach. Man kann keinen Gegner mit Erfolg treffen, wenn nicht zuvor der Boden bereitet ist. Man kann keine entscheidende Wirkung erzielen, wenn man nicht, bevor sich der Gegner erholt hat, die nächste Chance nutzt ..."[47]

Operationale Zielsetzung

Nach diesem kurzen Abstecher in eine scheinbar entlegene Denk- und Erfahrungswelt kehren wir nun wieder zurück zur ursprünglichen Sachlage: zur Zielsetzung. Allerdings nicht zu jener mehr intuitiven Zielsetzung, die man zu Beginn des Zielbildungsprozesses (s. S. 87) vornimmt –, sondern jetzt zu einer „operationalen Zielsetzung".

„Setzung": Gemeint ist damit das gedanklich klare Festlegen, etwa das schriftliche Beschreiben eines Einzelzieles.

Und „operational"? Eine Antwort auf diese Frage gibt uns Robert F. Mager in seiner Schrift „Lernziele und programmierter Unterricht"; er verlangt, daß als Ziel das Endverhalten des Lernenden (= Lesers) präzis dargestellt wird: „... Zur Beschreibung des Endverhaltens (= was der Lernende/Leser tun wird):

a) Bestimmen und benennen Sie das Gesamtverhalten.

b) Bestimmen Sie die wichtigen Bedingungen, unter denen das Verhalten geäußert werden soll (= was dem Lernenden/Leser zur Verfügung gestellt wird und/oder was er nicht benutzen darf und welche anderen Einschränkungen gelten).

c) Bestimmen Sie den Beurteilungsmaßstab für das als ausreichend geltende Verhalten"[48]

Zwar sind dies in erster Linie „Lernziele", jedoch im Kerngehalt gelten Magers Aussagen auch für die Zielsetzung eines Textes, etwa eines Fachbeitrages. Wie sollte ein „operationales Richtziel" z. B. für unseren Textbeitrag „Sport formt die Persönlichkeit" aussehen?

schlecht	gut
Die Leser sollen durch meinen Fachbeitrag angeregt werden, künftig die Leichtathletik als nützlich für ihre Persönlichkeitsformung zu werten.	Mindestens 75 % der Zielgruppen-Leser meines Fachbeitrages sollen, wenn man sie fragt, ohne besondere Merkhilfe, sinngemäß äußern: Kurzstreckenlauf, Handball und Langstreckenlauf vermögen günstig und in hohem Maße die Persönlichkeitsbildung, den Charakter und das Verhalten zu beeinflussen.

Fünf Hinweise zum Formulieren der operationalen Zielsetzung:

1. Setzen Sie ein realistisches Ziel, das durch Ihren Text mit großer Wahrscheinlichkeit erreicht werden kann. Da das Beeinflussen von Menschen schwierig ist, wurde im vorhergehenden Beispiel als Richtziel nicht „alle Leser" gesetzt, sondern nur „mindestens 75 % der Zielgruppen-Leser";

2. beschreiben Sie das Ziel so präzis wie möglich;

3. bestimmen Sie einen Maßstab, um den Grad der Zielerreichung feststellen zu können (z. B. die prozentuale Änderung von Meinung oder Handeln − vor und nach dem Lesen des Textbeitrages);

4. verwenden Sie Aktivformen der Verben;

5. erfassen Sie für sich selbst in etwa das Ergebnis, das durch Ihren Textbeitrag bewirkt wurde; der unter Punkt 3. definierte „Maßstab" wird dabei hilfreich sein (z. B. durch gezielte Fragen, nachträglich an mehrere der Leser gerichtet).

Einsichten und Erfahrungen

- Die Ziele sollten unbedingt wirklichkeitsnah sein, also mit hoher Wahrscheinlichkeit für die „Zielerfüllung" geeignet;

- bei allen bedeutsameren Textarbeiten sollte man nicht ein Einzelziel allein festlegen, sondern ein kleineres, durchschaubares, geordnetes und gewertetes Zielsystem, z. B. ein Richtziel (= Hauptziel) und dazu einige wenige untergeordnete, harmonisierte Grobziele (= Unterziele); wenn im Hinblick auf die text-kommunikative Absicht differenzierend eine feinstufigere Wirkung angestrebt werden soll, dann empfiehlt es sich, darüber hinaus einige Feinziele operational festzulegen;

- die Zielsetzung — zumindest das Richtziel (= Hauptziel) und ein bis zwei wesentliche Grobziele (= Unterziele) — sollte operational (= klar, verständlich, realistisch und überprüfbar) formuliert sein;

- mit kritischem Blick ist darauf zu achten, daß das Richtziel und die wesentlichen Grobziele widerspruchsfrei zusammenwirken können.

Empfehlenswerte Übungen

- Nehmen Sie bald zu Beginn bedeutsamer Textarbeiten die eigene „Positionierung" im Themenfeld vor und überlegen Sie dann — bezogen auf strategische, operative oder taktische Gesichtspunkte — zunächst die geistige Grundrichtung für die vorzunehmende Zielsetzung;

- formulieren Sie zunächst ein Einzelziel (zweckmäßig ein Richtziel) schriftlich und in operationaler Form; überprüfen Sie danach selbstkritisch, ob mit der operational bestimmten „Meßlatte" eine sachliche (= objektive) Überprüfung möglich ist;

- in einem weiteren Übungsschritt errichten Sie bitte ein Zielsystem, bestehend aus: einem Richtziel (= Hauptziel) und drei Unterzielen (= für Einleitung, Hauptteil, Schluß), natürlich wiederum in operationaler Weise; überprüfen Sie, ob Widersprüche innerhalb des Zielsystems gegeben sind; wenn ja, dann diese ausräumen;

- machen Sie es sich zu einer eisernen Regel, künftig für alle wichtigen Textarbeiten ein harmonisiertes Zielsystem aufzustellen und die einzelnen Ziele schriftlich in operationaler Art zu formulieren: knapp und präzis; Vorteil: Sie werden in kürzerer Zeit mit sicherem Griff das treffende zielorientierte Denkmuster festlegen — und diesem später durch die Text-Gestaltung pulsierendes

Leben, zweckgerichtete Wirkung geben, abzielend etwa: auf das stärkste Motiv oder die vorherrschende Einstellung des Lesers.

2.3.4.7 Verhaltensorientiertes Beeinflussungs-Modell

Feinziel

Das verhaltensorientierte Beeinflussungs-Modell will Ihnen einen vertiefenden Einblick geben in den psychologischen Wirkungsbereich, in dem z. B. ein zielgerichteter Text (etwa ein Fachbeitrag) das Verhalten I eines Lesers in das Verhalten II verändern soll. Dabei werden verdeutlichend dargestellt:

○ das Begriffsfeld „Verhalten";

○ einige der wichtigen Hemmungen:

○ die möglichen Einwirkungen der „Verstärkung" und „Wiederholung" auf Motivation/Bedürfnisse sowie auf Einstellungen;

○ als Ergebnis solcher Beeinflussung abschließend die „Wirkung", und zwar unter kybernetischer Sicht.

„Beeinflussen" und „Informieren": Eines dieser beiden Richtziele steht in vielen Fällen obenan, wenn wir ein bedeutsames Thema textlich zweckorientiert gestalten.

Schwierig — und darum für manchen von uns vermutlich auch reizvoll, ja herausfordernd — wird eine Text-Gestaltung insbesondere dann, wenn beabsichtigt ist oder zwingend die Notwendigkeit besteht, den Leser zu beeinflussen, also: absichtsetzend einzuwirken auf seine Einstellung(en) oder eines bzw. mehrere seiner Motive/Bedürfnisse.

Übrigens, sprachlich widerspiegelt das Wortfeld „Beeinflussen" eine mannigfaltige Dynamik menschlichen Erlebens und Verhaltens; dies zeigt uns ein Blick in eines der Wörterbücher. Nehmen wir Franz Dornseiffs „Der Deutsche Wortschatz nach Sachgruppen" zur Hand und schauen wir z. B. die Stichwörter „Veranlassung, Beweggrund" an: „ . . . anfachen, anfeuern, anregen, anreizen, anstacheln, antreiben, aufmuntern, aufrütteln, begeistern, behexen, bestimmen, becircen, bewegen, drängen, einladen, entflammen, ermutigen, fortreißen, gebieten, überzeugen, treiben, anstiften, breitschlagen, herzaubern, ködern, locken, verführen, reizen, verleiten . . ."[49]

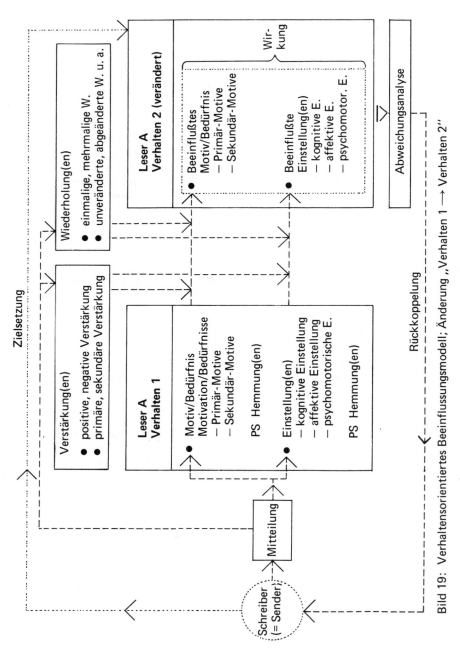

Bild 19: Verhaltensorientiertes Beeinflussungsmodell; Änderung „Verhalten 1 ⟶ Verhalten 2"

Wie können wir auf diese feinstufige Mannigfaltigkeit menschlichen Verhaltens durch unsere Schreibe gezielt einwirken? Mit dieser zentralen Frage verbindet sich ein Problemfall psychologischer und sozialpsychologischer Natur, ein Feld mit mehreren unterschiedlichen Wirkfaktoren und Wirkungsmöglichkeiten. Verdeutlichen will diesen verdeckten Sachverhalt das „Verhaltensorientierte Beeinflussungs-Modell" (Bild 19); angenommen, man wendet sich an den Leser A, und möchte dessen Verhalten I verändern in das Verhalten II.

Im Hinblick auf die Schreibpraxis will die grafische Darstellung vor allem:

o das Begriffsfeld „Verhalten" klären und verdeutlichen;

o eine erhellende Übersicht geben über das komplizierte Wirkungsfeld, in dem z. B. ein Schreiber (= Sender) eine Mitteilung nach festgelegter Zielsetzung an den Leser A richtet, mit der Absicht, dessen Verhalten I zu ändern in das Verhalten II;

o dabei sollen — von mehreren Einflußgrößen — zwei Wirkfaktoren angesprochen werden, auf die wir als Schreiber schwerpunktartig abheben können: auf die Bedürfnisse/Motivation des Lesers — oder — auf seine Einstellungen bzw. auf eine Kombination dieser zwei Wirkbereiche; eng damit verbunden sind verschiedenartige Hemmungen;

o um die Wirkung jener beiden Wirkfaktoren (Motive und Einstellungen) zu steigern, sollten wir uns — von Fall zu Fall — bei der Textarbeit auch der „Verstärkung" sowie der „Wiederholung" bedienen;

o alle Einflußgrößen zusammen ergeben schließlich beim Leser A eine zielgerichtete Wirkung: sie verändern sein Verhalten I — hoffentlich! — in das von uns anvisierte Verhalten II.
Veranschaulichend dazu ein Beispiel: Bisher hat der Leser A die Einflußmöglichkeit des Sportes auf die Persönlichkeit recht weit von sich gewiesen, indem er meinte: „Sport ist Sport — nicht mehr — und nicht weniger" (= Verhalten I); später aber, beeinflußt durch unseren Fachbeitrag, rückt er ab von seiner herkömmlichen Meinung und sagt sinngemäß: „ . . . Nun ja, wenn man das so besieht, nämlich bewußt und überlegt Sport treibt —, dann läßt sich künftig für meine Persönlichkeitsbildung doch wohl einiges tun . . ." (= Verhalten II);

o abschließend gilt es, beim Leser A das veränderte Verhalten II zu kontrollieren, möglichst eine Abweichungs-Analyse zu erstellen (= Ist-Soll-Vergleich) und dann dem Schreiber dieses Ergebnis durch „Rückkoppelung" mitzuteilen, ihm also das erzielte Ergebnis zu verdeutlichen; er kann Folgerungen daraus ziehen, falls die bisherige Textarbeit zielorientiert fortgesetzt wird (z. B. als Fachaufsatz — oder Lehrbrief-Serie).

Somit orientiert sich das gezeigte Beeinflussungs-Modell (Bild 19) grundsätzlich an Einsichten über das Verhalten dynamischer Systeme, wie sie uns von Modellen aus der Kybernetik und Kommunikationslehre bekannt sind: Steuerung — Informationsübertragung und Verarbeitung — Regelung — Rückkoppelung.

Wie aus diesem Modell ersichtlich, richtet sich unsere textliche Beeinflussung auf die zwei großen Wirkungsfelder „Motiv/Bedürfnis" und „Einstellung (en)". Mit beiden psychologischen bzw. sozialpsychologischen Wirkfaktoren haben wir uns bereits beim Funktionskreis „Weltzuwendung — Weltbegreifen — Weltgestaltung (s. S. 48) eingehender befaßt. Für eine bewußtere Betrachtung bleiben aber noch übrig:

○ das „Verhalten"

○ die drei Einflußgrößen
  — Hemmung (en)
  — Verstärkung (en)   in ihrer Wirkung auf Motiv/Bedürfnis bzw.
  — Wiederholung (en)   Motivation sowie auf die Einstellung (en)

○ die Zielwirkung, als Ergebnis des Beeinflussungsprozesses.

Beginnen wir in der oben aufgezeigten Reihenfolge zunächst mit dem „Verhalten" — seinem Bedeutungsfeld und den verschiedenen Ausprägungen (= Formen).

Begriff „Verhalten"

Als „Verhalten" versteht man allgemein die Zustandsänderung eines Lebewesens oder eines lebenden Organismus im Geistig-Körperlichen, Geistig-Rationalen, Seelisch-Gefühlsmäßigen oder im Körperlichen.

Dazu im weiteren klärend einige Hinweise zu den genannten vier Verhaltensmöglichkeiten:

○ zur geistig-körperlichen Zustandsänderung
  ihr kommt, bezogen auf die Absicht dieses Sachbuches, besondere Bedeutung zu; denn in vielen Fällen wird es die Zielsetzung unserer Schreibe sein, das Geistige der Zielperson/Zielgruppe durch den Text so stark zu beeinflussen, daß ein konzentrierter und kraftvoller Impuls über das Geistige intensivsteuernd und mitunter wahrnehmbar auf das Körperliche einwirkt, es schließlich „anstößt" zum Handeln. Dabei gerät die Zielperson, der Leser, als ein Insgesamt nach einem festgelegten Denkplan des Schreibers „offen" in eine Zustandsänderung, etwa gar in eine Handlung.

„Handeln" — was meint man damit? „Handeln" ist ein bewußtes und meist zweckgerichtetes Sich-Betätigen des Menschen, für das er sich in der Regel als Gesamtpersönlichkeit verantwortlich fühlt; Handeln wird sowohl von äußeren Reizen als auch vom Denken beeinflußt; beteiligt ist am Handeln stets der Organismus.

Handeln wird ausgelöst durch einen Einzelnen oder eine Gruppe; es dokumentiert sich vornehmlich als sozialer Prozeß, dem man einen Sinn zugrunde legt: einen Sinn als Wert, der sich aus einer vorhandenen oder sozialen Beziehung ergibt. Nicolai Hartmann kennzeichnet das Handeln in seiner „Einführung in die Philosophie" wie folgt: „. . . Während man mit jedem Ding etwas tun kann, hat das Handeln den besonderen Akzent, daß auf ihm das Gewicht des Sittlichen liegt . . ."[50]

○ zur geistig-rationalen Zustandsänderung
diese ist vorrangig ausgerichtet auf das Denken (= Kognitives), etwa auf die Meinung der Zielperson/Zielgruppe und will schwerpunktartig im Geistig-Rationalen eine Änderung erreichen; zum Beispiel in der Form eines sich verändernden Denkhandelns, eines denkenden Probehandelns. — Dabei wird die Möglichkeit abgewogen, dieses denkende Probehandeln zu einem späteren Zeitpunkt als „Handeln" im Bereich der Wirklichkeit gestaltend einzusetzen;

○ zur seelisch-gefühlsmäßigen Zustandsänderung
ihre Dynamik vollzieht sich überwiegend im Bereich der Gefühlszustände (= Emotionen), also im Bereich der Gefühle (= stärker zielorientierte Gefühlszustände, in ihrer Dauer kürzer als die Stimmungen) — und — im Bereich der Stimmungen (= weniger zielgerichtete Gefühlszustände, dauern länger an als Gefühle und sind Spiegel der allgemeinen Körperverfassung sowie anderer Erlebnisinhalte; z. B. Heiterkeit, Ängstlichkeit, Sorge u. a.); die Gefühlszustände werden unter dreierlei Gesichtspunkten untersucht: ausdruckspsychologisch, erlebnispsychologisch und psycho-physiologisch;

○ zur körperlichen Zustandsänderung
hier verläuft die Änderung „verborgen — verdeckt", und zwar vornehmlich im Körperlichen (= Physiologischen, z. B. Änderungen des Blutdruckes, des Muskeltonus, der Drüsentätigkeit) oder im Neurophysiologischen (= Tätigkeit und Funktionen des Nervensystemes, z. B. der Zellgruppen oder einzelner Nervenzellen im Gehirn und Rückenmark).

Beim menschlichen Verhalten haben wir es mithin, zusammenfassend und vereinfachend gesagt, mit zwei Grundformen zu tun, mit

○ dem offenen" Verhalten (= overt behaviour; Zustandsänderungen im Psycho-Motorischen, wie körperliche Bewegungen, Handlungen; Lachen o. a.) — und —

○ dem „verborgenen" oder „verdeckten" Verhalten [(= covered behaviour); meist im Physiologischen oder Neuro-physiologischen; zum Teil im Gebiet des Wissens und Erkennens (= Kognitiven) sowie im Gemüts- und Gefühlsmäßigen (= Emotionalen)].

Eine jede der zuvor aufgezeigten vier Verhaltensmöglichkeiten kann inhaltlich z. B. orientiert sein auf:

○ ichbezogenes Verhalten
○ kulturelles Verhalten, etwa
  — soziales Verhalten (→ du-, gruppen-, gesellschaftsbezogen)
  — wirtschaftliches Verhalten
  — rechtliches Verhalten
  — kunstorientiertes Verhalten
  u. a. m.
○ sittlich-moralisches Verhalten
○ religiöses Verhalten
○ naturbezogenes Verhalten

Die Palette der Möglichkeiten, auf menschliches Verhalten einzuwirken, ist also groß und vielfältig. So reizvoll es sein mag, so mühsam und schwierig kann es aber auch sein, einen Menschen verhaltensmäßig vom „Ist" zum „Soll" hin zu bewegen: vom Verhalten I zum Verhalten II. Vertiefende Einsicht in den Bereich menschlichen Verhaltens möchten Ihnen die folgenden Teilabschnitte geben.

Hemmungen

In den zwei großen Wirkfeldern — Bedürfnis/Motivation sowie Einstellung — treten nach allgemeiner Lebenserfahrung mitunter Zustände geistig-seelischer Art auf, die z. B. das Denken einengen, das Gedächtnis blockieren, das Sprechen oder Handeln behindern: Hemmungen. Diese können bedingt sein hauptsächlich durch die Persönlichkeit, die Situation oder Organisation.

Wie entstehen Hemmungen? Wenn wir uns am Denkmodell des Tiefenpsychologen Robert Heiß orientieren, so haben hemmende Zustände ihren Ursprung in der Dynamik tiefenseelischen Geschehens, im Konflikt.[51] Jeder von uns kennt die Situation, die oft mit einem Konflikt verbunden ist: Man steht im Denken oder Fühlen zwischen zwei Polen, zwei Zielen, zwei Gefühlen, zwei Motiven, zwei Einstellungen — also zwischen zwei widerstreitenden (= antagonistischen) Kräften.

Dabei möchten wir das eine genauso tun oder lassen wie das andere. Wir erleben dieses Hin- und Hergezogenwerden zumeist recht bewußt, da eben z. B. zwei unterschiedliche Interessen, Meinungen, Absichten, Gefühle in unserem Ich zusammenstoßen, aufeinanderprallen. Den Zustand solcher Bewußtheit bezeichnet man als „affektive Ambivalenz", gekennzeichnet zunächst durch das Erlebnis einer mehr oder weniger großen Verunsicherung, die plötzlich beim Erleben, Handeln oder in irgendeiner Situation auftritt mit der Folge: Wir beginnen zu zögern, zu zaudern; nicht selten ist dies das Vorstadium einer innerpsychischen Hemmung.

Robert Heiß meint: „ . . . Kennzeichnet die innere Verunsicherung, das Zaudern und Zögern den Anfang des ambivalenten Affekts, so tritt in einem folgenden Stadium und oft damit verbunden die innerpsychische Hemmung hervor. Faktisch erweist sie sich schon in der Verunsicherung und in der Verlangsamung des Verhaltens als wirksam. Sie äußert sich aber bei wachsendem Konflikt im affektivem Erleben der Hemmung. Jetzt erscheinen der Schrecken, die Angst, das Entsetzen und die innere Lähmung. Aus dem Zaudern und Zögern wird ein Nicht-mehr-Können . . ."[52]

Bei einem derartigen Geschehen kommt es mitunter zu stärkeren geistig-seelischen Spannungen, gelegentlich zu einem Stau von Verdrängungsenergie, wodurch entstehen können und zugleich als Begleitzeichen häufig wahrnehmbar werden:

○ eine momentane Hemmung
○ eine momentane Ambivalenz — oder —
○ eine eruptive Explosion, des öfteren geradezu „unmotiviert" für die Umwelt.

Sobald aber der Konflikt gelöst ist — wir z. B. die Hemmung überwunden oder eine schwierigere Entscheidung getroffen haben —, verschwindet die Verdrängungsenergie.

Was also ist nach solch kurzer Betrachtung eine Hemmung? Wir verstehen als „Hemmung" einen bewußten oder unbewußten seelisch-geistigen Widerstand (hypothetischer Art) gegen das Erleben und/oder Verhalten des Ich, der seine Ursache in der Persönlichkeit (z. B. in gegensätzlichen Zielen, Gefühlen, Motiven oder Einstellungen), in der Situation oder Organisation haben kann.

Wenn wir beim Planen eines bedeutsameren Textes die „Zielperson/Zielgruppe" sowie die Situation analysieren, ist es dienlich, dabei den Wirkfaktor „Hemmung" zu berücksichtigen und z. B. zu erkunden:

○ die Bedingungen der Hemmung(en), bezogen etwa auf

— die Persönlichkeit (→ Charakter- und Wertprobleme; Konflikte im Einstellungs- oder Motivationsbereich; Entscheidungen gegen sittliche Normen oder subjektive Wertvorstellungen, wie Tugenden o. ä.);

- die Situation (→ Schwierigkeiten im sozialen Aktionsfeld, situativer Entscheidungszwang bei mangelnder Information; Probleme aus der Umwelt als außermenschliche Probleme o. ä.);
- die Organisation (→ unklare Strukturierung der Aufbau-Organisation; Kompetenzprobleme, wie Konflikte zwischen einzelnen Organisationseinheiten oder „Scharmützel an Schnittstellen"; unvollständige oder mißverständliche Regelungen der Auflauforganisation; mangelhafte Festlegung der Funktionsbereiche von Personen; gestörtes Zusammenwirken von Menschen und Sachen in Raum und Zeit o. ä.);

○ die Art der Hemmungen (→ gegensätzliche Ziele, gegensätzliche Gefühle oder Motive) — und —

○ die Stärke der Hemmungen.

Wenn eine momentane Hemmung, eine momentane Ambivalenz oder eine momentane Explosionsentladung zu einem konstanten Bestandteil im Ich wird — sie also eine verfestigte habituelle Erscheinungsform im Persönlichkeitsbild wird —, spricht man von einem „Komplex". Nach Heiß sind wir damit „... bereits im Bereich des Geschehens, auf dessen Boden auch die Neurose wächst ..." „Neurose", eine komplexe Form tiefenseelischen Geschehens, die uns hier nicht weiter interessieren soll.

Verstärkung (= Bekräftigung, reinforcement)

Im Rahmen eines größeren Zielsystemes haben — neben Motiv/Bedürfnis und Einstellung — auch „Verstärkung" und „Wiederholung" größere Bedeutung. Denn: Wenn wir, etwa durch unsere Schreibe, das Verhalten einer Zielgruppe auf ein operationales Ziel hin beeinflussen oder steuern möchten, dann sollten wir ebenso zielbewußt die eine oder andere angesprochene Einstellung oder ein wichtiges Motiv durch überlegte Textgestaltung „verstärken".

Begriff „Verstärkung"
Was ist eine Verstärkung? — Verstanden werden hier unter „Verstärkung" im umfassenderen Sinne zweckorientierte Maßnahmen, um durch bestimmte Reize — von unterschiedlicher Stärke und Häufigkeit — das Verhalten des Lesers gezielt zu beeinflussen; dadurch soll bei ihm mit steigender Wahrscheinlichkeit die jeweils beabsichtigte Verhaltensform (= Reaktion oder Erregung) auftreten, und zwar kann diese Form: aufgebaut, verfestigt oder umgebaut werden.

Wie bedeutsam die Verstärkung für das Entstehen und Sich-Ändern unserer Verhaltensformen ist, betont der bereits genannte Lernpsychologe Werner Correll in seiner „Pädagogische Lernpsychologie": „... Die physischen, psychischen und geistigen Verhaltensformen des Menschen werden durch Verstärkung (= reinforcement) aufgebaut, und sie dienen wiederum als eine determinierende Grundlage für die Formierung neuer Verhaltensformen, unter neuen Bedingungen. Auch diejenigen Verhaltensformen, die sich im Denken und Erkennen darstellen, sind also diesem Prozeß unterworfen. Jede Erkenntnis muß, mit anderen Worten, ,,operativ" erworben werden, sie muß sich bewähren in dem Sinn, daß ihre Aussage bestätigt wird durch die Realerfahrung; ferner muß jede Erkenntnis immer wieder neu überprüft werden und auf solchem Wege mit dem Wandel der Dinge Schritt halten . . ."[53]

Den Aufbau, die Verfestigung und den Umbau von Verhaltensformen — also das Ausbilden bedingter oder vorausgeplanter Reaktionen — nennt man in der Lernpsychologie: Konditionieren. Als ,,operatives Konditionieren" bezeichnen wir das Verstärken des Verhaltens, das man an den Folgen des Verhaltens erkennt. B. F. Skinner, ein international bekannter amerikanischer Lernpsychologe, hat als ,,Gesetz des Konditionierens" dieses aufgestellt: ,, . . . Wenn die Darstellung eines operativen Verhaltens (im Sinn einer Verhaltensform) von einem verstärkenden Stimulus gefolgt wird, wird sein Verstärker vergrößert . . ."[54]

Arten der Verstärker
Einen Reiz (= Stimulus) nennt man immer dann einen ,,Verstärker", wenn er das Verhalten nachweisbar verändert. Im allgemeinen unterscheidet man zwei Gruppen von Verstärkern:

○ positive Verstärker — und — negative Verstärker
○ primäre Verstärker — und — sekundäre Verstärker

Positive Verstärker
Wird beim Verstärken die Darstellung der Verhaltensform (z. B. kollegiales Verhalten) von bestimmten Reizen gefolgt (etwa Lob), so nennt man dies einen ,,positiven Verstärker". Solche Verstärker können z. B. sein: Bestätigung, Zuspruch, Anerkennung, Lob — also ,,Reize", die einer bestimmten Verhaltensform unmittelbar oder in gewissem Zeitabstand nachfolgen.

Negative Verstärker
Auch dann, wenn ein bestimmter Reiz nicht mehr dargestellt wird, kann das Auftreten einer bestimmten Verhaltensform erhöht werden; man spricht in diesem Fall von einem ,,negativen Verstärker". — Als Beispiel für einen derartigen Sachverhalt bringt Correll in dem zuvor genannten Fachbuch dieses:
,, . . . Denken wir nur beispielsweise an den Studenten, der — ohne die eigenen Geldmittel für das Studium — auf die Unterstützung durch Stipendien u. dgl. angewiesen ist und der (durch negative Verstärkung) gelernt hat, intensiver zu lernen als manche seiner Kommilitonen, weil er allein dadurch dem sonst immer drohenden Ausbleiben der Unterstützung entfliehen kann und der erstrebten Unabhängigkeit näher kommt . . ."[55]

„Erhöht" wurde also hier die Verhaltensform „Lernen" zu „gesteigertem Lernen", da der Reiz „Geld" ausgeblieben ist, gewissermaßen „nicht mehr dargestellt" wurde.

Primäre Verstärker

Man versteht darunter alle die verstärkenden Reize, auf die ein Lebewesen (Mensch; Tier) anspricht, ohne daß ein Lernen vorangegangen ist; z. B. hungrige Tiere verzehren Futter, ohne zuvor die Nahrungsaufnahme gelernt zu haben. — Die Wirkung der primären Verstärker dürfte zurückgehen auf einen angeborenen (= nicht-konditionierten) Reiz. Mithin brauchen primäre Verstärker nicht gelernt zu werden.

Sekundäre Verstärker

Gemeint sind hiermit nur diejenigen verstärkenden Reize, deren „Bedeutung als Verstärker" von einem Lebewesen erfaßt, erworben wurde, und zwar durch vorangegangenes Lernen; nicht selten auch durch einen mehrstufigen Lernprozeß. Sekundäre Verstärker müssen also gelernt werden — im Gegensatz zu den primären Verstärkern.

Beim Erwachsenen spielen die sekundären Verstärker eine bedeutsamere Rolle als die primären Verstärker und haben daher eine bemerkenswerte verhaltensprägende Wirkung. Man bedenke etwa die Verstärker: „Lob" oder „Tadel" im Berufsleben, „Auszeichnungen" oder „Ehrungen" für besondere Leistungen, „lobende Anerkennung" einer Hausfrau und Mutter im Hinblick auf ihre verantwortungsbewußte Kindererziehung oder die Arbeit im Haus und Garten u. a. m.

Im Bereich des Verhaltens sind die sekundären Verstärker, vornehmlich bei der Erziehung heranwachsender Jugendlicher, auf verschiedene Tugenden hin ausgerichtet, z. B. auf Pünktlichkeit, Sauberkeit, Zuverlässigkeit, Ordnung, Gehorsam. Geschickte Erzieher loben, wenn begründet, das Kind: sie verstärken also eine anzustrebende Verhaltensform, wobei dies im Bewußtsein des Heranwachsenden zum Motiv werden kann — zu einem „Wert". So besehen, dürften z. B. „gutes Benehmen", „Lernbegierde", „Ehrgeiz", „Leistungswille" keine angeborenen Qualitäten allein sein, sondern pädagogisch letztlich jeweils eine mittel- oder längerfristige Plan-Konditionierung, die durch verstärkende Reize auch das Erbgut im Sinne und zum Wohle des heranwachsenden Menschen nutzt.

Massenkommunikationsmittel bieten nach Correl vielfältige Möglichkeiten, die Einsichten und Erkenntnisse der Lernpsychologie — etwa über Verstärkung und Wiederholung — beim Erziehungsprozeß nutzbringend und ergebnisträchtig einzusetzen. Diese Aussage gilt darüber hinaus, so meine ich, in einem hohen Maße auch für das gesprochene und geschriebene Wort in der Öffentlichkeit: etwa in der Wirtschaft (→ Werbung), Verwaltung, in Presse, Rundfunk und Fernsehen. Hier lassen sich Verhaltensformen und Motivation im Sinne eines ersprießlichen Gemeinschaftslebens konditionieren durch werttragende „Kardinal-Reize", wie: Gerechtigkeit, Besonnenheit, Tapferkeit, Güte, Liebe, Toleranz — oder durch soziale Tugenden, etwa Fleiß, Ordnung, Gründlichkeit, Pünktlichkeit, Zuverlässigkeit, Pflichtbewußtsein, Verantwortungsbewußtsein, Gehorsam, Anpassungsbereitschaft, Gewissenhaftigkeit, Aufrichtigkeit, Kameradschaft, Vertrauen, Hilfsbereitschaft oder andere mehr.

Bei einer derartigen Spannweite lautet natürlich die Kernfrage: Welche dieser Verhaltensformen — letztlich welche Werte — wollen wir als richtungweisende oder gar bindende Ziele, als „Ideale" aufstellen und ansteuern?

Wiederholung

Einem jeden von uns seit langem vertraut: die Wiederholung. Auch beim Planen schriftlicher Kommunikation können wir sie als geistig-seelische Wirkkraft in mehrerlei Hinsicht einsetzen, etwa in den Bereichen von Denken und Fühlen, und zwar in dem weiten Wirkfeld „Bedürfnis/Motiv — Einstellung — Verstärkung".

Im Zusammenhang mit schriftlicher Kommunikation verstehen wir unter „Wiederholung" die absichtliche und erneute Darstellung eines Gedankens oder mehrerer Gedanken (= Sätze) —, bezogen auf die geistig-seelische Befindlichkeit des Lesers (z. B. auf seine Motivation, Einstellung o. a.) — in Textform.

Da jede Wiederholung einen Übungseffekt hat, steigert sie hauptsächlich das Behalten der angebotenen Information, zudem steigert sie erfahrungsgemäß die Perfektion (= i. S. von vollkommenem Kennen oder Können). Wiederholung unterstützt ferner den „Transfer". Wenn nämlich zwischen dem alten und dem neuen Lernstoff gleiche oder ähnliche Elemente oder Strukturen gegeben sind, trägt die Wiederholung erfahrungsgemäß dazu bei, jenes Gleiche oder Ähnliche auf das Neue zu übertragen, ohne großen und erneuten Lernaufwand. Ein „positiver" Transfer liegt immer dann vor, wenn nachfolgende Lernvorgänge im Sinne einer Erleichterung beeinflußt werden.

Sucht man eine Einteilung, so lassen sich grundsätzlich zwei Gattungen der Wiederholung unterscheiden:

○ die einmalige Wiederholung
  = die jeweilige Information wird in konzentrierter und „geballter", also massierter Form angeboten;

○ die mehrmalige, verteilte Wiederholung
  = hierbei wird die Information in zeitlichen Abständen zweimal oder mehrere Male dem Leser angeboten, meist in einer abgewandelten Art.

Erkenntnisse der Lernpsychologie weisen nach, daß die „verteilte" Wiederholung in den meisten Fällen einen größeren Lerngewinn bringt als die einmalige, konzentrierte Wiederholung.

Beide Gattungen können wir – im Hinblick auf die inhaltliche Gestaltung der Wiederholung – jeweils noch in folgende Arten unterteilen:

○ die unveränderte Wiederholung
= auch „einfache" Wiederholung genannt, wobei die angebotene Information (oder der Lehrstoff) gleichbleibt, sowohl inhaltlich als auch in der Reihenfolge;

○ die abgeänderte Wiederholung
= mann nennt sie auch „immanente" Wiederholung, da sie gedanklich im Inhaltsbereich der angebotenen Information verbleibt und nicht auf anderes, Fremdes hinübergreift; der zuvor „gelernte" Inhalt aber wird in einem neuen Zusammenhang dargeboten und auf diese Weise erneut aktiviert;

○ die zusammenfassende Wiederholung
= ihr Ziel ist es, den dargestellten Inhalt vor allem in seiner geistigen Struktur – im Aufbau des Ganzen und im Bezugssystem (= Lage und Verbindung der Einzelteile zum Ganzen) – verdeutlichend darzustellen, überschaubar und zugleich durchsichtig zu machen; dies läßt sich z. B. erreichen durch:

– (einfache) Wiederholung, auch Rekapitulation genannt;
– Gruppieren (→ Teilinhalte, denen bestimmte Aspekte gemeinsam sind, werden zu überschaubaren Gruppen oder Subgruppen zusammengefaßt);
– Kombinieren (→ Zusammengehöriges wird miteinander verknüpft in der Absicht, diese neu entstandenen Bauteile zu einem klaren System zusammenzufügen, das dem Leser z. B. die Übersichtlichkeit erleichtert);
neben der „Kombination" sind möglich die „Permutation" (= eine bestimmte Anzahl von Teilinhalten wird vertauscht, versetzt oder in der Reihenfolge verändert) und die „Variation" (= die Teilinhalte werden in ihrer Lage und Verbindung im System verändert).

Bedenken sollten wir beim Stichwort „Wiederholung" noch zwei bemerkenswerte Erkenntnisse:

○ die Jost'schen Regeln (= Gedächtnisregeln)
= der Erfolg, einen Lehrstoff bei gleicher Anzahl von Wiederholungen zu lernen, ist dann größer, wenn die Wiederholungen auf einen längeren Zeitraum planmäßig verteilt werden; das „Büffeln" (= forciertes Lernen) bringt nachweislich nur geringen Dauererfolg;

○ auch „negative" Wiederholungen bzw. Übungen sind lernwirksam (= das bewußte Einprägen derjenigen Fehler, die man künftig unbedingt zu vermeiden hat).

Und das „Über-Lernen" (= overlearning)?
Gemeint ist als Methode: das Lernen oder Üben des angebotenen Inhaltes/Lehrstoffes über einen Punkt hinaus, an dem man das Dargebotene bereits aus dem Effeff beherrscht — in stetig veränderten Situationen. Das „Über-Lernen" eines zielgerichteten Textes — bedeutsam für Lernprozesse in der Schule und begrenzt auch in der Weiterbildung Erwachsener — scheidet allerdings bei einer Zielsetzung, wie wir sie zu Beginn dieses Sachbuches festgelegt haben, weitgehend aus. Dennoch mag es vereinzelt Fälle geben in Wirtschaft und Verwaltung, wo diese superlativistische Wiederholungsform des „Über-Lernens" nützlich sein kann (z. B. bei schriftlich-vertiefender Schulung des Bedienungspersonals komplizierter Großgeräte oder Anlagen). Bei derartigen Begebenheiten kann die Methode des Über-Lernens eine starke Verankerung des Informationsinhaltes oder Lehrstoffes im Kognitiven (= Rationalen, Denken) oder im Psycho-Motorischen (= Bewegungsabfolgen) bewirken.

Und schließlich dürfen wir noch etwas Wichtiges in diesem Zusammenhang nicht übersehen: Der Erfolg einer Wiederholung oder der damit verbundenen Übungen hängt natürlich insgesamt von mehreren Aspekten ab, so vor allem von

○ dem Bezug zur Tagesarbeit des Lesers;
○ der Bedeutsamkeit des Inhaltes, bezogen wiederum auf die Tagesarbeit und auf Probleme des Lesers;
○ der Lernbereitschaft und der Willensstärke des Lesers;
○ dem Schwierigkeitsgrad des angebotenen Inhaltes;
○ dem Grad der geistigen Gliederung des Inhaltes, mithin von der Überschaubarkeit und Erfaßbarkeit des Inhaltes;
○ der Art der Darstellung des Inhaltes (→ anschaulicher, leicht verständlicher Text; Bildmotive; Beispiele aus der Tagesarbeit);
○ dem Bewußtsein, daß der Zuwachs an Wissen oder Fertigkeiten in absehbarer Zeit überprüft oder kontrolliert wird;
○ der Häufigkeit der Wiederholungen;
○ der Anzahl und Art der eingeblendeten Verstärkungen.

Über eines besteht seit Jahrhunderten von Generation zu Generation indes kein Zweifel: „Wiederholung" und „Übung" als mehrfache Wiederholung sind geeignete Wege, um bestimmte Kenntnisse oder Fertigkeiten leichter zu erlernen und dadurch geistige oder körperliche Leistungen um ein Beachtliches zu steigern.

Wirkung — Rückkoppelung

Haben wir in diesem psychologisch-sozialpsychologischen Wirkungsfeld im Hinblick auf das Richtziel „Beeinflussen" unsere Entscheidung getroffen und demnach unseren Text gestaltet, so wächst unsere Spannung und spitzt sich schließlich zur Frage zu: Wird beim Leser die beabsichtigte Wirkung erreicht?! Wie weit? Warum vielleicht nicht in dem gewünschten Maße?

„Wirkung" — gemeint ist allgemein damit die Beeinflussung des Lesers durch unseren Text, mithin auch die Art und Stärke der Beeinflussung sowie die Veränderung des Verhaltens I in das Verhalten II. Ursache (= Text) und Wirkung (= Verhaltensänderung) stehen in einem Wechselbezug zueinander, sie sind als Vorder- und Hinterglied eines Kausalzusammenhanges miteinander nicht auszutauschen; allerdings: die Wirkung A kann auf ihre Ursache A zurückwirken und diese plötzlich zur Ursache B machen, die ihrerseits eine neue Wirkung B auslöst. — Ein derartiger Sachverhalt wird „Rückkoppelung" (→ positive oder negative Rückkoppelung) genannt; sie liegt kybernetischen Systemen zugrunde und gibt ihnen nicht selten eine verhältnismäßig stabile Existenz. Man kann — vom Blickwinkel des Stabilitätsbegriffes aus — zwei Hauptformen der Rückkoppelung unterscheiden:

○ die kompensierende Rückkoppelung
  = sie trägt dazu bei, die Stabilität (= Dauerhaftigkeit) des Systemes aufrecht zu erhalten, also keine Änderung herbeizuführen;

○ die kumulative Rückkoppelung
  = diese führt dazu, die Stabilität des Systemes aufzuheben und z. B. eine qualitative Veränderung des Systemes zu bewirken oder etwa gar das System zu zerstören.

Bezieht man diese Sichtweite auf unser Anliegen, den Leser durch einen zielbewußt gestalteten Text zu beeinflussen: so möchten wir doch eine qualitative Veränderung des Systemes bewirken (= Verhaltensänderung), dabei aber das System „Verhalten" nicht gefährden, geschweige es denn zerstören wollen; mit Bedacht und großer Objektivität möchten wir allerdings Inhalt, Richtung und Stärke des veränderten Verhaltens erfassen (= Abweichungsanalyse „Verhalten I → Verhalten II"), um diese Abweichung als Einsicht oder neue Erkenntnis bei einer weiterführenden oder künftigen Textarbeit angemessen berücksichtigen zu können.

Empfehlenswerte Übungen

○ In beeinflussenden Texten (z. B. Texten aus der Politik oder Werbung) bitte einige textlich gestaltete „Verstärkungen" ausfindig machen; dabei die Art des Verstärkers (→ positive/negative sowie vornehmlich sekundäre Verstärker) analysierend und kritisch betrachten;

○ danach sollten Sie versuchen, diesen textlich dargestellten „Verstärkern" von Ihrer Sicht aus eine möglichst wirksamere Textgestalt zu geben;

○ darüber hinaus einige Texte (etwa aus Presse, Schulung oder Werbung) auf textliche „Wiederholungen" hin untersuchen;

○ anschließend diese gefundenen „Wiederholungen" betrachten im Hinblick auf die Gattungen (→ einmalige Wiederholung, mehrmalige Wiederholung) sowie auf die inhaltliche Gestaltung (→ unveränderte, abgeänderte, zusammenfassende Wiederholung);

○ den so erzielten Lerngewinn kann man durch vertiefende Analyse steigern, vornehmlich am Beispiel einer zusammenfassenderen Wiederholung (→ Rekapitulation, Gruppieren, Kombinieren, Permutation, Variation);

○ auf dieser erworbenen Grundlage empfiehlt es sich, nun weitere Textübungen vorzunehmen: psychologisch bezogen z. B. auf ein wichtiges Motiv (etwa Prestige, Sicherheit u. a.) oder bezogen auf eine dominierende Einstellung. — Zweifellos eine schwierige, aber gerade darum reizvolle — und ganz gewiß ernteneiche Übung!

2.3.4.8 Grundwissen für die Text-Gestaltung

Grobziele

Wenn die Vorbereitungsarbeiten abgeschlossen sind — z. B. Zielgruppen-Analyse, Positionierung, Zielgruppen-Bestimmung, operationale Zielsetzung —, dann nimmt man Feder und Papier zur Hand; denn die Schreibe steht bevor.

Der vor uns liegende Abschnitt will Ihnen wichtiges Grundwissen hinsichtlich der Text-Gestaltung anbieten über:

○ geistige Baupläne (= Denkmuster), z. B. Einleitung/Hauptteil/Schluß u. a.

○ Gliederungsmuster
  — Dezimale Gliederung
  — Klassische Gliederung

○ Text-Sorten, etwa Beschreibung, Bericht, Brief, Protokoll u. a.

- das text-unterstützende Mittel „Bild", z. B. bedeutsame Bildfunktionen; Bild-Sorten, wie Sachbild, Handlungsbild, Bildnis u. a.
- Text-Mittel, etwa Brief, Prospekt, Bedienungsanleitung u. a.
- Text-Träger, z. B. Tageszeitung, Illustrierte u. a.

2.3.4.8.1 Geistige Baupläne (= Denkmuster)

Feinziele

Der bevorstehende Abschnitt beabsichtigt, Ihnen folgendes Grundwissen näher vorzustellen:

- den Begriff „Denkmuster" (= geistiger Bauplan)
- Vorteile der Denkmuster
- wichtige Denkmuster (= geistige Baupläne), genauer besehen
  - den Bezug zwischen „Richtziel – Denkmuster – Text-Sorte"
  - verschiedene Arten der Denkmuster
    z. B. das Grundmuster „Einleitung/Hauptteil/Schluß" – Lasswell-Formel – „Problem – Problemlöser" – „Argumentblock/Argumentblöcke" – „Dramatisierende Reihe" – „Deduktives Denkmuster" – „Argumentatives Denkmuster" – u. a. m.
- zwei empfehlenswerte Gliederungsmuster (→ Dezimale Gliederung; Klassische Gliederung).

Die bisher zurückgelegten Arbeitsabschnitte haben uns mehrere wichtige Informationen vermittelt, etwa über das Text-Wirkungssystem, über das Selbstbild des Schreibers, über Thema/Titel, den Leser/Zielgruppe sowie die Positionierung. Auch mit der operationalen Zielsetzung haben wir uns befaßt –, und mehrere der gewonnenen Einsichten wurden am Arbeitsbeispiel „Sport formt die Persönlichkeit" praxisbezogen dargestellt; übrigens, mit diesem Textbeitrag wollen wir auf die Leser (= 15 – 25jährige Mitglieder) des Sportvereines X einwirken. Mithin lautet das Richtziel: die Leser „beeinflussen".

Welcher weitere Arbeitsschritt steht nun bevor? Jetzt gilt es, für den Textinhalt jenes Beitrages einen geistigen Bauplan zu entwerfen – ein „Denkmuster". Wie wir alle wissen: eine heikle Arbeitsphase, da sie für so manchen von uns eine „hohe Hürde" geistiger Art ist, meist gekennzeichnet durch zwei schwierige Fragen:

- Wie baue ich den Beitrag auf –, und wie gliedere ich ihn (= Aufbau und Gliederung)?

- Welche wichtigen Denkschritte soll oder muß dieser Beitrag enthalten – und in welcher sinnvollen Reihenfolge?

In einer Situation wie dieser feiert also das Denken fröhliche Urständ. Erinnern wir uns, rückblickend, an den Begriff „Denken" (s. S. 34); das Denken – ein geistiger „Schrittmacher"; denn: Denken ist die Fähigkeit des Menschen, vornehmlich mit seinem Verstand das eigene Ich und in der Umwelt die Gegenstände, andere Menschen sowie vielfältige Beziehungen zu erfassen, um dies alles durch Zeichen (= etwa Sprache, Schrift, Gesten) mitteilbar zu machen. – Im Denken sind dabei wirksam z. B. Vorstellungen, Erinnerungen, Phantasien, Träume, Akte des Denkens.

Das Denken kann man, nach Rudolf Bergius (1914 –   ), von drei Standorten aus analysieren:

- vom Gegenstand der Besprechung her (→ Thema, Aufgabe, Problem);

- von den vielfältigen „Denkstrukturen" her (→ Begriffe, Vorstellungen, Einstellungen, Urteile);

- von den kognitiv-logischen Prozessen her (→ Wahrnehmen-Erkennen, Analysieren-Synthetisieren u. a.).

In Praxis und Lehre sind, unter situativem Zwang oder von zielorientierter Zweckmäßigkeit gesteuert, verschiedenartige geistige Baupläne (= Denkmuster) entstanden, in denen meist mehrere jener Denkphänomene sinnvoll zusammenwirken.

Begriff „Denkmuster"

Was bedeutet „Denkmuster"? – Mit diesem Begriff ist ein folgerichtig entworfener Denkplan (= geistiger Bauplan) gemeint, der es dem Schreiber gewährleistet und erleichtert, seine Gedanken über ein bestimmtes Thema in einer denklogischen Schrittfolge darzustellen. Alle Denkmuster, die im weiteren vorgestellt werden, haben sich seit Jahren in der Praxis als Arbeitshilfe bewährt.

Vieljähriger Umgang mit jener „hohen Hürde" war der Anlaß, mehrere vorhandene und oft erprobte Denkmuster in der Pädagogik, Rhetorik, Verkaufspsychologie und in der Text-Kommunikation ausfindig zu machen und darüber hinaus für bestimmte Zielsetzungen einige neue Denkmuster zu entwickeln, so etwa das

Richtziele	Denkmuster (= geistige Baupläne)	Text-Sorten
1. Informieren	• Grundmuster (Einleitung/Hauptteil/Schluß) • Laswell-Formel • Deskriptives Denkmuster	• Beschreibung • Bericht • Brief • Begriffsbestimmung • Inhaltsangabe • Facharbeit/Fachaufsatz • Personenbeschreibung • Rundschreiben • Protokoll • Nachricht • Interview u. a.
2. Beeinflussen		

— Meinung, Erleben	• Grundmuster (Einleitung/Hauptteil/Schluß)
	• Problem — Problemlösung
	• Argumentblock
	  — Steigernde Reihe
	  — Dramatisierende Reihe
	  — Dialektische Form
	• Argumentblöcke
	• Induktives Denkmuster
	• Deduktives Denkmuster
	• Argumentatives Denkmuster
		• Erörterung
		• Problemarbeit; Besinnungsaufsatz
		• Rundschreiben
		• Brief (→ Geschäftsbrief, Privatbrief)
		• Bericht
		• Schilderung
		• Kommentar
		• Interview
		• Charakteristik
		• Werbe-Anzeige
		• Informationsfolge u. a.

— Handeln	• Grundmuster (Einleitung/Hauptteil/Schluß) • AIDA-Formel • BIDA-EVAZA-Formel • Argumentatives Denkmuster	• Erörterung • Problemarbeit; Besinnungsaufsatz • Rundschreiben • Verbesserungsvorschlag • Bewerbungsschreiben; Lebenslauf • Antrag • Brief • Werbe-Anzeige • Werbeschrift (= Prospekt) u. a.
3. Lehren	• Grundmuster (Einleitung/Hauptteil/Schluß) • Formalstufen	• Beschreibung (lehrende Tendenz) • Lehrbrief • Facharbeit (lehrende Tendenz) • Textanalyse (informativ-belehrend) • Sprichwort • Fabel • Aphorismus u. a.
4. Bekunden	• Grundmuster (Einleitung/Hauptteil/Schluß) • Deskriptives Denkmuster	• Referenzschreiben • Referenzschrift • Brief • Meisterbrief u. a.

5. Unterhalten	• Grundmuster (Einleitung/Hauptteil/Schluß)
	• Argumentblock
	  — Dramatisierende Reihe
	  — Dialektische Form u. a.
		• Erzählung
		• Phantasie-Darstellung
		• Märchen
		• Sage
		• Gleichnis
		• Anekdote u. a.

Bild 20: Richtziele — Denkmuster — Text-Sorten

Argumentative Denkmuster, das Deskriptive Denkmuster und das Denkmuster BIDA EVAZA (→ verkaufspsychologisch ausgerichtetes Denkmuster). — Die meisten der dargestellten Denkmuster eignen sich für die Text-Kommunikation und ebenso für rhetorische Vorhaben, wie es z. B. das Sachbuch „Zielwirksam reden"[56] veranschaulicht.

Doch nicht genug. Denn zu einer „zielwirksamen" Schreibe gehört — neben einem operationalen Richtziel und einem zielorientierten Denkmuster — auch eine zielangemessene Text-Sorte (z. B. Bericht, Beschreibung, Protokoll, Fachbeitrag o. ä.). Deshalb ist es nützlich, das bisherige Blickfeld auszuweiten zu einer Übersicht, in der die Bezüge verdeutlicht werden zwischen: Richtziel — Denkmuster — Text-Sorte (Bild 20).

Wie so oft bei derartigen Übersichten und Kategoriebildungen, kann man Bezüge untereinander nur tendenziell aufzeigen und Abgrenzungen leider nicht immer mit der gewünschten Schärfe vornehmen. Dennoch ermöglicht es uns diese Übersicht, künftig müheloser und schneller die Entscheidung „Richtziel — Denkmuster — Text-Sorte" zu treffen. Gleichzeitig wird in uns die Sicherheit zunehmen, da die klare Struktur der Denkmuster einen übersichtlichen Aufbau unserer Schreibe gewährleistet und zudem der innere Bezug jener drei Faktoren „Richtziel — Denkmuster — Text-Sorte" die Chance beachtlich erhöht, beim Leser die beabsichtigte Zielwirkung zu erreichen.

Vorteile der Denkmuster

○ Denkmuster erleichtern uns den Aufbau und die Gliederung des zu bearbeitenden Themas;

○ gewährleisten, daß die einzelnen Gedankenschritte der Gliederung mit hoher Wahrscheinlichkeit zum gesteckten Ziel hin führen;

○ erleichtern es uns außerdem, etwaige Bildmotive (z. B. Fotos oder Grafiken) in der überschaubaren Gesamtstruktur mit sicherem Griff wirkungsstark zu plazieren;

○ geben einem jeden Schreiber innerhalb der einzelnen Gliederungsfelder einen großen kreativen Spielraum für Gedanken und Ideen;

○ ermöglichen es ferner, in einem späteren Arbeitsschritt die Stoffsammlung gezielt vorzunehmen;

○ bieten dem Leser eine größere Klarheit und bessere Überschaubarkeit des Themas — verbunden mit einem oft höheren Merkwert.

Auf kurzen Nenner gebracht: die Denkmuster bieten uns eine bemerkenswerte Hilfe beim Rationalisieren und Optimieren geistiger Arbeit!

Zum Grundmuster

Das Grundmuster ,,Einleitung — Hauptteil — Schluß" können wir strukturell für die Verwirklichung aller Richtziele verwenden; darüber hinaus kann man es mit einigen anderen Denkmustern zweckgerichtet kombinieren, etwa mit dem Argumentblock in folgender Art: Einleitung — Hauptteil (= Argumentblock) — Schluß. Schließlich ist es auch denkbar, aus zwei oder drei Denkmustern eine Mischform zu bilden, die auf das eine oder andere Richtziel in noch höherem Maße ausgerichtet ist.

Nun zu mehreren verschiedenartigen Denkmustern, bei denen wir stets vor allem auf die jeweilige gedankliche Schrittfolge sowie den gedanklichen Abschluß achten wollen. — Um die einzelnen Denkmuster zu verdeutlichen, legen wir ihnen den schon bekannten Titel ,,Sport formt die Persönlichkeit" zugrunde.

Richtziele: informieren, beeinflussen, belehren, bekunden, unterhalten

Grundmuster ,,Einleitung — Hauptteil — Schluß"
Dieses Grundmuster (Bild 21) ist uns allen sicherlich am geläufigsten und bildet daher in den meisten Fällen die Struktur für Aufbau und Gliederung bei Texten — oder bei Dialog und Vortrag.

Aus Raumgründen begnügen wir uns textlich mit den Denkansätzen.

Beispiel:

1. Einleitung
   ,, . . . Auf dem Sportfeld wird so mancher zu einem ‚neuen' Menschen: Man lebt auf, entspannt, wird frei . . ."

2. Überleitung (zum Hauptteil)
   ,, . . . Aus einer solch inneren Freiheit und Unbeschwertheit heraus können wir für den Sport eine ‚individuelle Strategie' entwickeln und ihm so einen tieferen Sinn geben — und unserer Persönlichkeit vor allem Richtung und Ziel . . ."

3. Hauptteil
   ,, . . . So sind z. B. mehrere sinnvolle Kombinationen von Sport und Spiel denkbar, etwa Kurzstreckenlauf — Handball — Langstreckenlauf . . ."

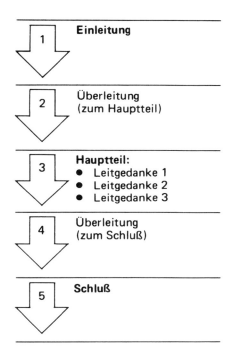

Bild 21:
Grundmuster „Einleitung — Hauptteil — Schluß"

Leitgedanke 1
„... Kurzstreckenlauf: Startübungen steigern z. B. erheblich und beinahe meßbar die persönliche Reaktionsgeschwindigkeit; daraus ergeben sich Vorteile für den Alltag und Beruf, etwa ..."

Leitgedanke 2
„... Handball: ein schnelles und kämpferisches Spiel; es fördert vor allem die körperliche und geistige Wendigkeit und erzieht zur Fairneß ..."

Leitgedanke 3
„... Langstreckenlauf: Er steigert, ebenfalls meßbar, unseren Willen zur Ausdauer, zum Durchhalten — und die Zähigkeit ..."

4. Überleitung (zum Schluß)
„... Dies nur ein Beispiel für ein ‚sportstrategisches Mix'; ein jeder sollte für sich die optimale Kombination festlegen ..."

5. Schluß

„... Jedenfalls: jene drei Disziplinen fördern bei systematischem Training spürbar unsere Gesamtpersönlichkeit, etwa: Reaktionsvermögen, Wendigkeit, Fairneß, Zähigkeit — alles Vorteile für den Alltag und Beruf ... für eine zielbewußte Entfaltung der Persönlichkeit."

Zu Aufbau und Gliederung

Als „Aufbau" bezeichnen wir die drei großen Bauteile: Einleitung — Hauptteil — Schluß. Mit „Gliederung" meinen wir die gedankliche Schrittfolge jeweils innerhalb der drei genannten Bauteile.

In der Praxis begegnen wir des öfteren zwei Kernfehlern: Die Einleitung ist „kopflastig", ihr Umfang ist also dem Schreiber zu groß geraten im Verhältnis zum Hauptteil — oder — der Schluß ist „schwanzlastig", also umfangmäßig zu groß im Vergleich zum Hauptteil. Als angenehm wird vom Leser in der Regel folgendes Verhältnis empfunden: 1/6 Einleitung — 2/3 Hauptteil — 1/6 Schluß. Die drei Bauteile können natürlich wie die Schritte in allen übrigen Denkmustern, je nach Absicht und Bedarf, knapp oder umfangreich sein. — Es bleibt dem Schreiber überlassen, ob er zwischen Einleitung, Hauptteil und Schluß jeweils eine Überleitung schafft oder aus dramaturgischen Gründen bewußt darauf verzichtet und eine scharfe Trennung vornimmt.

Wie bereits erwähnt, kann man das Grundmuster auch mit anderen Denkmustern kombinieren, um durch eine modifizierte Mischform die angestrebte Zielsetzung wirkungsstark zu erreichen.

Richtziel: informieren (Die Lasswell-Formel)

Dieses Denkmuster (Bild 22) haben H. D. Lasswell und B. C. Smith entwickelt, eigentlich als Frageschema, um fünf wichtige Bestimmungsmerkmale im Kommunikationsprozeß zu berücksichtigen. Hier der Wortlaut der Formel: „Wer sagt was, in welchem Kanal (Medium), zu wem, mit welcher Wirkung?" Natürlich leistet dieses Denkmuster insbesondere dem Journalisten gute Dienste —, aber auch dem Schreiber von Gebrauchstexten, der seine Leser sachlich und ohne subjektive Färbung z. B. über einen neuen Sachverhalt informieren will, etwa über ein neu erschienenes Buch des Sportmediziners Prof. X, mit dem Titel „Sport formt die Persönlichkeit".

Wie der nachstehenden Übersicht (Bild 22) zu entnehmen ist, eignet sich die Lasswell-Formel als gedankliche Struktur insbesondere für Bericht, Facharbeit (→ Fachaufsatz), Brief und Nachricht.

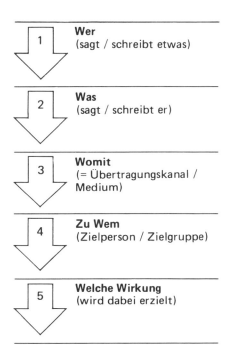

Bild 22:
Denkmuster „Lasswell-Formel"

Beispiel:

1. Wer
„... Den meisten von uns ist Professor X bekannt: eine Autorität auf dem Gebiet der Sportmedizin ..."

2. Was
„... In seinem neuesten Buch ‚........' schreibt er: ‚Wer im Sport sinngebende Erfüllung sucht, wird Sport und Spiel bewußt und sehr überlegt betreiben ... Man kann dadurch seiner Persönlichkeit eine sichtbare Ausformung geben ..."

3. Womit (= Übertragungskanal)
„... Dieses Buch — leicht lesbar, mit Anleitungen zu einer bewußten Persönlichkeitsformung — ist für jedermann geschrieben; übrigens, besondere Vorteile dieses Buchformates sind dabei: ..."

4. Zu wem
„... Professor X wendet sich vor allem an diejenigen Menschen, die an Leib

und Seele gesund bleiben wollen; er spricht zu Menschen, die bereits Sport treiben —, rüttelt aber durch überzeugende Appelle auch so manchen Faulpelz auf ..."

5. Mit welcher Wirkung

„... Viele, die dieses Buch bisher gelesen haben, sehen den Sport nun unter einem anderen Gesichtswinkel: sie treiben ihn bewußter, in sinnvoller Kombination von Leichtathletik und Spiel ... Fragt man heutzutage einige von ihnen, so erhält man die Antwort: Formung und Verwirklichung meiner Persönlichkeit erreiche ich seit einiger Zeit auch durch eine bewußte ‚Sport-Strategie' ..."

Richtziel: informieren (Deskriptives Denkmuster)

Wenn das erklärte Richtziel lautet: eine Zielperson (= Leser) oder eine Zielgruppe (= ausgewählte Lesergruppe) über einen Gegenstand (= Materielles) oder eine Idee (= Immaterielles, Ideelles) sachlich und ohne Wertung zu informieren, dann sollte man sich für das Deskriptive Denkmuster entscheiden (Bild 23).

Bei genauerem Draufblick wird klar, daß die Struktur dieses Musters so angelegt ist, um vornehmlich einen Zustand (= ein Ist, eine Situation) oder einen Vorgang (= eine Bewegung, z. B. vom Ist zum Soll) sachlich, wertfrei und wirklichkeitsgetreu darzustellen, zu beschreiben. Somit liegt dieses Modell denkmethodisch weitgehend im Bereich naturwissenschaftlich-orientierter „Deskription" (= Beschreibung).

Nicolai Hartmann analysiert in seiner Publikation „Kleinere Schriften" allerdings recht kritisch die Deskriptive Methode und kommt dabei u. a. zu diesen Einsichten: „... Sie ist der Typus einer solchen Methode, die ihre eigenen Bedingungen nicht durchschaut. Sie ist eine Erkenntnis durch Prinzipien, aber keine Prinzipienerkenntnis, wie die transzendentale Methode, sondern nur einseitig, Gegenstandserkenntnis ... Sie glaubt Gegebenheiten hinzunehmen, wo sie in Wahrheit Bestimmungen trifft.

So übersteigen denn diese Bestimmungen niemals den Typus des Gegebenheitsbewußtseins ... Das Nichtdurchschauen des Woher und Warum macht den Gegebenheitscharakter an allem Gegenstandsbewußtsein aus. Diese Charakteristik trifft auch durchaus auf die Bedingtheit der deskriptiven Methode durch die Konvention sprachlicher Begriffsbildung zu, desgleichen auf die logisch unfertige Erkenntnisstufe des Meinens ...".

Meinung aber habe „kein Prinzipienbewußtsein", einen „gänzlichen Mangel denkender Kontrolle, denkender Scheidung von wahr und falsch, denkender

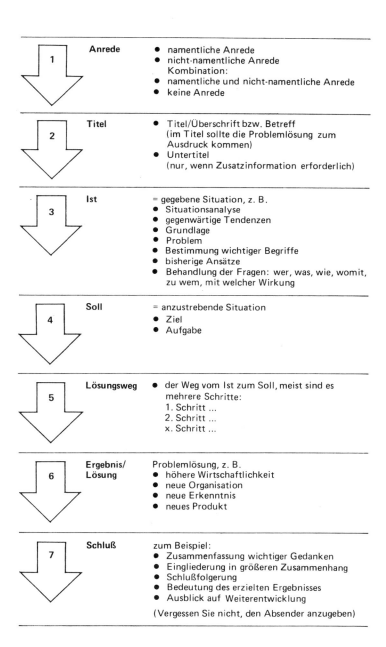

Bild 23: Deskriptives Denkmuster

Rechenschaft über sich selbst. Rechenschaft ist eben erst Sache der rückschließenden, aufsteigenden Methodik, Sache der Prinzipienforschung ..."[57)]

Wann empfiehlt es sich demnach — trotz solch scharfer Kritik — Deskriptive Denkmuster als geistigen Bauplan zu bevorzugen? Wohl hauptsächlich dann, wenn man das anstehende Thema sachlich und ohne subjektive Wertung gestalten möchte, wenn also z. B. eine umfangreiche Facharbeit oder ein sachorientierter Bericht zu erstellen ist (etwa ein geschäftlicher Situationsbericht, die Entwicklung eines Produktes, eines Systems, einer Organisation o. ä.).

Beispiel:

Schriftlicher Sachbericht, entworfen für eine Vorstandssitzung des Sportvereins X

1. (Anrede entfällt)

2. (Titel)
Entwicklung eines neuartigen Heimtrainers

3. (Ist)
Seit längerer Zeit wird in mehreren Sportvereinen bei Mitgliederversammlungen immer wieder darauf hingewiesen, daß es vorteilhaft wäre, wenn man — unabhängig von Sportplatz oder -halle — mit „irgendeinem Spezialgerät" auch zu Hause intensiv trainieren könnte.

4. (Soll)
Daher sollte die Sportindustrie diese offenkundige Bedürfnissituation überprüfen und gegebenenfalls ein neuartiges Trainingsgerät entwickeln, das vor allem folgende Merkmale besitzen müßte:

   o optimale Eignung für intensives Heimtraining,
   o platzsparend, also klein und handlich;
   o preiswert.

5. (Lösungsweg)
Dieses Anliegen konnte inzwischen im wesentlichen in vier Schritten erreicht werden:

   1) Zunächst entsandten fünf namhafte Sportvereine — Verein ... — insgesamt sieben Mitglieder in die eigens gegründete Arbeitsgruppe „Heimtrainingsgerät"; zu dieser Gruppe zählten außerdem zwei Sportärzte;
   2) mit Hilfe der Kreativ-Methode „Brainstorming" konnten in kurzer Zeit sechs Lösungsansätze für die Entwicklung eines neuen Trainingsgerätes gefunden werden;

3) in einem dreistündigen Gespräch hat die Arbeitsgruppe am ... dem Vertriebschef der Sportartikelfirma X, Herrn Behrendt, die erarbeiteten Lösungsansätze vorgetragen, sie erläutert und danach mit ihm eingehend darüber diskutiert.
Schließlich erklärte er sich mit dem Lösungsansatz Nr. 4 einverstanden;
4) wie uns inzwischen fernmündlich mitgeteilt wurde, hat die genannte Firma wenige Tage nach diesem Kontaktgespräch mit der Entwicklungsarbeit des Heimtrainers „SPORT-AKTIV" (Arbeitstitel) begonnen; dabei wurde der erfahrene Sportarzt, Herr Dr. Y, als Fachberater hinzugezogen.

6. (Ergebnis/Lösung)
Am ... hat die genannte Firma der Arbeitsgruppe ein Nullserien-Modell des Heimtrainers SPORT-AKTIV als Arbeitsergebnis vorgestellt. Dabei verwies der Vertriebschef auf zwei konstruktive Modellverbesserungen, die sich aus mehreren Tests sowie durch ein sportärztliches Gutachten ergaben.
Nach dem Urteil der Arbeitsgruppe erfüllt dieser neuartige Heimtrainer — sein künftiger Name „DOMO-AKTIV" — die gesteckten Ziele:

○ er ermöglicht ein intensives Heimtraining auf kleinem Raum;
○ ferner ist er platzsparend und handlich;
  Abmessungen: ....
  Gewicht: ....
○ nicht zuletzt wird er preisgünstig angeboten, da der Verkaufspreis im Sportfachgeschäft unter DM ... liegen dürfte.

7. (Schluß)
Nach verbindlicher Zusage des Herrn Behrendt wird dieser neue Heimtrainer bis Ende des Kalenderjahres 19 .. in allen namhaften Sportartikel-Fachgeschäften erhältlich sein.

Richtziel: beeinflussen (→ Meinung, Vorstellung, Einstellung, Motivation); argumentieren/überzeugen

Denkmuster „Problem — Problemlöser"

Erfolgversprechend ist dieses Muster (Bild 24) des öfteren dann, wenn wir als Schreiber gedanklich ausgehen von einem bedeutenden Problem, mit dem sich etliche Leser gerade beschäftigen. Ein Beispiel: Mehrere Menschen möchten durch Sport und Spiel zielstrebiger als bisher ihre Persönlichkeit ausformen und suchen daher seit einiger Zeit wegweisende, unterstützende Möglichkeiten. Die Problemfrage lautet für sie: Wie und durch welche Möglichkeiten kann ich mein derzeitiges Person-Sein zur Persönlichkeit ausformen? Ich möchte es grundsätz-

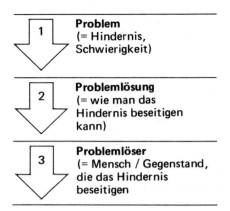

Bild 24:
Denkmuster „Problem — Problemlösung — Problemlöser"

lich gern tun; dabei aber hindern mich diese oder jene Dinge. — In einer derartigen Situation eignet sich besonders das „Problem-Problemlöser-Muster". Es vollzieht die logische Schrittfolge vom: Problem (= was) — über die Problemlösung (= wie) — zum Problemlöser (= womit).

Verstehen wir unter „Problem" allgemein ein Hindernis auf dem Weg zum Ziel —, so stößt man doch unentwegt auf Probleme, bald belanglose, bald schwierige. Immer dann kann einem dieses Denkmuster nützlich sein.

Die für dieses Muster sowie die nachfolgenden Denkmuster besonders geeigneten Text-Sorten finden Sie in der Übersicht (Bild 20, s. S. 122).

Beispiel:

1. Problem

„... Etliche von Ihnen haben sich von Sport und Spiel wesentlich mehr Vorteile für die Entwicklung ihrer Persönlichkeit erwartet; durch eine gezielte Persönlichkeitsbildung wollen sie z. B. mehr Erfolg im Beruf erreichen. — Das aber war bislang nicht möglich, weil ... (= Hindernisse, Probleme, z. B. mangelnder Wille zum Durchhalten) ..."

2. Problemlösung

„... Zwei der wichtigsten Hindernisse (= Probleme) — X und Y — machen den meisten von Ihnen offensichtlich große Schwierigkeiten; nämlich 1. mangelndes Durchhaltevermögen, es verhindert, daß ... — 2. ... Wie können wir diese zwei Haupthindernisse aus dem Weg räumen? — Da gibt es einige Möglichkeiten, die uns erfahrungsgemäß helfen, so z. B. bestimmte Disziplinen der Leichtathletik ...

3. Problemlöser
„... Unter diesen aufgezeigten Möglichkeiten sind insbesondere zwei Trainingsarten geeignet, um Ihre persönlichen Schwierigkeiten zu beseitigen:
1. Startübungen für den Kurzstreckenlauf; denn ...
2. Der neue Heimtrainer DOMO AKTIV, da ...
Damit also können Sie Ihre Probleme meistern. Beginnen Sie aber sobald wie möglich, am besten noch heute abend mit einigen Übungen ... Das erhöht die Freude und stärkt den Willen, künftig systematisch Sport zu treiben, um vor allem die eigene Persönlichkeit zu formen — ausgerichtet auf Erfolg: im Alltag und Beruf".

Richtziel: beeinflussen (→ Meinung, Vorstellung, Einstellung, Motivation); argumentieren/überzeugen

Der Argumentblock

Im heutigen Sprachgebrauch wirbeln die beiden Wörter „Argument" (= Beweisgrund) und „These" (= Behauptung) fidel durcheinander, wie Schneeflocken im Winterwind: man sagt „Argument" und meint „These" oder umgekehrt. Klärung bei solchem Wirrwarr bringt uns der „Argumentblock" (Bild 25); er besteht aus vier Bausteinen und steigert erheblich die Chance, unsere Leser zu beeinflussen, sie zu überzeugen!

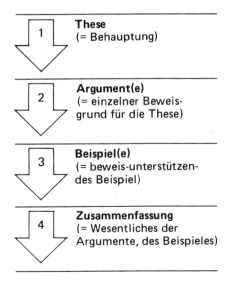

Bild 25:
Denkmuster „Argumentblock"

Beispiel:

1. These

   „... Wer regelmäßig Sport und Spiel betreibt, der weiß, daß beides formend wirkt auf Körper und Geist. Um es noch deutlicher zu sagen: Sport formt die Persönlichkeit (= These) ..."

2. Argumente

   „... Da ich seit Jahren regelmäßig Sport treibe und auch z. B. gern Handball und Tennis spiele, habe ich die persönlichkeitsformende Kraft an mir und anderen seit langem beobachtet und erlebt. Dabei wurden mir vor allem folgende drei Wirkungen bewußt:

   2.1 meine Reaktionsgeschwindigkeit steigerte sich zusehends, so daß ich z. B. im Alltag (= Argument 1) ...

   2.2 meine körperliche und geistige Frische nahm spürbar zu und verdrängte Gleichgültigkeit und Bequemlichkeit; wenn ich z. B. von der Arbeit nach Hause komme, sinke ich nicht mehr – wie früher – faul in den Fernsehsessel, sondern ... (= Argument 2) ...

   2.3 Außerdem nahm innerhalb weniger Monate meine Ausdauer stetig zu, was sich bei mir beruflich besonders vorteilhaft auswirkte, z. B. ... (= Argument 3) ..."

3. Beweis-unterstützende Beispiele

   „... Kürzlich fragte uns der Chef: ‚Wer von Euch ist in der Lage, ...' – Ich habe mich sofort bereiterklärt und das anstehende Problem X in wenigen Tagen folgendermaßen gelöst: ... Da die meisten von Ihnen ebenfalls Sport treiben, haben Sie vermutlich ähnliche Beobachtungen und Erfahrungen gemacht und könnten etliche ähnliche Beispiele vortragen, etwa ..."

4. Zusammenfassung

   „... Wenn man sich also mal gründlicher mit dem Thema ‚Sport und Spiel' beschäftigt, und vor allem ein ‚Aktiver' ist und bleibt, wird einem erst so recht bewußt: Sport formt wirklich unsere Persönlichkeit –, und zwar stark und nachhaltig. Viele werden z. B. eine wachsende Ausdauer und Willenskraft feststellen, darüber hinaus auch ... – Beispiele hierfür könnten mehrere von uns gewissermaßen als ‚Beweis' erbringen, nämlich ...
   Darum sollten wir in Zukunft geradezu ‚strategisch' Sport und Spiel treiben, um die positiven Auswirkungen auf unser Ich voll zu nutzen ..."

Vermerke zum Argumentblock

○ Die These
Sie ist in der Mehrzahl der Fälle eine Behauptung, ein Urteil oder ein Lehrsatz und wird als Aussagesatz formuliert, z. B. „Persönlichkeitsbildung ist für jedermann bedeutsam"; die These kann aber ebenso als „Frage — Antwort" formuliert werden, etwa „Ist Persönlichkeitsbildung für jedermann bedeutsam? — Ja, unbestritten" (These).

○ Argument — Argumentation
Das Argument ist der Beweisgrund, auf dem die These basiert. Es ist mithin derjenige Teil des Beweises, auf dem die Sicherheit ruht.

Mit Argumentation meint man die „Beweisführung", also die Verbindung der These mit den einzelnen Argumenten und beweisunterstützenden Beispielen. — Den Aufbau der einzelnen Argumente können wir in dreierlei Weise gestalten, als:

— steigernde Reihe (Bild 26)
— dramatisierende Reihe (Bild 27) — oder —
— dialektische Form (Bild 28).

Die steigernde Reihe

Beispiel:

These: „Sport formt die Persönlichkeit"

1. Argument 1
„... die körperliche und geistige Reaktionsgeschwindigkeit steigert sich zusehends durch ..."

2. Argument 2
„... eine gewisse spielerische Härte, gepaart mit Fairneß, macht das mitmenschliche Verhalten bewußter ..."

3. Argument 3
„... die körperliche und willentliche Ausdauer nehmen merklich zu ..."

Unterstellen wir: Unsere Leser bewerten diese drei Argumente bedeutungssteigernd in der aufgezeigten Reihenfolge von 1 — 3, dann wäre im vorliegenden Beispiel die Form der „steigernden Reihe" realisiert.

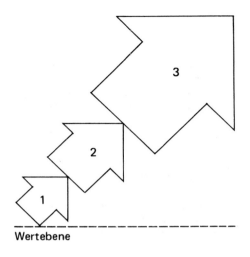

Bild 26:
Steigernde Reihe (aufsteigende lineare Anordnung)

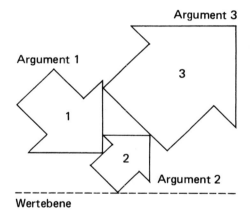

Bild 27:
Dramatisierende Bauform der „Reihe"

Die dramatisierende Reihe

Hier steht zu Beginn der Argumentation das „mittelgewichtige" Argument, danach folgt das schwächere und am Schluß stets das stärkste Argument; die Gewichtung der Argumente sollte man bei diesem Konzept, wie gesagt, stets vom Blickwinkel der Zielgruppe aus entscheiden.

Beispiel:

Wenn man beim vorangehenden Beispiel bleibt und die genannten drei Argumente im Sinne der „dramatisierenden Reihe" wertend anordnen möchte, dann wäre diese Reihenfolge vorzunehmen:

1. Argument 2
2. Argument 1
3. Argument 3

Beide Formen, steigernde Reihe und dramatisierende Reihe, sind für den Schreiber erfahrungsgemäß recht leicht handhabbar, für den Leser übersichtlich und verständlich; sie ermöglichen, von Argument zu Argument fortschreitend, eine hammerartige Wirkung zu erzielen. — Ihr Nachteil liegt jedoch in der durchgehend einseitigen Sicht, der Sicht nur vom Schreiber aus; denn dies schmälert in den Augen der Leser die Objektivität der Argumentation und verringert so insgesamt die Überzeugungskraft.

Für einen Schreiber reizvoll, jedoch geistig anspruchsvoll und weitaus schwieriger — als dritte Möglichkeit:

Die dialektische Form

Ihr Kennzeichen ist der berühmte Dreischritt: These (= Behauptung) — Antithese (= Gegenbehauptung, Gegensatz) — Synthese (= Verbindung der Gegensätze zu einer Einheit, in der die Widersprüche aufgehoben sind). Die Synthese sollte also keine äußerliche Summierung oder Anhäufung der vorgebrachten Argumente sein, sondern eine neuentstandene geistige Einheit (Bild 28, S. 138).

Beispiel:

1. These
   „ . . . Mehrere Menschen, die Sport treiben und Spiele lieben, sind der Meinung: ‚Sport formt die Persönlichkeit'. — Befragt man sie nach dem Warum, dann hört man z. B. von ihnen
   — Kurzstreckenlauf erhöht die Reaktionsgeschwindigkeit;
   — Handball fördert vornehmlich die Wendigkeit und Härte;
   — Langstreckenlauf steigert Zähigkeit und Durchhaltevermögen . . ."

2. Antithese
   „ . . . Im Widerspruch zu dieser Meinung treten etliche andere Menschen, die da sinngemäß sagen: ‚Sport — etwa Kurzstreckenlauf, Handball, Langstreckenlauf — formt kaum die Persönlichkeit; mehr Einfluß hat z. B. die Erziehung als prägende Kraft auf äußere Gestalt und inneres Gefüge . . ."

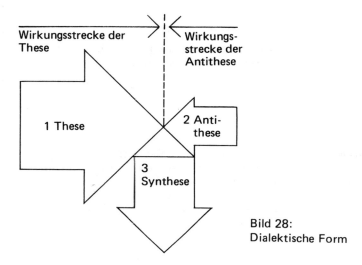

Bild 28:
Dialektische Form

3. Synthese

„... In der Tat: Letztlich wird eine Persönlichkeit von mehreren und verschiedenartigen Wirkfaktoren geformt, etwa von den Erbanlagen, der Erziehung, den Einflüssen der Umwelt, eigenem Zielstreben, — aber auch von Sport und Spiel. Dabei vermögen einige bestimmte Sportarten — z. B. Kurz- und Langstreckenlauf oder Handball — intensiver auf bestimmte Charaktermerkmale einzuwirken: anregend, ja mitunter stärkend auf Körper und Geist. Zweifellos, ein nicht zu übersehender Einfluß: Sport — ein Mitgestalter der Persönlichkeit."

Was lehrt uns dieses Beispiel?

○ These und Antithese sollten in einer „optimalen" geistigen Entfernung voneinander aufgestellt werden; denn diese Distanz muß es uns ermöglichen, jene beiden Gegenpole zur wechselseitigen geistigen Durchdringung zu bringen, um als Ergebnis eine glaubhafte „schöpferische" Synthese zu erarbeiten;

○ die zweiseitige Sicht der jeweiligen Problemfrage — vom Standpunkt des Schreibers sowie eines Andersdenkenden aus — vermag mehr Farbe, Lebendigkeit und größere Objektivität in die Darstellung zu bringen;

○ grundsätzlich erhöht beim Argumentieren ein sorgfältiges und sachliches Abwägen von These und Antithese — gewissermaßen mit der Goldwaage — wesentlich die Chance, die Leser leichter und nachhaltiger zu überzeugen; das Abwägen, das Pro und Kontra, nach der Art eines ehrlichen Maklers, steigert unbestritten die Überzeugungskraft jeglicher Argumentation!

These, Antithese und Synthese könnte man jeweils noch durch 2 — 3 beweisunterstützende „Beispiele" erweitern.

Zum „Beispiel"
Seit Jahrhunderten greift man beim Argumentieren gern zum „Beispiel", um die vorangestellte These und die ihr nachfolgenden Einzelargumente beweiskräftig zu unterstützen. Wie wir aus der Erfahrung wissen, bietet ein Beispiel stets mehrere Vorteile, etwa diese:

- es macht den jeweiligen Sachverhalt anschaulich;
- es konzentriert sich auf das Wesentliche;
- es erleichtert das Verstehen;
- es vermag, wenn dem Erfahrungsbereich der Leser entnommen, diese im Sinne der jeweiligen Zielsetzung leichter zu überzeugen.

Zusammenfassung
Um dem Leser die bisher vorgetragene Argumentation (These, Argumente, Beispiele), die mitunter recht umfangreich sein kann, in den wesentlichen Punkten überschaubar zu machen, empfiehlt es sich, die Hauptgesichtspunkte knapp und anschaulich zusammenzufassen.

Richtziel: beeinflussen (→ Meinung, Vorstellung, Einstellung, Motivation); argumentieren/überzeugen

Die Argumentblöcke

Wenn zwei oder mehrere Thesen in der Argumentation darzustellen sind, liegt es nahe, das Denkmuster der „Argumentblöcke" (Bild 29) zu benutzen.

Argumentblöcke
Für diese Denkform erübrigt sich ein weiteres Beispiel, da zum Denkmuster „Argumentblock" bereits ein Beispiel gebracht wurde und die einzelnen Blöcke einfach durch Überleitungen miteinander verbunden werden.

Aus psychologischen und dramaturgischen Gründen wird man die einzelnen Blöcke in ihrem Umfang unterschiedlich groß halten; wenn wir das zuvor Gesagte berücksichtigen, wäre es z. B. bei drei Argumentblöcken empfehlenswert, den ersten Block mittellang, den zweiten kürzer und den dritten Block am längsten zu halten —, zudem sollte man die Einzelargumente je nach ihrer Bedeutung bald dürftig, bald entfaltet gestalten.

Ferner hat der Schreiber zu entscheiden, ob er die einzelnen Argumentblöcke

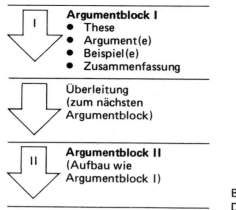

Bild 29:
Denkmuster „Argumentblöcke"

jeweils durch eine Überleitung verbinden will oder absichtlich darauf verzichtet, um gedanklich eine scharfe Trennlinie zwischen den einzelnen Blöcken zu ziehen.

Argument, Argumentation und Logik gehören zum Kernbereich der Rhetorik. Daher wird dieser wichtige Themenkreis in dem Sachbuch „Zielwirksam reden" (S. 135 ff.; s. Literaturverzeichnis S. 443) ausführlich behandelt.

Richtziel: beeinflussen (→ Meinung, Vorstellung, Einstellung, Motivation); logisch argumentieren/überzeugen

Induktives Denkmuster

Dieses Muster ist uns auch bekannt als „Induktive Methode" (Bild 30). Hierbei schließt man vom Einzelnen, Besonderen (= einzelne Wahrnehmungen, Erfahrungen oder Experimente) auf das Allgemeine. Mithin führt diese Methode von mehreren Einzelfällen zu einem allgemeinen Satz, zu einem Urteil oder Gesetz empor. — Allerdings, einer solchen Folgerung liegt zwar eine große Wahrscheinlichkeit zugrunde, nicht aber zuverlässige Gewißheit.

Der Weg, aus einzelnen Beobachtungen eine allgemeine Erkenntnis zu gewinnen, wurde bereits von Sokrates und den Epikureern beschritten. Jedoch erst Jahrhunderte später haben die Induktive Methode begründet und weiterentwickelt: Francis Bacon, William Whewell, John Stuart Mill u. a.

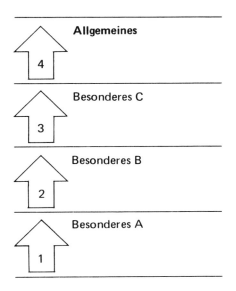

Bild 30:
Induktives Denkmuster

Beispiel:

1. Besonderes A
   „... Wer Sport treibt, bleibt gesund und leistungsfähig. Wer zudem eine bestimmte Sportart intensiv betreibt, z. B. Kurzsteckenlauf, der wird bei sich in Körper und Geist bald eine erhöhte Reaktionsgeschwindigkeit feststellen ..."

2. Besonderes B
   „... Wer neben der genannten Sportart (z. B. Kurzstreckenlauf) noch Handball spielt, für den ergibt sich ein weiterer Vorteil: Er wird zunehmend wendiger und flinker, was sich im Alltag günstig auswirkt, etwa bei ... oder auch im Beruf ..."

3. Besonderes C
   „... Schließlich ein weiterer Vorteil: Man kann auch seine Willenskraft und das Durchhaltevermögen steigern, wenn man zwischendurch Langstreckenlauf und Waldläufe macht ..."

4. Allgemeines
   „... Daher darf man mit Fug und Recht sagen: Sport formt die Persönlichkeit ..."

Was also von den einzelnen Arten (= einzelne Sportdisziplinen) gilt, das gilt auch von der Gattung selbst (= Sport). — In der Entwicklungsgeschichte der Naturwissenschaften spielt die induktive Methode eine hervorragende Rolle.

Richtziel: beeinflussen (→ Meinung, Vorstellung, Einstellung, Motivation); logisch argumentieren/überzeugen

Deduktives Denkmuster

Im Gegensatz zur induktiven Methode wird beim Deduktiven Denkmuster (Bild 31) vom Allgemeinen herab auf das Besondere geschlossen: von einer allgemeinen Feststellung auf eine darunterliegende besondere Feststellung oder mehrere besondere Feststellungen. Daher sprechen wir hier auch von der „herabführenden Beweismethode"; man schließt von einem umfassenderen allgemeinen Obersatz auf ein engeres spezielles Urteil oder mehrere Urteile. In der Mathematik stoßen wir häufig auf dieses Denkmuster.

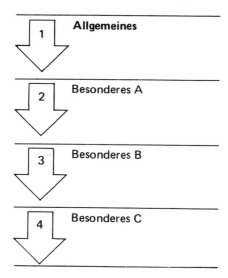

Bild 31: Deduktives Denkmuster

Beispiel:

1. Allgemeines
    „ . . . Zahlreiche Untersuchungen der letzten Jahre beweisen die Erfahrung: Sport formt die Persönlichkeit. Einige wenige Beispiele mögen dies verdeutlichen . . ."

2. Besonderes A
„... So z. B. der Kurzstreckenlauf: ..."

3. Besonderes B
„... Aber auch das Handballspiel wirkt sich günstig aus, etwa auf die Wendigkeit ..."

3. Besonderes C
„... Nicht zuletzt ist es der Langstreckenlauf: Er steigert Willenskraft, Zähigkeit ...".

Wer sich — angeregt und vielleicht gefordert durch die bisherigen Denkmuster — mit Fragen der Logik (= Schlußlehre) etwas eingehender befassen will, wird daraus für seine Textarbeit reichlich Gewinn ziehen. Einen ersten Blick in das Gebiet der Logik gibt Ihnen das bereits genannte Sachbuch „Zielwirksam reden" (Abschnitt „Gedanken über folgerichtiges Denken, S. 154 ff.).

Richtziel: beeinflussen (→ Meinung, Handeln)

Argumentatives Denkmuster

Allein die Bilanz eines einzigen Tages — bezogen auf Beruf oder Freizeit — läßt erkennen: der überwiegende Teil dessen, was wir reden, schreiben oder tun, ist zweckorientiert und zumeist darauf ausgerichtet, unsere Umwelt im Hinblick auf ihre Meinung oder ihr Handeln zu beeinflussen — durch Behauptungen (= Thesen) und zugehörige Beweisgründe (= Argumente).

Eben dieser Tatbestand war Anlaß genug — aus dem Wissen über Kommunikation, Verkauf und Werbung, verbunden mit vieljähriger Berufserfahrung —, einen richtziel-gerichteten geistigen Bauplan zu entwickeln, mit dem man den überwiegenden Teil aller beweisführenden Vorhaben recht mühelos und in kurzer Zeit strukturieren kann: das Argumentative Denkmuster (Bild 32).

Nachdrücklichen Dank sage ich an dieser Stelle meinem Fachkollegen, Herrn Lange, der den Anstoß zu dieser Modellentwicklung gab und meine weitere Arbeit, gemeinsam mit Herrn Lindner und Herrn Starke, durch fundierte Erfahrung gefördert hat.

Unter den mir bekannten Denkmodellen hat das Argumentative Denkmuster zentrale Bedeutung. Es eignet sich als Strukturierungshilfe bei zahlreichen kommunikativen Aufgaben in Wirtschaft, Verwaltung, Werbung und Public Relations sowie begrenzt im Schulsektor (z. B. bei beweisführenden Fachaufsätzen), und zwar in den beiden bedeutsamen Gestaltungsbereichen: des geschriebenen und gesprochenen Wortes (= Rhetorik).

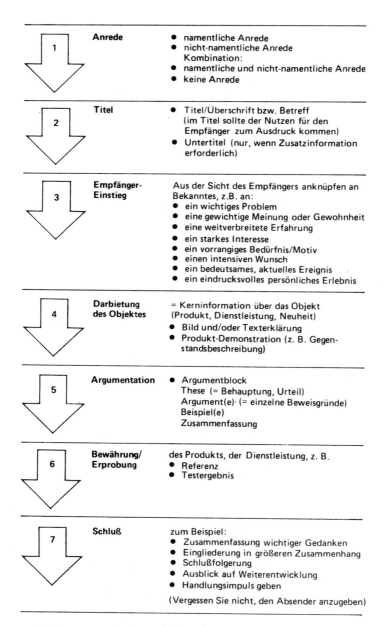

Bild 32: Argumentatives Denkmuster

Beispiel:

(Akquisitionsbrief)

1. (Anrede)
   Guten Tag, sehr geehrter Herr Behrendt!
   Guten Tag, sehr geehrte Verkäufer!

2. (Titel)
   Eine Blitznachricht für Sie:
   Neuartiger Heimtrainer „DOMO-AKTIV" erobert Sportlerherzen

3. (Empfänger-Einstieg)
   Vor wenigen Tagen meinten viele Fachhändler auf der Sportmesse in Frankfurt sinngemäß: Dieser neuartige Heimtrainer wird sehr wahrscheinlich „Der Knüller des Jahres". — Da auch wir dieser Meinung sind, geben wir Ihnen heute die Gelegenheit, sich mit dieser Neuheit in Ruhe gründlicher zu befassen.

4. (Darbietung des Objektes)
   Ein Druck auf den roten Punkt der Verpackung genügt: der patentierte Verschluß springt auf und DOMO-AKTIV lädt Sie ein zu einem ersten Probetraining — daheim. Bitte also öffnen! So sieht er aus ... Seine Abmessungen: ... Sein Gewicht: ...
   Vor einem ersten Training aber bitte kurz einen Blick in die beiliegende Gebrauchsanleitung werfen: Sie bringt anschaulich und knapp einige wichtige Hinweise und erste Erfahrungen, um diesen Heimtrainer optimal zu nutzen. Zugleich stoßen Sie dabei auf drei bemerkenswerte Gerätemerkmale:

   o die Breite des Trainingsbandes
   o die leichtverstellbare Bandlänge
   o die neuartige Material-Kombination (aus den Stoffen A und B).

5. (Argumentation)
   Aus diesen charakteristischen drei Geräte-Besonderheiten ergeben sich für den Benutzer zwei bedeutende Vorteile:

   o Intensiv-Training aller wichtigen Muskelpartien, da
     — mit einem Griff die Bandlänge für die jeweils gewünschte Trainingssituation optimal einstellbar ist;
     — durch die besondere Bandbreite irgendwelche Trainingsverletzungen vermieden werden;
   o anspruchslose „Wartung"; denn ein neuartiges Herstellungsverfahren
     — erübrigt jegliche Materialpflege — und —
     — verhindert Brüchigwerden oder gar Bruch des Materials.

6. (Bewährung/Erprobung)
In den zurückliegenden Monaten haben mehr als 100 Sportfreunde, Leistungssportler und Amateure diesen Heimtrainer unter harten Bedingungen auf Herz und Nieren geprüft, ihn gefordert!
Ihr Urteil: sehr gut.
Daher können wir Ihnen mit gutem Gewissen auf den DOMO-AKTIV eine dreijährige Garantie geben.

7. (Schluß)
Der DOMO-AKTIV bereichert also unsere bisherige erprobte Gerätepalette um einen weiteren neuen „Star". Entnehmen Sie bitte der beiliegenden Preisliste die näheren Konditionen sowie die Bestellmöglichkeiten.

Bis zu einem baldigen Kontakt verbleiben wir
mit freundlichen Grüßen   Anlagen

Darüber hinaus bietet Ihnen dieses Buch zwei weitere Textbeispiele an, denen das Argumentative Denkmuster als geistiger Bauplan zugrunde liegt:

— die Einleitung „Zielwirksam schreiben — aber wie?" (s. S. 13) — und —
— den Fachbeitrag „Formt Sport die Persönlichkeit?" (s. S. 381 ff.).

Richtziel: beeinflussen (→ Handeln, Tun)

AIDA-Formel

Vermutlich kennen Sie diese Formel (Bild 33) schon, geistert sie doch z. B. in Verkauf, in der Publizistik und Werbung seit Jahrzehnten umher — einst von Fachleuten gepriesen, heute zum Teil angefochten. Dabei verweisen die Kritiker nicht ganz zu Unrecht darauf, daß es in der ersten Stufe eines Kommunikationsprozesses nicht vorrangig auf die Aufmerksamkeit (= attention) ankomme, sondern vielmehr auf die Anmutung, den ersten Eindruck. Nur wenn bei der Zielgruppe (= Leser) eine günstige Anmutung erzeugt wird, bekommt die Botschaft (= Mitteilung, Brief) die Chance, intensiver beachtet und aufgenommen zu werden. So weit — so gut.

Dennoch: In der Schreibpraxis vermag einem die AIDA-Formel — vornehmlich bei kürzeren Texten — den schnellen Aufbau und damit gedanklichen Ablauf zu erleichtern. Die vier Buchstaben AIDA bedeuten die Stufen, über die man den Leser von der Aufmerksamkeit bis hin zum Tun führen soll.

Da die Denkmuster AIDA und BIDA-EVAZA jeweils Verkaufsformeln darstellen,

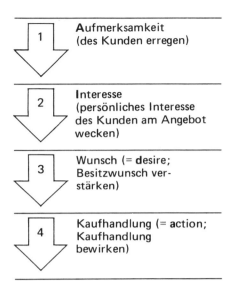

Bild 33:
Denkmuster „AIDA-Formel"

erscheint es angebracht, in den nun folgenden Beispielen einen Verkaufsgegenstand abzuhandeln, z. B. das Trainingsgerät „Deuser-Band".

Beispiel:
(Akquisitionsbrief an Fachhändler)

Sehr geehrter Herr X,

1. Aufmerksamkeit (des Kunden/Geschäftsinhabers erregen)
„... eine bemerkenswerte Entwicklung: Um 30 % hat das Heimtraining in den letzten zwei Jahren zugenommen"; so lautet das Untersuchungsergebnis des namhaften Marktforschungsinstitutes X in Frankfurt. — Natürlich ist dabei auch die Umsatzkurve für Heimtrainingsgeräte erfreulich hochgeklettert, vor allem bei Fachgeschäften in den Mittelstädten ..."

2. Interesse (des Kunden wecken)
„... Warum sollten Sie einen so günstigen Trend nicht nutzen? Und zwar mit einer Neuheit: dem „Deuser-Band" (s. anliegenden Prospekt).
Zum einen erweitern Sie damit Ihre derzeitige Angebotspalette, zum anderen nutzen Sie die Chance, Ihren Umsatz um einige stattliche Prozente zu steigern — schon in den nächsten Wochen und Monaten ..."

3. Wunsch (= desire; den Besitzwunsch des Kunden verstärken)
„... Ihren Kunden bringt das Deuser-Band folgende eindeutige Vorteile:
1. ... 2. ... 3. ... — Das Band selbst hat zwei interessante Eigenschaften: 1. ... 2. ... — Lagerfläche braucht man kaum ... Irgendwelche Service-Probleme gibt es nicht.
Und übrigens, in drei Wochen beginnt bundesweit eine Werbekampagne im Fernsehen und Werbefunk sowie in einigen Illustrierten, also ein „push", wie man heute „neudeutsch" so sagt ... —
Und zum Preis dieses Deuser-Bandes: Er ist denkbar günstig ..."

4. Handlung (= action; die Kaufhandlung bewirken)
„... Wenn Sie sich für den Verkaufsstart eine Stückzahl von ... oder ... auf Lager nehmen, dann ist das Risiko insgesamt doch minimal ... — Eine Preisliste gibt Ihnen entsprechende Auskunft.

Die anliegende Bestellkarte erspart Ihnen eine aufwendigere Korrespondenz.

Mit freundlichen Grüßen   Anlagen

Richtziel: beeinflussen (→ Handeln, Tun, Verkaufen)

Denkmuster BIDA-EVAZA

Ein kompliziertes Gebilde, diese Formel, nicht wahr? Aber ein Verkaufsvorgang — und um den geht es hier —, bezogen auf höherwertige oder hochwertige Güter, ist nun mal ein umfassendes und zugleich mehrstufiges Geschehen. Wer eine andere Meinung vertritt, der frage doch einige erfahrene Verkäufer, oder besser: Er verkaufe selbst mal einen kostspieligen Gegenstand bzw. eine kostenaufwendige Dienstleistung. Bei kritischer Betrachtung eines solchen Ablaufes werden ihm dann sicherlich mehrere unterschiedliche Ablaufstufen bewußt werden.

Die Formel BIDA-EVAZA (Bild 34) zeigt neun Stufen; sie ist eine Optimierung mehrerer Denkschritte, die etlichen anderen verkaufsorientierten Formeln sowie eigener Erfahrung entstammen.

Beispiel:
(Akquisitionsbrief an Fachhändler)

1. Begrüßung
„... Sehr geehrter Herr X, (= Inhaber eines Fachgeschäftes für Sportartikel)

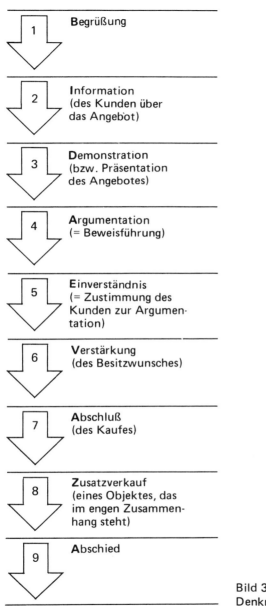

Bild 34:
Denkmuster „BIDA-EVAZA"

2. Information
   „... Da Sie an Neuheiten auf dem Sportsektor immer sehr interessiert sind, bieten wir Ihnen heute ein neues Sport-Heimgerät an: das ‚Deuser-Band'..."

3. Demonstration/Präsentation
   „... ‚Erfinder' ist der Ihnen bekannte Masseur unserer Nationalelf, Herr A, ein Fachmann mit vieljähriger Erfahrung ... Mit diesem schwer dehnbaren Band — Verletzungen sind praktisch ausgeschlossen! — kann man allerlei nützliche Übungen machen, z. B. ... — Wollen Sie es auch gleich mal versuchen? Das beiliegende Band ist „startbereit" ...

4. Argumentation
   „... Zugegeben, ein unscheinbares — aber doch sehr nützliches Trainingsgerät. Denn es bietet einem jeden mehrere bedeutende Vorteile, so etwa Übungen für Kreislauf und Atemtechnik, ... für die gesamte Muskulatur ...

5. Einverständnis (beim Geschäftsinhaber erwirken)
   „... mehrere Vorteile also, die auf der Hand liegen. Sie haben wohl eben einige Proben gemacht, einige Übungen? — Und nun zu den Vorteilen des Bandes selbst: zum Material ... die Verarbeitung ... — Das also sind die Vorteile.

6. Verstärkung (des Besitzwunsches)
   „... Wir können uns denken — und das bestätigt übrigens eine Markt-Studie des Institutes A —, daß auch mehrere Ihrer Kunden an diesem Trainingsband interessiert sein werden.

   Als führendes Fachgeschäft sollten Sie dieses neuartige Sport-Heimgerät in die Palette Ihres ansehnlichen Angebotes aufnehmen.

7. Abschluß (des Verkaufes)
   „... Um das Risiko in Grenzen zu halten, versuchen Sie es doch zunächst mal mit einem Posten von ... Stück; die anliegende Bestellkarte erspart Ihnen zeitaufwendige Korrespondenz.

   Übrigens, eine Nachlieferung des Deuser-Bandes kann jederzeit und postwendend erfolgen ..."

8. Zusatzverkauf
   „... Und noch eines: Nach ersten Erfahrungen verlangen mehrere Kunden beim Kauf dieses Bandes auch ein Massage-Öl, etwa ... — Warum sollte man sich so ein Zusatzgeschäft entgehen lassen? Das läuft am Rande ganz schön mit und macht praktisch keine Mehrarbeit ..."

9. **Abschied** (= Schluß)
„... Hoffen wir also, daß das prominente Marktforschungsinstitut A mit seiner mittelfristigen Prognose wenigstens zu 50 % recht behält. Das wäre doch ein erfreulicher Umsatz-Impus, gerade jetzt in der ‚Saure-Gurken-Zeit'!

Mit freundlichen Grüßen   Anlagen

Richtziel: (be) lehren (→ Schulungsveranstaltungen, z. B. in der beruflichen Weiterbildung)

Denkmuster „Formalstufen"

Nicht selten kommt man — wie schon zu Beginn des Buches dargestellt — in die Verlegenheit, etwa im Rahmen betrieblicher Schulung einen lernorientierten Text zu schreiben; „in Verlegenheit" deshalb, da in solchem Falle pädagogische Gesichtspunkte in besonderem Maße zu berücksichtigen sind.

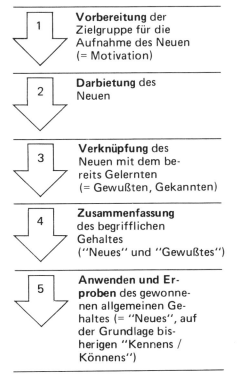

Bild 35:
Denkmuster „Formalstufen"

Auf welchen geistigen Bauplan sollten wir dann bei einer derartigen Aufgabenstellung zurückgreifen? Am besten auf das Denkmuster der „Formalstufen" (Bild 35).

Für unseren Lernerfolg ist es zweckmäßig, das Thema „Deuser-Band" auch bei diesem pädagogisch ausgerichteten Denkmuster anzuwenden. — Nehmen wir an, es wäre im Mitteilungsblatt des Sportvereines X ein Lehrbeitrag (ca. zehn Seiten) über jenes Trainingsgerät zu veröffentlichen.

Beispiel:

1. Vorbereitung der Leser (= Zielgruppe) für die Aufnahme des Neuen (→ Motivation)
„... Unter uns sind mehrere Aktive, für die das Training nicht am Sportplatz oder in der Halle endet. An den übrigen Wochentagen geht es zu Hause munter weiter — mit verschiedenen Übungen, wie ... Gerade dieses Dauertraining bringt uns spürbar voran in der Leistung, z. B. ... — Die Frage ist nur: Gibt es inzwischen ein neues Gerät auf dem Markt, mit dem man einen noch größeren Trainingserfolg erreichen kann? ..."

2. Darbietung des Neuen
„... Ja, dieses neue Gerät gibt es: das Deuser-Band; seine Länge und Breite: ... cm; zum Material: ...; Verletzungen sind deshalb ausgeschlossen. — Sechs ausgewählte Bildmotive zeigen Ihnen verschiedenartige Übungsmöglichkeiten; und es gibt deren noch etliche mehr.

3. Verknüpfung des Neuen mit dem bereits Gelernten (= Bekannten) „... Bei diesen Übungen ... und auch bei anderen ... mag so mancher an Übungen denken, die wir bei unserem Training in ähnlicher Weise schon seit Jahren durchführen, z. B. ... — Das neue Band aber bietet einen noch größeren Trainingserfolg als die bisherigen Übungen, da ..."

4. Zusammenfassung des begrifflichen Gehaltes
„... Worauf also kommt es bei diesem neuen Band vor allem an? Hauptsächlich auf folgende zwei Gesichtspunkte, es bietet:

1. bessere Übungsvarianten ... 2. verschiedenartige Möglichkeiten, die Atemtechnik zu üben ... — Damit knüpfen wir optimierend an bisherige Trainingsmethoden an, z. B. ..."

5. Anwenden und Erproben des gewonnenen allgemeinen Gehaltes „... Aber reden ist Silber — Selbertun ist Gold. Darum liegen drei Deuser-Bänder im Übungsraum für Sie bereit, dazu noch einige bebilderte Anleitungen. Probieren Sie doch beim nächsten Training am besten mal selbst die vielfältigen Übungsmöglichkeiten aus ... — Können Sie mir danach mitteilen, was Sie von diesem neuen Heim-Trainingsgerät halten?"

Dieses Denkmuster, das aus der Herbardschule stammt, hat für Lernprozesse grundsätzliche Bedeutung; es besaß vorübergehend sogar internationale Geltung. — Zugegeben, pädagogisch-kritischer Sachverstand mag dieses Denkmuster für besondere Zielsetzungen entsprechend abwandeln (z. B. für den Mathematik-Unterricht, den Deutsch- oder Geschichtsunterricht), bezogen auf unser Anliegen aber ist das Muster „Formalstufen" in der Mehrzahl aller Fälle geeignet.

Richtziele: „bekunden" und „unterhalten"

Die grafische Übersicht (Bild 20, S. 122) verweist bei diesen zwei Richtzielen auf Denkmuster-Arten, die alle bisher bereits an Textbeispielen verdeutlicht wurden. Daher können wir auf weitere anwendungsbezogene Beispiele verzichten.

2.3.4.8.2 Die Gliederungsmuster: „Dezimal" oder „Klassisch"?

Können wir die geistig erarbeitete „Klarheit" eines Textes, gefördert durch eines der zielorientierten Denkmuster, auch optisch stark unterstützen? Etwa durch: Ziffern oder Zahlen, Buchstaben, Wörter oder durch eine geschickte Verbindung einiger dieser Möglichkeiten? Erfahrungsgemäß wird ein Leser die Gliederung meist dann schnell und leicht verstehen und als „übersichtlich" beurteilen, wenn sie optisch in einem einzigen „System" vorgenommen wird, z. B. entweder nur in Ziffern oder nur in Buchstaben; darum, eine Kombination unterschiedlicher visueller Elemente ist tunlichst zu vermeiden.

Besieht man sich mehrere und verschiedenartige Veröffentlichungen, so wird einem bald bewußt: gegenwärtig finden sich vornehmlich zwei Gliederungsarten nebeneinander:

○ die Dezimalgliederung
  = dezimale Gliederung in arabischen Ziffern/Zahlen — und —

○ die klassische Gliederung
  = etwa durch Wörter, Buchstaben oder römische bzw. arabische Zahlen.

Dezimalgliederung

Vermutlich kommen auch Sie nach mehreren Leseproben von Gliederungen zu dem Ergebnis: die Dezimalgliederung scheint ihre „Vormachtstellung" gegenüber der klassischen Gliederung weiter auszubauen. Gründe dafür, weshalb man diese ziffern-orientierte Gliederung bevorzugt, dürften vor allem diese sein: Zum einen ist sie für den Leser typografisch leicht erfaßbar und schnell verständlich, zum anderen dürfte sie für den Schreiber arbeitsmethodisch einfach und „fehlerfrei" zu handhaben sein. — Der jeweilige Ordnungsrang (= Hierarchie-Rang) des gegliederten Textes wird dabei durch die jeweilige Länge der Dezimalzahl ausgedrückt, nämlich: je länger die Zahl, desto niedriger der Ordnungsrang.

Greifen wir aus der Fülle von Beispielen willkürlich eines heraus: das Inhaltsverzeichnis des Sachbuches „Verbale Kommunikation"[58], von Dietrich Pukas.

„Inhaltsverzeichnis

1 Einführung
1.1 Begriff der Kommunikation im Deutschunterricht
1.2 Emanzipatorischer Unterricht
1.3 Arten der Lernziele
1.4 Bedingungen des Lernens

2 Kommunikationstheorien und Kommunikationsmodelle
2.1 Lernziele
2.2 Grundbegriffe der Kommunikation (Modell der Kommunikationskette)
    2.2.1 Begriff der Kommunikation
    2.2.2 Modell der Kommunikationskette
    2.2.3 Zeichenbegriff
2.3 Vereinfachtes Grundmodell sprachlicher Kommunikation
    2.3.1 Modell sprachlicher Informationsübermittlung
    2.3.2 Rückkoppelung
    2.3.3 Individueller und kollektiver Kode
    2.3.4 Denotat und Konnotat
    2.3.5 Symmetrische und asymmetrische Kommunikation
    2.3.6 Normativer Kontext
    2.3.7 Redekonstellation
2.4 Situationsorientiertes Kommunikationsmodell
    2.4.1 Gesprächsbeziehung
    2.4.2 Kommunikationsdreieck
    2.4.3 Situation und Horizont ..."

Als Darstellungsweise der Dezimalziffern hat man zwei Möglichkeiten:

○ entweder alle Dezimalziffern durch Punkte voneinander trennen, z. B. 2.2.2.1

○ oder Dezimalziffern zu Gruppen zusammenfassen und sie nur blockartig trennen, etwa 22.21.

Gelegentlich entscheidet sich ein Autor für eine weitere Variante der Gliederung: Er gliedert den überwiegenden Teil des dargestellten Stoffes durch Zahlen —, fügt aber an jenen Stellen kurze Gliederungswörter mit Angabe der jeweiligen Seitenzahl ein, wo die Zahlengliederung nach seinem Urteil offensichtlich „zu tief" wird und dadurch nach seiner Meinung an Übersichtlichkeit verliert. — Als Beispiel für diesen Fall gilt die Gliederung dieses Sachbuches (s. S. 7 ff.).

Klassische Gliederung

Diese Art dürfte einigen von uns noch aus der Schulzeit geläufig sein: eine klassisch-hierarchische Gliederung, bestehend aus einer Verbindung von Wort, Ziffer bzw. Zahl und Buchstaben.

Ein Beispiel:
 Buch 1
 Teil 1
 Abschnitt 1
 Kapitel 1
  A
   I.
    1.
     a)
     usw.

Wie jeder Gegenstand, jede Sache zwei Seiten hat, so hat auch die klassische Gliederung außer der Schattenseite — eine Lichtseite. Worin ihre Helle, ihre Besonderheit liegt? Helmut Seiffert verweist in seiner „Einführung in das wissenschaftliche Arbeiten" auf folgende Pluspunkte: „... Die klassische Gliederung ist gerade durch ihren reichen Wechsel von Bezeichnungsarten und Schriftarten griffiger und anschaulicher als die gleichförmigen Zifferreihen der Dezimalschreibweise ... Ich wähle konsequent in allen meinen Manuskripten einheitlich für einen bestimmten Gliederungsrang (zum Beispiel: A, B, C, ...) eine bestimmte Schrift und eine bestimmte Unterstreichungsart. Und zwar benutze ich für die größeren Abschnitte Versalien im Überschrifttext, und für die kleineren Abschnitte die übliche Groß- und Kleinschreibung. Innerhalb dieser Schriftgruppen differenziere ich durch Unterstreichung: vierfach bis überhaupt nicht. Schon hierdurch kann ich zwei mal fünf gleich zehn Überschriftsgrade eindeutig unterscheiden[59] ..."

Schon diese knappe Pro-Kontra-Darstellung verdeutlicht eines: die Entscheidung, ob man die Dezimalgliederung oder die klassische Gliederung wählt, hängt vornehmlich ab von der Art des Themas (z. B. wissenschaftliches Thema — oder — schöngeistiges Thema), von der Zielgruppe, der Zielsetzung und von der Art des

Kommunikationsmittels; nicht zuletzt beeinflußt auch die Anmutung mehr oder weniger bewußt unsere Entscheidung – durch das optisch-typografische Bild der jeweiligen Gliederungsart.

Kurzer Rückblick

Der Weg durch die verschiedenartigen Denkmuster dürfte für einige von Ihnen anstrengend gewesen sein; denn sicherlich waren mehrere dieser Baupläne geistiges Neuland für Sie –, haben wir doch alle während unserer Schulzeit dieses bedeutsame Gesamtgebiet stofflich leider nur gestreift. In unserer Erinnerung haftet von alledem vermutlich nur das Grundmuster „Einleitung – Hauptteil – Schluß". Wohl etwas wenig, ja allzu wenig, wenn wir uns die Vielzahl an Denkmustern vergegenwärtigen, über die man zum Strukturieren seiner Gedanken, seiner Texte verfügen kann!

Indes – nach dem Weg durch solch bergiges Neuland ist eine Verschnaufpause jetzt angezeigt. Angezeigt vor allem deshalb, da unmittelbar vor uns ein weiterer imposanter „Wissensbrocken" liegt:

2.3.4.8.3 Die Text-Sorten

Feinziele

Im bevorstehenden Abschnitt soll vor Ihnen einiges Grundwissen über mehr als 50 Text-Sorten ausgebreitet werden, auf die Sie in Beruf, Familie oder beim Lesen in der Freizeit des öfteren stoßen. – Wenn Sie die Geduld und innere Kraft aufbringen, sich mit den vier Text-Grundsorten und zudem mit den von Ihnen benötigten Text-Sondersorten intensiver und kritischer auseinanderzusetzen, dann liegen Sinn und Gewinn solcher Lernarbeit vor allem darin:

O Sie schulen Ihre Beobachtungsgabe
  = man konzentriert sich fallweise auf einen umgreifbaren Ausschnitt der Welt, und zwar zielorientiert und damit aktiv; dabei werden Sie die Welt und das eigene Ich sowie ihr Verhältnis zueinander zunehmend genauer beobachten – und außerdem das Geschehen in der Welt vergleichend beobachten, etwa als: Zustände, Vorgänge, Ereignisse und Handlungen; so erbringt genaue Beobachtung, oft gepaart mit dem Vergleich, die Erkenntnis und Sicht für verschiedenartige Darstellungsweisen (→ Text-Sorten) von „Welt", sei es textgestaltende Darstellung von Zuständen (z. B. Gegenstandsbeschreibung), von Vorgängen (etwa Vorgangsbeschreibung), Ereignissen (z. B. Ereignisbild), von Handlungen (etwa Tätigkeitsbericht) oder anderem Geschehen;

○ sie schärfen Ihr Bewußtsein
= man durchdringt schrittweise die Gesamtheit von „Welt" — geistige Tätigkeit, Erleben und Verhalten — mit dem Verstande (= Ratio): Materielles in der Außenwelt wird zu erlebbarer und wahrnehmbarer Wirklichkeit unserer Innenwelt, nämlich zum Dasein und So-Sein in unserem Bewußtsein. Die hierbei stetig wachsende Erkenntnis öffnet uns den Blick für ich-nahes und ich-fernes Bewußtsein, damit auch für ich-nahe und ich-ferne Text-Sorten (z. B. Erlebnisschilderung, Besinnungsaufsatz, Stimmungsbild, Beschreibung, Bericht);

○ sie steigern die Gestaltungskraft
= damit ist gemeint die geistig-seelische Kraft als richtungsorientierte Wirkungsgröße — bezogen zunächst auf das geistige System „Struktur" —, um danach diese Struktur durch ausgewähltes und angemessenes Wortgut auszufüllen, sie zu „verlebendigen". Solch schöpferische Text-Gestaltung geschieht keineswegs blindlings und zieldiffus, sondern sie entwächst einer Entelechie (= immerwährende, zielgerichtete und formgebende Kraft), welche zwecksetzend die Form als Ganzheit anstrebt, und zwar: die „innere" Form im Sinne einer Inkarnation (= Verkörperung durch zielgerichtete Satzgestaltung und angepaßtes Wortgut).

Jedoch der bewußtseinsmäßige Gewinn gestalterisch-kreativen „Erahnens" dürfte für Sie vom Erfahrungshorizont aus darin bestehen: entweder bewußter denn je die eine oder andere Text-Sorte für die zuvor festgelegte Zielsetzung als Optimum zu bestimmen — oder — eine Komposition, um zwei bzw. mehrere Text-Sorten zu einer neuartigen, stoßstarken Wirkungsganzheit zu gestalten. Unmißverständlich aber sei zugleich gesagt: Eine so neuartige, schöpferische und wirkungsstärkere Text-Komposition wird wohl nur demjenigen Schreiber gelingen, der die Ecksteine (= Text-Grundsorten), also die Grundtypen, als „reine" Elemente in Wesen und Funktion begriffen hat. Mithin: im Erkennen und Erleben der einzelnen Text-Grundsorten liegt letztlich der Schlüssel zu einer schöpferisch-kompositionellen, im Endergebnis machtvolleren Text-Gestaltung!

Im einzelnen will der bevorstehende Abschnitt breitgefächertes Grundwissen darstellen bzw. erweiterndes Wissen anbieten über:

○ die Welt — in schriftlicher Darstellung;

○ die verschiedenen schriftlichen Darstellungsweisen — im Hinblick auf inhaltliche (= was) und gestalterische Darstellung (= wie);

○ den Begriff „Text-Sorte";

○ die vier Text-Grundsorten (→ Beschreibung/Bericht, Schilderung, Erörterung, Phantasie-Erzählung);

sie sind der Mutterboden, aus dem heraus sich in verschiedenen Lebensgebieten differenzierend einige Text-Sondersorten entwickelt haben (z. B. in der Wirtschaft, Verwaltung, Publizistik, Werbung u. a. Gebieten); die Textgestalterische Leitpunkte (etwa: klar, lebendig, anschaulich u. a.) werden im Abschnitt „Text-Gestaltung" (s. S. 345 ff.) eingehend behandelt;

○ vier Text-Sondersorten, nämlich aus der
  — Schule (→ die Text-Grundsorten; zudem Inhaltsangabe, Text-Analyse, Text-Interpretation, Fachaufsatz);
  — Wirtschaft und Verwaltung (z. B. Brief, Protokoll, Verbesserungsvorschlag, Aktenvermerk, Antrag, Niederschrift u. a.);
  — Publizistik (etwa Nachricht, Bericht, Reportage, Kommentar, Interview u. a.);
  — Werbung (z. B. Anzeige, Prospekt, Bedienungsanleitung u. a.);

  Wichtig: Schreibübungen!

  Üben können Sie die einzelnen Text-Sorten in dieser Weise:
  1. die Charakteristik der jeweiligen Text-Sorte aufnehmen;
  2. das jeweilige Text-Beispiel mindestens zweimal ruhig und gründlich durchlesen;
  3. dann das Text-Beispiel nachgestaltend schreiben;
  4. abschließend den eigenen Text kritisch Satz für Satz mit dem Beispiel-Text sachlich vergleichen — und vor allem aus Text-Abweichungen lernen; nutzen Sie dabei die Vorteile der „Text-Analyse" (s. S. 194 ff.);

○ die Zusammenschau von „Zielsetzung — Text-Sorte — Text-Mittel".

Richten wir unseren Marschkompaß zunächst auf das erstgenannte Feinziel.

Die Welt — in schriftlicher Darstellung

Allgemein und grundsätzlich rückt an die Spitze unserer weiteren Überlegungen die Frage: Wie können wir diese unsere Welt mittels der Schreibe darstellen? Die „Welt" wollen wir dabei verstehen als das Insgesamt alles Seins:

○ des realen Seins
  (= Dinge aus der Wirklichkeit, wie Gegenstände, Erzeugnisse, Personen, Ereignisse, Handlungen u. a.) — und —

○ des ideellen Seins
  (= Dinge aus der Über-Wirklichkeit, z. B. Ideen, Werte, Begriffe, Phantasien).

Natürlich beeinflußt dabei die jeweils individuelle Weltanschauung offenkundig so mancherlei, etwa: das Denken, Wollen, Handeln, die Rangordnung der Werte, die Sinndeutung des Daseins und damit nicht zuletzt auch die schriftliche Darstellung von alledem — die Schreibe. Wie aber wollen wir dieses vielgestaltige Etwas, die Welt als Inbegriff des Seins, schriftlich in den Griff bekommen?

Versuchen wir es fürs erste durch zwei Fragen:

○ *Was* (= welche Themen, Inhalte) in der Welt können oder wollen wir schriftlich darstellen?

○ *Wie* können wir anschließend das herausgefilterte „Was" darstellen, also welche Gestalt oder Form können wir den verschiedenartigen Weltinhalten geben?

Zur ersten Frage: des „Was"

Es wäre vermessen, das schier grenzenlose Universum im Hinblick auf seine Unzahl verschiedenartiger Inhalte textlich voll in den Griff bekommen zu wollen. Bei einer solchen Problemfrage stehen einem doch Bescheidenheit und Augenmaß gut an. Begnügen wir uns darum hier, nur die wesentlichen Bereiche unserer Welt mit ihren unterschiedlichen Inhalten zu erfassen. — Nun, mit welchen bedeutsamen Inhaltsbereichen haben wir es bei der Schreibe des öfteren zu tun? Wohl mit den wechselnden Inhalten folgender Bereiche: Natur — Mensch — Kultur — Religion (Bild 36). Dabei schafft die Sprache jeweils den Brückenschlag. Eine Ordnung solcher Art mag Sie an die Diltheysche Weltsicht erinnern (s. S. 160).

Die Natur

Gemeint ist damit die Gesamtheit der vom menschlichen Tun unveränderten Dinge im Kosmos (= Welt als geordnete Einheit) — und ebenso alle Geschehnisse in ihrem vielfältigen und ganzheitlichen Zusammenhang; also der Kosmos mit seiner Materie, seinen Kräften und den damit verbundenen Änderungen und Gesetzlichkeiten.

Wenn wir die Natur in schriftlicher Form zu erfassen trachten, dann vornehmlich durch: Beschreiben, Berichten, Schildern.

Der Mensch

Das höchstentwickelte und in seinem Erleben wie auch Verhalten oft rätselhafte Lebewesen der Erde. Als seelisch herausragendes Merkmal gilt sein Bewußtsein,

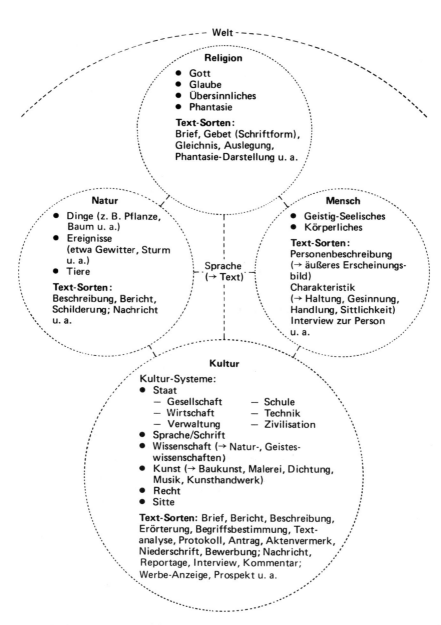

Bild 36: Weltsystem „Religion – Natur – Mensch – Kultur"

und zwar das Bewußtsein vom Ich und von Geschichte (= Werden und Vergehen); im Zusammenhang damit findet man ein ausgeprägtes Denken, Fühlen und Wollen, gestützt auf Gedächtnis und mitgesteuert von der Phantasie; das Zusammenwirken „Leib – Seele – Geist" befähigt ihn zu bewußtem Erleben von planvollem Handeln, zu schöpferischen Leistungen: zur Kultur. Alles das wiederum war nur möglich durch eine körperliche Höherentwicklung über das Tier hinaus, etwa durch den aufrechten Gang, die Ausbildung der Hand als Werkzeug (= Greifhand) und die Vergrößerung des Gehirns.

Für die schriftliche Darstellung des Menschen verwenden wir hauptsächlich: das Beschreiben (= Personenbeschreibung) und das Charakterisieren (= Charakteristik, Biographie).

Die Kultur

Kultur – ein stolzes Dokument menschlicher Schöpfung und Schaffenskraft, nämlich: alles das, was der Mensch auf Erden geschaffen und mitgestaltet hat, um letztlich die bunte und breite Palette seiner Bedürfnisse zu befriedigen. Inhaltlich stehen dabei vor allem folgende Teilgebiete im Vordergrund:

○ der Staat
   mit Gesellschaft, Wirtschaft, Verwaltung, Technik, Schule u. a.;

○ die Sprache und Schrift
   beides existentielle Kommunikations- und Ausdrucksmittel, umfassend und zugleich sehr differenziert, denen mehrere Funktionen zukommen, etwa: Mitteilen, Beeinflussen, Lehren, Bekunden, Unterhalten;

○ die Wissenschaften
   meist als Inbegriff des menschlichen Wissens aufgefaßt, nach Kant „... das nach Prinzipien geordnete Ganze der Erkenntnis ..."; zweckmäßig erscheint im allgemeinen die Einteilung in Naturwissenschaften (= im weiteren Sinn auf die Erforschung der Natur ausgerichtet, z. B. Physik, Chemie, Biologie, Geologie, Anatomie, Astronomie) – und – Geisteswissenschaften (= sie erforschen die Schöpfungen des menschlichen Geistes (→ Geistesgeschichte), der Kulturgebilde (→ Wissenschaft, Kunst, Staat, Wirtschaft, Recht, Religion); zu den Geisteswissenschaften zählt man die Geschichte, Philologie, Soziologie, Theologie, Ethik und Ästhetik; zwischen den Natur- und Geisteswissenschaften steht die Psychologie;

○ die Sitte
   verstanden als der zur Gewohnheit gewordene Stil des Verhaltens und Handelns innerhalb einer Gemeinschaft, mit einem Wort: das „Schickliche";

der einzelne und die Gemeinschaft haben diese Verhaltensformen und die oft ungeschriebenen Vereinbarungen zu beachten und einzuhalten;

- die Kunst
  im erlesenen Sinn ist damit das hohe Können als ästhetische Verdeutlichung menschlicher Wesenskräfte gemeint, und zwar in ihrer Wechselwirkung mit der Umwelt (→ Gegenstände, Erzeugnisse) sowie der Mitwelt (→ Menschen) —, letztlich gedrängt von dem Streben nach Sinn für das Hier-Sein und Dort-Sein; zutiefst ergriffen von Kräften wie: Ahnung, Liebe, Hoffnung und Glauben — angerührt durch sie oder bewegt. So werden Werke, etwa in Architektur, Malerei, Dichtung, Musik, Plastik oder anderswo, aus der Idee zu (zeitlos gültiger?) ästhetisch-hoher und gekonnter Wirklichkeit, vielleicht Widerschein des Menschenbildes einer noch sinnsuchenden oder schon wegweisenden Epoche. Klar heben sie, solche Kunstwerke, sich ab von den (ebenfalls) großartigen Schöpfungen der Natur;

- das Recht
  meist ausgelegt als das Insgesamt der ethischen Gemeinschaftswerte, wie Gerechtigkeit, Wahrhaftigkeit, Treue, Zuverlässigkeit, Ordnung, Sitte u. a.; in Regeln gefaßt, ordnet das positive Recht die Lebensverhältnisse unter den Menschen; als Urrechte des Menschen gelten z. B. das Recht auf Leben und das Recht auf alles das, was zur Erhaltung und Fortpflanzung des Lebens notwendig ist.
  Als schriftliche Text-Sorten begegnen uns u. a. diese: Beschluß, Anklageschrift, Urteil, Mahnbescheid, Vollstreckungsbescheid und Erbschein.

Die Religion

Noch immer ist sie hoch bedeutsam, wie es gerade gegenwärtig mehrere Zeitereignisse erkennen lassen. Religion wird getragen vom Glauben an die Existenz eines Gottes, angerührt durch das Ergriffensein vom Heiligen an sich, und sie bestimmt zutiefst die Weltanschauung und Lebensführung vieler Menschen — weltweit! Die Inhalte des religiösen Bewußtseins konzentrieren sich meist auf Schlüsselwendungen, wie Sehnsucht nach höchster Liebe, nach Güte und Gerechtigkeit, nach Gnade, Hoffnung auf Erlösung oder auf ein Weiterleben nach dem Tode.

Schriftliche Darstellungsformen aus Religion und Kirche sind vor allem: religiösmythischer Bericht, Hymne, Gebet und belehrender Brief.

Schrittweise dürfte Ihnen bei diesem geordneten Mosaik von Bereichen unserer Welt eines bewußt geworden sein: dadurch werden in der Tat wesentliche Inhaltsbereiche unserer Welt besser greifbar für eine textliche Darstellung; denn zum einen verdeutlichen sich so stärker die Grenzzonen der einzelnen Weltbereiche, zum anderen werden die Einzeldinge alle dieser Inhaltsbereiche für den Schreiber leichter erfaßtbar; so kann er etwa ein Naturding (z. B. eine Pflanze) beschreiben, über einen Kulturgegenstand (z. B. ein Baukunstwerk) berichten, ein Thema aus der Wissenschaft (z. B. eine Maxime aus der Geisteswissenschaft) erörtern, ein Gespräch in der Wirtschaft oder Verwaltung (z. B. ein absatzpolitisches Gespräch) protokollieren und etliches mehr.

Zur zweiten Frage: des „Wie"

Gibt es praktikable Darstellungsweisen für jene vier weitausholenden Inhaltsbereiche (s. Bild 36).
Über das „Was", also die Inhalte der wesentlichen Weltbereiche, kann man sich, wie wir aus mancherlei Erfahrung wissen, verständigen und auch bald einigen.

Jedoch: Beim „Wie" wird es schwieriger, da hierbei subjektive und psychisch begründete Meinungen, Erfahrungen oder Urteile tonangebend auftreten — als „Qualitäten". Und die Qualitäten lassen sich schwerlich auf objektive und damit besser handhabbare Quantitäten zurückführen. — Mithin sind wir an dieser Stelle hauptsächlich auf unsere Lebens- und Berufserfahrung angewiesen, um die Frage der Darstellungsweise des „Was" (= z. B. einen Tisch, einen Motor, den Ablauf eines Gespräches, die Bedienung eines Haushaltgerätes o. a.) aufhellen zu können.
Als praxisorientierte Sicht kann aber, neben möglichen anderen Aspekten, die folgende Darstellung gelten; denn sie betrachtet das „Wie" (= die Darstellungsweise eines bestimmten Inhaltes) von einem Blickwinkel aus, der uns allen aus dem Alltag vertraut ist. Demnach können wir einen bestimmten Gegenstand (z. B. einen Tisch) vornehmlich in diesen vier Sichtweisen schriftlich darstellen, als:

1. wirklichkeitsgetreue Abbildung
In diesem Falle beschreiben wir den Tisch, wie es die Bezeichnungsart sagt: „wirklichkeitsgetreu", also sachlich (= ohne persönliche Stimmungen, Gefühle und Wertungen, ohne ästhetische Urteile); mithin wirklichkeitsgetreu gewissermaßen im Dienste einer höheren Wahrheitsfindung — mit naturgetreu genauen Abmessungen, mit Inhaltsgröße, Farbe, Form und Gewicht.
Als entsprechende Textdarstellungen kennen wir: die Beschreibung und den Bericht;

2. erlebnisgetönte Nachahmung
Hier tritt ein bemerkenswerter Aspekt hinzu: das Erlebnis — als allgemeines oder ichbezogenes Angemutetwerden bei der Begegnung mit der Welt. Deshalb beschreibt man den Tisch nun nicht mehr naturgetreu, sondern „naturnah" und bringt da und dort eine erlebnishafte Stimmung, Erfühltes oder vielleicht eine behutsame Wertung ein; dadurch entsteht kein realistisches Abbild

des Tisches mehr, sondern eine gestaltorientierte Nachahmung des Tisches, die erlebnismäßig „durchtönt" wird.
Angemessene Textdarstellungen sind: Schilderung, Romanze und Idylle;

3. dialektisch-gestaltende Auseinandersetzung
Bei dieser Darstellungsweise entfernt man sich als Schreiber sichtlich vom Gegenstand — vom Tisch — und beginnt aus einer versachlichenden Distanz im Für (= These) und Wider (= Antithese) diesen einen Tisch zu betrachten; man ist bemüht, etwa seine ästhetischen, nutzenbezogenen oder preisorientierten Vor- und Nachteile einander gegenüberzustellen, und so — in dialektisch-gestaltender Auseinandersetzung — eine klärende und profilierte Sichtweise des Gegenstandes „Tisch" zu erarbeiten: für sich selbst oder für den Leser; den Abschluß sollte eine Synthese (= eine Verbindung) bilden, in der die Gegensätze durch wechselseitiges Sich-Durchdringen ausgeglichen oder aufgehoben sind.
Bekannte und geläufige Textdarstellungen: die Erörterung, der Besinnungs- oder Problemaufsatz;

4. wirklichkeitsentrückte Gestaltung
In solcher Situation löst sich der Schreiber völlig vom Gegenstand „Tisch" und gestaltet aus freier Schöpferkraft — phantasiereich, originell — ein neues oder neuartiges Textgebilde: eine Phantasie-Erzählung; sie gleicht oft einem „Wanderer zwischen zwei Welten", zwischen: Dichtung und Wahrheit. Entsprechende Textdarstellungen sind: Märchen, Sage, Fabel, Legende, Science Fiction; gelegentlich auch Novelle, Drama und Roman.

Nach diesen Darlegungen dürfte die Frage „Wie bekommen wir die Welt schriftlich in den Griff?" nun etwas leichter zu beantworten sein. Wir sollten also künftig „Welt" bewußter als bisher sehen, und zwar im Hinblick auf zwei grundsätzliche Aspekte: Inhalt — und — Darstellungsweise. Denn eben dies sind zwei bestimmende Gesichtspunkte, die den verschiedenen schriftlichen Darstellungen eine typisierende Gestalt geben; als weitere formprägende Faktoren kommen hinzu: die Zeitstufe (= welche Zeit charakterisiert die textliche Darstellung, etwa Vergangenheit, Gegenwart oder Zukunft) und der Textumfang (= z. B. kurzer Text charakterisiert die Nachricht in der Zeitung, längerer Text ist bezeichnend für den Bericht). Alle diese unterschiedlichen Textdarstellungen nennen wir fortan: Text-Sorten. — Gelegentlich vernimmt man auch die Bezeichnung „Text-Form"; die dem Begriff „Form" innewohnende Unschärfe vermag uns allerdings leicht zu verunsichern.

Zum Begriff „Text-Sorte"

Text-Sorten — gelegentlich auch „Textformen" oder „Darstellungsarten" genannt — sind verschiedenartige schriftliche Darstellungsweisen, die ein qualifizierter Schreiber bewußt verwendet, um das Phänomen „Welt" (→ etwa bestimmte Bereiche der Wirklichkeit, der Über-Wirklichkeit oder Einzelheiten daraus) wirklichkeitsgetreu abzubilden, erlebnisgetönt nachzuahmen, dialektisch zu erarbeiten oder wirklichkeitsentrückt darzustellen.

In allen Fällen kann man eine jede Text-Sorte nach folgenden Merkmalen analytisch betrachten:

○ Zielsetzung;
○ Inhalt (= jeweiliger Inhaltsbereich der Welt oder ein Einzelding daraus, z. B. aus Wirtschaft/Handwerk: ein Tisch);
○ Darstellungsweise (= wirklichkeitsgetreues Abbild, erlebnisgetönte Nachahmung u. a.);
  Gestaltungsvermerke (→ „Man vermeide")
○ Zeitstufe (= z. B. Gegenwart, Zukunft u. a.);
○ Textumfang (= Länge der jeweiligen Text-Sorte).

Text-Grundsorten und Text-Sondersorten

Seit langem, sprachgeschichtlich kaum auslotbar, hat sich in abgeschotteten Prozessen durch inniges Zusammenwirken mehrerer Lebensbereiche — etwa von Sprache, Schrift, Weltanschauung und Weltbild, Wissenschaft, Schule und Beruf — eine stattliche Anzahl verschiedenartiger Text-Sorten entwickelt. Eine bemerkenswerte Kulturleistung! — Vom heutigen Standort aus kann man die in Beruf, Schule und Freizeit gängigen Text-Sorten zweckmäßig in zwei große Gruppen einteilen, und zwar in

○ Text-Grundsorten

— Beschreibung; Bericht	=	eine wirklichkeitsgetreue Darstellung des Themas
— Schilderung	=	eine erlebnisgetönte Darstellung des Themas
— Erörterung	=	eine dialektisch-gestaltete Auseinandersetzung mit dem Thema
— Phantasie-Erzählung	=	eine wirklichkeits-entrückte, phantasiereiche Darstellung des Themas

○ Text-Sondersorten

  im Schulbereich
  außer den Text-Grundsorten: Inhaltsangabe — Begriffsbestimmung — Text-Analyse — Text-Interpretation — Besinnungs- oder Problemaufsatz — Fachaufsatz u. a.

in der Wirtschaft
zunächst die Text-Grundsorten: Bericht und Beschreibung; ferner Text-Sondersorten, wie Protokoll — Geschäftsbrief — Notiz — Verbesserungsvorschlag u. a.;

in der Verwaltung
Antrag — Aktennotiz — Besprechungsniederschrift

in der Publizistik
Nachricht — Bericht — Reportage — Kommentar u. a.

in der Werbung
Anzeige — Werbeschrift/Prospekt — Informationsfolge — Werbebrief — Bedienungsanleitung u. a.

Darüber hinaus finden wir Text-Sondersorten in etlichen weiteren Lebens- und Berufsbereichen, so z. B. im Rechtswesen (etwa Beschluß, Urteil, Mahnbescheid, Erbschein u. a.), in der Politik (z. B. Aide-memoire, Démarche, Note) oder in der Kirche (etwa Hymne, Gebet, Brief, religiös-mythischer Bericht u. a.).

Um bei einer zielgerichteten Schreibe die verschiedenen Text-Sorten bewußt und gekonnt anwenden zu können, ist es lernergiebig, nun in sinnvoller Reihenfolge mehrere gängige und deshalb wichtige Text-Sorten einzeln, bewußt sowie kritisch aufs Korn zu nehmen.

Die Text-Grundsorten

Wie der Name besagt, haben die Text-Grundsorten — Beschreibung, Bericht, Schilderung, Erörterung und Phantasie-Erzählung — grundsätzliche Bedeutung beim schriftlichen Darstellen unserer Welt; zugleich bilden sie den „Mutterboden", dem die mannigfaltigen Text-Sondersorten entwachsen. Darum sollten wir zunächst die Text-Grundsorten näher betrachten, und zwar jede Sorte in dieser Reihenfolge: Zielsetzung — Sortenmerkmale — (Inhalt, Darstellungsweise, Zeitstufe, Umfang) — und dazu meist ein Textbeispiel.

Die Beschreibung

Zielsetzung
Wer bewußt die Text-Sorte „Beschreibung" wählt, will dem Leser über ein bestimmtes Thema eine wirklichkeitsgetreue und abbildgenaue Information geben (z. B. über ein Haus, ein Erzeugnis, eine Person, eine Landschaft, ein Bild o. ä.). Dieser Absicht entspricht als kommunikatives Richtziel: den Leser informieren.

Sortenmerkmale

Inhalt
- meist Themen aus dem Wirklichkeitsbereich: z. B. ein Gegenstand, System, eine Landschaft, ein Bild, ein Text, eine Person;
- seltener ein Thema aus dem Bereich der Über-Wirklichkeit: etwa die Beschreibung der Idee „Freiheit", des Ideals „Brüderlichkeit" o. a.

Darstellungsweise
- wirklichkeitsgetreu, objektiv (= möglichst ohne subjektive Tendenz);
- anschaulich (z. B. durch bildhafte Eigenschaftswörter, Zeitwörter oder Vergleiche);
- detailreich;
- klar (Gliederung: sinnvolle Gedankenschrittfolge, etwa vom Ganzen zum Einzelnen; von der Vergangenheit in die Gegenwart und Zukunft), einfacher Satzbau;
- verständlich (leicht verstehbare Wörter; Fremdwörter oder Fachausdrücke, nur wenn erforderlich);
- mitunter (unbeabsichtigte) belehrende Tendenz, daher sollte alles Wesentliche enthalten sein.

Man vermeide
- subjektive Stellungnahme oder Wertung;
- subjektive Stimmungen oder Gefühle.

Zeitstufe
- Gegenwart (= Präsens) vorherrschend;

Textumfang
- je nach Thema und Zielsetzung: eine halbe Schreibmaschinenseite bis zu 20 Seiten und mehr.

Arten der Beschreibung

- Gegenstandsbeschreibung
  = Beschreibung eines bestimmten Gegenstandes, z. B. einer Feile, eines Hammers, eines Propellerschlittens o. ä.; diese Art sollte eindeutig eine objektive Tendenz haben (Beispiel, s. S. 169); gelegentlich zeigt sie subjektive Tendenz (Beispiel, s. S. 169);

- Vorgangsbeschreibung
  = Beschreibung von etwas Bewegtem, z. B. eines Geschehens, eines Ereignisses oder einer Tätigkeit (Beispiel, s. S. 173 f.);

- Systembeschreibung
  = Beschreibung mehrerer Gegenstände oder Gegenstandsbereiche, die miteinander sinnvoll zu einer Ganzheit, Funktionseinheit, verbunden sind, z. B. Beschreibung einer technischen Anlage (etwa Datenverarbeitungsanlage), eines biologischen Organismus oder eines sozialen Verbandes (z. B. gruppendynamischer Prozeß);

- Landschaftsbeschreibung
  = Beschreibung einer Landschaft in sinnvoller oder folgerichtiger Schrittfolge;

- Geländebeschreibung
  = Beschreibung eines ausgewählten Landschaftsausschnittes (Beispiel, s. S. 170);

- Bildbeschreibung
  = Beschreibung eines Bildes, etwa einer Landschaft, eines Stillebens, eines Portraits o. ä. (Beispiel, s. S. 171 f.);

- Textbeschreibung
  = eine genaue Beschreibung des Textinhaltes (→ Aufbau und Gliederung; wichtige inhaltliche Einzelheiten sowie Reihenfolge der Gedankenschritte; Darstellung etwaiger Probleme; Art der Darstellung) — und — der Form des Textes (→ sprachliche Mittel, z. B. Satzbau und Satzarten; Leitpunkte der Textgestaltung, wie klar, knapp, verständlich; Wortschatz u. a.). Zur Textbeschreibung zählt im weiteren Sinn die Text-Analyse (s. S. 194 ff.);

- Tierbeschreibung
  = Beschreibung des äußeren Erscheinungsbildes eines Tieres (Beispiel, s. S. 172);

- Personenbeschreibung
  = Beschreibung des äußeren Erscheinungsbildes einer Person (nicht: ihres Wesens oder Charakters), (Beispiel, s. S. 172 f.).

Artverwandte Text-Sorten

- Bericht
  = wirklichkeitsgetreue Information über ein bemerkenswertes, zumeist „einmaliges" Geschehen (Beispiel, s. S. 175 ff.);

○ Inhaltsangabe
  = das Wesentliche eines längeren Textes wird übersichtlich gegliedert, sachlich und knapp wiedergegeben (Beispiel, s. S. 192 ff.);
○ Bedienungsanleitung
  = knappe Beschreibung des Erzeugnisses oder Systemes, verbunden oft mit lehrhafter und leichtverständlicher Darstellung (häufig bebildert), um das jeweilige Erzeugnis richtig zu bedienen (Beispiel, s. S. 305 ff.).

Textbeispiel: „Gegenstandsbeschreibung" (mit objektiver Tendenz)

Amphibien-Propellerschlitten
Das Boot ist nach den Konstruktionsprinzipien des Flugzeugbaus gestaltet. Der tragende, kraftaufnehmende Verband ist in einer Spant- und Stringerbauweise als versteifte Schale konstruiert. Als hauptsächlicher Werkstoff wurde Duraluminium verwendet. In seinem grundsätzlichen Aufbau ist es einer Bootskonstruktion ähnlich. Durch diese Bauweise erreicht das Boot bei minimalem Gewicht ein Höchstmaß an Festigkeit und Steifigkeit. Der durch Längsrippen verstärkte Gleitboden bildet mit dem vorderen und dem hinteren Hauptspant sowie den Aufbauten eine Einheit. Im Vorderteil des Bootes befindet sich der vordere Gepäckraum, der nur von außen über die Gepäckluke erreichbar ist. Zwischen den beiden Spanten liegt die heizbare Kabine für die Besatzung und die Fahrgäste beziehungsweise für die zu befördernde Fracht. Die Kabine wird durch die Sitzbank für die Fahrer und einen Begleiter ausgefüllt. Der hintere Teil ist für Frachtbeladung oder für eine weitere Sitzbank vorgesehen. Am Arbeitsplatz des Fahrers ist die Steuersäule, eine Instrumententafel mit den notwendigen Instrumenten, ein zentrales Bedienpult für das Triebwerk sowie für dessen Kraftstoff- und Luftsystem. In seinem Aufbau erinnert er an das Kockpit eines Kleinflugzeuges.
(Quelle: Deutscher Motorkalender 1968, Berlin 1967, S. 93)

Textbeispiel: „Gegenstandsbeschreibung" (mit subjektiver Tendenz)

Die Pentina
Eine Kamera, die aus dem Rahmen fällt, ist die Pentina. Sie durchbricht zugunsten einer betont modernen Formgebung die konventionelle Bauweise der Spiegelreflex. Sie verbirgt geschickt in ihrem Inneren alle für eine solche Kamera typischen Merkmale, wie den Prismensucher usw. Vier Wechselobjektive stehen in einer sinnvollen Brennweitenabstufung zur Verfügung. Besonders bemerkenswert aber ist die Ausstattung der Kamera mit einem Hochleistungszentralverschluß, der nun einmal den Vorzug genießt, das „Blitzen" uneingeschränkt zuzulassen. Und eine Belichtungsautomatik befreit Sie von der bangen Sorge um die richtige Belichtungszeit.
(Quelle: Stilistik der deutschen Gegenwartssprache, Wolfgang Fleischer und Georg Michel, VEB Bibliographisches Institut, Leipzig 1975, S. 281)

Die Geländebeschreibung

Wer dem Leser einen umgrenzten Landschaftsausschnitt darstellen möchte, wird als Text-Sorte die Geländebeschreibung wählen. Dabei sollte er bestrebt sein, den gewählten Naturausschnitt anteilig, genau und verständlich nachzuzeichnen. Dies bedeutet: möglichst mit wenigen Strichen, in sinnlogischer Folge und durch verhältnisschaffende Bezüge eine bildhafte Grobskizze des jeweiligen Geländes entstehen zu lassen; übertriebene Ausführlichkeit oder übergroße Genauigkeit verwirrt erfahrungsgemäß die Deutlichkeit und erschwert damit beim Leser die Verständlichkeit.

Zu achten ist außerdem darauf, die angesprochenen Gegenstände und deren Einzelheiten mit sachgerechten Namen zu benennen. Deshalb lautet das kommunikative Richtziel: den Leser vorrangig und genau informieren.

Textbeispiel: „Geländebeschreibung"

... Nördlich von der Straßenkreuzung, Punkt 295, dehnt sich eine 300 m lange und 400 m breite Wiese aus, die von der Hauptstraße in nördlicher Richtung durchschnitten wird. An ihrem linken Rande zieht sich eine Buschreihe entlang. Ein schmaler Laubwaldstreifen schließt die Wiese an ihrer Rückfront ab. Links hinter der Ecke, die durch Buschwerk und Laubwald gebildet wird, erhebt sich ein Hügel, den spärliches Buschwerk bedeckt. Unmittelbar links von dem Hügel in Getreidefeldern und Obstgärten wird ein größeres Gehöft sichtbar. Unmittelbar vor dem Laubwald, hart an der Straße, steht ein Heuschober. Etwa 50 m von dem Laubwaldstreifen nach rechts wölbt sich eine Kuppe, die an der linken Seite zur Wiese hin steil abfällt. Die rechte Seite flacht sich allmählich ab und endet in einem breiten Bachbett. An der rechten Seite des Baches zieht sich eine Straße nach Norden hin, die an beiden Seiten mit hohen Pappeln bestanden ist und in einer unübersichtlichen Mulde verschwindet.
(Quelle: Deutsche Spracherziehung, IV, S. 11)

Bildbeschreibung

Ziel
Die Absicht einer ;„Bildbeschreibung" ist es, den Inhalt und die Stimmung eines vorliegenden Bildes (z. B. eines Gegenstandes im Bild, eines Menschen, einer Landschaft, eines Heiligenbildes o. a.) als sinnanschaulichen Gesamteindruck wiederzugeben; dadurch sind dem Leser weitestmöglich das eigene Erleben, die eigene Stimmung oder bestimmte Gefühle zu vermitteln.

Daher gilt hier als kommunikatives Richtziel: den Leser beeinflussen (in seinem Mitfühlen, in seiner Meinung).

Sortenmerkmale

Inhalt
○ Themen aus dem Wirklichkeitsbereich: z. B. Bilder aus Natur o. a.;
○ Themen aus der Über-Wirklichkeit: etwa Bilder aus Mythos, Sage, Surrealismus, Religion o. ä.;

Darstellungsweise
○ erlebnis-getönt, dabei informativ;
○ sinnlich-anschaulich;
○ deutungsanregend;

Man vermeide:
○ sachstrenge Darstellung
○ sprunghafte Gedankenführung
○ ausufernde Deutung;

Zeitstufe
○ Gegenwart (= Präsens);

Textumfang
○ meist bis zu einer Schreibmaschinenseite.

Textbeispiel: „Bildbeschreibung"

Die Schildwache (nach Spitzweg)
Wir blicken in die schmale Gasse eines kleinen Städtchens hinein. Sie liegt noch im Dunkeln, nur die oberen Stockwerke sind von der hellen Morgensonne beleuchtet. Es sind lauter altmodische Häuser mit geschweiften und geschnörkelten Giebeln, auch der Kirchtum trägt eine runde metallene Haube als Abschluß. Die Gasse führt auf eine kleine Terrasse hinauf, die im hellen Licht der Maisonne glänzt. Hart an der Brüstung, neben einer jungen, blühenden Kastanie, steht ein Schilderhäuschen. Auf einem Gestell ruht eine große, grüne Trommel, und ein paar Gewehre lehnen in ihren Stützen.

Vor dem Schilderhaus steht ein Soldat und präsentiert das Gewehr. Sehr kriegerisch sieht er nicht aus mit seinem dicken, roten Gesicht, dem Spitzbäuchlein, dem blauen Uniformrock, dem schwarzen Tschako und dem breiten Säbel an der Seite. Hinter ihm sitzt auf behaglicher roter Polsterbank ein Offizier, der ein Blatt Papier in der einen Hand und eine langstielige Tonpfeife in der anderen hält. Er blickt sich gemächlich um nach der anderen Seite, von woher er in seiner Ruhe gestört wird. Und da kommt auch richtig ein vornehmer, umfangreicher Herr am Arm seiner aufgeputzten Gemahlin zur Terrasse heraus. Sehr selbst-

bewußt sieht das Paar aus, ein Hündchen schnuppert ihm voran. In wenigen Augenblicken wird das aufregende Ereignis vorüber sein, und bald wird wieder gemütliche Stille herrschen. Es ist die Stille einer längst vergangenen Zeit — der „guten, alten Zeit"!
(Quelle: Deutsche Spracherziehung, IV, S. 18)

Textbeispiel: „Tierbeschreibung"

Die Blaumeise
„Die Blaumeise, Ringel-, Bienen-, Merl-, Hunds-, Jungfer-, Himmel-, Bümbel- oder Pimpelmeise, Blaumüller x. (Parus caeruleus, Abbildung S. 73), ist auf der Oberseite blaugrünlich, auf dem Kopfe, den Flügeln und dem Schwanze blau, auf der Unterseite gelb. Ein weißes Band, welches auf der Stirn beginnt und bis zum Hinterkopfe reicht, grenzt den dunkeln Scheitel ab, ein schmaler, blauschwarzer Zügelstreifen trennt ihn von der weißen Wange, und ein bläuliches Halsband begrenzt diese nach unten. Die Schwingen sind schieferschwarz, die hinteren himmelblau auf der Außenfahne und weiß an der Spitze, wodurch eine Bandzeichnung entsteht, die Steuerfedern schieferblau. Das Auge ist dunkelbraun, der Schnabel schwarz, an den Schneiden schmutzig weiß, der Fuß bleigrau. Die Länge beträgt 11,8 cm ..."
(Quelle: Brehms Tierleben, Bd. 2, S. 74 f.)

Die Personenbeschreibung

Zielsetzung
Die Personenbeschreibung: Man wählt sie immer dann, wenn dem Leser das äußere Erscheinungsbild einer bestimmten Person bis in mehrere Einzelheiten hin als visuelles Gesamtbild dargestellt werden soll (z. B. Lebensalter, Geschlecht, Körpergröße, Kopfform, Haarfarbe, Gesichtsform; dazu Besonderheiten, wie vorstehende Schneidezähne, abstehende Ohren); ferner die Bekleidung (etwa Oberbekleidung, wie Mantel, Anzug, Hut; Reisetasche u. a. m.). — Über Wesens- oder Charaktermerkmale wird nicht berichtet.
Daher lautet das kommunikative Richtziel: den Leser informieren.

Sortenmerkmale

Inhalt
○ Themen aus dem Wirklichkeitsbereich: z. B. ein einzelner Mensch oder eine Menschengruppe;
○ Themen aus dem Bereich der Über-Wirklichkeit: etwa Märchenfiguren oder Sagengestalten;

Darstellungsweise
○ wirklichkeitsgetreu — detailreich
○ anschaulich-nachzeichnend — sinnvolle Gedankenfolge
(beim Beschreiben des äußeren Erscheinungsbildes)

Man vermeide:
○ Wesens- und/oder Charaktermerkmale der Person zu beschreiben
○ subjektive Stellungnahme oder Gefühle

Zeitstufen
○ Gegenwart (= Präsens);
○ erste Vergangenheit (= Imperfekt)

Umfang
○ vorwiegend bis zu einer halben Schreibmaschinenseite.

Textbeispiel: „Personenbeschreibung"

Schüler vermißt!
Wolfgang Bauer, 14 Jahre alt, aus München, Hölderlinstr. 23, wird seit Freitag, 21. Juli 1969, vermißt.
Personenbeschreibung: 1,58 m, schlank, rechte Schulter etwas höher, ovale Kopfform, hellblondes, dichtes, glattes, zurückgekämmtes Haar, hohe Stirn, bleiche Gesichtsfarbe, blaue Augen mit leicht geröteten Rändern, obere Schneidezähne etwas vorstehend.
Bekleidung: Graue, spaltlederne, grün eingefaßte Seppelhose, seitlich mit grünen Lederriemen geschnürt, braune Ledertrachtenträger mit eingestanztem Muster, dunkelsandfarbenes, kleinkariertes Sporthemd mit langen Ärmeln, weiße, ungezeichnete Unterwäsche, braungestreifte, maschinengestrickte Socken, braune Ledersandalen, runde Armbanduhr mit schwarzem Zifferblatt und Sekundenzeiger, Leuchtzahlen und schwarzem Lederarmband, kleine, etwa 32/25 cm große, braune, lederne Aktenmappe mit Druckknöpfen und Schloß in der Mitte ...
(Quelle: Unsere Muttersprache, Heft 5, S. 12 f.)

Textbeispiel: „Vorgangsbeschreibung"

Vater flickt den Vorderradschlauch meines Fahrrads
Er stellt das Rad auf Sattel und Lenkstange, löst die beiden Achsenmuttern am Gabelansatz und hebt das Vorderrad aus der Gabel. Dann schraubt er die Ventilüberwurfmutter los und zieht das Ventil heraus. Nun führt er den Mantelheber zwischen Mantel und Felge ein und hebt den Mantel an einer Seite ab.

Jetzt kann er den Schlauch herausnehmen. Er setzt das Ventil wieder ein, pumpt den Schlauch auf und sucht die schadhafte Stelle mit dem Auge oder dem Ohr. Kann er sie so nicht finden, hält er den Schlauch in eine mit Wasser gefüllte Schüssel. — Wo Luftbläschen aufsteigen, sitzt das Loch im Schlauch. Er merkt sich diese Stelle, trocknet sie und ihre nächste Umgebung ab und rauht sie auf. Nun schneidet er einen Flicken zu, rauht ihn auf oder zieht bloß die Schutzhaut ab, bestreicht ihn mit einer Gummilösung und drückt ihn fest auf die schadhafte Stelle.
Zum Schluß zieht er den geflickten Schlauch auf die Felgen, legt den Mantel darüber, pumpt den Schlauch auf und baut das Rad wieder ein.
(Quelle: Unsere Muttersprache, Heft 2, S. 19)

Textbeispiel: ,,Facharbeit'' (→ Fachaufsatz, → Beschreibung)

Die Weißtanne
Die Tanne heißt auch Weißtanne, zum Unterschied von der Rottanne oder Fichte mit rötlich-braungrauer Rinde, die in dünnen Schuppen abblättert.
Das sicherste Merkmal beim noch nicht fruchtbaren Baume sind aber die Nadeln. Bei der Fichte sitzen die einzelstehenden vierkantigen Nadeln auf spiralig angeordneten ,,Blattkissen'', die durch scharfe Furchen voneinander getrennt sind. Wie jeder vom trockenen Weihnachtsbaum weiß, fallen die Nadeln der Fichte bei leisester Berührung ab, und durch die Blattkissen erscheinen die entnadelten jungen Zweige ,,rauh wie eine Feile''. Dagegen halten die flachen, an der Spitze eingekerbten Nadeln des Tannenbaumes auf dem Weihnachtstische viel länger, und erst spät lösen sie sich von dem glatten Zweig ab, der keine erhöhten Blattkissen besitzt.
Als weiteres Erkennungszeichen haben die Tannennadeln auf der Unterseite zwei längslaufende weiße Wachsstreifen, die die Spaltöffnungen (Atmungsöffnungen) der Nadelunterseite verschließen und als Verdunstungsschutz zu werten sind. Außerdem stehen die Tannennadeln, wenigstens an den Seitenzweigen, kammförmig nach zwei Seiten gescheitelt, während die Nadeln der Fichte spiralig um den ganzen Zweig angeordnet sind. Die Lebensdauer der Nadeln ist beträchtlich, je nach Standort bei der Fichte 5 — 7 Jahre, bei der Tanne sogar 7 — 11 Jahre; mitbestimmend für die Lebensdauer sind vor allem Feuchtigkeitsgehalt und Reinheit der Luft.
Auch an den Früchten sind beide leicht zu unterscheiden. Wenn wir in den Wipfeln der fruchtenden Bäume hängende Zapfen erkennen, dann ist es immer eine Fichte, denn die Tannenzapfen stehen kerzengerade aufrecht und lösen sich bei der Samenreife fortschreitend, an der Spitze beginnend, auf, so daß zuletzt nur die leeren Zapfenspindeln auf dem Baume zurückbleiben. Daher sind die am Boden liegenden entleerten ganzen Zapfen immer von der Fichte.
(Quelle: Unsere Muttersprache, Heft 5, S. 19)

Der Bericht

Zielsetzung
Mit einem „Bericht" beabsichtigt der Schreiber, den Leser wirklichkeitsgetreu über ein bemerkenswertes — einmaliges! — Thema in zureichendem Maße zu informieren (z. B. über einen neuartigen Motortyp, einen Verkehrsunfall, eine Naturkatastrophe o. ä.).
Mithin ergibt sich aus solcher Absicht das kommunikative Richtziel: informieren.

Sortenmerkmale

Inhalt
Vorwiegend Themen aus dem Wirklichkeitsbereich, etwa:

○ ein bemerkenswerter, einmaliger Vorgang (z. B. ein Verkehrsunfall, ein bedeutendes Fußballspiel; ein großes Naturereignis, etwa eine Sturmflut u. a.);

○ eine berichtenswerte Tätigkeit (etwa der Tätigkeitsbericht einer internationalen Kommission; der Tätigkeitsbericht/Geschäftsbericht eines Wirtschaftsunternehmens o. ä.);

○ eine aufsehenerregende Situation (z. B. der Lagebericht über einen Krisenherd in Afrika, eine kriegerische Auseinandersetzung in Fernost, ein Staatsstreich im Lande X);

Darstellungsweise
○ wirklichkeitsgetreu
○ tatsachenorientiert (= wahrheitsgetreu);
○ themenbezogen (keine Themenabweichung; Konzentration auf das Wesentliche; Darstellung im größeren Zusammenhang);
○ sinnvolle Gedankenschrittfolge (z. B. was — wann — wo — wie);
○ detailgetreu (etwa genaue Angaben von Ort, Zeit, Menge, Gewicht);

Man vermeide:
○ persönliche Anteilnahme;
○ Urteile und Wertungen;

Zeitstufe
○ zumeist erste Vergangenheit (= Imperfekt);

Textumfang
○ vornehmlich und durchschnittlich eine halbe bis eine Schreibmaschinenseite.

Arten des Berichtes

○ Sachbericht
 = ein Bericht, bei dem meist ein bemerkenswerter einmaliger Vorgang oder eine Handlung dargestellt wird, z. B. ein Unfall, eine Naturkatastrophe, die Bergbesteigung des Himalaya o. ä. (Beispiel, s. S. 176 f.);

○ Tätigkeitsbericht
 = ein Bericht über eine bestimmte besondere Tätigkeit, nach einem oder über einen begrenzten Zeitraum; etwa der Geschäftsbericht eines Wirtschaftsunternehmens nach einem Jahr;

○ Tagungsbericht
 = ein Bericht über eine Tagung unterschiedlicher Länge (z. B. eine ein- oder mehrtägige Tagung);

○ Situationsbericht
 = ein Bericht, in dem ein besonderer Zustand, der einmaligen Charakter hat, als „situativer Schnappschuß" dargestellt wird, z. B. die situative Darstellung aus einem Krisenherd, Kriegsgebiet u. ä. (Beispiel, s. S. 177 f.);

○ Kommunique
 = eine Denkschrift oder eine (regierungs)amtliche Mitteilung;

○ Rechenschaftsbericht
 = ein Bericht, um eine bestimmte Tätigkeit oder Leistung einer Einzelperson oder einer Gruppe aufzuzeigen;

Artverwandte Text-Sorten:

○ Beschreibung (s. S. 166 ff.)
○ Inhaltsangabe (s. S. 192 f.)
○ Protokoll (s. S. 236 ff.)
○ Niederschrift (s. S. 255 f.)
○ Zeitungsbericht (s. S. 261 ff.)
○ Reportage (s. S. 265 ff.)

Textbeispiel: „Sachbericht"

Bericht des Polizeibeamten über einen Verkehrsunfall
Am 25. Mai 1969, gegen 10.20 Uhr, ereignete sich an der Ecke Markusbrücke — Untere Sandstraße ein Zusammenstoß zwischen dem Pkw N — AC 228 (Fahrer: Lebensmittelhändler Hans Meyer, geb. 31. 12. 1910 in Strullendorf, wohnhaft

Nürnberg, Schnieglinger Straße 10) und dem Stadtomnibus BA — A 120 der Linie 6 (Fahrer: Paul Friedrichs, geb. 8. 7. 1918 in Hirschaid, wohnhaft Bamberg, Lange Straße 17).
Der Fahrer des Pkw befuhr die Markusbrücke und hatte die Absicht, in die Sandstraße einzubiegen.
Dabei wurde der Pkw von dem entgegenkommenden Stadtomnibus am hinteren linken Kotflügel und an der hinteren Stoßstange erfaßt. Die Wucht des Anpralls war derartig stark, daß der Pkw aus seiner Fahrtrichtung an die Kante des rechten Bürgersteiges der Sandstraße geschleudert wurde, wodurch die Karosserie mehrere Beulen erhielt. Die hintere Stoßstange wurde abgerissen. Am Vorderteil des Stadtomnibusses entstanden lediglich Beschädigungen geringfügiger Art. Personen kamen nicht zu Schaden. Der Verkehr in Richtung Würzburg mußte etwa 30 Minuten unterbrochen werden. Der beschädigte Pkw wurde von einem Werkstattwagen der Fa. Paul Müller, Nürnberg, Koberger Straße 19, abgeschleppt. Schuld an diesem Zusammenstoß trägt allein der Pkw-Fahrer.
(Quelle: Unsere Muttersprache, Heft 4, S. 12 f.)

Textbeispiel: „Situationsbericht"

Flüchtlingsversorgung
Vergangenen Dienstag wurde in unserer Stadt ein Zug Flüchtlinge erwartet. Schon vor Wochen hatte man mit ihrer Ankunft gerechnet, seit Tagen war ihr Eintreffen angesagt. Die vorläufigen Unterkünfte in Schulhäusern waren vorbereitet worden, Stroh hatte man ausgebreitet und Bettgestelle aufgeschlagen. In der Turnhalle und ihren Nebenräumen waren Küchen eingerichtet worden zur sofortigen Verpflegung der Armen. — Wir wollten es den schwergeprüften Menschen so leicht und behaglich wie möglich machen. Eine schwierige Aufgabe bildete das Ausladen und Durchordnen des vorausgeschickten Gepäcks. Die vollbeladenen Güterwagen wurden auf der Laderampe entladen und die einzelnen Gepäckstücke, wenn möglich, gleich nach den Listen der Eigentümer und ihrer voraussichtlichen Unterkünfte zusammengestellt. Man mußte achtgeben, daß bei der ungenügenden Verpackung und der mangelhaften Kennzeichnung nicht allzuviel von der letzten Habe der Unglücklichen zugrunde ging oder verwechselt wurde. Den Leuten sollte eben jeder unnötige Ärger erspart bleiben. Als dann der Zug mit den Flüchtlingen am Dienstag eintraf, wurden die einzelnen Familienangehörigen in kleinen Trupps von älteren Schülern in Empfang genommen und zu Fuß mit kleinen Leiterwagen, Karren oder Krankenstühlen in die Turnhalle geleitet. Dorthin hatte man schon vorher das Gepäck gebracht und übersichtlich gestapelt. Tausend Notlagen, Schwierigkeiten, Sonderwünsche und Bitten mußten dabei berücksichtigt werden, und oft ging es dabei nicht ganz ohne erregte Zusammenstöße ab. Es ist ja verständlich, wenn sich viele der Betroffenen übermüdet, gereizt und aufgeregt zeigten. Erst nachdem die Flüchtlinge in der Turnhalle verpflegt waren, nachdem die notwendigsten Wasch- und

Kocheinrichtungen bekanntgegeben und die Leute in die vorläufigen Unterkünfte eingeteilt waren, konnte das Wohnungsamt darangehen, die einzelnen Personen in die Privatquartiere der Bürgerhäuser einzuweisen und sie dorthin durch Polizeibeamte oder deren Hilfskräfte geleiten zu lassen.
(Quelle: Deutsche Sprach-Erziehung, IV, S. 2 f.)

Die Schilderung

Zielsetzung
Wenn Sie sich für die „Schilderung" als Text-Sorte entscheiden, dann wird es Ihre Absicht sein, dem Leser das jeweilige Thema in einer wirklichkeitsnahen, stark erlebnis-getönten und sinnlich-anschaulichen Art darzustellen. Dabei werden Sie persönliche Eindrücke, Stimmungen und mitunter Wertungen einfließen lassen, damit der Leser das Dargestellte miterleben, miterfühlen kann.

Das kommunikative Richtziel für eine Schilderung lautet deshalb: den Leser beeinflussen — vornehmlich in seinem sinnlich-anschaulichen Miterleben und Nachfühlen; in selteneren Fällen ihn beeinflussen wollen in seinem Handeln.

Sortenmerkmale

Inhalt
o Themen aus dem Wirklichkeitsbereich: z. B. ein Naturereignis, ein Gegenstand, ein Mensch, eine Landschaft; ein Zustand oder Vorgang;

o Themen aus dem Bereich der Über-Wirklichkeit: etwa die Schilderung der Landschaft auf der Venus, die Schilderung des Schlaraffenlandes o. ä.;

Darstellungsweise
o wirklichkeitsnah
o erlebnis-getönt
o sinnlich-anschaulich
 (→ bildstark, malerisch)
o subjektiv-gefärbt
o personifizierend (gelegentlich)

Zeitstufen
o vornehmlich Gegenwart (= Präsens);
o zwischendurch mitunter kurzzeitiger Wechsel in die erste Vergangenheit (= Imperfekt);

Man vermeide:
o sachstrenge Darstellung;
o erklärende, feststellende oder belehrende Einschübe;

Textumfang
○ meist eine halbe bis eine Schreibmaschinenseite;
○ selten mehrere Seiten.

Arten der Schilderung

○ Landschaftsschilderung
  = ein beeindruckender Ausschnitt aus einer Natur- oder Kulturlandschaft, z. B. ein Bach, der umliegenden Wiesen und Wäldern eine eigenartige Note gibt; eine beherrschende Landstraße o. ä. (Beispiel, s. S. 180);
○ Ereignisschilderung (= Ereignisbild)
  = dargestellt wird ein Naturereignis, das z. b. die Innenwelt empfindsamer Menschen stark zu bewegen vermag (etwa Sturm auf hoher See, ein Wirbelsturm, Föhn im Gebirge, ein Berggewitter o. ä. (Beispiel, s. S. 180);
○ Stimmungsbild
  = es will als geschlossene Darstellung im Leser eine zielgerichtete Stimmung auslösen, z. B. eine heitere, traurige, wehmütige o. a. Stimmung (Beispiel, s. S. 181);
○ Vorgangsschilderung
  = sie skizziert stimmungsgetönt etwas Bewegtes, also Dynamisches (Beispiel, s. S. 181);
○ Erlebnisschilderung
  = durch feinsinnige und detailreiche, mitunter liebevolle Beobachtung will der Schreiber seine Sinneseindrücke, sein Erleben des jeweiligen Geschehens, anschaulich und durch sorgfältige Wortwahl miterlebbar kundtun (Beispiel, s. S. 182);
○ Charakteristik
  = mit wenigen kräftigen Strichen betont diese Sorte das Typische des geschilderten Dinges, sie begegnet uns als
    — Ding-Charakteristik (→ Gegenstand, Wirtschafts- oder Kulturerzeugnis; Beispiel, s. S. 183);
    — oder als —
    — Person-Charakteristik (→ Einzelperson, Personengruppe; Beispiel, s. S. 183 f.);
○ Tierschilderung
  = eine solche Darstellung ist grundsätzlich durch spürbar erlebnishafte Züge gekennzeichnet; (Beispiel, s. S. 184).

Textbeispiel: „Landschaftsschilderung"

Die Straße
Die Straße führt den Wanderer sorgsam durch das Holz. Sie klettert umher an den Lehnen, sucht und windet sich durch, eine Weile an der Schattenseite und wieder jenseits, wo der Grund felsig ist und besser trägt. Weiter läuft die Straße über Hang und Hügel, krumm ist sie und abschüssig, ein wunderliches Wesen. Sie hat keine Mauern unter sich, keine kunstvollen Viadukte, solche Kniffe kennt sie gar nicht. Aber sie trägt doch jeden sicher, der da geht und kommt; zuletzt gewinnt sie die Höhe und findet das Dorf im innersten Schoß des Tales. Da weitet sie sich noch einmal, rundet einen schönen Platz zwischen den Häusern, und dann ruht sie aus; vor dem Kirchhofgatter ist die Straße zu Ende.

Karl Heinrich Waggerl

Textbeispiel: „Ereignisschilderung" (= Ereignisbild)

Der Föhn
Am Ende jedes Winters kam der Föhn mit seinem tieftönigen Gebrause, das der Älpler mit Zittern und Entsetzen hört und nach dem er in der Fremde mit verzehrendem Heimweh dürstet.
Wenn der Föhn nahe ist, spüren ihn viele Stunden voraus Männer und Weiber, Berge, Wild und Vieh. Sein Kommen, dem fast immer kühle Gegenwinde vorausgehen, verkündigt ein warmes, tiefes Sausen. Der blaugrüne See wird in ein paar Augenblicken tinteschwarz und setzt plötzlich hastige, weiße Schaumkronen auf. Und bald darauf donnert er, der noch vor Minuten unhörbar friedlich lag, mit erbitterter Brandung wie ein Meer ans Ufer. Zugleich rückt die ganze Landschaft ängstlich zusammen. Auf Gipfeln, die sonst in entrückter Ferne brüten, kann man jetzt die Felsen zählen und von Dörfern, die sonst nur als braune Flecken im Weiten lagen, unterscheidet man jetzt Dächer, Giebel und Fenster. Alles rückt zusammen, Berge, Matten und Häuser, wie eine furchtsame Herde. Und dann beginnt das grollende Sausen, das Zittern im Boden. Aufgepeitschte Seewellen werden streckenweise wie Rauch durch die Luft dahingetrieben, und fortwährend, zumal in den Nächten, hört man den verzweifelten Kampf des Sturmes mit den Bergen.
Eine kleine Zeit später redet sich dann die Nachricht von verschütteten Bächen, zerschlagenen Häusern, zerbrochenen Kähnen und vermißten Vätern und Brüdern durch die Dörfer ...
Alsdann, wenn der Föhn verblasen hat und die letzten schmutzigen Lawinen zerlaufen sind, dann kommt das Schönste. Dann recken sich berghinan auf allen Seiten die beblümten gelblichen Matten, rein und selig stehen die Schneegipfel und Gletscher in ihren Höhen, und der See wird blau und warm und spiegelt Sonne und Wolkenzüge wider.

Hermann Hesse

Textbeispiel: „Stimmungsbild"

Der Herbst kommt
Unmerklich gleitet das Jahr in den Herbst hinein. Es kommen leuchtende Tage, voll von einem milden Glanz, noch gar nicht traurig. Die Schwalben sammeln sich im Laub der Kirschbäume, es sind ganz junge darunter, den ganzen Tag mühen sie sich ab und üben ihre Schwingen für den großen Zug. In den Haselbüschen hocken die Eichhörnchen, schnalzen vergnügt und drehen braune Nüsse zwischen ihren flinken Pfötchen, und draußen auf den leeren Feldern treibt sich der Wind herum. Man denkt, das sei noch ein Sommerlüftchen, zu dieser Zeit geht man ja selbst in Hemdsärmeln über die Wiesen und spürt die Sonnenwärme im Rücken, und dann trägt einem der Wind etwas vor die Füße, ein erstes gelbes Ahornblatt, nur eines. Man nimmt es mit und steckt das Blatt an den Hut, weil es so schön geadert ist, aber nach ein paar Tagen hat es seinen Wert verloren, es gibt ihrer viele unter den Bäumen.
Die Kartoffeln werden aus der Erde gegraben, die letzte Ackerfrucht des Jahres, nicht so heilig und ehrwürdig wie das Korn, aber dennoch ein Segen, ein spätes Gnadengeschenk des Herrn.

Karl Heinrich Waggerl

Textbeispiel: „Vorgangsschilderung"

Wie eine Schleuse arbeitet
Eine Schleuse ist eine Wasserkammer, die auf jeder Seite durch eine Klapptür verschlossen ist. Kommt ein Schiff von der Seite des höheren Wasserstandes, so läßt man die Schleuse vollaufen, bis sich der Wasserstand ausgeglichen hat. Dann kann man leicht die Schleusentore auf diese Seite öffnen, und das Schiff kann hineinfahren. Auf der anderen Seite steht das Wasser bedeutend niedriger. Die Schleusentore sind aber so eingerichtet, daß der Wasserdruck von innen sie fest zudrückt. Nachdem das Schiff nun ganz in die Kammer hineingefahren ist, schließt man hinter ihm die Tore und öffnet auf der anderen Seite die Schotten, das sind Klappen unter Wasser, so daß nun das Wasser aus der vollgefüllten Schleuse wieder herausströmen kann. Das Schiff sinkt mit dem Fallen des Wassers langsam in die Tiefe. Das Abfließen dauert so lange, bis der Wasserstand wieder ausgeglichen ist. Dann können auf dieser Seite die Tore geöffnet werden, und damit kann das Schiff unbehindert aus der Schleuse hinausfahren. Beim Durchschleusen in umgekehrter Richtung läßt man nach dem Schließen der Tore das Wasser durch Einströmen von der anderen Seite wieder steigen.

Johannes Saas

Textbeispiel: „Erlebnisschilderung"

Der Tiger
Vor uns funkelt die Sonne durch das Laub: ein etwa 30 Meter breiter Fluß öffnet sich, und strahlend glitzert die Sonne auf dem Wasser. Eben setze ich meinen Fuß ins Wasser, es zu durchwaten, da fällt mein Blick nach rechts, und gebannt bleibe ich stehen — ein Tiger! Wie feuriges Gold glänzt sein glattes Fell im Sonnenbrand; wuchtend setzt er die starken Vorderpranken in ausgreifenden Schritten vor, und wippend und wiegend gleitet der kraftstrotzende Körper, von den sehnigen Hinterpranken in eleganter Rundung geschoben. Der mächtige Kopf ist vorgestreckt, und mutig zuckend läßt er die Lefzen hängen, den Rachen leicht geöffnet. So schreitet er federnd dahin; jede Bewegung ist verhaltene Kraft, und so lässig er die Pranken hebt, jede Sehne ist Stahl. Der König des Urwaldes, goldig gleißend im Glanze der Sonne. Wohl eine Minute — dann tritt er zurück und verschwindet leuchtend im hohen Ried. Wilde Schönheit! Herrliche Bestie! Dich liebt die Natur, daß sie dich so schön machte!

Wilhelm Volz

Die Charakteristik

Zielsetzung
Mit einer „Charakteristik" beabsichtigt man, dem Leser mit wenigen aber aussagestarken Strichen das Eigenartige, Typische (= Charakteristische) eines Gegenstandes, eines Menschen, einer Landschaft, eines Kunstwerkes u. a. m. zu vermitteln, ihm nicht selten die eigene subjektive Deutung oder Vermutung nahezubringen.

Als kommunikatives Richtziel steht in zahlreichen Fällen: den Leser beeinflussen (→ in seiner Meinung, seinem einfühlenden Mitdenken und mitverstehenden Deuten).

Sortenmerkmale

Inhalt
- Themen aus dem Wirklichkeitsbereich, z. B. aus:
  — Natur (→ eine Blume, ein Baum u. a.); → Ding-Charakteristik
  — Kultur (→ ein Handwerkszeug, ein Kunstwerk u. a.); → Ding-Charakteristik
  — Mensch (→ ein Dichter, ein Künstler, ein Handwerker, ein Bauer, ein Fabrikarbeiter u. a.); → Person-Charakteristik

- Themen aus der Über-Wirklichkeit, etwa: ein Sagenheld, eine Märchenfigur; ein Märchenland, z. B. das Schlaraffenland o. ä.

Darstellungsweise
- wirklichkeitsnah
- erlebnis-getönt, einfühlsam
- deutend-spekulativ
- kritisch-wertend
- anschaulich
- genau
- knapp

Man vermeide:
- wirklichkeitsgetreue Nachzeichnung;
- sachlich-nüchterne Sprache;
- verschwommen-diffuse Wiedergabe (häufiger Grund: oberflächliche Beobachtung);

Zeitstufen
- Gegenwart (= Präsens);
- gelegentlich im Wechsel mit der ersten Vergangenheit (= Imperfekt);

Textumfang
- häufig eine halbe bis eine Schreibmaschinenseite;
- in Ausnahmefällen mehrere Seiten.

Textbeispiel: „Ding-Charakteristik"

Besuch des Straßburger Münsters

„... Dann hab ich immer wieder das ungeheure Münster umkreist, hab mich vor ihm in den engsten und ältesten Gäßchen versteckt; aber auch da, überall am Ende eines jeden, wuchs es wieder auf und war da, vor einem, über einem: über allem!
Und gleich darauf erfuhr ich die Stärke seines Anstiegs noch auf eine andere Art: mitsteigend in der engen gedrehten Treppe; denn auch dazu hatte ich Zeit, Zeit, die Stadt mit den zusammengeschobenen Schuppendächern und das ebene Land weithin zu überschauen; Zeit, im Raum unter der Wölbung des vollendeten Turmes die Uhr elfmal schlagen zu sehen und den alten Turmwächter, der ihr elfmal nachschlug auf einer anderen Glocke, ganz wie sie, in gleichen sicheren Zwischenpausen. Zeit, die in die Bausteine geschnittenen Namen zu lesen: Goethes, der Stolbergs und manches anderen aus 1770. Und viel Zeit zu denken, daß Ihnen das alles lieb und vertraut sei und daß es Sie freuen müßte zu hören, wie es sei und bestünde und weiterginge über Zeit und Zeit ..."

Rainer Maria Rilke

Textbeispiel: „Person — Charakteristik"

Der Kriegsrat Merck
... Er war lang und hager von Gestalt; eine hervordringende spitze Nase zeichnete sich aus; hellblaue, vielleicht graue Augen gaben seinem Blick, der aufmer-

kend hin und wider ging, etwas Tigerartiges. In seinem Charakter lag ein wunderbares Mißverhältnis: von Natur ein braver, edler, zuverlässiger Mann, hatte er sich gegen die Welt erbittert und ließ einen grillenkranken Zug dergestalt in sich walten, daß er eine unüberwindliche Neigung fühlte, vorsätzlich ein Schalk, ja ein Schelm zu sein. Verständig, ruhig, gut in einem Augenblick, konnte es ihm mit dem andern einfallen, wie die Schnecke ihre Hörner hervorstreckt, irgend etwas zu tun, was einen anderen kränkte, ja, was ihm schädlich war . . .

Johann W. von Goethe

Textbeispiel: „Tierschilderung"

Eine Kaurischnecke
Die kleine Tiefseeschnecke vor mir gleicht, wenn sie so daliegt, einem unregelmäßigen Kieselstein und ist nicht größer als eine Haselnuß. Die Seite, auf der sich die Öffnung befindet, ist abgeplattet; sie ist zunächst gar nicht sichtbar, weil die Schnecke auf dieser flachen Seite aufliegt und nur ihren gleichmäßig gewölbten Rücken wie eine winzige Schildkröte nach oben streckt. Die Grundfarbe dieses glatten, porzellanglänzenden Gebildes ist ein sehr lichtes Gelbweiß, das nach der hohen Mitte zu in zartes Perlgrau übergeht. Sein feinster Schmuck ist ein fadendünner, scharfgelber Streifen, der ungefähr als Grenze des weißlichen Unterteils sich rings um die grauße Kuppe herumzieht. Dreht man das Ding um, so wird auf der bleichen Unterseite die Schneckenöffnung sichtbar. Sie durchzieht der Länge nach das ganze Gehäuse, ein breitgezogenes Maul mit feingezackten Lippenrändern. Es läßt nur einen schmalen Spalt offen, durch den man ins Innere blicken kann. Im Gegensatz zu der sauberen, gläsernglatten Außenseite ist das Innere schwärzlich, rauh, schmutzig, ein wenig unheimlich, als ob es drin nicht ganz geheuer wäre.
(Quelle: Deutsche Sprach-Erziehung, IV, S. 25)

Die Erörterung

Zielsetzung
Wer aus den mannigfaltigen Text-Sorten bewußt die „Erörterung" wählt, der beabsichtigt, dem Leser in dialektisch-gestaltender Auseinandersetzung (= Für und Wider, These und Antithese) ein Problem, eine Streitfrage oder eine bedeutsame offene Frage (z. B. aus einem Fachgebiet) darzustellen; dabei will er den Leser schrittweise — aufklärend, argumentierend und manchmal belehrend — zu einem bestimmten Ziel hinführen. Den Abschluß bildet die profilierte Meinung des Schreibers — oder — eine Synthese: eine Verbindung (wie bereits an früherer Stelle bei der „Dialektische Form" gesagt; s. S. 138), in der die Gegensätze (Für und Wider) durch wechselseitiges Sich-Durchdringen ausgeglichen oder aufgehoben sind.

Aus solchem gedanklichen Vorgehen ergibt sich das kommunikative Richtziel: den Leser beeinflussen — meist in seiner Meinung, in verschiedenen Fällen aber auch in seinem Verhalten, seinem Handeln.

Auf die große didaktische Bedeutung der Erörterung verweist Bernhard Sowinski in seinem Fachbuch „Deutsche Stilistik": „ . . . Erörterungen sind seit der Antike in den verschiedensten Formen wichtiger Gegenstand der schulischen Aufsatzlehre, wohl vor allem deshalb, weil mit der Einübung solcher Textformen die Schulung des Denkens wie des sprachlichen Ausdrucks verbunden werden kann . . ."[60]

Sortenmerkmale

Inhalt
- Themen aus dem Wirklichkeitsbereich: z. B. „Pro und Kontra der Einwegflasche", „Öl kontra Kohleheizung", „Vor- und Nachteile der Chemiefaser", „Automatik oder Handschaltung?" u. a. m.;
- Themen aus dem Bereich der Über-Wirklichkeit: etwa „Gegenwartsliteratur ohne Ethos?", „Das Märchen — eine Gefahr für die Kinder-Phantasie?", „Philosophie im Kreuzfeuer", „Das Image — Utopie oder Wirklichkeit?" u. a. m.;

Darstellungsweise
- dialektisch-behende
- argumentierend
- lebhaft
- klar
- belehrend (gelegentlich)

Man vermeide:
- verschwommene Thesenformulierung;
- Abschweifungen vom Thema;
- einen „offenen" Schluß;

Zeitstufe
- Gegenwart (vornehmlich);

Textumfang
- unterschiedliche Textlänge, des öfteren 4 — 5 Schreibmaschinenseiten.

Arten der Erörterung

- Einfache Erörterung
  = eine einfache Sachfrage (z. B. das Wandern) nach Pro und Kontra gründlich durchdenken und das Ergebnis schriftlich darstellen; als Denkmuster empfiehlt sich jeweils für das Für und Wider der „Argumentblock" (s. S. 133 ff.).

Text-Erörterung
= aus einem vorliegenden Text den Kerngedanken, die Hauptthese oder das Kernproblem, dialektisch in knapper Form herausarbeiten; dann z. B. den Kerngedanken mit eigenen Worten darstellen und das erzielte Ergebnis in einer kurzen Zusammenfassung thesenartig aufzeigen.

Besinnungs- oder Problemaufsatz
= eine offene Frage oder ein Problem vertieft und dialektisch argumentierend behandeln.

Einfache Erörterung

Diese Text-Grundsorte erleichtert als „Vorübung" den Einstieg in die Erörterung (→ Problemaufsatz) schlechthin; denn hierbei bringt man nur eine Frage, und zwar eine einfache Sachfrage (z. B. Skifahren, Camping o. ä.) auf den Objekttisch, um das Für und Wider zu untersuchen, nämlich: bedeutsame Gesichtspunkte und Tatsachen, die etwa für und gegen das Skifahren sprechen; so ist man nach kritischem Abwägen der beiden Seiten imstande, ein abgeklärtes und sachgerechtes Urteil über den Untersuchungsgegenstand (z. B. Skifahren) fällen zu können. — Für diese Text-Sorte könnte demnach ein Denkmuster so aufgebaut sein:

1. kurze Einleitung (im Hinblick auf den Untersuchungsgegenstand, etwa Skifahren);

2. das „Für"
   2.1 Behauptung (= These)
   2.2 ein Beweisgrund (= Argument) oder mehrere Beweisgründe
   2.3 möglichst ein Beispiel (aus der Erfahrungswelt der Leser), das z. B. das wichtigste Argument beweiskräftig unterstützt
   2.4 knappe Ergebnis-Zusammenfassung des „Für"

3. das „Wider"
   3.1 Behauptung (= Anti-These)
   3.2 ein Beweisgrund (= Argument) oder mehrere Beweisgründe
   3.3 möglichst ein Beispiel (aus der Erfahrungswelt der Leser), das z. B. das wichtigste Argument beweiskräftig unterstützt
   3.4 knappe Ergebnis-Zusammenfassung des „Wider"

4. knappe Darstellung des eigenen Urteiles (= Ergebnis der vorangegangenen bilanzierenden Betrachtung).

Über die Sprachgestaltung dieser Text-Sorte dürfte kein Zweifel bestehen, sie ist in der Tendenz: sachlich, verständlich, knapp und schlicht.

Textbeispiel einer Erörterung (→ Problemaufsatz): „Über das Glück" (steigernde Fassung, s. S. 188; dialektische Fassung, s. S. 188 f.).

Der Besinnungsaufsatz (= Problemaufsatz)

Zielsetzung
Wenn beabsichtigt ist, eine bedeutsame Frage, eine offene Frage oder ein ungelöstes Problem nach vertieftem Durchdenken zu erörtern, eine eigene Meinung darüber zu bilden als Stellungnahme (= Urteil) und diese schließlich dem Leser in partnerschaftlich-überzeugender Art ausführlicher darzutun: dann ist der Besinnungs- oder Problemaufsatz die geeignete Text-Sorte −, sei es in steigernder oder dialektischer Darstellung.

Daher kann das kommunikative Richtziel nur lauten: den Leser beeinflussen − in seiner Meinung oder seinem Handeln.

Sortenmerkmale

Inhalt
○ Fragen und Probleme aus der Wirklichkeit: z. B. aus der Politik, Wirtschaft, Technik u. a.;
○ Fragen und Probleme aus der Über-Wirklichkeit: etwa aus den Bereichen der Religion, Philosophie, Ideologie u. a.);

Darstellungsweise
○ wirklichkeitsnah
○ dialektisch (= Für und Wider)
○ beweisführend (argumentierend)
○ persönlich-gewinnend
○ glaubwürdig
○ anschaulich
○ lebhaft
○ klar

Man vermeide:
○ sachlich-nüchternen Text;
○ holzhammerartige Beweisführung;
○ Thesen ohne Argumente;

Zeitstufe
○ Gegenwart (= Präsens)

Textumfang
○ oft ein bis zwei Schreibmaschinenseiten;
○ meist mehr als zwei Seiten.

Textbeispiel: „Besinnungsaufsatz" (oder „Problemaufsatz")

Über das Glück
(Erste Fassung: steigernd)
Die Menschen wollen alle glücklich werden, und sie tun, als ob es vom Glückszufall allein abhinge, daß sie erreichen, was sie erreichen wollen. Nun ist das Glück freilich etwas Wichtiges; aber wenn man es als bloßen Glückszufall versteht, macht es den Menschen unfrei, ja, mehr noch, es macht ihn untüchtig, sich etwas vorzunehmen und es energisch anzupacken, weil er immer darauf wartet, daß das Glück ihm zu Hilfe kommt. Freilich gibt es auch Menschen, die immer Pech haben, und sie erreichen erst recht nichts. Doch sagt ein lateinisches Sprichwort: „Dem Tapferen hilft das Glück", und es spricht damit die Erfahrung aus, daß man das Glück zwingen kann. Mag sein, daß es ausgezeichnete Menschen gibt, denen nichts glückt. Sie sind aber selten, und wenn man genau zusieht, so wird man finden, daß sie in irgendeinem Mißverhältnis zur Wirklichkeit stehen. Vielleicht ist gerade dieses Mißverhältnis ihr Unglück, und wenn das Glück ihnen zu Hilfe käme, könnten sie es überwinden, weil sie dann aus dem Glücksgefühl des einmal errungenen Erfolgs heraus innerlich freier würden. Nur darf man dieses Glücksgefühl nicht oder nicht in erster Linie von dem Glückszufall erwarten, der unseren Absichten freundlich entgegenkommt. Es ist vielmehr das Gefühl, das uns erfüllt, wenn wir unser Bestes gegeben haben. Dieses Glück gibt nicht nur einen schwächlichen Trost in Mißerfolg und Unglück: es gibt Kraft zu männlicher Haltung in jedem Schicksal. Auf dieses Glück können wir auch tatsächlich nicht verzichten, mit diesem Glück können wir das andere zwingen, das uns vom Zufall abhängig machen will.
(Quelle für beide Textbeispiele: Deutsche Spracherziehung, Ausgabe B VII, Stuttgart 1975, S. 1 f.)

Textbeispiel: „Besinnungs- oder Problemaufsatz"

Über das Glück
(Zweite Fassung: dialektisch)

A. Ich mag's nicht, wenn die Leute so viel vom Glück reden. Als ob im Leben alles darauf ankäme, daß man Glück hat!

B. Es kommt aber verdammt viel darauf an.

A. Fühlst Du nicht, daß diese Einschätzung des Glücks den Menschen unfrei macht, ja, mehr noch, sie macht ihn untüchtig, sich etwas vorzunehmen und es energisch anzupacken, weil er immer darauf wartet, daß das Glück ihm zu Hilfe kommt.

B. Jemand, der immer Pech hat, erreicht aber erst recht nichts, wieviel er sich auch vornimmt und wieviel er auch anpackt.

A. Das ist nur zum Teil richtig. Ein tüchtiger Mensch zwingt das Glück. „Dem Tapferen hilft das Glück", sagt ein lateinisches Sprichwort, und es hat recht.
B. Und doch gibt es ausgezeichnete Menschen, denen nichts glückt.
A. Das ist möglich, aber sie sind selten, und wenn man genau zusieht, so wird man finden, daß sie in irgendeinem Mißverhältnis zur Wirklichkeit stehen.
B. Vielleicht ist gerade dieses Mißverhältnis ihr Unglück, und wenn das Glück ihnen zu Hilfe käme, könnten sie es überwinden, weil sie dann aus dem Glücksgefühl des einmal errungenen Erfolges heraus innerlich freier würden.
A. Damit hast Du durchaus recht. Denn tatsächlich kann man nur aus diesem Glücksgefühl heraus das rechte Selbstbewußtsein haben, das man braucht, um das Glück zu zwingen. Aber ich glaube, dieses Glücksgefühl liegt nicht oder nicht in erster Linie bei dem glücklichen Zufall, der unseren Absichten freundlich entgegenkommt. Es ist vielmehr das Gefühl, das uns erfüllt, wenn wir unser Bestes gegeben haben. Dieses Glück gibt nicht nur einen schwächlichen Trost in Mißerfolg und Unglück: es gibt die Kraft zu männlicher Haltung in jedem Schicksal. Auf dieses Glück können wir auch tatsächlich nicht verzichten, und mit diesem Glück können wir das andere zwingen, das uns vom Zufall abhängig machen will.

Die Erzählung

Da diese Text-Grundsorte ihren Standort in der Dichtung hat, nicht aber im Gebiet des Gebrauchstextes, haben wir sie nur kurz zu erwähnen. Was ist damit gemeint? Nach allgemeiner Begriffsbestimmung ist die „erzählende Dichtung" vornehmlich in Prosa gestaltet und hinsichtlich ihres Umfanges angesiedelt zwischen Kurzgeschichte und Roman. Liegt ihr ein strenger und straffer Aufbau zugrunde, dann ordnet man sie in der Regel dem Typus „Novelle" zu. — Zu dem Themen-Panorama der Erzählung gehören: Geschehnisse und Ereignisse in der Umwelt oder Innenwelt des Menschen, ferner Geschehnisse aus dem Bereich der Wirklichkeit (→ wahre Begebenheit oder frei erfundene Schöpfung in dichterischer Ausformung) sowie aus der Über-Wirklichkeit (→ Mythos, Sage o. a.).

Text-Sondersorten im Schulbereich

Mit „Schule" sei hier allgemein gemeint die institutionalisierte Form der Erziehung und des Unterrichtes, geprägt und mitbestimmt durch planmäßige und methodische Unterweisung. Bei dem Bemühen, dem Heranwachsenden die Umwelt zunehmend differenziert darzustellen und sie dabei sach-, wert- und sinnorientiert zu erschließen, übernimmt die Sprache als gesprochenes und/oder geschriebenes Wort eine Kernfunktion. In diesem Prozeß des Weltergreifens und

Weltbegreifens erfüllen die Text-Grundsorten sowie einige Text-Sondersorten — je nach didaktischer Absicht und Situation — die Rolle einer Sonde für vertiefendes Textverständnis oder die Rolle eines Werkmittels zum Deuten wesentlicher Textstellen und zum Skizzieren von Gehalt, von Sinnbezirken im Gesamttext.

An welche Text-Sondersorten ist dabei vor allem zu denken? An die folgenden fünf Sorten:

1. Begriffsbestimmung (= Begriffsdefinition, s. S. 190 ff.);
2. Inhaltsangabe (s. S. 192 ff.);
3. Text-Beschreibung (s. S. 194);
4. Text-Analyse (s. S. 194 ff.);
5. Text-Interpretation (s. S. 205 ff.).

Wer diese fünf Text-Sorten in der angegebenen Reihenfolge durcharbeitet, der erwirbt organisch aufbauend das Wissen, um eine qualifizierte Text-Analyse und Text-Interpretation vornehmen zu können.

Die Begriffsbestimmung

Zielsetzung
Die „Begriffsbestimmung" (= Begriffsdefinition) wird man immer dann punktuell in eine Textdarstellung einblenden, wenn ein Kern- oder Schlüsselwort vom Leser vermutlich nicht im gängigen oder gemeinten Sinn verstanden wird. Deshalb bildet die Begriffsbestimmung nicht selten die geistige Leitersprosse für ein leichteres und besseres Verstehen von Gebrauchstexten.

Unter „Begriff" verstehen wir einen Denkinhalt, der mehrere Einzelmerkmale eines Gegenstandes, Lebewesens, einer Idee oder von Eigenschaften bzw. Reaktionen in sich vereint — ohne anschauliche Fülle.

Der Text-Sorte „Begriffsbestimmung" entspricht als kommunikatives Richtziel in zahlreichen Fällen: den Leser informieren — mitunter ihn aber auch belehren oder beeinflussen wollen.

Sortenmerkmale

Inhalt
○ Begriffe aus der Wirklichkeit: z. B. Blume, Haus, Eidechse; Freiheit, Faulheit, Diebstahl o. a.;
○ Begriffe aus der Über-Wirklichkeit: etwa Gott; Geist; Märchen o. a.;

Darstellungsweise
○ lexikalisch (= wie ein Lexikon)   ○ sachstreng
○ genau   ○ knapp

Zeitstufen
○ Gegenwart (= Präsens)
○ Vergangenheit (= Imperfekt); gelegentlich dann, wenn eine zeitgültige Begriffsbestimmung gegen eine veraltete abgegrenzt werden soll;

Textumfang
meist 3 – 5 Schreibmaschinenzeilen;

Gestaltungshinweise
Da eine „richtige" Begriffsbestimmung (z. B. in einer Facharbeit, einem Entwicklungsbericht o. a.) oft über die Verständlichkeit und damit über den Erfolg mitentscheidet, sollte man die vier gröbsten Definitionsfehler kennen und vermeiden:
1. Die Definition ist zu eng.
2. Die Definition ist zu weit.
3. Die Definition enthält einen Begriff, der seinerseits erklärungsbedürftig ist.
4. Die Definition gibt den Umfang an, nicht den Inhalt.

Für die Fehler 1 und 2 je ein Beispiel.
Eine zu enge Definition: „Die Eisenbahn ist ein Schienenfahrzeug".
Eine zu weite Definition: „Eine Eisenbahn ist ein Unternehmen, gerichtet auf wiederholte Fortbewegung von Personen oder Sachen über nicht ganz unbedeutende Raumstrecken auf metallener Grundlage, welche durch ihre Konsistenz, Konstruktion und Glätte den Transport großer Gewichtmassen beziehungsweise die Erzielung einer verhältnismäßig bedeutenden Schnelligkeit der Transportbewegung zu ermöglichen bestimmt ist, und durch diese Eigenart in Verbindung mit den außerdem zur Erzeugung der Transportbewegung benutzten Naturkräften – Dampf, Elektrizität, tierischer oder menschlicher Muskeltätigkeit, bei geneigter Ebene der Bahn und schon durch die eigene Schwere der Transportgefäße und deren Ladung usf. – bei dem Betriebe des Unternehmens auf derselben eine verhältnismäßig gewaltige, je nach den Umständen nur bezweckterweise nützliche oder auch Menschenleben vernichtende und menschliche Gesundheit verletzende Wirkung zu erzeugen fähig ist."
Wer könnte wohl der Urheber dieser bandwurmartigen Definition sein? Ausgeklügelter Juristenverstand ist es, in diesem Falle das Reichsgericht. Heute würde natürlich eine derartige Definition inhaltlich und stilistisch anders lauten.

Ein Blick in die Brockhaus-Enzyklopädie (1969) vermittelt uns folgende Begriffsbestimmung:

„Eisenbahn, allgemein eine Spurbahn aus stählernen Schienensträngen für Fahrzeuge, die durch Pferde- oder Maschinenkraft (Dampfmaschinen, Verbrennungsmotoren, Elektromotoren) fortbewegt werden ..."[61]

Immer dann, wenn die Definition aus einem Lexikon stammt, sprechen wir von „lexikalischer Bedeutung" oder „Kernbedeutung"; denn eine solche Definition hat Verkehrsgeltung, wird also von einem großen Teil des Volkes verstanden und anerkannt.

Eine Bilanz aus dem Gesagten:

○ Soll eine Begriffsbestimmung allgemeinverständlich sein, entnimmt man sie zweckmäßig einer Lexikon-Enzyklopädie (z. B. dem „Brockhaus" oder „Meyer");

○ ist eine fachspezifische Begriffsbestimmung erforderlich, dann greift man am besten zu einem fachorientierten Nachschlagewerk (z. B. Lexikon der Psychologie, h.g. v. W. Arnold, H. J. Eysenck u. R. Meili, 1971) oder man benutzt die Definition aus dem Fachbuch eines weithin anerkannten Wissenschaftlers.

Ein weiteres Textbeispiel: „Begriffsbestimmung"

Thema „Blume"
Mit dem Begriff „Blume" meint man z. B. eine Blütenpflanze; die Einzelmerkmale dieses Denk- oder Begriffsinhaltes „Blume" sind: Blüte, Stengel, Blatt.

Die Begriffsbestimmung (= Definition) faßt diese Einzelmerkmale des Begriffsinhaltes zu einer gedanklichen Einheit zusammen, etwa in dem Satz: „Mit dem Wort ‚Blume' meinen wir eine Blütenpflanze, die durch folgende drei Einzelmerkmale gekennzeichnet ist: Blüte, Stengel und Blatt". — Durch eine solche Definition wird der Begriff „Blume" zum einen geklärt, zum andern abgegrenzt gegenüber benachbarten oder verwandten Begriffen. Dabei bedient man sich dann des öfteren der Aspekte: Bedeutung, Verwendung und Geltung.

Die Inhaltsangabe

Zielsetzung
Mit einer „Inhaltsangabe" beabsichtigt man, dem Leser über einen meist längeren Text (z. B. einen mehrseitigen Tagungsbericht) in gegliederter und zusammenhängender Form das Wesentliche mit eigenen Worten sachlich und knapp mitzuteilen.
Deshalb lautet das kommunikative Richtziel: den Leser informieren.

Sortenmerkmale

Inhalt
○ Themen überwiegend aus dem Wirklichkeitsbereich: z. B. ein Roman, ein Film, ein Drama, ein Forschungsbericht u. a.;

Darstellungsweise
○ vorlagegetreu (→ Themenbezug)
○ sachlich
○ knapp
○ zusammenhängend
○ klar (→ Gliederung)

Man vermeide:
○ Persönliche Anteilnahme oder Wertung;
○ Empfindungen, Stimmungen, Gefühle;
○ Nebensächliches darzustellen;

Zeitstufe
○ Gegenwart (= Präsens);

Textumfang
je nach Themendimension, oft 1 — 2 Schreibmaschinenseiten.

Textbeispiel: „Inhaltsangabe"

Der Araber und sein Pferd
Einleitung: Moltke erzählt (in seinen Briefen aus der Türkei) die Geschichte von dem Araber, der einem türkischen Pascha, einem Kavalleriegeneral, ein edles Pferd zu teurem Preis verkauft, nach dem Handel in scheinbar betrügerischer Absicht mit Geld und Roß in die Wüste entweicht, aber freiwillig zurückkehrt. Die Geschichte spielt vor der Mitte des 19. Jahrhunderts.
Hauptteil: Ein türkischer Kavalleriegeneral kauft zu einem hohen Preis von 2000 Talern einem Araber eine wertvolle Vollblutstute ab. Der Scheik, den das lange Feilschen tief verstimmt hat, beschließt, dem Pascha eine Lehre zu erteilen. Er nimmt scheinbar Abschied von seinem Pferd und, um zu beweisen, daß der geforderte Preis nicht zu hoch war, rast er auf der herrlichen Stute in die Wüste hinaus und läßt sich von den Reitern des Generals verfolgen. Diese werden in 15stündigem Ritt immer tiefer in die Wüste hineingelockt. Schließlich verschwindet der Scheik in der Nacht. Die Türken erscheinen am dritten Tag und völlig erschöpft vor ihrem zornigen Gebieter. Da dieser sich für seinen kleinen Geiz bestraft fühlt, ist er doppelt empört über die offensichtliche Treulosigkeit des Arabers. Sein Erstaunen ist freilich groß, als am folgenden Morgen der Scheik mit der Stute wieder zurückkommt und dem General die Wahl läßt zwischen dem Geld und dem einzigartigen Pferd.

Schluß: An der Geschichte gefällt mir besonders, wie der hochmütige Kavalleriegeneral von dem verachteten dunkelhäutigen Gentleman beschämt wird. Hier wird klar, daß man höflich sein soll gegen Leute, die man nicht kennt.
(Quelle: Deutsche Spracherziehung, IV, S. 6 f.)

Die Text-Beschreibung
Diese Text-Sorte befaßt sich kritisch und knapp mit Inhalt sowie Gestaltung des jeweiligen Textes in der Absicht, ihn dadurch gründlicher zu verstehen. Hauptsächliche Analyse-Merkmale: Art des geistigen Bauplanes/Gedankenschritte; wichtige Einzelheiten in der vorgegebenen Reihenfolge; Herausarbeiten des Problems (falls vorhanden); Sprachgestaltung (charakteristische Merkmale, bezogen z. B. auf Satzbau, Satzarten, Wortwahl u. a.). — Als verkürzte Darstellungsform kennen wir die „Kritik" (→ etwa Buch-, Film-, Theaterkritik o. ä.).

Die Text-Analyse

Zielsetzung
Ist beabsichtigt oder ergibt sich die Aufgabe, einen Gebrauchstext (z. B. eine längere Facharbeit, eine umfangreichere Beschreibung o. ä.) erkenntnismäßig zu durchdringen, ihn möglichst vollständig zu verstehen, um dadurch seine mutmaßliche Wirkung auf den Leser vorauszusehen, dann entscheidet man sich zweckmäßig für die Text-Analyse.

Eine jede „Text-Zergliederung" ist die Momentaufnahme eines Textes, und zwar zu einem bestimmten Zeitpunkt. Das dabei erarbeitete Analyse-Ergebnis gilt mithin nur zeitbezogen und zugleich nur für diesen einen untersuchten Text des Schreibers. — Von den Einzelergebnissen einer Text-Analyse kann man daher schwerlich auf Stilmerkmale des betreffenden Schreibers schließen; erst die Analyse mehrerer Texte, über einen längeren Zeitraum betrachtet, kann uns mit größerer Sicherheit beabsichtigten Aufschluß geben über markante Aspekte des Schreib-Stiles. — Übrigens, zum Schlüsselwort „verstehen"; was bedeutet „verstehen"? „. . . verstehen heißt, etwas in seinem Zusammenhang erkennen, sein Wesen, seine (nur als Zusammenhang erfaßbare) Bedeutung erkennen. V. ist nur möglich, wenn den Gegenständen, auf die das V. gerichtet ist, ein → Sinngehalt verliehen worden ist . . ."[62]

Die Analyse, seit Jahrhunderten als Methode oftmals bewährt, ermöglicht es im allgemeinen: eine Ganzheit, z. B. eine Texteinheit, in ihre Teile zu zerlegen; ferner etwas Zusammengesetztes in seine Komponenten, ein Geschehen in seine einzelnen Stufen, einen Begriff in seine Merkmale zu zerlegen.

Somit ergibt sich für die Text-Analyse das kommunikative Richtziel: den Leser über den jeweiligen Analyse-Gegenstand (z. B. den Fachbeitrag „Formt Sport die Persönlichkeit"?) vertiefend informieren und seinen Blick schärfen für die Ganzheit, ihre Teile und das Wesentliche; zugleich soll der Leser ertüchtigt werden, Folgerungen daraus zu ziehen im Hinblick auf die voraussichtliche Resonanz bzw. Wirkung des Textes beim Leser.

Inhalt
○ Themen aus dem Wirklichkeitsbereich: Text-Analyse eines Zeitungsberichtes, einer Produktbeschreibung, einer Werbeanzeige o. ä.;
○ Themen aus dem Bereich der Über-Wirklichkeit: etwa Text-Analyse philosophischer oder religiöser Abhandlungen;

Darstellungsweise
○ kritisch-analysierend
○ auslegend (= deutend, hermeneutisch)
○ mitverstehend
○ sachlich-nüchtern
○ wertend (= urteilend)
○ belehrend (→ Tendenz)

Zeitstufe
○ Gegenwart (= Präsens)

Textumfang
○ unterschiedlich, oft 2 — 3 Schreibmaschinenseiten.

Arbeitsmethodische Vermerke

Mit der Analyse literarischer Texte hat man sich bis heute erfreulicherweise intensiv befaßt und hilfreiche, kluge Fachliteratur geschaffen. — Der Gebrauchstext dagegen blieb leider bislang weitgehend unbeachtet im Blickschatten liegen, als Stiefkind? Doch weder „zetern" noch „anklagen" heißt heute das Gebot, sondern: Kurskorrektur! Ein bescheidener Anfang in diese neue Arbeitsrichtung — die Analyse von Gebrauchstexten — sei darum hier getan. Zunächst ein kurzer Überblick über die Leitmerkmale einer solchen Analyse:

1. Thema/Titel (des vorliegenden Textes)
2. Klärung der künftigen, mutmaßlichen Leser (= Zielgruppe)
3. Klärung der Zielsetzung des Schreibers
4. Ort und Zeitpunkt der Text-Veröffentlichung
5. Text-Untersuchung
   5.1 Titel
   5.2 ggf. Untertitel
   5.3 Textsorte; Zugehörigkeit der Text-Sorte (→ Schule, Wirtschaft, Publizistik o. a.) bzw. literarische Gattung (z. B. Lyrik o. a.)
   5.4 Situationsumfeld oder Hintergrund (des vorliegenden Textes)

5.5 Text-Inhalt; Gehalt
5.6 geistiger Bauplan (→ Denkmuster)
5.7 Sprachgestaltung
(→ Wort, Satz, Sprachbilder, Darstellungsperspektive, Zeitstufe u. a.)
5.8 mutmaßliche Stilelemente
(→ Anmutung; Stilmittel, wie Wort- und Satzarten; Sprachbilder; Stilzug u. a. m.)
6. Ergebnis-Darstellung der Text-Analyse
7. voraussichtliche Wirkung des Textes auf die Leser
(→ wird die [operationale] Zielsetzung beim Leser erreicht; in welchem Maße).

Nach dem Überblick über die sieben Leitmerkmale nun zu den einzelnen Aspekten noch einige erklärende und vertiefende Hinweise.

1. Zum ersten Schritt: „Thema/Titel"
Zu Beginn die Formulierung von „Thema/Titel" sorgfältig und bewußt betrachten und dabei zunächst die eigene Erwartung an dieses Thema erkunden, möglichst schriftlich (2 — 3 Sätze);

2. zum zweiten Schritt: „künftige, mutmaßliche Leser"
genau die schriftliche „Zielgruppenbestimmung" (s. S. 80 ff.) betrachten und dabei die einzelnen Lesergruppen sowie deren Hauptmerkmale wahrnehmen;

3. zum dritten Schritt: „(Operationale) Zielsetzung des Schreibers"
die schriftliche „(operationale) Zielsetzung" (s. S. 102 ff.) zur Hand nehmen und darin die — hoffentlich! — überprüfbar formulierten Einzelziele unterstreichen;

4. zum vierten Schritt: „Ort und Zeitpunkt der Text-Veröffentlichung"
im weiteren den genauen Ort und Zeitpunkt der Veröffentlichung feststellen; überprüfen, ob der eine oder andere Gesichtspunkt im Zusammenhang steht mit einem besonderen Geschehen;

5. zum fünften Schritt: zur eigentlichen „Text-Untersuchung"

   5.1 Titel
   enthält z. B. die Titel-Formulierung starken Leseanreiz; ist er verständlich;

   5.2 Untertitel
   erfordert etwa der Titel zum schnelleren und besseren Verstehen einen Untertitel; wenn vorhanden, erfüllt er seine Funktion (→ z. B. Verdeutlichung des dargestellten Themenfeldes; Gliederungsschritte o. a.);

5.3 Text-Sorte
welche Text-Sorte oder welche Sorten-Kombination liegt vor (→ Beschreibung, Bericht, Nachricht o. a.); zu welcher Text-Grundsorte (→ Beschreibung, Erörterung o. a.) oder Text-Sondersorte (→ Sorten aus der Wirtschaft, Werbung o. a.) gehört die vorliegende Sorte;

5.4 Situationsumfeld oder Hintergrund
aus welcher (besonderen) Situation heraus oder von welchem (etwa problembeladenen) Hintergrund aus ist der Text entstanden; was war der „Auslöser" für die Schreibe;

5.5 Text-Inhalt; Gehalt
eine kurze Inhaltsangabe erstellen (s. S. 192 ff.); im Zusammenhang damit den Gehalt ausfiltern: das Wesentliche, Wertvolle aus dem Gesamttext;

5.6 geistiger Bauplan (= Denkmuster)
den Bauplan analysieren, welcher geistige Bauplan (= Denkmuster) oder welche Denkmuster-Kombination dem Text zugrunde liegt; stehen Zielsetzung und Denkmuster in einem folgerichtigen Zusammenhang; erleichtern Zwischenüberschriften die Klarheit der einzelnen Gedankenschritte; gedankliche Beziehungen oder Verknüpfungen im Text-Gesamtgefüge aufdecken; Gewichtung der Bauteile (z. B. „Kopf- oder Schwanzlastigkeit" von Einleitung bzw. Schluß); klare Gedankenführung innerhalb der einzelnen Abschnitte;

5.7 Sprachgestaltung

○ Wortbetrachtung (s. S. 365)
= zur Wortwahl — bevorzugt der Schreiber bestimmte Wortarten, etwa:

— das Hauptwort (z. B. vorherrschend in Politik und Wissenschaft); Konkreta oder Abstrakta (→ ihr Verhältnis?); bildkräftige Hauptwörter (→ Wortbild);
— das Verb; liegen wichtige Aussagen in den Verben; dominieren die aktiven oder passiven Formen; bildkräftige oder blasse Verben; beherrschen bestimmte Zeiten (= Tempora, wie Gegenwart, Zukunft oder andere) den Text; wenn ja, mit welcher Wirkung;
— das Eigenschaftswort; ursprüngliches Eigenschaftswort, Mittelwort der Gegenwart (lachendes Mädchen); Mittelwort der Vergangenheit (wiederhergestellte Berghütte); starke, schwache Beugung; Steigerungsstufe; Stärke der Bildkraft; außergewöhnliche Eigenschaftswörter;

- beherrscht eine dieser Wortarten (Hauptwort, Verb, Eigenschaftswort) den zu analysierenden Text;
- hat eine dieser Wortarten in mehreren Sätzen oder in bestimmten Satzarten ein besonderes Gewicht;
- liegt ein großer, mittelgroßer oder kleiner Wortschatz vor;

○ Satzbetrachtung (s. S. 369 ff.)
= zur Satzgestaltung — bevorzugt der Schreiber bestimmte satzgestalterische Gesichtspunkte, etwa:

- dominieren lange oder kurze Sätze;
- sind die Sätze verständlich;
- sind die Sätze anschaulich (→ Satzbilder);
- sind Besonderheiten beim Satzbau gegeben (z. B. Anakoluth o. a.);
- beherrscht eine bestimmte Satzart (z. B. Aussagesatz, Fragesatz o. a.) den Text;
- liegen wesentliche Aussagen nur in bestimmten Satzarten;

○ Textbetrachtung (s. S. 345 ff.)
= zur Textgestaltung — ist der Text als Ganzheit durch bestimmte Merkmale gekennzeichnet, etwa:

- sind die Satzverknüpfungen übersichtlich und leicht verständlich;
- ist der Text lebendig oder leblos (→ Wechsel von langen und kurzen Sätzen; Zeitenwechsel; unterschiedliche Satzarten; Einblendung wörtlicher Rede, Einbezug von Beispielen, bildstarken Wörtern oder Wortgruppen);
- ist die Text-Gestaltung dem Thema angemessen (→ Wortwahl, [Stilebene]);
- enthält der Text mehrere Textstellen mit einer „leeren Überfülle" (= Redundanz);
- enthält der Gesamttext mehrere Textbilder;
- ist der Text klangreich oder klangarm;
- enthält der Text auch Reim (→ Stabreim, Endreim o. a.);
- liegt dem Text ein angenehmer Rhythmus zugrunde;
- wird im vorliegenden Text offenkundig ein Gehalt erkennbar;
- welche Satzzeichen verwendet der Schreiber hauptsächlich;
- verwendet er ferner die Zeichensetzung (= Interpunktion) im herkömmlichen Sinn — oder —
wandelt er sie gelegentlich nach eigenem Ermessen ab;
- verbinden geistige Bezugslinien erkennbar den Text mit dem Umfeld (→ Entstehungsprozeß des Textes; vergleichbare Texte aus der betreffenden Epoche; geistige Grundströmungen, zeit-

charakteristische Lebenshaltungen, Ideen, Strebungen der
Menschen jener Zeit; zeitcharakteristische Merkmale in Kunst,
in Wissenschaft jener Epoche u. a.; diese Gesichtspunkte kommen vor allem für die Analyse literarischer Texte in Betracht);

○ Sprachbilder
wird der vorliegende Text durch erlesene Sprachbilder charakterisiert,
z. B. durch Wort-, Wortgruppen-, Satz- oder Textbilder (s. S. 353 ff.);

○ Darstellungsperspektive des Schreibers
für welche Perspektive, für welche der drei Perspektive-Arten hat sich
der Schreiber entschieden, z. B. für:

a) die „Ich-Perspektive" (= subjektive Perspektive)
= der Schreiber bezieht sich ein in das dargestellte Geschehen;
b) die „Du-Perspektive" (= objektive Perspektive)
= der Schreiber tritt hinter seinen Text zurück, um dafür den Leser
— das „Du" — am dargestellten Geschehen möglichst unmittelbar teilnehmen zu lassen;
c) die „Regie-Perspektive" (s. S. 200).

Gebräuchliche Methoden der Darstellungsperspektive:

○ „Innerer Monolog"
Bei diesem inneren Selbstgespräch, der Alleinrede (→ im Gegensatz
zum Zweiergespräch, dem Dialog), entspringen Gedanken, Erleben,
Gefühle, Assoziationen u. a. unmittelbar den im Text dargestellten
Menschen, oft ohne jedwedes Nachdenken (= unreflektiert) und
mithin nur flüchtig hingeworfen. Typische Vertreter des inneren Monologes sind Tagebuch- und Ich-Romane, dazu gehört ferner die Ich-Erzählung.
Der Monolog begegnet uns in folgenden Spielarten, als:
— Gedanken-Monolog (= reflektierender Monolog);
— Konflikt-Monolog (= unmittelbare Darstellung innerer, seelisch-geistiger Kämpfe);
— Gefühlsmonolog (= lyrischer Monolog);
— Erzähl-Monolog (= epischer Monolog: er beschreibt Situationen
und Geschehnisse oder erzählt zurückliegende Handlungen);
— Gebärden-Monolog (= ein im Text dargestellter Mensch signalisiert
durch schriftlich skizzierte Gebärden, z. B. Mimik oder Gestik,
gegenüber den Mitmenschen seine Gedanken, Gefühle, Wünsche
oder Urteile).

Beispiel eines gefühlsstarken Konflikt-Monologes
„... Ich möchte mir oft die Brust zerreißen und das Gehirn ein-

stoßen, daß man einander so wenig sein kann. Ach die Liebe, Freude, Wärme und Wonne, die ich nicht hinzubringe, wird mir der andere nicht geben, und mit einem ganzen Herzen voll Seligkeit werde ich den anderen nicht beglücken, der kalt und kraftlos vor mir steht ..."
(Quelle: Die Leiden des jungen Werther, Johann W. v. Goethe)

○ „Erlebte Rede" (= verschleierte Rede)
Der Schreiber bringt in seiner Text-Gestaltung einzelne Wörter oder zusammengefügte Worte (= Gedanken), die dem Leser als solche (z. B. durch Satzzeichen) nicht erkenntlich sind.

Beispiel
Der Vater ging im Wohnzimmer auf und ab und schaute zwischendurch nervös zur Türe. Gerade jetzt hatte er keine Zeit, er war bei Gott mit anderen Problemen überladen.
Vermerk: Im zweiten Satz stoßen wir auf das vom Vater insgeheim Gedachte (= Verschleierte) oder vielleicht Gesagte. — Der „Erlebten Rede" begegnet man bereits in der antiken Literatur; der französische Romanschriftsteller Gustave Flaubert (1821 — 1880) hat sie z. B. bewußt als Stilmittel sachlich-unpersönlichen Erzählens eingesetzt;

c) die „Regie-Perspektive" (= Auktorial-Perspektive)
 = der Schreiber übernimmt die „Regie" des darzustellenden Geschehens, er gibt Anweisungen, Kommentare, macht Randvermerke —, mithin steuert er als Regisseur das Geschehen: bald vorantreibend, bald hemmend oder es gar unterbrechend. Zugleich betrachtet er das Geschehen aus einem großen Abstand, mitunter auch von einem erhöhten Standort aus.

Und noch ein beliebtes Gestaltungsmittel bei der Darstellungsperspektive: der gezielte Einsatz einer bestimmten Zeitstufe (z. B. Gegenwart, Vergangenheit, Zukunft) — oder — unterschiedlicher Zeitstufen, um dadurch die jeweilige Perspektive betont herauszuarbeiten.

○ Zeitstufe
welche Zeitstufe(n) hat der Schreiber gewählt (etwa Gegenwart, zweite Vergangenheit, erste Zukunft); wird etwa eine bestimmte Zeitstufe bevorzugt;

5.8 Stilmerkmale
beinhaltet der Text einige prägende Merkmale, die im gesamten Textschaffen wahrscheinlich Stilelemente sind; werden z. B. erkennbar: ein bestimmter Stilzug, eine Stilanmutung, Stilebene o. a. (s. S. 414 ff.);

6. zum sechsten Schritt: Ergebnisdarstellung der Text-Analyse

Wie sollte man die erzielten Analyse-Ergebnisse darstellen? Auch auf diese Frage gibt es keine Patentantwort —, immerhin aber gibt es einige Einsichten und Erfahrungen, die man bedenken sollte, wenn das erarbeitete Ergebnis schriftlich darzustellen ist. Was also ist zu bedenken:

o das Analyse-Gesamtergebnis nach abgeschlossenem Erkenntnisprozeß als „neue Ganzheit" in einer übersichtlichen und knappen Zusammenschau darstellen; auf keinen Fall: die Einzelergebnisse wie die Teile einer zerlegten Uhr umherliegen lassen;

o durch einen kurzen „Vorspann" (keine lange Einleitung!) den Leser in den Analyse-Text einweisen (→ Zielgruppe und Zielsetzung des Textes; Bedeutsamkeit des Textes in einem größeren Ganzen, in einer bestimmten Situation; die besondere Aktualität des Textes, den Gehalt o. a.);

o nur die wesentlichen Arbeitsschritte der Analyse mit den jeweils erzielten Einzelergebnissen kurz und leichtverständlich darstellen;

o den Weizen von der Spreu trennen und nur Bedeutungsvolles aufgreifen;

o bedeutsame Textstellen als Zitate einblenden; längere wichtige Textabschnitte als knappe Zusammenfassung einbeziehen;

o schwer verständliche oder problematische Textstellen nicht „ersatzlos" streichen, sondern sie unter Umständen als offene Frage in der Ergebnisdarstellung herausstellen;

o im Schlußabschnitt sollte man aus den wesentlichen Analyse-Ergebnissen einige Folgerungen ziehen, dabei jedoch nicht in eine Text-Interpretation abgleiten;

7. zum siebten Schritt: voraussichtliche Wirkung des Textes auf die Leser (= Zielgruppe)
zweifellos ein heikles, schwieriges und problematisches Ansinnen; dennoch sollte man sich an einem derartigen vorausschauenden Urteil nicht „vorbeidrücken"; Meßlatte für eine solche Vorhersage der Textwirkung ist die operationale Zielsetzung des Schreibers —, im Unterschied zu unserem kritischen Urteil, zu unseren Erfahrungen; bei der Urteilsfindung sollte man sich vor allem an den „Ziel-Elementen" orientieren (s. S. 88 f.).

Wie sieht eine Text-Analyse in schriftlicher Form aus? Werfen wir einen Blick über den Zaun; holen wir uns von der ausgeführten Analyse eines literarischen

Textes einige Anregungen für die Gestaltung unserer künftigen Analyse von Gebrauchstexten, — natürlich auch für die Analyse eigener Texte.

Nehmen wir als Untersuchungsobjekt eine der Kurzgeschichten von Wolfgang Borchert (1921 — 1947): Kriegsteilnehmer, Schauspieler, Dichter der ,,verlorenen Generation". Schon früh zeigte er seine Meisterschaft in der Kurzgeschichte. Eine davon sei ausgewählt: ,,Mein bleicher Bruder"; Sie finden diese Erzählung in dem Band ,,Draußen vor der Tür" (Verlag Rowohlt, Taschenbuch).

Beispiel:

Kurzgeschichte ,,Mein bleicher Bruder"

1. ,,Textsorte und beschriebenes Geschehen

1.1 Bestimmen Sie die Textsorte!
Es handelt sich um eine Kurzgeschichte, die aus einem Gesamtzusammenhang einen Geschehnisausschnitt als Geschehniskern bringt. Ihr Autor ist durch Kriegs- und Nachkriegserlebnisse besonders geprägt; er verstarb 1947 im Alter von nur 26 Jahren.

1.2 Geben Sie einen kurzen inhaltlichen Überblick!
Eingangs wird eine Winterlandschaft skizziert, in der ein toter Soldat liegt. Vor ihm steht ein lebender und empfindet Genugtuung über den Tod des anderen. Dann wird die Vorgeschichte eingeblendet: Der Tote, Unteroffizier Heller, hatte durch Hänseln den Befehl des anderen, des Leutnants, den notwendigen Gang zum Bataillon zu unternehmen, herausgefordert. Der Schluß der Geschichte berichtet, wie der Tote gebracht wird und der Leutnant, der sich gerade laust, einen Blutspritzer auf seine Stirn bringt.

2. Charakteristik der Figuren

2.1 Beschreiben Sie Verhalten und Schicksal des Unteroffiziers Heller!
Heller erscheint als Exponent derer, die gedankenlos den mit einem körperlichen Defekt behafteten Leutnant seit seiner Kindheit gehänselt und gequält, wie ,,Läuse" auf ihm ,,herumgesessen" haben. In seiner Oberflächlichkeit, Selbstgefälligkeit, Eitelkeit, egoistisch orientierten Lebenslust scheint ihm nicht klar zu sein, wie sehr er den Leutnant verletzt. Seinen Tod hat er mitverursacht, denn der Leutnant war bereit, selbst zum Bataillon zu gehen, es niemanden zuzumuten, als sich Heller zur Freude der anderen wieder einmal über den Leutnant lustig machte und den Auftrag zur Abkühlung seiner guten Laune erhielt.

2.2 Beschreiben Sie Charakter und Verhalten des Leutnants!
Der Leutnant erscheint als Exponent der gequälten Kreatur, der unter

einem Minderwertigkeitsgefühl leidet, in dem ihn die anderen Menschen seit seiner Kindheit bestärkt haben. Sein Befehl ist nicht als Rache zu sehen. Erst seine vielleicht verständliche Genugtuung über den Tod Hellers läßt ihn schuldig erscheinen, wobei er allerdings auch als Marionette gesehen wird, zu der ihn die Kriegssituation gemacht hat.

3. Thematik und Textaussage

3.1 Entwickeln Sie das dargestellte Problem!
Die Frage nach der Ursache des Geschehens wird in mehrfacher Hinsicht berührt: Sie liegt einmal im Krieg der Völker, ein andermal in der Aggressivität der Individuen. Heller und die anderen Soldaten sowie die Schulkameraden des Leutnants und die Mädchen, denen er begegnete, haben Schuld auf sich geladen, weil sie ihn gedankenlos quälten. Der Leutnant hat Schuld auf sich geladen, weil er Genugtuung über den Tod Hellers empfindet. Und die ,,liebe Sonne" hat Schuld, die möglicherweise für den ,,lieben Gott" steht, weil sie die beschriebene Szenerie aushält, d. h. den Krieg zuläßt, der eine solche indirekte ,,Rache" des Gequälten ermöglicht.

3.2 Zeigen Sie den Zusammenhang zwischen Problemlage und situativem Hintergrund!
Das Konflikt- und Schuldproblem ist wesentlich dadurch bestimmt, daß der Krieg unmenschliches Tun ermöglicht und begünstigt. Die Menschen erscheinen weitgehend entlastet, sie sind Marionetten in einem Geschehen, das in seiner Widersinnigkeit nicht zugelassen werden dürfte. Aber die indirekt formulierte Anklage Gott gegenüber schließt das Kainsmal auf der Stirn des Leutnants nicht aus: ,,Auf der Stirn — hatte er einen kleinen Blutspritzer."

4. Komposition des Textes (Struktur und Strukturelemente)

4.1 Bestimmen Sie die Struktur des Textes!
Der Text hat zwei Schauplätze. Der eine ist eine Winterlandschaft mit einem toten und einem lebenden Soldaten, dessen innerer Monolog wiedergegeben wird. Der andere Schauplatz ist ein Bunker, in den der Leutnant zurückgekommen ist und den Toten holen läßt. Im Sinne erlebter Rede wird die Vorgeschichte zu der bereits geschilderten Eingangssituation gegeben. Während die Soldaten mit dem Toten zurückkommen, gipfelt die Rede in einem im Flüsterton gesprochenen Satz; eine Vorgangsbeschreibung mit symbolhafter Bedeutung schließt den Text. Der Text setzt unmittelbar ein und schließt mit einem Höhepunkt ab. Er bietet nur einen Vorgangsausschnitt, der einen Handlungskern umfaßt.

4.2 Bestimmen Sie die wesentlichen Strukturelemente!
Die zwei im Mittelpunkt stehenden Figuren liefern die zwei leitmotivischen,

den Text bestimmenden Begriffe: ,,Mein bleicher Bruder" ist sowohl der tote Heller als auch der lebende Leutnant. Die Laus, die dem Leutnant den Blutspritzer auf seiner Stirn — das Kainsmal — verursacht, ist eine symbolische Bezeichnung für all die Menschen, die den Leutnant jemals gequält haben.
Der Text lebt weiterhin von dem stark herausformulierten Gegensatz am Anfang: lachende, schneeige, weiße Sonntagswelt — Blut, toter Mensch, fürchterlicher Schrei usw. Und der Text lebt von einem allwissenden Autor, der den Leutnant durch Inneren Monolog (Gedankenrede einer Figur in der ersten Person) und Erlebte Rede (Erzählung in der dritten Person, jedoch aus der Sicht einer Textfigur) vorstellt.

5. Sprachliche Gestaltung

5.1 Beschreiben Sie die Syntax!
Der Text ist durch kurze Sätze bestimmt, die sich auf Subjekt und Prädikat mit allenfalls einer Ergänzung beschränken. Reihung von Hauptsätzen, also parataktische Fügung herrscht vor. Häufig sind unvollständige, also elliptische Sätze, die erst in der Aneinanderreihung die gewünschte Aussage vermitteln. Das führt zu einer großen Unmittelbarkeit des Textes, die durch den stakkatohaften, ins Monotone gehenden Rhythmus unterstützt wird. Diese Unmittelbarkeit wird durch Intensität ergänzt, die die Wiederholung von Sätzen mit Variationen herbeiführt.

5.2 Beschreiben Sie die Sprach- und Bildgestaltung!
Die Sprache nimmt einmal umgangssprachliche Wendungen hinein (,,erzählte in einer Tour von seinen Weibern") und erreicht eine ausgeprägte Realistik, ist aber ein andermal durch die häufige Verwendung des Adjektivs — attributiv und adverbial — charakterisiert, das eine erhöhte Ebene schafft (,,stimmungsvoll", ,,nuancenreich", ,,verlockend" usw.).
Dingsymbole stehen im Vordergrund: der Mensch als ,,Marionette", die Menschen als ,,Läuse", das Kainsmal auf der Stirn, ,,unsere liebe Sonne" für den lieben Gott, ,,mein bleicher Bruder" für die tote und für die gezeichnete Kreatur.

6. Wertung der hier vorliegenden Ausprägung der Kurzgeschichte

6.1 Bestimmen Sie die hier gegebenen Merkmale einer Kurzgeschichte!
Kürze — Geschehnis-, Vorgangsausschnitt (mit Geschehniskern) — Große Unmittelbarkeit durch die Sprache und die strukturelle Gestaltung — Überraschungsmoment oder Höhepunkt sowie unvermitteltes Einsetzen als Kompositionsprinzipien — Darstellung eines Problems, wenn auch nur in der Andeutung — Verzicht auf einen direkten Kommentar — Verzicht auf eine geschlossene Weltdeutung — Fehlen einer zwingenden Gesetzmäßigkeit für die formale Gestaltung.

6.2 Geben Sie eine Wertung des Textes!
Der Text läßt ein starkes Engagement des Autors vermuten, dessen Frage nach dem Sinn widersinnig erscheinenden Geschehens mit der Frage nach der Wirksamkeit Gottes in der Welt gekoppelt wird. Eine Antwort ist nicht gegeben, wenn sie nicht in dem Vorgang gesehen werden soll, der aus der gequälten auch noch eine gezeichnete Kreatur macht. Die engagierte Fragestellung in Verbindung mit der Realistik und Unmittelbarkeit der Gestaltung lassen auf eine Art Sturm- und Drang-Haltung des Autors ebenso schließen wie auf die zeitliche Einordnung des Textes unmittelbar nach 1945."
(Quelle: Deutschvorbereitung für das Abitur, S. 15 ff.)

Einsichten und Erfahrungen

○ Eine gründliche Text-Analyse vermag verdeckte Wirkungen zu enthüllen, sie bewußt zu machen;

○ bedeutsam bei der Text-Analyse ist der Sinnbereich des jeweiligen Wortes (→ sachlicher Kern, Gefühle, Stimmungen, Vorstellungen, Assoziationen). Wie kann man diesen Sinnbereich ausloten im Kern- und Umfeld? In dem Sachbuch „Deutsch — Verstehen — Sprechen — Schreiben" empfehlen die Autoren Stadler/Belzner/Pörnbacher folgende arbeitsmethodische Hilfe:
„... Gutes Hilfsmittel dabei ist eine Ersatzprobe, und zwar in zwei Formen: zunächst mit einem bedeutungsverschiedenen, dann mit einem oberflächlich bedeutungsgleichen Wort ..."[63];

○ man sollte darauf bedacht sein, zwei methodische Arbeitsrichtungen klar voneinander zu trennen: die Text-Analyse (= objektive Textuntersuchung)
— und — die Text-Interpretation (= subjektive Deutung, Auslegung).

Die Text-Interpretation

Zielsetzung
Zur Text-Sorte der „Interpretation" (= Auslegung, Deutung) wird man greifen, wenn beabsichtigt ist oder wenn es erforderlich wird, dem Leser einen vorliegenden bedeutsamen Text in Aussage und Form zu verdeutlichen —, ihn in Sinn und Wert zu deuten.

Aus solchem Bemühen ergibt sich bei der Interpretation als Richtziel: den Leser (vornehmlich) belehren, da er den jeweiligen Text inhaltlich-sprachlich und im weiteren Umfeld in vertiefender Weise begreifen soll.

Sortenmerkmale

Inhalt
- Themen aus der Wirklichkeit: etwa Texte aus schöngeistiger Literatur, aus Theater und Film, aus der Politik u. a.;
- Themen aus der Über-Wirklichkeit: z. B. aus der Philosophie und Religion (etwa Gleichnisse, Briefe u. a.);

Darstellungsweise
- erklärend-belehrend
- persönlich-deutend
  = das Erschließen von Verborgenem auf der Grundlage subjektiven Wissens und individueller Erfahrung, ausgehend meist von einem mehrdeutigen Zusammenhang; Ziel des Deutens: einen Sinn (→ Intention) des Verborgenen erschließen durch vertiefende Einsicht in das jeweilige Thema;
- methodenbewußt
  = z. B. positivistische, typologische, formal-ästhetische, ideengeschichtliche, marxistische, werkimmanente, mathematische Methoden u. a.;
- klar;
- verständlich;

Zeitstufe
vornehmlich Gegenwart (= Präsens)

Textumfang
unterschiedlich, bedeutsame Interpretationen oft 5 – 6 Schreibmaschinenseiten.

Gestaltungshinweis
Eine Text-Interpretation literarischer Texte gliedert man des öfteren in zwei Teile:
1. das inhaltlich-sprachliche Verstehen (= textinterne Gestaltungsfaktoren; dazu zählen Gesichtspunkte, wie:
   - Inhalt und Aussage/Gehalt, mit Deutung des Gehaltes;
   - literarische Form (→ Text-Sorte);
   - Aufbau und Gliederung (Funktion der Teile und ihr Zusammenwirken);
   - Textgestaltung (→ Wort, Satz);
   - Texterschließung, zweckmäßig von Kernfragen ausgehend;
   - Figurendarstellung, mit Deutung;
   - psychologische Aspekte, mit Deutung;
   - Symbolik (etwa von Farbe, Gegenstand, Erscheinungsform) mit Deutung;

2. das geschichtliche Verstehen (= textexterne Gestaltungsfaktoren); der zweite Teil ergänzt das inhaltlich-sprachliche Verstehen, etwa durch Bezüge zur Entstehung des Textes, zur Überlieferung und zum Verhältnis zu Geschichtlichem, und zwar durch Gesichtspunkte, wie:
   - Entstehungssituation;
   - Zeit und Ort des Geschehens;
   - gesellschaftliche Bedingungen und Verhältnisse;
   - Biographie, Weltanschauung und Intention des Autors (seine Bindungen an gesellschaftliche Verhältnisse, literarische Gruppen und Tradition);
   - Stellung des Werkes im Gesamtschaffen des Autors;
   - Stoff- und Motivgeschichte;
   - Verhältnis zu anderen Werken des Autors;
   - Verhältnis zu vergleichbaren Werken in der Epoche;
   - politische Geschichte;
   - Ideen-, Sprach- und Gattungsgeschichte.

Beispiel „Text-Interpretation"

Kurzgeschichte „Alter Mann an der Brücke"

Natürlich sollten Sie zuvor diese Erzählung von Ernest Hemingway (1899 — 1961) lesen; einige biographische Kurzdaten: Sanitätsfreiwilliger im Ersten Weltkrieg, danach Reporter und Auslandskorrespondent; Hauptsprecher der „Verlorenen Generation"; schriftstellerischen Ruhm erlangte er durch Romane und Kurzgeschichten.

Es ist Krieg, Spanischer Bürgerkrieg, verbunden mit unsäglichen Leiden und Schrecken, die jeder Krieg mit sich bringt. In einem kurzen, anscheinend belanglosen Gespräch eines Soldaten mit einem alten Mann, der sich auf der Flucht befindet, enthüllt der Dichter das erschütternde Schicksal eines aus seiner Lebensordnung herausgerissenen alten Mannes.

Er ist auf der Flucht, dieser sehr alte Mann, doch er flüchtet nicht so wie die Frauen, Männer und Kinder auf Karren und Lastwagen. Wohin sollte er auch seine Zuflucht nehmen, da er doch das verlassen mußte, was seine Zukunft war, die Tiere, seine Katze, seine beiden Ziegen und die vier Paar Tauben. Er hatte ihrer und sie hatten seines Schutzes bedurft. Jetzt sind sie ihm nicht mehr Stütze im Leben, nein, jetzt werden sie ihm zur Sorge. So hat ihn der unselige Krieg des einzigen beraubt, das ihm Lebenszweck gewesen war. Was soll er also noch weiter flüchten? Für ihn winkt hinter der Brücke kein Hoffnungsschimmer mehr, außerdem ist er zu alt, und er hat weder Familie noch Verwandte. Er steht nun im Nichts, es gibt für ihn kein Zurück und kein Vorwärts mehr, und er spricht es selbst aus. Auf den Rat des Soldaten, sich nach einem Lastwagen, der in Richtung Barcelona fährt, umzusehen, antwortet er: „Ich kenne niemand in der Richtung". Was sollte er auch dort? Er dankt dem Soldaten für seine Hilfsbereitschaft, doch er weiß, weiterzuflüchten ohne Ziel und Zweck, kann einem Entwurzelten nicht helfen. Zwar ist es richtig, wenn der Soldat sagt, hier an der Brücke sei kein guter Platz zum Bleiben. Aber hinter der Brücke winkt das Nichts, darum will er auch gar nicht hinüber; denn würde er die Brücke überschreiten, dann würde er die letzten Bindungen an seine Welt, nämlich die Tiere, zerreißen, dann wäre er dem Nichts und der Verzweiflung preisgegeben. So aber bleibt ihm wenigstens noch die Sorge für seine Tiere und der Trost, daß die Katze sich selbst versorgen kann. Der Soldat versucht, den alten Mann von der Sorge um seine Tiere zu befreien und ihn dadurch zum Weitergehen zu bewegen. Doch dies gelingt ihm nicht; denn es bleiben noch immer Tiere, zwei Ziegen, für deren weitere Versorgung der Soldat keine Lösung weiß. Es bleiben immer noch die „anderen", um die er sich sorgt. Doch plötzlich scheint er auch diese Bande zerreißen zu wollen, als er sagt: „Es ist besser, man denkt nicht an die anderen". Tiefe Resignation steckt in diesen Worten, die Erkenntnis, daß es sinnlos ist, sich um etwas Sorgen zu machen, was nun einmal vorbei und nicht wieder zurückzuholen ist, dem wir überdies machtlos gegenüberstehen. In dieser Verzweiflung versucht der Soldat, ihn noch einmal zum Überschreiten der Brücke zu veranlassen. Und wieder dankt er dem Soldaten, doch es ist ein resignierendes „Danke", ein anderes als beim ersten Mal, als er noch Hoffnung hatte, der Soldat könne ihm vielleicht helfen. Doch diese Hoffnung ist jetzt dahingeschwunden. Er weiß es, und auch der Soldat weiß es, daß ihm nicht geholfen werden kann, daß keiner dem alten Mann helfen kann. Die alten Bande und Bindungen sind zerrissen, man müßte neue knüpfen, aber welche und woran?

In diese Verzweiflung des alten Mannes mischt sich plötzlich das „Warum"? Er fragt sich, warum er das alles leiden muß, er, der „doch nur Tiere gehütet hat". Und das am Ostersonntag, dem Fest der Freude, der Feier des Sieges des Lebens über den Tod, des Lichtes über die Finsternis! Der alte Mann, der Flüchtling, Vertriebene, ist dem Nichts preisgegeben, mit dem einzigen Trost, daß Katzen für sich selbst sorgen können, eine letzte schwache Bindung, sein somit einziges Glück . . .

Hemingway schildert mit einer Eindringlichkeit, die kaum je ein Dichter erreicht hat. Bemerkenswert sind vor allem die Wiederholungen nicht nur von bestimmten Wendungen, sondern auch von ganzen Satzpartien, ein bei Hemingway besonders beliebtes Stilmittel. So hält er auch die Beziehung eines Satzes nicht immer durch, er gerät auf eine ganz andere Ebene, eine Erscheinung, die vielleicht manchen Leser befremden könnte. Sonst ist die Sprache im allgemeinen prägnant, klar und, was nicht vergessen werden darf, sehr anschaulich.
(HG Bayern, Oberprima, Arbeitszeit 4 Std.; an einer Stelle geringfügig gekürzt, sonst ohne Korrektur.)
(Quelle: Wege zum Abituraufsatz, München 1964, S. 18 f.)

Einsichten und Erfahrungen

Eine qualifizierte Text-Interpretation bringt zumindest drei bemerkenswerte Vorteile; man kann:

1. bedeutsame Wirkungsganzheiten im Analyse-Text klar erfassen und tiefgehend erläutern, so z. B.

   ○ den verborgenen Sinn inhaltlicher Aussagen;
   ○ eine tieferliegende Absicht (= Intention) des Schreibers erschließen;
   ○ Gruppen von Einzelelementen (etwa Sprachbilder, Symbole, Motive);

2. den Gehalt eines Textes als geistig-seelisches Konzentrat herausfiltern und dabei fundierte Sinnbezirke in der Textlandschaft einordnen;

3. eine größere Zusammenschau entwerfen sowie Bezüge zu wichtigen Bezugspunkten in der Weite und Tiefe des geistig-seelischen Umfeldes herausarbeiten, etwa zu

   ○ vergleichbaren Text-Themen anderer Autoren;
   ○ anderen Phänomenen im Kunst- und Geistesleben der gleichen Epoche;
   ○ vergleichbaren Text-Themen anderer Zeit- oder Kulturepochen;
   ○ Markierungspunkten in der großdimensionalen Weite der Geistesgeschichte.

Der Fachaufsatz (→ Facharbeit)

Ziel
Mit einem „Fachaufsatz" — des öfteren auch „Facharbeit" genannt — beabsichtigt man, dem Leser ein Fachthema oder ein eingegrenztes Fachgebiet (z. B. aus der Technik, Medizin, Biologie, Psychologie, Ökologie o. a.) im Sinne wissenschaftlicher Arbeitstechnik sachstreng, selbständig, qualifiziert und mit angemessener Gründlichkeit darzustellen —, möglichst angereichert durch eigene Einsichten und Erfahrungen.

Dabei sollte Sekundär-Literatur begrenzt verwendet werden, mit wörtlichen Zitaten; denn dadurch steigt der Wert einer Facharbeit.
Mithin lautet das kommunikative Richtziel: den Leser informieren.

Sortenmerkmale

Inhalt
○ Themen aus der Wirklichkeit: z. B. aus Natur, Kultur, Technik, Mensch;

○ Themen aus der Über-Wirklichkeit: etwa aus der Religion, Science fiction, Futurologie o. ä.

Darstellungsweise
○ wissenschaftlich-propädeutisch
 = wissenschaftlich-einführender Charakter; zunächst: sammeln, ordnen und beschreiben des Themen-Materiales; dann Aufbau und Gliederung nach einem zielgerichteten Denkmuster (z. B. Deskriptives Denkmuster, s. S. 129); anschließend wirkungsvolle Text-Gestaltung (→ KLAVKA, s. S. 345 f.);

○ überprüfbar

○ klar
 = übersichtlich (→ etwa durch einen „Vorspann" als konzentrierten Überblick sowie durch „Zwischenüberschriften"; wenn angebracht, auch die Zielsetzung dem Leser bekanntgeben; knappe Zusammenfassung nach langen, mitunter mehrseitigen Kapiteln);

○ sortenreich
 etwa eine gestaltete Kombination aus Beschreibung, Begriffserläuterung, Protokoll und Bildbeschreibung;

○ verständlich
 bedeutsame Text-Aussagen, wenn verständnisfördernd, dosiert durch Bildmotive verdeutlichen (s. Abschnitt „Text-unterstützende Mittel ‚Bild', s. S. 309 ff.); auf verständliche Übergänge zwischen den einzelnen Kapiteln achten;

○ gründlich

○ sachstreng

Man vermeide:
○ längere Darstellungen, ohne dabei nicht Bildmotive belebend und „lernerleichternd" einzublenden;
○ gefühlsstarke Aussagen;
○ wichtige Zitate ohne Quellenangabe zu bringen;
○ zu lange und damit meist schwer verständliche Sätze;

Zeitstufen
○ Gegenwart
○ Imperfekt
○ Perfekt

Textumfang
themenabhängig, oft 6 – 8 Schreibmaschinenseiten.

Textbeispiel: "Fachaufsatz"

Die Weißtanne
Die Tanne heißt auch Weißtanne, zum Unterschied von der Rottanne oder Fichte mit rötlich-braungrauer Rinde, die in dünnen Schuppen abblättert. Das sicherste Merkmal beim noch nicht fruchtbaren Baume sind aber die Nadeln. Bei der Fichte sitzen die einzelstehenden vierkantigen Nadeln auf spiralig angeordneten „Blattkissen", die durch scharfe Furchen voneinander getrennt sind. Wie jeder vom trockenen Weihnachtsbaum weiß, fallen die Nadeln der Fichte bei leisester Berührung ab, und durch die Blattkissen erscheinen die entnadelten jungen Zweige „rauh wie eine Feile". Dagegen halten die flachen, an der Spitze eingekerbten Nadeln des Tannenbaums auf dem Weihnachtstische viel länger, und erst spät lösen sie sich von dem glatten Zweig ab, der keine erhöhten Blattkissen besitzt.
Als weitere Erkennungszeichen haben die Tannennadeln auf der Unterseite zwei längslaufende weiße Wachsstreifen, die die Spaltöffnungen (Atmungsöffnungen) der Nadelunterseite verschließen und als Verdunstungsschutz zu werten sind. Außerdem stehen die Tannennadeln, wenigstens an den Seitenzweigen, kammförmig nach zwei Seiten gescheitelt, während die Nadeln der Fichte spiralig um den ganzen Zweig angeordnet sind. Die Lebensdauer der Nadeln ist beträchtlich, je nach Standort bei der Fichte 5 – 7 Jahre, bei der Tanne sogar 7 – 11 Jahre; mitbestimmend für die Lebensdauer sind vor allem Feuchtigkeitsgehalt und Reinheit der Luft.
Auch an den Früchten sind beide leicht zu unterscheiden. Wenn wir in den Wipfeln der fruchtenden Bäume hängende Zapfen erkennen, dann ist es immer eine Fichte, denn die Tannenzapfen stehen kerzengerade aufrecht und lösen sich bei der Samenreife fortschreitend, an der Spitze beginnend, auf, so daß zuletzt nur die leeren Zapfenspindeln auf dem Baume zurückbleiben. Daher sind die am Boden liegenden entleerten ganzen Zapfen immer von der Fichte.

Nöldner

(Quelle: Unsere Muttersprache, Band 5, S. 19)

Der Brief

Kurzvermerk zur Geschichte des Briefes
Kulturgeschichtlich dürfte der Brief ein ähnliches „vorbibliches" Alter haben wie die Schrift. Schon aus dem alten Ägypten sind erste Zeugen erhalten, Briefe, geschrieben auf Kalkstein- oder Krugscherben, oft auch auf Papyrus; etliche davon sind in einem ausgeformten Briefstil gehalten und gekennzeichnet durch

feinabgestufte Höflichkeitsformen. — In den zurückliegenden 2000 Jahren stieg die Bedeutung des Briefes als zweckorientiertes oder belehrendes Kommunikationsmittel stetig an. Einige Beispiele: Briefe im Neuen Testament; politisch-diplomatische, verwaltungsbezogene und wirtschaftliche Briefe; Briefe als literarische Gattung/Briefroman (→ geprägt durch persönliche Bekenntnisse, durch Leidenschaften und „Herzensergießungen" in einer bis dahin unüblichen Form).

Zielsetzung
Unter den verschiedenartigen Text-Sorten ist der Brief „ein Mädchen für alles"; denn man kann ihn für die unterschiedlichsten Absichten, also Ziele einsetzen. So etwa dann, wenn man beabsichtigt, den Leser (→ Interessenten, Kunden) zu

- informieren
- beeinflussen
- belehren
- oder dem Leser gegenüber einen Tatbestand ausdrücklich bekunden möchte (wenn man ihm z. B. dartun möchte, daß Herr X eine besondere Leistung — handwerklich, literarisch, sportlich — vollbracht hat).

Sortenmerkmale

Inhalt
- Themen aus der Wirklichkeit: z. B. aus Wirtschaft, Verwaltung, Kunst, privater Sphäre u. a.;
- Themen aus der Über-Wirklichkeit: etwa über religiöse Fragen und Probleme;

Darstellungsweise
- klar
- knapp
- zielgerichtet (→ an eine oder mehrere Personen)
- oft formenreich
  z. B. eine Kombination aus den Sorten: Bericht, Beschreibung, Schilderung, Erörterung; mitunter auch kurze Inhaltsangabe, verbunden mit anderen Text-Sorten;
- weitgehend „gesprochene" Sprache hinsichtlich Satzbau und Wortwahl.

Man vermeide:
- einen Geschäftsbrief zu schreiben, ohne zuvor Zielperson und Zielsetzung eindeutig festzulegen; gegen diesen Grundsatz wird in der Praxis leider allzu oft verstoßen;
- einen „Sorten-Wirbel" in kurzen Briefen;
- eine große, meist ermüdende Brieflänge;

Zeitstufen
○ Vergangenheit (= Imperfekt)
○ Gegenwart (= Präsens)
○ Zukunft (→ Futur)
○ Kombination einzelner Zeitstufen

Textumfang
ein bis zwei Schreibmaschinenseiten (durchschnittlich); zusätzliche erforderliche Information sollte man als ,,Anlage" beilegen.

Gestaltungshinweise

Wer da sagt, aus der Geschichte des Briefes könne man wenig oder nichts lernen, dem fehlt es an Kenntnis, an Einblick in die Geschichte — oder sitzt er gar auf zu hohem Roß?
Ihm jedenfalls sei gesagt, eine traditionsreiche und angesehene Tageszeitung in Deutschland, die ,,Frankfurter Allgemeine", griff unter der Überschrift ,,Vom Briefstyl" am 27. Januar 1973 jene Problemfrage auf und meinte:

,, . . . Jeder kann zwar schreiben, aber nur wenige schreiben gut. Gut schreiben ist geradezu altmodisch geworden, sogar noch mehr: Je progressiver man ist, desto umständlicher schreibt man. Unverständlich schreiben ist schlecht schreiben, zumindest gilt das für unsere ,profitorientierte' Geschäftskorrespondenz. So ist es kein Wunder, daß fast nur noch in wirtschaftlichen Sachbüchern der gute Stil gepredigt wird. In allgemeinen Nachschlagewerken — sei es der Große Herder oder das dtv-Taschenbuchlexikon — findet sich über Briefstil nichts oder fast gar nichts.

Das war früher anders. Ein Beispiel aus dem letzten Jahrhundert macht das deutlich. In der Allgemeinen Deutschen Real-Enzyklopädie für gebildete Stände (Reutlingen 1830) standen folgende ,bei Abfassung eines Briefes allgemein anwendbare Grundsätze', die auch heute noch als Arbeitsanleitung auf unseren Schreibtischen nützlich sein können:

1. Der Schreibende stellt sich klar, lebhaft und vollständig vor, an wen, worüber und in welcher Lage er schreibe.

2. Um nichts Wesentliches zu vergessen, frage er sich insbesondere, was der Hauptgegenstand des Briefes ausmachen solle und was zur vollständigen Ausführung desselben gehöre. Was die Anordnung anlangt,

3. so denke sich der Schreibende die Gegenstände seines Briefes in derjenigen Folge, welche der Wirkung, die der Brief hervorbringen soll, am angemessen-

sten ist und welche die leichtesten und natürlichsten Übergänge von einem Gegenstande zum anderen möglich macht. So wird auch der Zusammenhang und die Einheit des Briefes gefördert. Zu den Klugheitsregeln gehört es, daß man dasjenige, was den Empfänger betrifft und für ihn das Wichtigste ist, vorausstellt, die Angelegenheiten aber, welche nur den Schreibenden betreffen, nachstellt. Aber in vielen Fällen, wo wichtige Nachrichten einer Vorbereitung bedürfen, ist eine andere Ordnung notwendig. Bei Antworten wird die Anordnung, wie der Inhalt selbst, oft durch den zu beantwortenden Brief bestimmt.

Die Form und der Ton des Briefes werden vornehmlich durch unser Verhältnis zu dem abwesenden Empfänger bestimmt. Dieses gilt auch in den Teilen des Briefes und vornehmlich vom Eingang und Schluß, bei welchen die durch Standesverhältnisse, Konvention und Etikette bestimmten Formalitäten am meisten hervorzutreten pflegen. Ein vertrautes Verhältnis und die Gleichheit der Denkart unter den Schreibenden hebt diese Formen auf."

Um den Briefstil zu erlernen, wurden also für die verschiedenen Situationen und Absichten schon frühzeitig Musterbriefe zu kleineren oder größeren Sammlungen zusammengefaßt; sie waren durch die Jahrhunderte als „Briefsteller" wertvolle und vielbenutzte Arbeitsmittel —, zum Teil bis heute in Form verschiedener Fachbücher über Briefe und Briefstil erhalten (s. Literaturverzeichnis, S. 442 f.).

Unverändert bis in unsere Tage ist sein methodischer Sinn geblieben: der Brief war und ist zutiefst ein Zwiegespräch — bald „vorgestellter" Dialog mit dem Briefempfänger, bald „halbiertes" Zwiegespräch, wobei der Brief des Senders und die Antwort des Empfängers zusammen erst die kommunikative Ganzheit bilden.

Formale Gestaltungshinweise
Formale Aufbau-Merkmale (Bild 37)
für den Leser zur schnellen und klaren Information über das jeweilige Briefthema:

- Anschrift (des Empfängers)
- Ort, Datum
- Kurzzeichen des Sachbearbeiters (bei Geschäftsbriefen o. ä.)
- Abteilungs-Angabe (gelegentlich)
- Thema (= Betreff); zusätzlich manchmal das Bezugszeichen (bei Antwortbriefen)
- Anrede
- geistiger Bauplan, z. B. Einleitung, Hauptteil, Schluß oder ein anderes Denkmuster als zielorientierte Struktur
- Grußformel
- Unterschrift
- Anlage (wenn erforderlich)

Einteilung des Briefblattes DIN A 4 nach Normblatt DIN 5008

Postanschrift des Absenders
Das **Anschriftfeld** umfaßt 9 Zeilen.
(Anordnung der Beförderungs- und Aushändigungsvermerke, Empfängerbezeichnung, Bestimmungsort- und Wohnungsangabe sowie Bestimmungsland bei Briefen ins Ausland vgl. Seite 23)

Feld für Eingangs- und Bearbeitungsvermerke des Empfängers

Ihre Zeichen   Ihre Nachricht vom   Unsere Zeichen

Postleitzahl, Ort, Straße und Hausnummer, Datum

Die **Bezugszeichenreihe** enthält alle Angaben, die sich auf ein vorliegendes Schreiben beziehen.

Betreff (das Wort selbst wird nicht mehr geschrieben)
Der Betreff weist in kurzer Form auf den Inhalt des Schreibens hin. In gleicher Höhe stehen Vermerke wie „Wichtig", „Vertraulich" usw.

Die **Anrede** „Sehr geehrter Herr Direktor!" usw. steht zwischen dem Betreff und dem Textbeginn.

Die **Lochmarke** bezeichnet die Mitte des Briefblattes.

Die **langzeilige Einrückung** beginnt auf Grad 15.

Die **kurzzeilige Einrückung** beginnt auf Grad 30.

Die **Faltmarken** geben an, wo das Briefblatt bei Verwendung von Fensterumschlägen zu falten ist.

Das **Warnzeichen** weist darauf hin, daß noch 9 Zeilen geschrieben werden können.

Der **Gruß** beginnt auf Grad 45.
Die **Firma** beginnt ebenfalls auf Grad 45.

Der **Anlagenvermerk** steht in gleicher Höhe wie die letzte mit der Maschine geschriebene Zeile.

Drahtwort   Fernruf   Geschäftszeit   Banken   Postscheck

Bild 37: Formale Aufbau-Merkmale eines Briefes

Briefarten

Wie kritische Beobachter gegenwärtig feststellen, wird seit etwa dem Ersten Weltkrieg leider ein Verfall der Briefschreibe-Kultur erkennbar, dessen Ursachen vermutlich zu suchen sind in der zunehmenden Nüchternheit und Hektik dieser Epoche. Aus glanzvoller Vergangenheit haben sich in unsere Gegenwart dennoch folgende Briefarten herübergerettet:

○ der Privatbrief (= persönlicher Brief)
 = diese einstmals so blühende und bedeutsame Briefart hat heute in der zwischenmenschlichen Beziehung leider ihren Stellenwert stark eingebüßt. Man schreibt eben nicht mehr, sondern greift „einfach" zum Telefon. Daß damit einer ernsthaften Persönlichkeitsbildung und -findung eine Scharte geschlagen wird, ist nicht zu bezweifeln; übt man sich dadurch doch nicht mehr in der Kunst: Gedanken im persönlichen und zwischenmenschlichen Erlebnis- und Verhaltensbereich zu sammeln, sie zu ordnen, zu gestalten und ihnen eine ziel- und themenangemessene Schriftform zu geben. Sehr schade!

 Je nach Absicht des Schreibers ist der Privatbrief des öfteren eine Kombination mehrerer Text-Sorten (z. B. aus Bericht, Beschreibung und Erörterung); nicht selten geprägt von individuellen Stilmerkmalen oder -zügen des Schreibers; zum überwiegenden Teil erlebnis-getönt. (Textbeispiel, s. S. 217 ff.);

○ der Leserbrief
 = er behandelt in persönlicher Art die unterschiedlichsten Themen, sei es aus Politik, Kultur, Theater, Religion oder etwa aus der Gemeinde und stellt pointiert die persönliche Meinung des Verfassers heraus. Die Bedeutung dieser Text-Sorte hat nach dem Zweiten Weltkrieg stark zugenommen, so daß die Presse längst eine eigene Sparte „Leserbriefe", „Lesermeinung" bzw. „Briefkasten" aufgemacht hat. Auch Rundfunk und Fernsehen beantworten eingesandte Leserzuschriften in einer besonderen Sendung. — Leserbriefe, meist von den Lesern einer bestimmten Zeitung oder Zeitschrift verfaßt, werden vollständig oder zumindest auszugsweise abgedruckt, jedoch ohne Kommentar des Redakteurs;

○ der offene Brief
 = auch ihm begegnen wir gelegentlich in der Meinungslandschaft der Öffentlichkeit, und zwar als: Brief, redaktionelle Zuschrift, bezahlte Anzeige, als Flugblatt — seltener als Wandzeitung. Der offene Brief wendet sich an die „breite Öffentlichkeit" (= ein unbegrenzter Personenkreis in der Gesellschaft) in der erklärten Absicht, diese im Sinne des Autors zu beeinflussen: ihre Meinung und/oder ihr Handeln. So will man sich z. B. durch eine „Mitteilung" rechtfertigen (→ etwa bei verleumderischer Anschuldigung in

der Öffentlichkeit); durch einen „Anruf" die Unterstützung oder Mithilfe anderer erwirken (→ z. B. tatkräftige Unterstützung gegen die brutale Willkür von „Amtsleuten", s. historisches Beispiel, S. 220 f.); für humane Behandlung politisch Veruteilter in Strafanstalten oder als „Aufruf", um eine öffentliche Solidarität herzustellen (→ etwa Solidarität in Umweltfragen);

○ der satirische Brief
 = eine besonders profilierte Text-Sorte, gekennzeichnet durch Spott, Ironie und Übertreibung. Das Geheimnis ihrer Wirkung liegt nicht zuletzt darin, den Widerspruch zwischen Wirklichkeit und Ideal zu betonen oder ihn zu überzeichnen, entweder „bissig-strafend" oder „nachsichtig-lächelnd";

○ der Geschäftsbrief
 = diese Brief-Sorte hat durch das vulkanartige Emporschießen von Wirtschaft und Technik in den zurückliegenden Jahrzehnten an Zahl und Bedeutung stark zugenommen; weithin bekannt sind z. B. Angebotsbrief, Reklamations- und Mahnbrief (s. S. 222 ff.);

○ der Lehrbrief
 = ein Lehrmittel, das man oft antrifft in der Erwachsenenbildung (→ berufliche Weiter- und Fortbildung, etwa bei beruflicher Umschulung);

○ der religiöse Brief
 = dabei denkt mancher vermutlich spontan an die Briefe im Neuen Testament (z. B. Römerbrief, Korintherbrief, Petrus- und Johannesbriefe u. a. m.). In ihnen bricht sich wie in einem Prisma bekennerhaft christliches Erleben, Denken und Handeln; dazu einige wenige Stichwörter aus den Briefen, in willkürlicher Reihenfolge: „Gesetz und Sünde — Gesetz und Mensch — Gottgefälliger Lebenswandel — Warnung vor Ärgernis — Reisepläne des Apostels Paulus — Ein übler Fall — Verkehr mit Unzüchtigen — Prozesse vor Heidnischen Richtern — Stand der Mission — Christliches Lebensideal — Mahnworte — Größe des Amtes — Die himmlische Herrlichkeit — Heimweh nach dem Himmel — Eheliche Gemeinschaft — Selbstbildnis des Apostels u. a. m." — Wer im Rahmen seiner Persönlichkeitsbildung dem Brief einen höheren Stellenwert im Zwischenmenschlichen geben möchte, dem sei die Lektüre gerade dieser Briefe empfohlen (Textbeispiel, s. S. 221).

Textbeispiel: „Privatbrief" (= Persönlicher Brief)

Großmutter Goethe schreibt einen Brief an ihre Enkel

Liebe Enkelein!   Den 31. Dezember 1972
An Euch alle ist dieser Brief gerichtet! Wollte ich jedem von Euch sein liebes Schreiben einzeln beantworten, so möchte mir die Zeit mangeln, und Ihr müßtet

lange auf die Danksagung für die Freude, die Ihr mir durch Eure lieben und herzlichen Briefe gemacht habt, warten. Liebe Kinder! Das Christgeschenk kann Euch unmöglich mehr Freude gemacht haben als mir Eure Briefe. Sagt selbst, was mir tröstlicher und erquickender sein könnte, als Enkel zu haben, die trotz der Entfernung mit warmem Gefühl mich so lieben und ehren! Liebe Enkelein! Machet mir in dem kommenden Jahr ebenso viel Freude wie in dem zu Ende gehenden; behaltet mich in gutem Andenken; nehmet auch in diesem Jahr wie an Alter, so auch an allem, was Eure lieben Eltern, mich und alle guten Menschen erfreuen kann, immer mehr und mehr zu! So wird Euch Gott segnen, und alle, die Euch kennen, werden Euch lieben und hochschätzen, besonders aber diejenige, die beständig war, ist und bleibt Eure

Euch
herzlich liebende Großmutter
Elisabeth Goethe

Textbeispiel: „Privatbrief"

Bismarck wirbt bei Herrn von Puttkammer um die Hand seiner Tochter Johanna (gekürzte Brieffassung)

An Heinrich von Puttkammer (ca. 21. Dezember 1846).

Verehrter Herr von Puttkammer
Ich beginne dieses Schreiben damit, daß ich Ihnen von vorn herein seinen Inhalt bezeichne; es ist eine Bitte um das Höchste, was Sie auf dieser Welt zu vergeben haben, um die Hand Ihrer Fräulein Tochter. Ich verhehle mir nicht, daß ich dreist erscheine, wenn ich, der ich erst neuerlich, und durch sparsame Begegnungen Ihnen bekannt geworden bin, den stärksten Beweis von Vertrauen beanspruche, den Sie einem Mann geben können. Ich weiß aber, daß ich, auch abgesehn von allen Hindernissen in Raum und Zeit, welche Ihnen die Bildung eines Urtheils über mich erschweren können, durch mich selbst niemals im Stande sein kann, Ihnen solche Bürgschaften für die Zukunft zu geben, daß sie den Einsatz eines so theuren Pfandes von Ihrer Seite rechtfertigen würden, wenn Sie nicht durch Vertrauen auf Gott das ergänzen, was das Vertrauen auf Menschen nicht leisten kann. Was ich selbst dazu thun kann, beschränkt sich darauf, daß ich Ihnen mit rückhaltloser Offenheit über mich selbst Auskunft gebe, soweit ich mir selber klar geworden bin. Über mein äußerliches Auftreten wird es Ihnen leicht sein, Nachrichten durch Andre zu erhalten; ich begnüge mich daher mit einer Darstellung meines innern Lebens, welches jenem zu Grunde lag, und besonders meines Standpunktes zum Christenthum . . .

. . . Zu anhaltendem Nachdenken hierüber wurde ich aber erst durch die Einsamkeit gebracht, als ich nach dem Tode meiner Mutter vor 6 bis 7 Jahren, nach

Kniephof zog. Wenn hier anfangs meine Ansichten über das was sündlich sei, und in Folge dessen meine Handlungsweise, sich nicht erheblich änderten, so fing doch bald die Stimme an, in der Einsamkeit höhrbarer zu werden, und mir manches als Unrecht darzustellen, was ich früher für erlaubt gehalten hatte . . .

. . . ich habe manche Stunde trostloser Niedergeschlagenheit mit dem Gedanken zugebracht, daß mein und andrer Menschen Dasein zwecklos und unersprießlich sei, vielleicht nur ein beiläufiger Ausfluß der Schöpfung, der entsteht und vergeht, wie Staub vom Rollen der Räder: die Ewigkeit, die Auferstehung, war mir ungewiß, und doch sah ich in diesem Leben nichts, was mir der Mühe werth schien, es mit Ernst und Kraft zu erstreben. Ich suchte Befriedigung im Treiben der Geschäfte, eigner und fremder, durch Reisen, trat wieder in Staatsdienst, ohne das Gesuchte zu finden. — Etwa vor 4 Jahren kam ich, seit meiner Schulzeit zuerst wieder, in nähere Berührung mit Moritz Blanckenburg, und fand an ihm, was ich bis dahin im Leben nicht gehabt hatte, einen Freund; aber der warme Eifer seiner Liebe suchte vergeblich mir durch Überredung und Disputation das zu geben, was mir fehlte, den Glauben . . .

. . . Durchdrungen von der Erkenntnis, durch mich selbst der Sünde und Verkehrtheit nicht ledig werden zu können, fühle ich mich doch in dieser Erkenntnis nicht muthlos und niedergeschlagen, wie früher ohne dieselbe, weil der Zweifel an einem ewigen Leben von mir gewichen ist, und weil ich Gott täglich mit bußfertigem Herzen bitten kann, mir gnädig zu sein um Seines Sohnes willen, und in mir Glauben zu wecken und zu stärken. Mit diesem Gebet bin ich auch entschlossen, zum heiligen Abendmahl zu gehn, was ich seit meiner Einsegnung vermieden habe, weil es mir Lästerung, oder doch Leichtfertigkeit zu sein schien, es mit den Gedanken zu nehmen, die ich damit verbinden konnte.
Welchen Werth Sie dieser erst zwei Monat alten Regung meines Herzens beilegen werden, weiß ich nicht; nur, hoffe ich, soll sie, was auch über mich beschlossen sein mag, unverloren bleiben; eine Hoffnung die ich Ihnen nicht anders habe bekräftigen können, als durch unumwundene Offenheit und Treue in dem was ich Ihnen, und sonst noch niemanden, hier vorgetragen habe, mit der Überzeugung, daß Gott es den Aufrichtigen gelingen lasse.
Ich enthalte mich jeder Betheurung über meine Gefühle und Vorsätze in Bezug auf Ihre Fräulein Tochter, denn der Schritt den ich thue, spricht lauter und beredter davon, als Worte vermögen. Auch mit Versprechungen für die Zukunft kann Ihnen nicht gedient sein, da Sie die Unzuverläßigkeit des menschlichen Herzens besser kennen als ich, und meine einzige Bürgschaft für das Wohl Ihrer Fräulein Tochter liegt nur in meinem Gebet um den Segen des Herrn . . .

. . . Bei der ernsten Wichtigkeit der Sache, und der Größe des Opfers, welches Sie und Ihre Frau Gemahlin durch die Trennung von Ihrer Fräulein Tochter dereinst zu bringen haben würden, kann ich kaum hoffen, daß Ihre Entscheidung ohne Weiteres günstig für meinen Antrag ausfallen werde, und bitte nur, daß Sie mit die Gelegenheit nicht versagen wollen, mich über solche Gründe, die Sie zu einer abschlägigen Antwort bestimmen könnten, meinerseits zu erklären, ehe Sie eine definitive Ablehnung aussprechen.

Es ist gewiß noch vieles, was ich diesem Schreiben nicht oder nicht vollständig genug gesagt habe, und bin ich natürlich bereit Ihnen über Alles, was Sie zu wissen verlangen werden, genaue und ehrliche Auskunft zu geben. Das Wichtigste glaube ich gesagt zu haben.

Ich bitte Sie, Ihrer Frau Gemahlin meine ehrerbietige Empfehlung darzubringen, und die Versicherung meiner Liebe und Hochachtung mit Wohlwollen aufzunehmen.

Bismarck

Textbeispiel: „Offener Brief"

Offener Brief an die Bauern und Bergleute von Frankenhausen und Mansfeld; Anfang Mai 1525
Verfasser: Thomas Müntzer; in der „Geschichte der Deutschen" schreibt Hellmut Diwald: „Müntzer war ein begnadeter Prediger und wohl der leidenschaftlichste Gottsucher in jenen Jahren . . ."

Die reine Furcht Gottes zuvor! — Liebe Brüder, wie lange schlaft ihr? Wie lange seid ihr Gott seines Willens nicht geständig, darum, daß er euch nach eurer Ansicht verlassen hat? Ach, wie oft habe ich euch gesagt, daß es so sein muß! Gott kann sich nicht länger offenbaren, ihr müßt auferstehen! Tut ihr's nicht, so ist das Opfer, ein herzbetrübtes Herzeleid, umsonst; ihr müßt danach von neuem wieder in Leiden kommen. Das sage ich euch, wollt ihr nicht um Gottes willen leiden, so müßt ihr des Teufels Märtyrer sein. Darum hütet euch, seid nicht verzagt, nachlässig, schmeichelt nicht länger den verkehrten Phantasten, den gottlosen Bösewichtern. Fanget an und streitet den Streit des Herrn. Es ist hohe Zeit! Haltet eure Brüder alle dazu an, daß sie göttliches Zeugnis nicht verspotten, sonst müssen sie alle verderben. Das ganze Deutsch-, Französisch- und Welschland ist erregt. Der Meister will ein Spiel machen, die Bösewichter müssen dran. Zu Fulda sind in der Osterwochen vier Stiftskirchen verwüstet, die Bauern im Klettgau, im Hegau und Schwarzwald sind auf, dreimalhunderttausend stark, und der Haufe wird je länger, je größer. Nur das ist meine Sorge, daß die närrischen Menschen in einen falschen Vertrag einwilligen, darum, daß sie den Schaden noch nicht erkennen. Wo euer nur drei sind, die auf Gott vertrauen und seinen Namen und Ehre suchen, werdet ihr Hunderttausende nicht fürchten.

Nun dran, dran, dran! — Es ist Zeit! Die Bösewichter sind verzagt wie die Hunde. Reget die Brüder an, daß sie zu Fried kommen und ihr Gelöbnis halten. Es ist über die Maßen hoch, hoch vonnöten.

Dran, dran, dran! Lasset euch nicht erbarmen, ob euch der Esau gute Worte vorschläge (I. Moses 33). Sehet nicht an den Jammer der Gottlosen, sie werden euch so freundlich bitten, greinen, flehen wie die Kinder. Laßt es euch nicht erbarmen, wie Gott durch Moses befohlen hat (5. Moses 7). Und uns hat er auch dasselbe offenbaret! Regt an in Dörfern und Städten und sonderlich die Berggesellen mit anderen guten Burschen, welche gut dazu sein werden. Wir müssen nicht länger schlafen. Seht, da ich die Worte schreibe, kommt mir Botschaft von Langensalza, wie das Volk den Amtmann Herzog Georgs vom Schloß langen wolle, um deswillen, daß er drei habe heimlich umbringen wollen. Die Bauern vom Eichsfeld sind über ihre Junker fröhlich worden; kurz, sie wollten mit ihnen keine Gnade haben. Es ist des Wesens viel, euch zum Vorbilde. Ihr müsset dran, dran, es ist Zeit! ...

Ich habe die Botschaft erhalten. Ich kann es jetzt nicht anders machen. Selbst wollte ich den Brüdern Unterricht geben, daß ihnen das Herz viel größer sollte werden, denn alle Schlösser und Rüstung der gottlosen Bösewichter auf Erden.
Thomas Müntzer

Textbeispiel: „Religiöser Brief"

(Auszug aus Korintherbrief)

Verkehr mit Unzüchtigen
Ich hatte euch in dem Brief geschrieben: Habt keinen Verkehr mit Unzüchtigen! Damit meinte ich nicht allgemein die Unzüchtigen dieser Welt oder die Habsüchtigen, die Räuber oder Götzendiener. Sonst müßtet ihr ja aus der Welt hinausgehen. Jetzt aber schreibe ich euch: Verkehr nicht mit einem, der sich Bruder nennt und dabei ein Unzüchtiger oder Habsüchtiger oder Götzendiener oder Gotteslästerer oder Trunkenbold oder Räuber ist. Mit einem solchen sollt ihr nicht einmal zusammen essen. Was soll ich denn die Außenstehenden richten! Habt ihr nicht die drinnen zu richten? Die Außenstehenden wird Gott richten. Entfernt den Übertäter aus eurer Mitte!

Text-Sorten in der Wirtschaft

Unter „Wirtschaft" verstehen wir im allgemeinen und auf eine kurze Formel gebracht: alle diejenigen Einrichtungen und Tätigkeiten, um menschliche Bedürfnisse durch Güter oder Dienstleistungen planvoll zu befriedigen. Die Güter und Dienstleistungen werden nach dem ökonomischen Prinzip erzeugt bzw. erbracht. — Damit eine notwendige Vielfalt sowie Menge erstellt und dem Markt angeboten werden kann, sind innerhalb der verschiedenen Arbeitsprozesse unter anderem mehrerlei Text-Sorten entstanden, die das wirtschaftliche Tun sinnvoll und zweckorientiert unterstützen.

Der Geschäftsbrief

Diese Text-Sorte unterstützt, wie eben gesagt, das wirtschaftliche Denken und Handeln, jeweils bezogen auf unterschiedliche Absichten, etwa hinsichtlich: Anfrage, Angebot, Auftrag, Lieferung und den Zahlungsverkehr.

Als kommunikative Richtziele kommen vorwiegend in Betracht: informieren — und — beeinflussen.

Sortenmerkmale
- sachlich
- klar
- knapp
- stark zielgerichtet
- themen- und fachorientiert
- fragen- und problembezogen

Man vermeide:
- lange, schwer verständliche Sätze
- Floskeln
- schwer verständliche Abkürzungen

Bevorzugt wird die „Wir-Form"

Textumfang
durchschnittlich ein bis zwei Schreibmaschinenseiten

Geläufige Arten des Geschäftsbriefes

- Angebotsbrief
  = als erstes nimmt er augenfällig Bezug zur vorliegenden Anfrage (des Interessenten oder Kunden) und nennt die Art des Angebotes (z. B. Erzeugnis, Anlage, Dienstleistung o. ä.) und gibt eine kurze Beschreibung des Angebotes; ferner nennt er Menge, Preis, Zahlungsbedingungen, Verpackung und Portokosten, Erfüllungsort sowie Gerichtsstand (Textbeispiel, s. S. 223);

- Reklamationsbrief
  = er gibt eine kurze Darstellung des Sachverhaltes (z. B. Lieferung und Liefervereinbarung; Beschwerdepunkte, präzisiert die Abhilfe, begründet z. B. die Ersatzforderung); wichtig: an welche Dienststelle man die Beschwerde richtet, etwa an Sachbearbeiter, dessen Vorgesetzter oder den Chef des jeweiligen Betriebes oder Unternehmens (Textbeispiel, s. S. 224);

- Mahnbrief
  = den Anstoß dazu gibt meist eine vom Partner nicht eingehaltene Leistungsvereinbarung; deshalb fordert man mit dem Brief den Partner auf, diese

diese Vereinbarung bis zu einem bestimmten Termin einzuhalten; erfahrungsgemäß ist die erste Mahnung freundlich im Ton, die zweite Mahnung sachlich-bestimmt, und die dritte Mahnung eine unverhüllte Aufforderung (z. B. eine Schuldsumme bis spätestens . . . ohne weiteren Zeitaufschub zu bezahlen); die Endstufe bei solchen Mahnvorgängen bildet der Zahlungsbefehl, nämlich die Eintreibung durch eine juristische Person (Textbeispiel, s. S. 225).

Textbeispiel: „Angebotsbrief"

Angebot über Kfz-Zubehör

Sehr geehrter Herr Bender!
Für Ihre Anfrage danken wir Ihnen. Wir haben Ihnen unser Angebot heute telefonisch übermittelt und bestätigen es hiermit:

Stück	Bezeichnung	Maße	Stückpreis
100	Reservekanister (Nr. 24 154)	5,0 l	4,80 DM
100	Felgenkanister (Nr. 24 002)	4,5 l	8,30 DM
50	Kanisterhalterung komplett (Nr. 24 155)	20 x 13 cm	5,80 DM
50	Schlauchtrichter (Nr. 24 314)	⌀ 175 mm	7,00 DM
50	Ausgußstutzen (Nr. 24 315)	–	6,80 DM

Die Preise sind Nettopreise ab unserem Lager. Sämtliche Teile sind sofort lieferbar. Die Muster sind bereits an Sie unterwegs. Wir verweisen Sie noch auf die auf der Rückseite dieses Schreibens abgedruckten Lieferungs- und Zahlungsbedingungen.

Wie wir Ihnen bereits am Telefon sagten, können wir Ihnen vielerlei Werbematerial zur Verfügung stellen. Ganz besonders werden Ihnen unsere Aufsteller für Theke und Ladenraum gefallen. Muster sind ebenfalls an Sie unterwegs. Unser Vertreter wird zu dem telefonisch vereinbarten Termin bei Ihnen sein.

Aus dem ebenfalls beigefügten neuesten Katalog gehen u. a. auch die Werkstoffeigenschaften der Ihnen angebotenen Zubehörteile hervor (Seiten 20, 25, 31 und 32).

Wir würden uns freuen, wenn Sie sich zu einem Auftrag entschließen könnten. Von der Möglichkeit einer langen, erfreulichen Zusammenarbeit sind wir überzeugt.

Für Ihre neue Zubehör-Verkaufsabteilung wünschen wir Ihnen einen guten Start und viel Erfolg!

Mit den besten Grüßen

Anlage
Gesamtkatalog
(Quelle: Erfolgreiche Briefe, S. 217 f.)

Textbeispiel: „Reklamationsbrief"

Mangelhafte Lieferung von Kompassen

Ihre Frachtgutlieferung Nr. 19 721/Bv traf vergangene Woche am Freitag, dem 14.9., um 16.30 Uhr hier ein. Daher konnte die Kiste Nr. TK 4 353 erst am Montag, dem 17.9., geöffnet werden.
Die Sendung enthielt:

  50 Bootskompasse 21 45
  30 Bootskompasse 21 47
100 Auto-Boots-Kompasse 30 11
100 Kugelkompasse 31 10

Die Ware wurde von unserem Lagerhalter, Herrn Werner Binder, und von drei Packern der Kiste entnommen und sogleich geprüft. Dabei wurden folgende Mängel festgestellt:

6 Bootskompasse 21 45: Die Kunststoff-Abdeckung der Rose ist stark zerkratzt; der verstellbare Fuß fehlt. Die 6 Kompasse lagen zusammen in einem Karton mit sechs Fächern und waren nicht einzeln verpackt wie die übrigen Kompasse.

3 Auto-Boots-Kompasse 30 11: Die Gummisauger fehlen.

10 Autokompasse 30 24: Diese von uns bestellten und auf dem Lieferschein eingetragenen Kompasse waren nicht in der Kiste.

Die beschädigten Teile sind heute an Sie mit Postpaket zurückgeschickt worden. Für die fehlenden Teile liefern Sie bitte umgehend Ersatz: Es eilt sehr!

Mit freundlichen Grüßen

(Quelle: Erfolgreiche Briefe, S. 230)

Textbeispiel: „Mahnbrief"

Wir übersandten Ihnen am 7. d. M. einen Kontoauszug, der mit einem Saldo zu unseren Gunsten in Höhe von
315,75 DM
abschloß. Wir baten Sie gleichzeitig, uns diesen Betrag umgehend zu überweisen, da er nach unseren Zahlungsbedingungen längst fällig war.
Wir bitten heute nochmals, diesen Betrag zu begleichen, da auch wir unsere Außenstände zur Erfüllung unserer Verpflichtungen benötigen.
Wir hoffen, daß Sie unserer Bitte nunmehr entsprechen werden, und zeichnen...
(Quelle: Der Brief des Kaufmanns, S. 67)

Das Telegramm/Fernschreiben

Wird eine Mitteilung, etwa ein Brieftext, sprachlich zu einem Skelett abgemagert, dann bleibt übrig: das Telegramm — oder — das Fernschreiben. Ausschlaggebend beim Telegrafieren ist die Absicht, einem Empfänger eine bestimmte Information schnell, kostensparend und rechtsverbindlich zu übermitteln.

Richtpunkte für die Textgestaltung:
○ kurz — und —
○ verständlich

Man vermeide:
○ Höflichkeitsformen;
○ längere Wortgruppen oder Redewendungen;
○ wichtige Zahlen als Zahlen zu schreiben, besser: in Wörtern.

Da jedes weitere Wort, jedes weitere Zeichen (z. B. Punkt, Komma) mehr Geld kostet, sollte man sogar die Anschrift des Empfängers als Telegramm-Adresse schreiben (etwa „Firma Lange und Schmidt" → „Lange-Schmidt") und ebenso den Straßennamen möglichst abgekürzt fassen (Textbeispiel, s. unten).

Um jedoch Mißverständnisse zu vermeiden, ist es ratsam, die Darstellung bedeutsamer Sachverhalte als Brief nachzureichen bzw. vom Empfänger eine briefliche Bestätigung zu erbitten. Und bedenken wir: ein Telegramm bzw. Fernschreiben genügt der gesetzlichen sowie rechtsgeschäftlichen Form. Bei auftretenden Fehlern gilt das Schuldprinzip.

Textbeispiel: „Telegramm"

Lange-Schmidt   Saalestr. 20   8520 Erlangen
Kaufe weitere zehn Doppelzentner Pfirsiche Betrag angewiesen
                                                        Baumgartner

Der Lehrbrief
= ein bewährtes Lehrmittel, das zumeist zwei Aufgaben übernimmt, denn es will: Lehrbuch — und — zusätzlich auch Pädagoge sein; deshalb ist der Lehrbrief themen-knapp (10 bis max. 30 Druckseiten) und ausgerichtet im Rahmen eines Lehrsystemes oft auf mehrstufige Teilziele.

Das Rundschreiben

Das „Rundschreiben" als Text-Sorte gleicht einem Sammelbecken, in dem verschiedenartige Themen, Fragen und Probleme textliche Gestalt bekommen, die im breiten Tätigkeitsfeld eines Betriebes und in innerbetrieblicher Organisation auftauchen. — Die Geschäftsleitung oder eine einzelne Abteilung richtet ein Rundschreiben an alle (oder an nur einige ausgewählte) Stellen im Betrieb, mitunter auch an die Öffentlichkeit.

Was man von all dem als „rundschreiben-würdig" wertet, wird hauptsächlich von zwei Gesichtspunkten aus bestimmt: zum einen, was der „Sender" von seiner Zielsetzung aus für wichtig einschätzt —, zum anderen, was vom Blickwinkel des „Empfängers" aus vermutlich als bedeutsam beurteilt wird. Konkret gesagt, zählen in einem Betrieb dazu etwa Informationen über: Kapitalverhältnisse, Wechsel von Führungspositionen, Organisationsfragen, die Preissituation auf in- und ausländischen Märkten, besondere Leistungen des Kundendienstes, Auszeichnung von Mitarbeitern, die Einverleibung anderer Firmen u. a. m.

Durch sorgfältig ausgewählte Themen und wohlbedachte Text-Gestaltung will man beim Rundschreiben-Empfänger in der Regel: ausreichende Information schaffen, Verständnis bewirken, Wohlwollen und Vertrauen erwerben, es weiterhin erhalten oder stärken — je nach gegebener psychologischer Situation und Absicht.

Aus vieljähriger Erfahrung heraus ist ein festes Schema (= geordneter Bauplan) für die Gestaltung von Rundschreiben entstanden, das im allgemeinen diese Gliederung aufweist:

○ Firmennamen
  Dienststelle (z. B. Vorstand, Forschungsabteilung o. a.)

○ Rundschreiben-Nummer

○ Titel des Rundschreibens   ○ Verteiler
  Text

○ Unterschrift (gez. Richter)   ○ Anhang (wenn erforderlich)

Arten der Veröffentlichung

Bei einer größeren Anzahl von Rundschreiben entsteht im Zusammenhang mit der „Zielsetzung" und „Zielgruppenbestimmung" (s. S. 86 ff.) die Frage:

○ entscheidet man sich für eine betriebsinterne Empfängergruppe (etwa für die Mitarbeiter der Firma, für Angehörige einer bestimmten Abteilung) – oder –

○ für eine betriebsexterne Zielgruppe (z. B. Unternehmen für Büro-Organisation, Elektro-Fachhändler in Bayern, Apotheker in Hessen, Tankstellenbesitzer in Berlin).

Im einen Falle wählt man die herkömmliche Form der Veröffentlichung, im anderen Falle gewährleistet z. B. die Anzeige in einer Tageszeitung oder Fachzeitschrift die größere „Durchschlagskraft".

Wichtiger Hinweis
Wenn ein Rundschreiben inhaltlich überholt ist, muß es unbedingt als ungültig erklärt werden!

Textbeispiel: „Rundschreiben"

SIEMENS AKTIENGESELLSCHAFT
Vorstand   München, 1. Oktober 1980

                                            SG-Nr. 200
Z-Rundschreiben Nr. 2/81   Verteiler:
                                            2/11, 2/2, 2/6, 3/1, 3/4, 3/7, 3/8,
                                            4/1, 4/2, 4/3, 6/7, 10/1, 11/1, 12/1,
                                            12/2, 13/1, 13/4, 13/5, 13/6, 14/1,
                                            14/2, 16/2, 17, 18/1, 40/4, 50/2

Grundsätze für Werbung und Design

Die zunehmende Geschäftstätigkeit unseres Unternehmens auf den Weltmärkten mit ihren verschiedenartigen Gegebenheiten erfordert häufig Anpassungen in vertrieblicher, organisatorischer und struktureller Hinsicht. Hierbei darf jedoch die Identität unseres Unternehmens nicht verlorengehen, d. h., Siemens und Siemens-Erzeugnisse müssen überall und sofort als solche erkannt werden können. Dies bedeutet für Werbung und Design, daß unter unserem Namen oder mit unserer Marke weder Argumente noch Gestaltungen verwendet werden dürfen, die nicht der Grundhaltung und dem Ansehen unseres Hauses entsprechen.

Um den geschäftsführenden Einheiten die Arbeit zu erleichtern, hat ZVW die heute geltenden und zur Förderung unseres Geschäftes praktizierten allgemeinen Grundsätze für Werbung und Design nachstehend zusammengefaßt.

Wir bitten Sie, diese Grundsätze anzuwenden und ZVW bei der Aufgabe zu unterstützen, durch ein unserem Hause angemessenes Produkt-Design und eine entsprechende Werbung unserer Unternehmen und seine geschäftspolitischen Grundsätze zum Ausdruck zu bringen.

gez. Plettner   gez. Neglein

Textbeispiel: „Rundschreiben"
(gerichtet an Unternehmen der Büro-Organisation)

Humane Arbeitswelt und höhere Leistung durch zeitgemäße Büro-Kommunikation

Sehr geehrter Herr . . . . . ,

am 1. September . . . . . werde ich mein Geschäft neu eröffnen in:

Darmstadt, Herrengasse 21

Zum Aufgabenkreis gehören vor allem: die Beratung von Interessenten und Kunden hinsichtlich zeitgemäßer wie auch zukunftsgerichteter Büro-Kommunikation; damit verbunden die Einführung rationeller Arbeitsmethoden sowie die innenarchitektonische Büro-Gestaltung; und schließlich arbeitsphysiologische Aspekte der verschiedenartigen Einrichtungsgegenstände.

Mein Angebots-Spektrum umfaßt alles, was zur optimierenden Modernisierung oder Neugestaltung des Büros von heute gehört, wie etwa:

○ das multifunktionale Arbeitsplatzsystem
  (→ Telefon, Teletex, Bildschirmtext, Elektronische Post u.a.m.)
○ Büro- und Arbeitsmöbel
○ Karteien, Archive und Briefablagen

Selbstverständlich steht Ihnen unsere langjährige Branchenkenntnis und die damit verbundenen Erfahrungen im Rahmen unserer Gesamt-Beratung kostenlos zur Verfügung.

Über einen Kontakt mit Ihnen würde ich mich freuen —, sei es als Beratung, Einholung eines Angebotes oder kurzerhand als Anruf bei uns: Telefon . . . . .

Mit freundlichen Grüßen

(Heinrich Engert)

Darmstadt, 20. August . . . . .

Der Bericht

Den ,,Bericht" treffen wir in mancherlei Gewand an: als Tagungsbericht, Jahresbericht, Entwicklungsbericht und in anderer Einkleidung.
Bei allen diesen Arten läuft es im wesentlichen darauf hinaus, ein besonderes Geschehen im wirtschaftlichen Alltag sachlich und knapp darzustellen, etwa eine heikle Absatzsituation, einen kostensparenden Fertigungsvorgang, das Auftauchen eines neuen Konkurrenzproduktes o.ä. Somit gilt für diese Text-Sorte allgemein in der Wirtschaft, was an früherer Stelle (s. S. 175 ff.) bereits eingehender besprochen worden ist.
Zum Aufbau eines Berichtes gibt Wolfgang Zielke in der Management-Enzyklopädie einige Hinweise, die für den einen oder anderen nützlich sein können:

,, o Titel des Berichtes
  o Namen der Firmen, Abteilungen, Organisationen und Personen, die der Bericht angeht (soweit erforderlich mit Adressen)
  o Einleitende Worte des Verwantwortlichen (gesondert, wenn nicht mit dem Berichtenden identisch)
  o Aufzählung der Vorgänge (eigentlicher Berichtstext)
  o Bilder, Zeichnungen, Tabellen
  o Anhänge.

Geht der Bericht an eine besondere Personengruppe, so müssen deren besondere Belange herausgestellt werden ... Geht der gleiche Berichtstext an die verschiedenen Interessenten, dann wird man in den einzelnen Exemplaren zweckmäßigerweise die Stelle markieren, die den speziellen Adressaten besonders interessieren könnte."[64]

Die Beschreibung

Auf die ,,Beschreibung" stoßen wir in Wirtschaftstexten an mehreren und verschiedenen Stellen, vor allem aber häufig dort, wo erklärungsbedürftige Güter und Dienstleistungen anschaulich darzustellen sind; man denke an die Beschreibung von: Werkzeugen (z. B. eine neuartige Bohrmaschine), Gartengeräten (etwa ein Rasenmäher), elektrischen Haushaltsgeräten (wie Geschirrspüler); von Medikamenten, Kameras, Autos, Anlagen, Einrichtungen und vieles mehr. — Oft wird die Beschreibung in solchen Fällen durch ein Bildmotiv oder durch mehrere Motive unterstützt.
Darüber hinaus begegnet uns die Beschreibung auch noch als ,,Architektur-Teil" in einem umfangreichen Text, etwa in einer Facharbeit, einer Bedienungsanleitung, in einer Werbeanzeige u. a.; bald trägt sie dabei einen mehr sachstrengen, bald einen mehr subjektiven Akzent.
Insgesamt gilt für die Beschreibung in Wirtschaftstexten grundsätzlich alles das, was über die Text-Grundsorte ,,Beschreibung" (s. S. 166 ff.) ausführlicher gesagt wurde.

Die Facharbeit

Zielsetzung
Wenn ein Thema aus einem bestimmten und eingegrenzten Fachgebiet (z. B. aus Technik, Wirtschaft, Organisation, Sprache, Musik o. a.) sachlich, gründlich, in umfassender Art zu behandeln und so dem Leser fundiertes Fachwissen zu vermitteln ist, dann bietet sich als geeignete Text-Sorte die „Facharbeit" an. Neben diesem Begriff geistert in der Praxis leider noch immer die Bezeichnung „Fachaufsatz" umher.

Das kommunikative Richtziel lautet: den Leser informieren.

Sortenmerkmale

Inhalt
- Themen aus der Wirklichkeit; z. B. aus der Wirtschaft, Technik, Werkstoffkunde u. a.;
- Themen aus der Über-Wirklichkeit; etwa aus der Religion, aus Märchen- und Sagenwelt u. a.;

Darstellungsweise
- fachlich (→ fachbezogene Qualität)
- klar (→ geistiger Bauplan)
- sachlich
- sorgfältig
- gründlich
- verständlich
- anschaulich
- ganzheitlich/abgerundet
  (→ Themendarstellung)

Man vermeide:
- Themenabweichungen
- nicht bewiesene Behauptungen

Zeitstufen
- (oft) Gegenwart (= Präsens)
- erste und zweite Vergangenheit
- erste Zukunft

Textumfang
häufig 6 bis 10 Schreibmaschinenseiten

Gestaltungshinweise
- das gewählte Thema ist gedanklich eindeutig abzugrenzen gegenüber benachbarten Themen;
- es sollte geistig nicht weitflächig angelegt sein, sondern so eng wie möglich;

- anzustreben ist ferner eine ganzheitliche, abgerundete Darstellung;
- vorteilhaft ist oft ein „Vorspann", der in knapper Form den wesentlichen Inhalt zusammenfaßt;
- die Vorteile von „Zwischenüberschriften" sollte man unbedingt berücksichtigen;
- „Quellenangaben" dürfen nicht fehlen;
- zweckmäßig ist schließlich der Hinweis auf vertiefende Fachliteratur.

Arbeitsmethodische Vermerke
- der Schreiber muß themenorientiertes Fachwissen in ausreichendem Maße besitzen — oder es erwerben;
- eigene Beobachtungen, Versuche, Erfahrungen sind in die Darstellung einzubeziehen;
- einschlägige Fachliteratur ist gründlich durchzuarbeiten und bei Hauptaussagen angemessen zu berücksichtigen;
- nicht zuletzt sind auch Fachleute gezielt zum Thema zu befragen und ihre Meinungen oder Urteile in die Darstellung einzubringen.

Textbeispiel: „Facharbeit"
(Auszug, als Anregung für andere Themenbereiche)
(1. Seite)
Herzog-Tassilo-Schule   Schuljahr: 19 . .
Dingolfing
                    F a c h a r b e i t
                      der Schülerin
                     M a r i a   H e r z o g
                       Klasse 10 M
                          Thema:
                   Die Entwicklung des Jazz
                         Arbeitszeit: 4 Wochen
                    Einlieferungstermin: 20. 3. 19 . .
(2. Seite)
                       G l i e d e r u n g
A. Was ist Jazzmusik?
B. Die wichtigsten Epochen der Jazzgeschichte
    1. 1900: Ragtime, ein Vorläufer des Jazz
    2. 1910: New-Orleans- und Dixieland-Stil
    3. 1920: Blues und Chikago-Stil
    4. 1930: Swing
    5. 1940: Be-bop, Progressive Jazz und Dixieland-Renaissance
    6. 1950: Cool-Jazz und moderne Blues
C. Der Jazz wird weiterleben!

Ausführung

Viele Menschen können sich leider unter dem Begriff „Jazz" nichts Genaues vorstellen. Von der Mehrzahl wird er für eine typisch amerikanische Tanzmusik gehalten, der man weiter keine größere Bedeutung beimißt. In der Tat vermag das ungeschulte Ohr oft nicht die einschlägigen oberflächlichen „Ohrwürmer" der Hitparaden von den komplizierten Chorussen der Jazzmusik zu unterscheiden. Dies ist das Hauptmißverständnis, dem sie seit ihrer Entstehung ununterbrochen zum „Opfer fällt". Die Schlagerindustrie verstand es von Anfang an, den Jazz für ihre eigenen Interessen zu verwenden und zu mißhandeln. Sie erkannte, wie leicht und erfolgreich aus der „Musik" Jazz das „Geschäft" Schlager gemacht werden konnte. Bereits im „Golden Age" — im goldenen Zeitalter der Jazzmusik — vergriff sich Paul Whiteman an ihr und verwässerte sie zu einem Pseudojazz, dem sogenannten Sweet: einer bestenfalls „süßen", meist nur „süßlichen" Musik, die mit Jazz nichts mehr zu tun hat.

Aus dem Blues, dem alten schwermütigen Volkslied der Neger, wurde der schwüle Tanz internationaler Nachtklubs und Kabaretts. Aus dem Boogie — der zunächst nichts anderes war als eine pianistische Begleitung von Bluesgesang — wurde ein exzentrischer Tanz, dessen Verrücktheit den Illustrierten willkommenes Bildmaterial lieferte. Aus dem Be-bop — einer abstrakten und komplizierten Jazzart, die zum Hören und nicht zum Tanzen bestimmt ist, haben die Snobs aller Länder eine akrobatische Hopserei gemacht, die die Tanzschulen in ihren Anzeigen neben Tango und Wiener Walzer erwähnen.

Wir haben also gesehen, daß Jazz nicht mit Schlagermusik identisch ist. Was ist er aber wirklich? Im Webster Dictionary, dem amerikanischen Brockhaus, finden wir folgende präzise wissenschaftliche Definition: „Jazz ist eine improvisierte amerikanische Musik, die europäische Instrumente gebraucht und Elemente europäischer Harmonik, europäisch-afrikanischer Melodik und afrikanischer Rhythmik miteinander verbindet." — „Wer als von der Jazzmusik als einer ‚Urwaldmusik' spricht", schreibt J. E. Berendt, „muß auf jeden Fall den größeren Teil des hierzu erforderlichen Urwaldes in Europa anpflanzen." Diese Feststellung ist richtig: wichtige Elemente des Jazz haben mit Negermusik nichts zu tun. So sind z. B. alle verwendeten Instrumente europäisch. Aber doch ist der Neger, das schwarze Element, für den Jazz unentbehrlich. Denn die Jazzmusik entstand dort, wo sich die schwarze und die weiße Rasse musikalisch begegneten: in Amerika, in New Orleans.

Die unmittelbare Erfindung während des Spielens ist eines ihrer wichtigsten Kennzeichen. Wichtig nicht etwa, weil immer Neues entsteht. Aber durch die Improvisation werden Komponist und Interpret eins. Die Musik, die dabei erklingt, ist unmittelbar, ehrlich, realistisch und voller Selbstaussage, die Töne explodieren gleichsam. In dieser persönlichen, unnachahmlichen Art der Tonbildung liegt die eigentliche Problematik des Jazz. In ihr finden wir den Maßstab, an dem seine Leistung gemessen wird. Da die Tonbildung die besondere Eigenart des Jazzmusikers kennzeichnet, muß ein Verhältnis bestehen zwischen dem Rang des Menschen und dem Rang der Tonbildung. Deshalb sind große „Jazzmen" unkopierbar, da sich in ihrem Spiel das eigene Wesen ausdrückt. Bei uns herrscht die Auffassung, ein Ton müsse so rein wie möglich sein. Der Jazzmusiker, insbesondere der Neger, findet diese Überzeugung langweilig. Die so erzeugten Töne sagen ihm nichts. Er musiziert, um etwas zu bewirken, seine Musik soll im wörtlichen Sinne bezaubern!

Die wichtigsten Epochen der Jazzgeschichte
Wohl das Imposanteste überhaupt am Jazz ist seine stilistische Entwicklung. Sie ist mit der Folgerichtigkeit und Logik, Zwangsläufigkeit und Geschlossenheit vor sich gegangen, welche die Entwicklung echter Kunst seit jeher kennzeichnet.

Ein Vater beendete einmal eine Auseinandersetzung mit seinem Sohn, der eine merkwürdige, unverständliche Leidenschaft für eine fast unbekannte Musik zeigte, mit folgendem Satz: „Und schließlich ist der Jazz eine ausgesprochene Modesache und wird vergessen sein, bis du erwachsen bist!" Der Vater hatte unrecht, und aus dem Sohn ist ein bekannter Jazzmusiker geworden. „Modesache" ist der Jazz nun tatsächlich nicht. Er existiert seit weit über 60 Jahren, und sieben Städte streiten sich um die Ehre, seine Geburtsstadt zu sein. Es ist inzwischen erwiesen, daß seine Wiege in dem an der Mississippimündung gelegenen New Orleans stand.

1900: Ragtime, ein Vorläufer des Jazz
Um 1900 wurde vor allem der Ragtime, ein Vorläufer des Jazz, überall in den USA gespielt. Er ist ursprünglich ein Klavierstil, gekennzeichnet durch einen scharf gehämmerten Rhythmus, dem eine volksliedhafte Melodie gegenübergestellt wird. Bald übertrug man ihn auch auf kleinere Orchester. Einer der Großen des „Rag" war Scott Joplin. Als eine seiner noch heute lebendigen Melodien ist der „Maple Leaf Rag" bekannt, der wie vieler seiner „Kompositionen" in freier Improvisation entstand ...

1910: New-Orleans- und Dixieland-Stil
Nachdem sich diese vielfältigen Musikarten ineinander vermischt hatten und noch durch die wichtigen Impulse des Ragtime und Spiritual beeinflußt wurden, feierte etwa 1910 der sogenannte New-Orleans-Stil seine Geburtsstunde. Sein wichtigstes Kennzeichen ist die durchgehende geschlossene Improvisation, es tritt kein einzelner Solist hervor. Den drei Melodie-Instrumenten, Cornett oder Trompete, Posaune und Klarinette, steht die Gruppe der Rhythmus-Instrumente gegenüber; hierzu gehören Baß oder Tuba, Schlagzeug, Banjo oder Gitarre, mitunter auch Klavier. Alles in allem gab es zu Beginn dieses Jahrhunderts etwa 30 bekannt gewordene Orchester in New Orleans. Nichts geschah ohne Musik. Durch die Straßen fuhren Bandwaggons, auf denen jene Kapellen

saßen, die von der Geburt eines Menschen bis zu seinem Tode jedes Ereignis mit Musik begleiteten. Ja selbst auf die Friedhöfe hinaus fuhren diese Bandwaggons, dem Leichenwagen voraus, und spielten dort mit genau dem gleichen mitreißenden Rhythmus, nach dem sich abends die Paare drehten ...

1920: Blues und Chikago-Stil

Der neue Stil der zwanziger Jahre war in erster Linie der Blues — genauer, der klassische Blues. Der eigentliche Bluesgesang reicht viel weiter zurück als der Jazz. Man nennt diesen vorklassischen Blues auch ländlichen Blues. Ursprünglich ist er aus dem Spiritual entstanden, dem christlichen Lied der Neger. Richard Wright, der Negerdichter, hat einmal gesagt, daß der Blues der „Spiritual der Großstadt" sei. Er hebt sich durch Ausdruckswärme und Schwermut seiner Melodien deutlich vom Temperament und der Ausgelassenheit seiner Vorgänger ab. Bemerkenswert ist seine „klassische Dreiteilung", die unsere Musik vom einfachen Lied bis zur Sinfonik beherrscht. Sie besteht aus drei viertaktigen Melodienphrasen, von denen die erste einmal wiederholt wird, also aus insgesamt zwölf Takten. Die Texte der Bluesgesänge, die literarisch oft sehr wertvoll sind, weisen eine besondere Eigenschaft auf: Eine Tatsache wird ausgesprochen, dann — gleichsam zur Bekräftigung — noch einmal wiederholt und schließlich, in den letzten vier Takten eine Folgerung daraus gezogen:

> Sieh doch, was Liebe ohne Liebe tut.
> Ja, sieh, was Liebe ohne Liebe tut.
> Sie läßt dich deine Seele töten und deine Liebste auch. ...

1930: Swing

Die älteren Jazz-Stile werden unter dem Namen „Two Beat Jazz" zusammengefaßt. Er besteht aus zwei Schlägen, zwei rhythmischen Schwerpunkten. In Harlem und vor allem in Kansas City entwickelte sich schon 1928/29 eine neue Spielweise. Wo beide zusammenflossen, entstand der Swing, der zum erstenmal vier Schläge in die Takteinheit legt. Es gab viele Diskussionen über die Berechtigung des Wortes „Swing". Tatsächlich ist Swing — die gefühlsmäßig gesteigerte Wirkung des Rhythmus — ein Element, das seit der Entstehung des Jazz bekannt ist. Der Dixieland-Trompeter und Orchesterchef Wingie Manone hat einmal treffend erklärt, was swing ist: „Ein Wachsen des Tempos spüren, obwohl du unbeirrbar im gleichen Tempo spielst." Benny Goodman machte mit seiner Klarinette den wiegenden Rhythmus des Swing populär. Als er 1938 den Gipfelpunkt seiner Karriere erreicht hatte, sprach man auf der ganzen Welt von ihm als dem „King of Swing". Vitalen Swing mit viel New-Orleans-Tradition spielte auch Coleman Hawkins. Er ist der Vater des Tenorsaxophons, das erst ab 1930 mehr Bedeutung im Jazz gewann. Seine berühmteste Platte „Body and Soul" stellt ein typisches Beispiel für eine vollendete Improvisation dar ...

1940: Be-bop, Progressive Jazz- und Dixieland-Renaissance
Auch diesmal entstand der neue Stil zu Beginn eines Jahrzehnts, nämlich um 1940. Die Anfänge sind in den kleinen Musikerlokalen und Jazztreffpunkten Harlems zu finden. Dort erklangen mit einem Male Harmonien, die man bisher allenfalls bei Strawinsky oder Hindemith gehört hatte. Die Musiker, die sie spielten, kannten die beiden Komponisten kaum dem Namen nach, sie waren ganz allein dahin gelangt. Da man der neuen Musikart einen Namen geben mußte, nannte man sie einfach „Be-bop". Auf diesen klangmalerischen Silben wurden anfangs die Melodien häufig gesungen, wenn einem beim Experimentieren keine passenden Worte dazu einfielen . . .

1950: Cool-Jazz und moderner Blues
Gegen Ende der vierziger Jahre war auch der Be-bop „klassisch" geworden. Er war nicht tot, sondern einfach eine in die Jazzgeschichte aufgenommene Spielweise, ebenso wie Chikago-Stil und Swing. Das Neue, das sich um 1950 entwickelte, bezeichnet man als Cool-Jazz, als kühlen Jazz. Hier dominiert im Gegensatz zum fast ausschließlich „schwarzen" Be-bop das weiße Element.

Es gab immer mehr Musiker, die sich bewußt mit der europäischen Musikgeschichte und dabei vor allem mit der Barockmusik von Johann Sebastian Bach beschäftigten. Und so geschah etwas Unglaubliches: Jazzbands spielten so etwas wie Inventionen oder sogar Fugen und swingen dabei! Es entstanden lange ausgezogene Linien, deren melodiöse Schönheit oft sogar Jazzgegner entzückte . . .

Cool-Jazz ist uns Europäern am ehesten verständlich. Inzwischen ist der Jazz schon wieder in ein neues Stadium getreten. Jeweils am Anfang der Jahrzehnte — so zeigt die Jazzgeschichte — prägt sich der Stil der folgenden Jahre. So spricht man heute gerne von einer Richtung des Neo-bop. Oder man weist auf eine Rückbesinnung und Wiederbelebung des Blues hin. Noch kann niemand sagen, wie es weitergeht und wie der neue Stil heißt. Aber eines steht fest: Der Jazz lebt, er läßt sich — wie die Jugend — nicht unterkriegen!

Quellenangabe:
1. Joachim Ernst Berendt: Jazz optisch, Nymphenburger Verlagsanstalt, München 1959
2. Joachim Ernst Berendt: Das Jazzbuch, Fischer Bücherei, Hamburg 1953
3. Johannes C. Schimmel. Jazz, Jazz, Jazz, Burckhardt-Verlag, Gelnhausen/Berlin-Dahlem 1962

Ich erkläre hiermit, keine anderen als die angegebenen Hilfsmittel benützt zu haben.
Dingolfing, den 19. März 19 . .   gez. Maria Herzog

(Quelle: Der deutsche Aufsatz, S. 168 ff.)

Das Protokoll

Zielsetzung

Wenn man gebeten oder beauftragt wird, im Berufsalltag über eine Besprechung, Verhandlung oder Tagung ein Protokoll zu schreiben, dann sollte man zuvor klären, ob ein Verlaufs- oder Ergebnisprotokoll gewünscht wird bzw. erforderlich ist. — Bei beiden Arten kommt es darauf an, die wesentlichen Gesichtspunkte wirklichkeitsgetreu, sachlich und knapp darzustellen — insgesamt übersichtlich gegliedert und zu einem Gesamtbild abgerundet.

Daraus ergibt sich das kommunikative Richtziel: den Leser informieren.

Sortenmerkmale

Inhalt
- Themen aus dem Wirklichkeitsbereich: z. B. aus der Verwaltung, Wirtschaft, Fertigung, aus Absatz, Schule o. a.

Darstellungsweise
- tatsachenorientiert (= wahrheitsgetreu);
- knapp
  = Konzentration auf das Wesentliche; wichtige Aussagen sparsam durch wörtliche Zitate belegen;
- klar
  = Aufbau und Gliederung übersichtlich, einfache und kurze Sätze;
- verständlich
  = zurückhaltend mit Fremdwörtern; für Schlüsselwörter, wenn nötig, Begriffsbestimmung geben;
- genau

Man vermeide:
- Persönliche Meinungen, Wertungen, Vorurteile;
- Stimmungen und Gefühle;

Zeitstufen
- Gegenwart (= Präsens)
- erste und zweite Vergangenheit (= Imperfekt, Perfekt)
- erste Zukunft (= Future I);

Textumfang
abhängig von Thema und Bedeutsamkeit; oft 2 — 3 Schreibmaschinenseiten.

Arten des Protokolls

○ Verlaufsprotokoll
(auch „Ablaufprotokoll")
= am Beginn steht, wie beim Ergebnisprotokoll, die Tagesordnung oder Aufgabenstellung; danach wird der Verlauf (z. B. einer Besprechung oder Unterrichtsstunde) zusammenhängend und in allen bedeutsamen Schritten sachlich, genau, klar und knapp aufgezeigt; eingebunden in diesen Gesamtverlauf werden zwischendurch erzielte wichtige Einzel- bzw. Teilergebnisse; themenbezogene bedeutsame Aussagen sollte man als wörtliche Zitate festhalten.

○ Ergebnisprotokoll
= es verweist zu Beginn auf die Punkte der Tagesordnung und informiert danach in übersichtlicher Gliederung über die erzielten Ergebnisse (z. B. Entscheidungen, Entschlüsse); dabei ist es ratsam oder oft erforderlich, bei Abstimmungen das jeweilige Verhältnis anzugeben.

Textbeispiel: „Verlaufsprotokoll"

○ Thema/Betreff:
„Ein Denkmuster für schriftliche Information"

○ Teilnehmer
Herr Pittner	Herr Polster
Herr Gregory	Frau Zielke
Frau Wünsche	
entschuldigt:	Herr Schmidt (erkrankt)

○ Ort: Erlangen, Volkshochschule (Besprechungszimmer)

○ Datum und Dauer: 20. Februar 1986 15.30 – 19.00 Uhr

○ Gesprächsleiter: Herr Gregory

○ Aufgabenstellung
(bzw. „Tagesordnung")
Problem
Vielen Mitarbeitern fällt es immer wieder schwer, einen Bericht, ein Protokoll, eine Facharbeit o. ä. zu entwerfen – letztlich die eigenen Gedanken klar, knapp und damit leichtverständlich darzustellen. Und dies bei einem geringstmöglichen Zeitbedarf.

Aufgabe

Deshalb hat Herr Meier, Fa. Weber, am 12. Dezember 1979 angeregt, einer Arbeitsgruppe folgende Aufgabe zu übertragen:

○ sie soll einen geistigen Bauplan (= Denkmuster) entwerfen, damit künftig schriftliche Mitteilungen klar, also leichtverständlich und mit geringstmöglichem Zeitaufwand erstellt werden;
ein solches Denkmuster sollte möglichst bis Ende März 1980 vorliegen;

○ als Teilnehmer für die Arbeitsgruppe wurden benannt:
Herr Pittner   Herr Polster
Herr Gregory   Frau Zielke
Frau Wünsche   Herr Schmidt

Verlauf des Lösungsweges

1. Nach eingehender Diskussion formulierte die Arbeitsgruppe eine operationale Zielsetzung und beschloß die weiteren Schritte des Vorgehens.
Danach wurde das bekannte und zumeist praktizierte Denkmuster „Einleitung — Hauptteil — Schluß" auf seine Brauchbarkeit und den Rationalisierungseffekt geistiger Arbeit überprüft.

2. In einem zweiten Arbeitsgespräch am ... wurden weitere Denkmuster (AIDA-Formel, Argument-Block und Fünf-Satz) im gleichen Sinne analysiert und bewertet;

3. schließlich hat die Arbeitsgruppe in einem dritten Gespräch am ... auf der Basis der erzielten struktur-analytischen Ergebnisse ein neues „Deskriptives Denkmuster" entwickelt, das eine optimierende Kombination darstellt; es besteht aus folgenden sieben Stufen:

a) Anrede
b) Titel/Überschrift bzw. Betreff
c) Ist
d) Soll
e) Lösungsweg/wichtige Lösungsschritte
f) Ergebnis/Lösung
g) Schluß

Resonanz auf das Arbeitsergebnis

Nach gründlicher Diskussion über das neuentwickelte Denkmuster kam eine Gruppe von Führungskräften aus Wirtschaft und Verwaltung am 24. April 1980 in der Industrie- und Handelskammer, Nürnberg, zu dem Urteil: das Deskriptive Denkmuster wird schon in den nächsten Monaten erkennbar dazu beitragen, schriftliche Informationen (z. B. Berichte, Protokolle, Facharbeiten o. ä.) klarer und damit leichtverständlicher zu gestalten — und dies bei einer Zeitersparnis von voraussichtlich 20 Prozent.

Erlangen, 20 April 1980
Protokollführer:
Herr Gregory

Verteiler:
Herrn Adametz
Herrn Brunner   Zur Kenntnis:
Frl. Winkler   Herrn Weber

Textbeispiel: „Ergebnisprotokoll"

○ Thema/Betreff:
„Ein Denkmuster für schriftliche Information"

○ Teilnehmer
Herr Pittner   Herr Polster
Herr Gregory   Frau Zielke
Frau Wünsche
entschuldigt: Herr Schmidt (erkrankt)

○ Ort: Erlangen, Volkshochschule (Besprechungszimmer)

○ Datum und Dauer: 20. Februar 1986   15.30 — 19.00 Uhr

○ Gesprächsleiter: Herr Gregory

○ Aufgabenstellung
(bzw. Tagesordnung)
Problem
Vielen Mitarbeitern fällt es immer wieder schwer, einen Bericht, ein Protokoll, einen Fachaufsatz o. ä. zu entwerfen — letztlich die eigenen Gedanken klar, knapp und damit leichtverständlich darzustellen. Und dies bei einem geringstmöglichen Zeitbedarf.

Aufgabe
Deshalb hat Herr Meier, Fa. Weber, am 12. Dezember 1979 angeregt, einer Arbeitsgruppe folgende Aufgabe zu übertragen:

○ sie soll einen geistigen Bauplan (= Denkmuster) entwerfen, damit künftig schriftliche Mitteilungen klar, also leichtverständlich, und mit geringstmöglichem Zeitaufwand erstellt werden;
ein solches Denkmuster sollte möglichst bis Ende März 1980 vorliegen;

als Teilnehmer für die Arbeitsgruppe wurden benannt:
Herr Pittner   Herr Polster
Herr Gregory   Frau Zielke
Frau Wünsche   Herr Schmidt

Ergebnis der Gruppenarbeit

1. Nach drei mehrstündigen Sitzungen hat die Arbeitsgruppe ein neues „Deskriptives Denkmuster" entwickelt, das aus folgenden sieben Stufen besteht:

   a) Anrede
   b) Titel/Überschrift bzw. Betreff
   c) Ist
   d) Soll
   e) Lösungsweg/wichtige Lösungsschritte
   f) Ergebnis/Lösung
   g) Schluß

2. Alle Gruppenmitglieder sind davon überzeugt, daß dieses neuerartige Denkmuster dazu beitragen kann, die schriftliche Information (z. B. Bericht, Protokoll o. a.) künftig leichter zu gestalten und dabei zugleich Arbeitszeit einzusparen.

Erlangen, 30. April 1986

Protokollführer:
Herr Gregory

Verteiler: Zur Kenntnis:

Herrn Adametz   Herrn Weber
Herrn Brunner
Frl. Winkler

Verbesserungsvorschlag

Zielsetzung
Für manchen von uns ergibt sich mitunter die Gelegenheit oder Notwendigkeit, einen Verbesserungsvorschlag in schriftlicher Form zu erstellen und einzureichen. Da „Neuerungen" (= Innovationen) heutzutage auf etlichen Lebensgebieten stetig notwendiger werden und deshalb sehr gefragt sind, sollte ein jeder
— ob Führungskraft oder Mitarbeiter — kritisches und einfallsreiches Mitdenken hoch einschätzen und dem „Verbesserungsvorschlag" grundsätzlich Widerstände sowie Schwierigkeiten aus dem Wege räumen. Leider gibt es deren so etliche — vor allem im psychologischen Bereich.

Einem Verbesserungsvorschlag liegt meist die Absicht zugrunde: im Bereich der Wirklichkeit, also etwa auf den Gebieten der Fertigung, des Absatzes, der Organisation und Verwaltung, der Kommunikation oder in anderen Lebensberzirken eine gegebene „problematische" Situation, einen Vorgang oder Zustand zu verbessern. — Als Text-Sorte wählt man in den meisten Fällen eine sachorientierte Beschreibung, die allerdings gelegentlich gezielt akzentuiert werden kann durch stichhaltige und überzeugende Argumente.

Dennoch haben wir für den „Verbesserungsvorschlag" vorrangig das kommunikative Richtziel anzusetzen: informieren.

Sortenmerkmale
○ Inhalt
Zumeist sind es Themen aus dem Bereich der Wirklichkeit: etwa aus der Kultur (z. B. aus Wirtschaft, Technik, Verwaltung, Organisation) oder aus der Natur.

○ Darstellungsweise
— klar
— sachlich-beschreibend (mitunter argumentierend)
— knapp
— anschaulich
— genau

Zeitstufe
Gegenwart (bevorzugt)

Textumfang
zunächst max. eine Schreibmaschinenseite; bei positiver Beurteilung des Verbesserungsvorschlages gegebenenfalls eine umfangreichere Darstellung vornehmen (2 — 3 Schreibmaschinenseiten).

Gestaltungshinweise
Experten mit vieljähriger Erfahrung, wie etwa Horst Reischel in der Siemens AG, empfehlen dieses arbeitsmethodische Vorgehen:

1. den Verbesserungsvorschlag fürs erste als schriftliche Kurzfassung erstellen; diese wird dann von der fachverantwortlichen Stelle überprüft, ob der Vorschlag anwendbar ist. — Für den gedanklichen Aufbau bewährt sich folgender Bauplan:

    1.1 Thema/Titel;
    1.2 kurze Darstellung der Ist-Situation;
    1.3 kurze Darstellung des „Was": was verbessert werden sollte;
    1.4 kurze Darstellung des „Wie": wie die Verbesserung erreicht werden kann.

Wichtig:
- Falls angebracht oder erforderlich, sollte eine solche Textdarstellung durch eine Skizze (oft genügt eine Grob-Skizze) veranschaulicht werden;
- bei aller Begeisterung über den Vorschlag nicht den Absender vergessen.

2. Wenn diese Kurzdarstellung des Verbesserungsvorschlages von der zuständigen Dienststelle positiv beurteilt wird, dann ist der Vorschlag – in Abstimmung mit dieser Stelle – ausführlicher und bis in wesentliche Einzelheiten hinein darzustellen.

Ein solches arbeitsmethodisches Vorgehen in zwei Schritten bringt einem nämlich zumindest zwei bedeutsame Vorteile, so z. B.

- investieren Sie nicht allzuviel Zeit in einen Verbesserungsvorschlag, der vielleicht abgelehnt wird oder aus einsichtigen Gründen nicht realisiert werden kann – oder der bereits realisiert ist;

- außerdem verrennen, verbohren Sie sich nicht allzutief in eine „zündende Idee", von der man sich – wenn sie abgelehnt wird – erfahrungsgemäß nur schweren Herzens trennen kann.

Und noch ein Tip: Erstellen Sie den Verbesserungsvorschlag möglichst in Ihrer Freizeit! Denn dann haben spitze Zungen in der Mitwelt keinen Grund zu verletzenden Bemerkungen, wie: „ . . . er sollte sich lieber mehr mit seiner eigentlichen Arbeit beschäftigen, als mit spleenigen Ideen . . . immer nur spinnen, statt zu arbeiten . . ." und ähnliche mehr.

Textbeispiel: „Verbesserungsvorschlag"

(Beispiel aus dem Werksbereich)

An BB 1
Verbesserungsvorschlagwesen
Herrn Gebhardt   Erlangen, 2. Februar 1986

Einsparung an Transport-Zeit

Ist-Situation und Problem

Das gesamte Schwergut (z. B. Stahlträger für eine Bau-Unterhaltsabteilung) wird seit längerem am Haupteingang des Gebäudes „A" angeliefert. Um dieses Material von hier aus zum Bedarfs- bzw. Einsatzort transportieren zu können, sind im Gebäude gegenwärtig größere Umwege erforderlich und darüber hinaus zwei stark frequentierte Wegekreuzungen zu passieren.

Verbesserungsvorschlag

Eine Lösung dieser skizzierten Problemsituation wäre ohne großen Aufwand zu erreichen, wenn man neben der Werkstatt (siehe anliegende Skizze) eine Transport-Öffnung zum Entladeplatz schaffen würde. Denn eine solche bauliche Änderung brächte folgende drei Vorteile:

1. etwa 30 % der bisherigen Wege-Zeit wären täglich einzusparen
   (= ca. 4 Stunden);
2. die Verkehrsgefährdung von Mitarbeitern würde an zwei Wegekreuzungen weitestgehend beseitigt — und —
3. eine Beschädigung von Gebäudeteilen, wie sie immer wieder vorkommt, könnte dadurch weitgehend vermieden werden.

Falls Sie sich mit diesem Verbesserungsvorschlag eingehender befassen möchten, bin ich gern bereit, Ihnen weitere Beobachtungsergebnisse und Erfahrungen mitzuteilen.

Meine Anschrift: Max Besser, Abteilung X, Tel.: 78221.

Für eine baldige Nachricht wäre ich Ihnen verbunden.

Mit freundlichem Gruß	Anlage
	(Aus Raumgründen wurde auf die Skizze
(Besser)	verzichtet)

Textbeispiel: „Verbesserungsvorschlag"
(Beispiel aus dem Verwaltungsbereich)

An BB1
Verbesserungsvorschlagwesen
Herrn Gebhardt   Erlangen, 6.2.1986

Kosteneinsparung beim Fernkopieren

Ist-Situation und Problem

Unsere Abteilung versendet täglich mehrere Schriftstücke in Originalgröße (DIN A 4) über den Fernkopierer nach Übersee, in verschiedene Erdteile. Da die Übermittlungskosten je DIN A 4-Seite etwa DM ...,— betragen, ergeben sich allmonatlich rund DM ...,— an Gesamtkosten. Eine beachtliche Summe, die man reduzieren sollte.

Verbesserungsvorschlag

Einen beachtlichen Teil dieser Fernkopier-Kosten könnte man einsparen, wenn man wie folgt vorginge:

1. Das Schriftgut in einer gut leserlichen Schreibmaschinenschrift erstellen;
2. danach dieses Schriftgut auf die Hälfte verkleinern, z. B. eine DIN A 4-Seite auf DIN A 5 verkleinern; die Kosten hierfür betragen ca. DM . . .,—;
3. schließlich die beiden verkleinerten DIN A 5-Seiten zu einer DIN A 4-Seite zusammenfassen und diese über den Fernkopierer senden.

Dadurch könnten die Übermittlungsgebühren beinahe um die Hälfte — im Monat durchschnittlich etwa um DM . . .,— — verringert werden. Natürlich wird die Kosteneinsparung vor allem dann ins Gewicht fallen, wenn mehrmals umfangreiches Schriftgut über den Fernkopierer zu versenden ist. — Sollten Sie diesen Verbesserungsvorschlag aufgreifen, wäre ich gern bereit, Ihnen weitere Fragen zu beantworten und Sie über bisher gesammelte Erfahrungen zu informieren.

Meine Anschrift: Ingrid Schmidt, Abteilung X, Tel.: 4165.

Für einen baldigen Bescheid wäre ich Ihnen dankbar.

Mit freundlichem Gruß
(Schmidt)

Die Bewerbung

Zielsetzung
Eine Bewerbung schreibt man zumeist in zwei Situationen: entweder nach abgeschlossener Ausbildung, wenn also der Eintritt in die Berufswelt bevorsteht —, oder man steht bereits im Beruf und möchte sich verändern, etwa: in eine andere Firma, in einen anderen Verwaltungsbereich überwechseln.

In allen diesen Fällen will der Schreiber — der Bewerber — den zurückgelegten Ausbildungsweg bzw. die bisher erbrachte berufliche Leistung in einem günstigen Licht darstellen —, in der Regel verbunden mit einem Abriß seines Lebenslaufes und beigefügtem Foto (Portrait).

Ein schriftliches Vorhaben solcher Art wird bestimmt von dem kommunikativen Richtziel: beeinflussen, ohne allerdings dabei eine ausführliche Argumentation (etwa nach dem Argument-Block, s. S. 133 ff.) vorzunehmen.

Sortenmerkmale

Inhalt
○ Eine für den Schreiber bedeutsame und bewußt gewollte Verhaltensänderung wird schriftlich eingeleitet und in werbender Absicht an einen Empfänger gerichtet: z. B. an eine Einzelperson, eine Firma, eine Behörde, eine Institution. – Die Darstellung wird ergänzt meist durch einen knappen Lebenslauf (etwa Schulausbildung, Berufsweg, familiäre Situation u. a. m.).

Darstellungsweise
○ klar
○ knapp
○ wahr
○ wirklichkeitsgetreu/genau
○ sachlich
○ freundlich/bestimmt

Man vermeide:
○ bürokratische Textwendungen
○ Floskeln
○ allgemeine Redensarten
○ unverständliche Abkürzungen

Weitere Gestaltungshinweise:
○ klaren Aufbau anstreben

— in der Einleitung sofort mit der „Sache beginnen", also z. B. sich auf die Personalanzeige in der Tageszeitung „X" beziehen oder auf ein bereits geführtes Vorgespräch;

— im Hauptteil an die Wünsche, Forderungen oder an wichtige Einzelheiten unmittelbar „anbinden", die in der Anzeige (oder im Vorgespräch) genannt bzw. betont werden, etwa: erworbene Fachkenntnisse — fachspezifisches Können (Tätigkeitsnachweise, Zeugnisabschriften) — gegenwärtige Tätigkeit — Grund oder Gründe für den beabsichtigten Stellungswechsel — gegenwärtige Arbeitssituation: in ungekündigter oder gekündigter Stellung — Gehaltsfrage (= ein heikler Punkt; meist vorteilhaft, das gegenwärtige Gehalt anzugeben, nicht aber die Gehaltsforderung, außer dies wird eigens gewünscht; die Gehaltsfrage am besten im Vorstellungsgespräch ansprechen und klären, dabei Gratifikationen oder Jahresdividende berücksichtigen) — weitere Besonderheiten erwähnen (z. B. Behinderungen durch Unfall, Kriegsleiden o. a.; Sachverhalte solcher Art auf keinen Fall verschweigen);

— Bewerbung in Maschinenschrift abfassen (ohne „Radierflecken"; mit gutem Farbband), auf DIN A 4 (29,5 x 21 cm), eineinhalbzeilig (= Zeilenabstand); max. eine Schreibmaschinenseite bis eineinhalb Seiten; das gesamte Schriftbild ästhetisch „schön" aufteilen;

○ Anlagen (z. B. Lebenslauf, Leistungsnachweise, Beurteilungen o. a. m.) dem Bewerbungsschreiben beilegen;

○ Versand möglichst im DIN A 4-Umschlag vornehmen, das Bewerbungsschreiben nicht knicken; ferner es nicht als „Einschreiben" aufgeben, da dann der Postempfang für den Empfänger oft umständlich ist;

○ auf dem Briefumschlag und dem Bewerbungsschreiben, wenn bekannt, die genaue Anschrift des Empfängers nennen, z. B.

Firma X
Personalabteilung
Herrn Weber
Wichernstraße 87
8520 Erlangen

Zeitstufe
○ Gegenwart (= Präsens)

Textumfang
etwa eine Schreibmaschinenseite (max. eineinhalb Schreibmaschinenseiten).

Der Lebenslauf

Zielsetzung
Wie bei der „Bewerbung" schon gesagt, ist der „Lebenslauf" zusammen mit dem Lichtbild meist eherner und zugleich organischer Bestandteil eines Bewerbungsschreibens.

Darüber hinaus sind andere Fälle denkbar, wo man um die Darstellung seines Lebenslaufes gebeten wird, etwa wenn man für eine namhafte Zeitschrift einen Beitrag erstellen möchte, im Rahmen einer bedeutsamen Tagung ein Fachreferat halten soll o. a. m. — In solcher oder ähnlicher Situation sollten wir bemüht sein, wichtige persönliche Daten, Leistungen und Ereignisse unseres Lebens knapp, wahr und genau aufzuzeigen: wesentliche Stufen des Lebensweges, jeweils zeitlich-organisch verbunden mit bemerkenswerten Daten des Berufsweges, das Ganze mitunter ergänzt durch eine Handschriftenprobe und natürlich, wie schon erwähnt, ein Lichtbild beilegen.

Der schriftlichen Darstellung eines Lebenslaufes liegt mithin das kommunikative Richtziel zugrunde: informieren.

Sortenmerkmale

Inhalt
meist werden stichwortartig folgende wichtigen Daten, Ereignisse und Leistungen genannt:

- Name
- Geburtsdatum
- Geburtsort
- Familienstand
- Staatsangehörigkeit
- Schulausbildung
  - Grundschule
  - Hauptschule
  - Realschule
  - Gymnasium
- Wehrdienst
- Berufsausbildung
- Berufseinsatz
  - in der Vergangenheit (z. B. in den Firmen . . .)
  - in der Gegenwart (z. B. in der Firma „X"; Behörde . . .)
- Berufserfahrungen
- Berufsleistungen (Auszeichnungen, Preise, Ehrungen o. ä.)
- Weiterbildung
- Fremdsprachenkenntnisse
- Besonderheiten (etwa Besitz des Führerscheines, Flugscheines o. ä.)
  - Ort/Datum
  - Unterschrift (handschriftlich)
  - Anlagen (z. B. Lichtbild, gegebenenfalls Handschriftenprobe, Schulzeugnisse, Arbeitsproben u. a.).

Darstellungsweise
- knapp/stichwortartig
- wahr
- übersichtlich/tabellarisch; günstige Anordnung;
  links — nur Stichwörter, wie Name, Geburtstag o. ä.;
  rechts — zu diesen Stichwörtern jeweils nähere konkrete Informationen.

Weitere Darstellungshinweise
Als erweiternde und/oder vertiefende Informationen sollte man beilegen:

- Zeugnisse
  etwa Kopien wichtiger Abschlußzeugnisse (Hinweise auf etwaige Beglaubigungen beachten); auf keinen Fall aber Originalzeugnisse aus der Hand geben;

- Arbeitsproben
  sie sagen mehr als hundert Worte und sind ein objektiver Nachweis der Leistungsfähigkeit; es eignen sich z. B. Pläne, Entwürfe, Publikationen (wie Fachbeiträge, Zeitungsbeiträge, Bücher o. ä.), Plakate, Anzeigen u. a. m.;

- Auszeichnungen
  etwa erhaltene Preise bei Wettbewerben (z. B. im Handwerk, bei Anzeigen — oder Plakatwettbewerben o. ä.); Ehrungen für besondere berufliche Leistungen u. a. m.;

- Rezensionen
  gedacht ist hierbei an positive schriftliche Kritiken über eigene Leistungen in Zeitungen, Fachzeitschriften o. a.;

- Referenzen
  sie sollten nur von Personen stammen, denen man Wissen und fachliche Qualität zuspricht und die deshalb ein qualifiziertes Urteil abgeben können (z. B. Lehrer, Ausbilder, Vorgesetzte, etwa über fachliches Können, über Charaktereigenschaften, Verhalten, Lösung schwieriger Aufgaben u. a. m.);

- Leistungszeugnis/Dienstzeitbescheinigung
  bewirbt man sich um ein Tätigkeitsgebiet in einer anderen Firma oder einer Institution, sollte man den Arbeitgeber um ein Dienstleistungszeugnis bitten (= konkrete und detaillierte Angaben über Art, Umfang und Leistung auf dem bisherigen Arbeitsgebiet);
  enthält ein Leistungszeugnis ungünstige Beurteilungen, dann kann man sich eine Dienstzeitbescheinigung ausstellen lassen (= Angaben z. B. über die Dauer der Berufstätigkeit oder der einzelnen Tätigkeiten sowie über die Dienststelle —, jedoch ohne wertendes Urteil);

- Lichtbild
  es gehört untrennbar zu einer Bewerbung, sollte aus den letzten ein bis zwei Jahren stammen, ein Kopf- oder Brustbild sein (schwarz/weiß oder farbig, maximale Größe 6 x 9 cm, auf der Bildrückseite den Namen und die Anschrift tragen); man steckt das Foto zweckmäßig lose in ein durchsichtiges Tütchen oder klammert es an die linke obere Ecke des Bewerbungsschreibens bzw. des Lebenslaufes.

Textbeispiel: „Bewerbung"

Ulrike Meinhardt
Luitpoldstr. 12
8520 Erlangen   Erlangen, 22. September 1980

Schmidt & Co.
Königsstraße 9
2800 Bremen

„Sekretärin gesucht"
Ihre Anzeige vom 19. September 1980

Sehr geehrte Herren,

für Ihr neues Verkaufsbüro suchen Sie gegenwärtig eine Sekretärin mit folgender Qualifikation: selbständige Bearbeitung der Tageskorrespondenz, gute Kenntnisse in Schreibmaschine und Stenographie, Fremdsprachenkenntnisse in Englisch und möglichst auch in Französisch, mit absoluter Vertrauenswürdigkeit.

Ich bewerbe mich heute um diese Position, da ich die erforderlichen Kenntnisse habe und darüber hinaus eine vierjährige Berufserfahrung als Sekretärin besitze.

Meine fachbezogenen Leistungen: eine Sekretärinnenausbildung habe ich vor vier Jahren mit „gut" abgeschlossen; ich erledige Korrespondenz nach Stichwörtern, führe selbständig einfachen Briefwechsel, schreibe auch nach Phonodiktat und kann als Auslandskorrespondentin fremdsprachigen Schriftwechsel (englisch, französisch) führen; Kurzschrift 120 Silben; Maschine 350 Anschläge pro Minute. — Meinen beruflichen Werdegang bitte ich dem anliegenden Lebenslauf zu entnehmen.

Gegenwärtig bin ich als Sekretärin in der kaufmännischen Abgeilung eines elektro-medizinischen Mittelbetriebes tätig, und zwar in ungekündigter Stellung. Ich strebe eine Tätigkeit an, die mit größerer Verantwortung und mehr selbständiger Arbeit verbunden ist. — Mein Monatsverdienst beträgt DM 2.950,—, dazu kommt eine Weihnachtsgratifikation von DM 3.200,—. Ich beabsichtige, mich nach Bremen zu verändern, da dort meine Eltern leben.

Für ein persönliches Gespräch wäre ich Ihnen dankbar. Bei solcher Gelegenheit könnten wir dann auch die Gehaltsfrage klären.

Mit freundlichem Gruß   Anlagen
                                                 Lebenslauf mit Lichtbild
                                                 2 Zeugnisabschriften

Textbeispiel: „Bewerbung"

Franz Kirschner
Saalestraße 16
8500 Nürnberg   Nürnberg, 22. September 1980

Kreutzer & Co.
Gostenhofener Straße 73
8500 Nürnberg

Werbeassistent gesucht
Ihre Stellenanzeige vom 19. September 1980
_____

Sehr geehrte Herren,

mit Ihrer Stellenanzeige vom 19.9.1980 suchen Sie einen Werbeassistenten, der die Planung, Realisierung und Kontrolle von Kampagnen beherrscht sowie befähigt ist, ideenreiche und gewandte Texte für Anzeigen wie auch Prospekte zu schreiben.

Da ich diese Voraussetzungen und fachlichen Anforderungen erfülle, bewerbe ich mich heute bei Ihnen um die ausgeschriebene Stelle.

In den zurückliegenden Jahren habe ich, nach dem Abitur, an der Hochschule für Künste in Berlin schwerpunktmäßig „Kommunikation" studiert; dabei galt mein besonderes Interesse den Themenkreisen: Planungsmethodik — Text und Bild — Mittel und Medien.

Nach dem Studienabschluß 1977 war ich bisher drei Jahre lang in der Werbeagentur Weber & Co. als Werbeassistent tätig und hatte Gelegenheit, an mehreren mittelfristigen Werbe-Kampagnen für Gebrauchs- und Konsumgüter mitzuwirken —, Kampagnen, die in der Bundesrepublik Deutschland, im EG-Raum sowie in Übersee (z. B. USA, Japan) gelaufen sind. So konnte ich das breitgefächerte Studienwissen — vornehmlich Werbeplanung, Gestaltung (Text und Bild) sowie Resonanzkontrolle (mit Auswertung) — in die Praxis umsetzen und die Werberesonanz durch etliche Pre- und Posttests namhafter Marktforschungsinstitute ermitteln lassen. Darüber hinaus bin ich auch vertraut mit der Planung und Gestaltung aller gängigen visuellen und audiovisuellen Werbemittelarten, mit verschiedenartigen Werbeträgern sowie mit den Grundlagen der Werbeforschung und entsprechenden Methodenarten.

Einige Arbeitsproben, von mir in Text und Bild gestaltet bzw. mitgestaltet, geben Ihnen einen Einblick in das skizzierte Tätigkeitsfeld.

Leider bietet die gegenwärtige Stellung auf absehbare Zeit keine berufliche Entwicklungsmöglichkeit, so daß ich mich verändern möchte. Da an eine dreimonatige Kündigungsfrist gebunden, könnte ich frühestens zum 1. Februar 1981 die neue Tätigkeit beginnen.

Um Ihnen einen gründlicheren Einblick in mein Fachwissen und das gegenwärtige Aufgabengebiet geben zu können, wäre ich für ein persönliches Vorstellungsgespräch dankbar. In diesem Zusammenhang könnte dann auch die Gehaltsfrage besprochen werden.

Mit freundlichem Gruß

<u>Anlagen</u>
Lebenslauf mit Lichtbild
2 Zeugnisabschriften
5 Arbeitsproben

Textbeispiel: ,,Lebenslauf"

Name, Vorname	Dr. phil. Schäfer, Erich
Geburtstag	19. Dezember 1923
Staatsangehörigkeit	deutsch
Familienstand	verheiratet seit 1950, eine Tochter (22 Jahre)
Schulausbildung	Volksschule Kratzau
1933 – 1942	Oberschule, Reichenberg Abschluß: Kriegsabitur 1942
Wehrdienst 1942 – 1945	Ostfront, zuletzt Kompanierführer; nach 1945 ein Jahr Kriegsgefangenschaft
Berufsausbildung 1946 – 1951	10semestriges Studium an der Universität Erlangen Philsophische Fakultät; Hauptfächer: Neue und Neuere Geschichte, Germanistik, Anglistik; darüber hinaus Psychologie und Philosophie Abschluß: Dr. phil., Promotion über ein Thema aus der Neueren Geschichte
Berufsarbeit 1952 – 1955	Reporter für eine überregionale Tageszeitung, danach stellvertretender Redakteur bei der Tageszeitung ,,X"
1956 – 1960	Werbetexter, später Werbekontakter in der internationalen Werbeagentur ,,Y"

1961 – heute	stellvertretender Werbeleiter bei Kreutzer & Co., Nürnberg; bis heute in ungekündigter Stellung
Berufserfahrungen	fundierte Fachkenntnisse auf den Gebieten: Public Relations und Werbung (vornehmlich für Gebrauchs- und Investitionsgüter); Arbeitschwerpunkte: Wirtschaftsjournalistik; Kommunikationsplanung im Rahmen des Marketing, Realisierung (Kampagnen, Gestaltung verschiedener Mittelarten in Sprache und Bild, Media-Mix); Resonanzkontrolle; spezielle Arbeiten auf dem Image-Gebiet; kaufmännische Aufgaben; mehrjährige Erfahrung in Menschenführung
Berufliche Weiterbildung	Seminarteilnahme an den Themen: Marketing, Markt- und Meinungsforschung, Verkaufsförderung, Kreativ-Methoden, Werbetext und Bild
Fremdsprachenkenntnisse	Englisch-Kenntnisse in Wort und Schrift; Grundkenntnisse in französisch

Text-Sorten in der Verwaltung

„Verwaltung" – weitgehend verstanden als planmäßige Tätigkeit, um dadurch festgelegte Ziele in öffentlichen oder privaten (z. B. wirtschaftlichen) Organisationen mit hoher Wahrscheinlichkeit zu verwirklichen. Im Zusammenhang mit jener planmäßigen Tätigkeit sind mehrere verschiedenartige Text-Sondersorten entstanden. Einige von ihnen, mit denen man gelegentlich zu tun haben kann, seien im weiteren als Sorte und Beispiel vorgestellt.

Der Antrag

Zielsetzung
Wer an einer bedeutsamen Verhandlung oder einer gewichtigen Versammlung teilnimmt, kann mitunter gebeten oder beauftragt werden, im Zusammenhang mit dem jeweiligen Gesprächs- oder Vortragsthema einen „Antrag" zu stellen. In solchem Falle wird man als Schreiber zum „Sprachrohr" einer kleineren oder größeren Gruppe von Menschen und beabsichtigt dabei, durch einen schriftlichen Antrag (etwa bei einer Verwaltungsdienststelle, einer Institution o. ä.) eine Stellungnahme oder Entscheidung zu bewirken: möglichst eine Zustimmung, eine Genehmigung – oder vielleicht auch Ablehnung.

Daher ist es das kommunikative Richtziel eines Antrages: den Empfänger in seiner Meinung — und gelegentlich auch in seinem Handeln zu beeinflussen.

Sortenmerkmale

Inhalt
Themen aus dem Bereich der Wirklichkeit: z. B. Themen aus der Privatsphäre (etwa Antrag auf Kindergeld, Wohngeld o. ä.), aus dem kommunalen Gebiet (z. B. Antrag auf einen neuen Kindergarten), aus dem politischen Bereich (etwa Antrag auf höhere Finanzsubventionen für den Kulturbereich) u. a. m.;

Darstellungsweise
- sachlich-nüchtern
- erlebnis-getönt — anschaulich (je nach Thema)
- begründend
- klar
- knapp

Zeitstufe
Gegenwart (= Präsens)

Textumfang
durchschnittlich 1 — 2 Schreibmaschinenseiten

Textbeispiel: „Antrag"

Herrn Bürgermeister Heider
Orling
Rathaus

Antrag auf Schutz vor dem Kinderlärm des Spielplatzes
an der Ostpreußenstraße

Sehr geehrter Herr Bürgermeister,

wir haben vor zwei Jahren ein Einfamilienhaus in der Ostpreußenstraße gekauft und hofften, dort ruhig wohnen zu können. Das Haus liegt auch recht nett am Rande des Parkgeländes. Leider ist es aber seit einigen Wochen mit der Ruhe aus, weil keine 50 Meter von unserem Haus entfernt durch private Initiative ein Kinderspielplatz errichtet worden ist.

Wir verstehen durchaus die Notwendigkeit von Kinderspielplätzen und sind auch kein Kinderschreck, dann muß aber auch dafür gesorgt werden, daß die Lärmbelästigung sich in Grenzen hält und nicht bis spät in die Nacht hinein der Radau andauert. Ist dies nun ein Kinderspielplatz oder ein Tummelplatz für Halbwüchsige? So war am Sonntag, dem 5. Mai, noch nachts um halb eins so ein Krach, daß wir uns veranlaßt sahen, Ruhe zu fordern.

Wir stellen daher an den Gemeinderat den Antrag, etwas zu unternehmen, und zwar insoweit, daß eine Mittagsruhe von 12 — 2 eingehalten wird und ab 1/2 7 abends endgültig Ruhe herrscht. Sonntagsruhe selbstverständlich. Es ist dies bestimmt kein unbilliges Verlangen. Überall spuckt man große Töne von wegen Lärmbekämpfung und Umweltschutz, aber hier wird das Gegenteil praktiziert. Als Bürger haben wir ja schließlich neben unseren Pflichten auch noch Rechte, die gerade in dem obenerwähnten Fall gesichert werden sollen.

Zugleich im Namen mehrerer Nachbarn
Hochachtend
Max Kablitz

(Quelle: Verstehen und Gestalten, R. Oldenbourg Verlag, S. 14 f.)

Die Aktennotiz (= Aktenvermerk)

Zielsetzung
Beabsichtigen Sie, wesentliche Gesichtspunkte einer bedeutsamen Besprechung oder eines wichtigen Ferngespräches (z. B. mit einer Behörde, Institution, mit einem Arbeitskollegen, mit Gruppenpartnern, Vorgesetzten o. ä.) festzuhalten — vornehmlich wichtige Aspekte, die aus dem jeweiligen Arbeitsvorgang nicht ersichtlich sind, aber für den weiteren Fortgang bedeutsam sein können —, dann empfiehlt sich die ,,Aktennotiz''.

In der Regel wird eine Aktennotiz anderen Personen nicht zur Kenntnis gegeben, sondern bleibt als Beleg beim Arbeitsvorgang.

Das kommunikative Richtziel lautet: einen wichtigen Sachverhalt — gegebenenfalls einem Partner oder mehreren gegenüber — möglicherweise und voraussichtlich ,,bekunden''.

Inhalt
Themen aus dem Bereich der Wirklichkeit: z. B. die angekündigte Lieferung eines dringend benötigten Gerätes; eine wichtige verbale Entscheidung eines Partners; die starke Beschädigung mehrerer Straßenleuchten an einer gefährlichen Kreuzung o. ä.

Darstellungsweise
○ sachlich ○ ohne subjektive Färbung

○ nüchtern ○ authentisch (gegebenenfalls belegt durch das eine oder andere Zitat)
○ wirklichkeitsgetreu ○ knapp

Zeitstufe
meist erste Vergangenheit (= Imperfekt), in Verbindung mit der Gegenwart (= Präsens)

Textumfang
durchschnittlich eine halbe bis zwei Schreibmaschinenseiten

Textbeispiel: „Aktenvermerk"

Sachgebiet 25
Landratsamt Uheim
Verkehrsschilder   Uheim, 25. 8. 1978

I. *Aktenvermerk*
   Während der heutigen Sprechzeit teilte mir Herr A. mit, daß in der vergangenen Nacht einige Verkehrsschilder auf der Kreisstraße zwischen Adorf und Beheim von Unbekannten erheblich beschädigt worden seien.

II. *Sachgebiet Straßenverkehr*
    mit der Bitte, Kenntnis zu nehmen und das Weitere zu veranlassen.

Huber
(Quelle: Bayerische Verwaltungsschule, A 2, vom 1. August 1978, S. 13)

Die Besprechungsniederschrift

Zielsetzung
Soll das wesentliche Ergebnis eines Gespräches oder einer Konferenz in knapper Form festgehalten werden, dann erstellt man des öfteren eine „Besprechungsniederschrift". — Nur bei wichtigen Gesprächsinhalten wird man die Niederschrift nachdrücklich von den Teilnehmern bestätigen lassen.

Als kommunikatives Richtziel ergibt sich daraus: den Beteiligten gegenüber einen wichtigen Sachverhalt (= Ergebnis) bekunden.

Inhalt
Themen aus dem Bereich der Wirklichkeit: z. B. ein Optimierungsvorschlag für ein Produkt; das Gespräch über eine neue mittelfristige Verkaufsidee; die

Entscheidung über eine PR-Kampagne; die umfangreiche Änderung eines Film-Drehbuches o. ä.

Darstellungsweise
○ wirklichkeitsgetreu
○ sachlich
○ indirekte Rede
○ genau (z. B. wichtige Aussagen durch Namen belegen)

Zeitstufe
vornehmlich erste Vergangenheit (= Imperfekt)

Textumfang
durchschnittlich eine halbe bis eineinhalb Schreibmaschinenseiten

Text-Sorten in der Journalistik

Um das mannigfaltige facettenbunte Welt- und Tagesgeschehen objektiv und themengerecht darstellen zu können, hat sich die Journalistik im Laufe ihrer bewegten Geschichte eine tonreiche Klaviatur an Text-Sorten verfügbar gemacht und sie für ihre spezielle öffentliche Aufgabe ausgeformt. Insgesamt sind es immerhin mehr als zehn verschiedenartige Sorten. So spiegelt sich öffentlich-bewußtes Denken, Beobachten, Werten und Darstellen von Geschehnissen sowie Ereignissen wohl nirgendwo in einer derartig geistigen Weite und Vielfalt wieder, wie gerade in der Journalistik.

Daß journalistische Sprache darum längst zur Berufssprache geworden ist — und inzwischen auch mehrmals ihre Kritiker gefunden hat — nimmt nicht wunder. Allen Kritikern des „Zeitungsdeutsch" halten die beide Publizistik-Wissenschaftler Emil Dovifat und Jürgen Wilke grundsätzlich folgenden Sachverhalt entgegen: „ . . . das Zeitungsdeutsch ist meist immer noch besser und verständlicher als das Deutsch, das im kaufmännischen Schriftverkehr, in mancher behördlichen Verordnung und vielfach auch immer noch in gelehrten Werken geschrieben wird. Das Deutsch der Leitartikel, der Korrespondenzberichte, der Glossen, Kurzartikel, Kritiken und Feuilletons ist im allgemeinen gut und sicher wirksamer als das Deutsch der Kritiker der Zeitungssprache, die rein grammatische und syntaktische Splitterichterei betreiben oder sich über Fremdwörter empören . . ."[65]

Damit wir einen innigen, sprachlich-geistigen Bezug zur Sichtweise des Journalisten und seiner öffentlichen Aufgabe bekommen und mit größerer Bewußtheit als bislang das journalistische Wort in seiner Ausprägung und Zweckgerichtetheit begreifen und beurteilen können, seien in der folgenden Darstellung sieben Text-Sorten charakterisiert und jewells durch Text-Beispiele erläutert. Vielleicht ermutigt Sie diese Grund-Information dazu, künftig Ihren persönlichen

Gedanken, Meinungen und Urteilen über ein bewegendes „öffentliches Thema" journalistische Gestalt zu geben oder regt sie gar an, in einem erweiternden Sinn publizistisch aktiv zu werden?!

Die Nachricht

Zielsetzung
Für eine „Nachricht" entscheidet sich der Journalist dann, wenn er dem Leser eine bedeutsamere Neuigkeit (z. B. einen Vorgang, eine Handlung oder ein Ereignis) kurz, sachlich, wahrheitsgemäß, sinnlogisch oder folgerichtig mitteilen will.

Wegen ihrer großen Bedeutung steht die Nachricht in regionalen und überregionalen Zeitungen vorwiegend auf der ersten Seite, über dem Bruch (= obere Seitenhälfte). — Leitartikel, Kommentar und Glosse, oft Meinungsspiegel der jeweiligen Zeitung, sind meist auf der zweiten Seite oder an späterer Stelle in der Zeitung plaziert.

Der Zielsetzung entsprechend lautet für die Nachricht das kommunikative Richtziel: den Leser informieren.

Sortenmerkmale

Inhalt
○ meist Themen aus dem Bereich der Wirklichkeit: z. B. aus der Politik, Natur, Kultur, Wirtschaft, Technik, Kunst;
○ Themen aus dem Bereich der Über-Wirklichkeit: etwa aus der Philosophie, Religion u. a.;

Darstellungsweise
○ kurz
○ sachlich
○ wirklichkeitsgetreu (= wahrheitsgemäß); basierend auf eigenen Eindrücken oder fremden Zeugnissen
○ verständlich
○ folgerichtig

Man vermeide:
○ unvollständige Nachrichten (z. B. nur zwei Fragen beantworten, etwa lediglich „wer" oder „was"; die übrigen fünf Fragen aber unbeantwortet lassen);
○ Vermischung von Nachricht und Kommentar;
○ persönliche Stellungnahme;

Zeitstufen
Gegenwart (= Präsens), erste Vergangenheit, zweite Vergangenheit, erste Zukunft

Beispiel (1)

„Blaues Kreuz" trifft sich
Das „Blaue Kreuz", eine Organisation, die sich — wie gestern berichtet — der Bekämpfung des Alkohol-Mißbrauchs widmet, trifft sich jeden Mittwoch 19 Uhr im Jugendzentrum, Raum 11 oder 18. Gäste sind willkommen.

Erste Vergangenheit (= Imperfekt)

Beispiel (2)

Reiche Beute beim Zahnarzt
MÜNCHEN — Aus der Wohnung eines Schwabinger Zahnarztes stahlen Diebe einen Tresor mit Gold und Diamanten im Wert von 363 100 Mark. Das Gut befand sich in einem mit Kombinationsschloß gesicherten „Panzerwürfel", den die Diebe in eine Gardine wickelten, um ihn unauffällig transportieren zu können.

Zweite Vergangenheit (= Perfekt)

Beispiel (3)

Zuschuß für Röthelheimbad
Das bayerische Umweltministerium hat im Rahmen des Programms „Freizeit und Erholung" der Stadt Erlangen zum Umbau des Röthelheimbades einen Zuschuß in Höhe von 697 000 DM bewilligt.

Erste Zukunft (= Futur I)

Beispiel (4)

Erlanger Sänger werden ausgezeichnet
Eine größere Abordnung des Walter-Rein-Chores wird am Sonntag, 24. Mai, nach Dachau reisen, um bei einer Feierstunde im Festsaal des Dachauer Schlosses die Zelter-Plakette entgegenzunehmen.

Textumfang
○ oft 10 — 15 Schreibmaschinenzeilen (= Nachricht)
○ meist 3 — 4 Schreibmaschinenzeilen (= Kurznachricht)

Artverwandte Sorten:
○ Bericht (s. S. 261 ff.)
○ Reportage (s. S. 265 ff.)

Gestaltungshinweise
○ Eine vollständige Nachricht beantwortet in der Regel mindestens sieben Fragen:

1. wer
2. was
3. wo
4. mit wessen Hilfe
5. warum
6. wie
7. wie lange
(s. auch Denkmuster „Lasswell-Formel", S. 126 ff.)

○ Zugkräftige Merkmale einer Nachricht
Nach der Auffassung amerikanischer wissenschaftlicher Publizisten gehören z. B. dazu:

— unmittelbarer Bezug oder große Nähe zum Leser
— hoher Aktualitätsgrad
— Unmittelbarkeit des Miterlebens
— interesse-heischende Berühmtheiten (z. B. Politiker, Künstler, Dichter o. ä.)
— interesse-erregender Konflikt
— Sex
— gefühlsstarke Thematik u. a. m.

○ Der Aufbau einer Nachricht geschieht meist in zwei Stufen, als

1. Kern-Information (= Lead) — und —
2. Umfeld-Information (= zusätzliche, erweiternde Information)

Zur ersten Stufe: die Kern-Information wird auch „Lead" genannt; sie gibt, nach Walther von La Roche, dem Leser ohne geistigen Umweg „ . . . Antwort auf die Frage, die das Publikum vermutlich als erste zu dem jeweiligen Thema stellen würde . . ."[66] Da der Lead nach La Roche stets die „Wegweiser-Nachricht" (z. B. das Wichtigste, Aktuellste, Interessanteste, Dramatischste) enthalten sollte, ist es ratsam, diese Kern-Information textlich knapp zu fassen; anzustreben ist grammatikalisch möglichst ein kurzer Satz: ein knapper Hauptsatz, erweitert nur durch ein bis zwei Nebensätze; nach weitverbreiteter Meinung sollte ein Lead möglichst nicht länger sein als zwei Sätze.

Zur zweiten Stufe: der Umfeld-Information; sie ist, wie schon angedeutet, eine informative „Zutat", stets weniger wichtiger als der Kern und erweitert veranschaulichend durch einige „nachgeschobene" Einzelheiten das Feld des Geschehens; tendenziell wirkt sie mitunter stark auf den Anmutungsbereich des Lesers. — Bei Platzmangel kann man jederzeit auf diese Umfeld-Information verzichten, sie also bedenkenlos dem Rotstift opfern.

Textbeispiele für eine Kurznachricht

Die 3. ERLANGER VIDEOTAGE mit Vorführungen, Vorträgen und Arbeitsgruppen finden vom 12. bis 17. Mai statt. Rund 100 Videofilme werden in Erlangen im Kulturtreff, im Jugendclub Sesam, im Experimentiertheater und im Frauenzentrum gezeigt.

DIE PREMIERE des Stückes „Ist das nicht mein Leben?" von Brian Clark in den Nürnberger Kammerspielen findet am 19. Mai statt. Zu der Verschiebung kam es wegen einer Erkrankung des Hauptdarstellers Klaus Weiß. Die Titelrolle wurde nun mit dem Münchner Schauspieler Erich Hallhuber besetzt.

EIN DEGAS-GEMÄLDE brachte bei einer Auktion im Kunsthaus Christie's in New York den Rekordpreis von 2,2 Millionen Dollar (rund fünf Millionen Mark). Es handelt sich um ein Portrait Eugene Manets, des Bruders von Edouard Manet.

Textbeispiel: „Nachricht" (→ Aufbau)

(Titel)
AUTORADIO IST DIE REGEL

(Untertitel)
Japaner produzieren die meisten Geräte

(Lead/Kern-Information)
LONDON — Unterhaltung und Information beim Autofahren sind in Westeuropa fast schon eine Selbstverständlichkeit. Eine jetzt in London vorgelegte Untersuchung der Mackintosh Publications Ltd. zeigt, daß jeder zweite Wagen mit einem Radio ausgerüstet ist. Sie stellen einen Verkaufswert von rund 8,5 Mill. Mark dar.

(Umfeld-Information)
Die Deutschen scheinen besonders viel Spaß am Autoradio zu haben. Sie liegen weit an der Spitze: Acht von zehn Autos mit dem Nummernschild der Bundesrepublik werden beschallt. Deutschland ist auch — gemeinsam mit Frankreich — das Land mit den bedeutendsten Autoradio-Produzenten in Europa. Die beiden Staaten stellen jährlich etwa 4,8 Mill. Geräte her und fabrizieren damit etwa 80 Prozent aller auf dem Kontinent montierten Radio- und Kassettengeräte für Fahrzeuge.

Die weitaus größte Anzahl von Geräten kommt jedoch aus Fernost. Die Importziffer aus Japan, Hongkong und Singapur: 5,5 Mill. Einheiten.
(Quelle: Erlanger Nachrichten/Erlanger Tagblatt vom 16./17. Mai 1981)

Als historisches „Gegenbeispiel" eine Nachricht aus dem „Erlanger Tagblatt" vom 1. Oktober 1858, der Premieren-Ausgabe Nr. 1:

„München, 28. Septbr. Am gestrigen Tag ist der Jubiläums-Festzug in jeder Beziehung glücklich vorübergegangen. Wem es vergönnt war, dieses in Tendenz und Ausführung gleich seltene, ja einzige Fest zu schauen, wird das Andenken an diesen Tag bis an das Ende seiner Tage bewahren, und Mancher, der als Knabe die gestern entfaltete Pracht bewunderte, wird dereinst seinen Kindern und Kindskindern noch mit Begeisterung von dem tiefen Eindruck erzählen, welche die eben so getreue als gelungene Vorführung der bis auf 700 Jahre zurückgehenden Kulturgeschichte Münchens auf ihn gemacht hat. Heute Abends 8 Uhr soll im Prater dahier des am vergangenen Samstag wegen eingetretener übler Witterung unterbliebene große Kunstfeuerwerk stattfinden. Die Gartenlokalitäten werden vor und nach dem Feuerwerk brillant beleuchtet sein.

Auf der neuen Schießstätte sind zwei Riesenschweizerinnen, jede 6 Schuh und 8 Zoll groß, zur Bedienung der Gäste für die Dauer des Jubiläums engagirt, was nicht verfehlen wird, einen bedeutenden Anziehungspunkt für die ohnehin gute Wirthschaft zu bilden ...".

Wo steckt in dieser Mitteilung der Lead?

Zur Begriffsbestimmung der „Nachricht"

Im Rückblick auf das Gesagte dürften wir nun mühelos die Begriffsbestimmung verstehen, wie sie Dovifat/Wilke in ihrer „Zeitungslehre I" geben:

„ ... Nachrichten sind Mitteilungen über neue im Daseinskampf des Einzelnen und der Gesellschaft auftauchende Tatsachen. Zur Nachricht gehört nach dieser zunächst sehr allgemeinen Definition somit:

a) daß sie dem Empfänger von Wert und Nutzen ist, b) daß sie neu, d. h. sofort übermittelt ist, c) daß sie durch einen Dritten mitgeteilt und also dessen subjektiver Beeinflussung ausgesetzt ist. Diese Einwirkung reicht vom unbewußten, vielleicht sogar physiologisch verursachten Übermittlungsfehler bis zur bewußten Ausrichtung der Nachricht, um einen bestimmten Entschluß im Nachrichtenempfänger hervorzurufen ..."[67]

Der Bericht

Zielsetzung
Einen „Bericht" wird man schreiben, wenn beabsichtigt ist, dem Leser ein heraus-

ragendes Ereignis, einen interesseweckenden Vorgang oder eine Handlung authentisch, unmittelbar, erlebnisgetönt und ausführlicher darzustellen.

Als kommunikatives Richtziel ergibt sich mithin eine Mischform: den Leser vorrangig informieren — und — ihn dabei mitunter beeinflussen.

Sortenmerkmale

Inhalt
- zumeist Themen aus der Wirklichkeit: etwa aus Natur, Technik, Politik, Kunst;
- seltener Themen aus der Über-Wirklichkeit: z. B. aus der Religion oder Philosophie.

Darstellungsweise
- wirklichkeitsnah
- ereignisnah
- anschaulich
- klar
- authentisch, korrekt
- erlebnis-getönt
- ausführlich

Zeitstufen
- Gegenwart (= Präsens)
- oft im Wechsel mit der ersten Vergangenheit (= Imperfekt)

Textumfang
oft 60 — 80 Schreibmaschinenzeilen

Artverwandte Sorten:
- Nachricht (s. S. 257 ff.)
- Reportage (s. S. 265 ff.)

Gestaltungshinweise
Als Bauplan bewährt sich offensichtlich diese Struktur:

- Titel
  oft mit stichwortartigem Untertitel

- Vorspann
  gibt meist einen knappen Überblick über das Thema des Berichtes

- berichtende Darstellung (= Hauptteil)

- Schluß
  bringt meist eine interesse-steigernde Besonderheit

Wichtig:
kurze Zwischenüberschriften signalisieren dem Leser die geistige Marschroute oder geben durch ihre Formulierung spürbare Anreize zum Weiterlesen.

Arten des Berichtes

Seit Jahren unterscheidet man, der Auffassung amerikanischer Publizisten folgend, drei Arten von Berichten:

- den nüchternen Tatsachenbericht (= fact-story)
  = der Bericht führt vom Wichtigsten zum weniger Wichtigen hin, wirklichkeitsgetreu, tatsachenorientiert;

- den lebhaft-dramatischen Bericht (= action-story)
  = ein dramatisches Geschehen wird in lebendiger Art dargestellt, wiederum schrittweise von wichtigen Gesichtspunkten zu weniger wichtigen Aspekten hin;

- den kommentierenden Bericht (= quote-story)
  = an der Spitze steht die wichtigste Mitteilung, mit wertendem Akzent; dann folgen — jeweils in Absätzen — Informationen von geringerer Bedeutung, wiederum in wertender Sicht; den Zusammenhang zwischen den einzelnen Absätzen wollen mitunter einige wörtliche Zitate herstellen, die man geschickt in einem jeden dieser Absätze plaziert.

Textbeispiel: „Zeitungsbericht"

Das neuentwickelte Erlanger „Sonnenauto" bestand seine Feuertaufe

Solarmobil kurvte trotz Wolken
Gestern Jungfernfahrt auf dem Rathausplatz — TÜV erteilte die Betriebserlaubnis

Das Erlanger „Sonnenauto" hat in dieser Woche seine zweifache Feuertaufe bestanden. Die Konstrukteure Heinz Wening, Thomas Funk, Roland Reichel und Roland Planert gingen nicht wie der „Schneider von Ulm" baden, sie meisterten ihre Auftritte in München und Erlangen so souverän wie die vier Musketiere:

Nach sechsstündiger Prüfung auf „Herz und Nieren" erteilte am Mittwoch der Technische Überwachungsverein München die allgemeine Betriebserlaubnis für das Solarmobil — die erste für ein mit Sonnenenergie betriebenes Fahrzeug zumindest in Bayern.

Auch bei der Jungfernfahrt gestern nachmittag auf dem Erlanger Rathausplatz ließ das „Sonnenauto" seine Erbauer nicht im Stich: mit OB Dietmar Hahlweg am Steuer setzte es sich nach Betätigung des Drehknopfs (der das Gaspedal ersetzt) brav in Bewegung und zog seine Kreise.

Trotz wolkenverhangenen Himmels wäre ein Fehlstart freilich auch ausgeschlossen gewesen: Wie schon in unserer Mittwoch-Ausgabe ausführlich berichtet, wird das Erlanger Solarmobil nämlich von einer Kombination aus Batterien und Solarzellen angetrieben. Die Sonnenzellen dienen zur ständigen Aufladung der Batterien und verdoppeln somit die Reichweite dieses Elektromobils von 50 auf 100 Kilometer bei günstigen Witterungsbedingungen.

Bei der gestrigen Probefahrt drang die Sonne kaum einmal durch den Wolkenschleier, und das Auto lief stark ‚auf Batterie'. „Bei dieser Wetterlage hätten wir wohl nur maximal 65 Kilometer an einem Stück zurücklegen können", räumte Mitkonstrukteur Thomas Funk ein.

Während der Technische Überwachungsverein nur unwesentliche Verbesserungen forderte — Kantenschutz an Karosserieteilen und Gummiverkleidungen an den Türen — macht den Solarmobil-Erbauern noch etwas Gravierendes Sorgen: Mit der derzeitigen Industrie-Elektronik läßt sich nur eine Fahrtgeschwindigkeit von 30 km/h (bei 12 Prozent Steigfähigkeit) erreichen. Die Elektronik soll noch in diesem Jahr ausgetauscht werden, so daß Geschwindigkeiten von wenigstens 40 km/h möglich sind. Nach dieser Fahrzeugmodifizierung will man die beiden Gleichstrommotoren auch zur Mitaufladung der fünf Batterien bei Talfahrten nutzen, was die Reichweite nochmals um zehn Prozent erhöht.

Testfahrer OB Dietmar Hahlweg zeigte sich stolz darüber, daß dieses Solarmobil in Erlangen entwickelt wurde, und er hofft, daß der Prototyp des Erlanger Sonnenautos in absehbarer Zeit in Kleinserien-Fertigung gehen kann. Sollten sich diese Erwartungen erfüllen, so könnten Verkehrs- und Umweltprobleme zumindest gemildert werden. Durch seinen extrem leisen Lauf, die Nutzung einer rohstoffschonenden Energiequelle und den schadstofffreien Betrieb wäre ein serienreifes Solarmobil ein ideales Stadtauto, meinte das Stadtoberhaupt. Bei einer Bewährung und Fortentwicklung würde auch die Stadtverwaltung auf solche Fahrzeuge zurückgreifen.

Schon der jetzige Prototyp des Erlanger „Sonnenautos" wird unter städtischer Flagge fahren: bei der Erlanger Grünschau 1987 soll das Solarmobil als „abgas- und lärmfreie Alternative im individuellen Nahverkehr" vorgestellt werden.

hg

(Quelle: Erlanger Tagblatt, Ausgabe vom 13. Juni 1986)

Die Reportage

Zielsetzung
So die Aufgabe gestellt wird — oder — in einem gestalterisch-freudigen Menschen zuinnerst das Streben erstarkt, irgendeine Besonderheit im „grauen Alltag" gedanklich einzukreisen und sie aufzugreifen (z. B. die Erstaufführung einer Komödie, einen herausragenden Ballettabend o. a.), um just diese Besonderheit textlich konkret, bildkräftig und vor allem erlebnisstark zu gestalten, dann bietet sich die „Reportage" als treffsichere und angemessene Text-Sorte an — reizvoll zugleich für jeden „Vollblut-Reporter".

Daß an diesen Tatbestand reichlich Lebens- und Berufserfahrung und wohl auch tiefe Erlebnisfähigkeit gebunden sind, bezeugen keineswegs als einzige die schon genannten Wissenschaftler, die jahrelang bemüht waren, das Wesen des Journalismus und seine typologischen Textausprägungen sachkritisch, philologisch und sprachphilosophisch zu ergründen: Dovifat und Wilke. In der gemeinsamen Publikation „Zeitungslehre" charakterisieren sie die Reportage folgendermaßen: „... Wichtig für die Reportage ist die temperamentvolle, lebensnahe, stark persönliche und erlebte Darstellung eines Ereignisses. Im Gegensatz zum Berichterstatter, der mehr passiv die Dinge aufnimmt und gewissenhaft zu Papier bringt, gibt der Reporter aus eigener Anschauung seinen sachlich im einzelnen erarbeiteten, aber doch auch persönlichen Gesamteindruck. Das eigene, betont herausgearbeitete Erlebnis prägt seinen Bericht ..."[68]

Mithin zeigt das kommunikative Richtziel dieser Text-Sorte deutlich auf folgendes hin: den Leser beeinflussen; doch der Kern der Mitteilung behält seine informierende und wirklichkeitsnahe Form.

Sortenmerkmale

Inhalt
○ Themen hauptsächlich aus dem Bereich der Wirklichkeit, etwa: Einweihung eines Kirchenneubaues, Eröffnung des Oktoberfestes, Endspiel um die Fußball-Weltmeisterschaft, Verleihung eines Literaturpreises o. ä.

Darstellungsweise
○ erlebnisbewegt/subjektiver
○ detailorientiert/unmittelbar
○ sinnenfreudig
○ bildkräftig
○ knapp
○ wirklichkeitsnah
○ verständlich

Man vermeide:
○ längere Interviews (mit Beteiligten) in die Reportage einzublenden;

- tiefschürfende, ausführlichere Reflexionen (durch den Reporter);
- die erste oder zweite Vergangenheit tendenziell als Zeitstufen;
- lange, kommentierende Passagen.

Zeitstufen
- Gegenwart (= Präsens)
- zwischendurch als Rückblende oder Vorausschau die erste Vergangenheit (= Imperfekt) oder erste Zukunft (= Futur I).

Textumfang
- häufig 60 — 80 Schreibmaschinenzeilen

Gestaltungshinweise
- „Die Parole heißt: Heran an das Ereignis!" (Zitat aus der Zeitungslehre I", Dovifat/Wilke, Seite 40);

- den Leser miterleben lassen: knapp in der Darstellung, detail-„verliebt" und sinnenstark (→ Auge, Ohr, Gefühl, Geruch, Tastsinn);

- „Der Reporter schildert, was er sieht und erfährt, notiert sich bezeichnende Einzelheiten (z. B. daß die weißlackierte Küchenuhr bei 7 Uhr 18 stehengeblieben ist) und schreibt in der Redaktion nieder was er (das meint das französische Wort ‚reporter') zurückgebracht hat". (Zitat aus „Einführung in den praktischen Journalismus", Walther von La Roche, Seite 139 f.);

- seelisch-geistiges Erleben verständlich darstellen —, sowohl das eigene als auch das Erleben der beteiligten Personen, also der Augen- und Ohrenzeugen;

- alle sieben Sinne sollen je nach Geschehen, Ereignis oder Situation, in der Text-Gestaltung voll wirksam werden;

- an bedeutsamen Stellen der Reportage situationstypische, wörtliche Zitate beteiligter Personen einblenden;

- dramaturgische Bedeutsamkeit haben: Anfang und Schluß der Reportage;

- die Bühne der „berichtlichen Wahrheit" aber darf nicht verlassen werden.

Textbeispiel: „Reportage" (→ Auszug)

SIND DIE TAGE DER SCHÖPFRÄDER GEZÄHLT?
Nur noch wenige Zimmerleute verfügen über die Fachkenntnis für das anstrengende und zeitraubende Einsetzen der letzten technik-geschichtlichen Denk-

mäler – Zuschüsse sollen Erhaltungsaufwand erträglicher machen – Zahl ging rapide zurück.

MÖHRENDORF – „Mein Großvater war über 50 Jahre auf der Regnitz". Der 47jährige Hans Hoffmann sagt es nicht ohne Stolz, denn er hat es selbst schon auf 31 Jahre gebracht: er zählt zu den wenigen Zimmerleuten, die noch über die notwendigen Fachkenntnisse für das alljährliche Einsetzen der historischen Wasserschöpfräder im Regnitzgrund verfügen.

Wenn im späten Frühjahr das Hochwasser zurückgeht, werden die zum Überwintern eingelagerten Holzräder aus den Gehöften der Möhrendorfer Bauern hervorgeholt, ausgebessert und am Flußlauf zusammengesetzt. Die Betriebszeit war einst genau geregelt: nach einer Wasserordnung aus dem Jahre 1963 durften sich die Räder nur vom 1. Mai bis zum 30. September drehen.

Die Schöpfräder sollen zwischen dem 13. und 14. Jahrhundert aus dem Orient nach Franken gekommen sein, wo der Regnitzgrund zum wichtigen Verbreitungsgebiet wurde. Über Jahrhunderte haben sie insbesondere nördlich von Erlangen das Bild des Tales geprägt und sich zum Wahrzeichen der Landschaft entwickelt.

Doch ist nicht einmal sicher, ob sie in diesem Jahr alle eingesetzt werden. Denn die Erhaltung der Schöpfräder erfordert viel Engagement und eine gehörige Portion Idealismus. Immerhin: Zuschüsse vom Freistaat (1000 Mark), vom Landkreis (800 DM) und von der Gemeinde Möhrendorf (500 Mark) sollen den Bauern die Entscheidung erleichtern, ein Wasserrad aufzubauen. Die Montage auf dem schweren, in das Flußbett gerammten Eichengestell ist nicht nur eine kostspielige, sondern auch eine anstrengende und zeitraubende Arbeit. Der 47jährige Hoffmann, der bei einem Erlanger Großunternehmen beschäftigt ist, opfert für den Zusammenbau der rund 500 Einzelteile seinen Urlaub. Unterstützt wird er von drei Gemeindearbeitern; auch einige Bauern legen Hand an.

Es dauert einen ganzen Tag, bis die Streben und Krümmlinge an den Wellbaum montiert und die hölzernen Schöpfkübel angebracht sind. Alle Hände müssen zupacken, wenn das Rad gegen die Strömung gedreht wird, damit die letzten Schaufelbretter eingesteckt werden können. Zum Abschluß werden die sogenannten Flügel aufgestellt; die quer zur Strömung verankerten Wehrbretter sorgen dafür, daß sich der Fluß staut und der Wasserstand an den Schöpfrädern erhöht wird.

Hochgebockte Abflußrinnen leiten das Naß in das zum Beginn der Saison gereinigte Grabnetz. Die Leistung eines Schöpfrades ist enorm: in einem „Wasserjahr" können über zwei Millionen Hektoliter auf eine Wiesenfläche von bis zu acht Hektar verteilt werden. Damit werden jährlich zwei bis drei Grasschnitte sowie eine ergiebige Herbstweide ermöglicht.

Trotzdem scheinen die Tage der letzten Schöpfräder im Regnitzgrund gezählt. Die Konkurrenz neuartiger Bewässerungstechniken, die Umwandlung der Wiesen in Ackerland und nicht zuletzt der hohe Erhaltungsaufwand lassen Heimatfreunde befürchten, daß die letzten Räder bald aus der Flußlandschaft verschwunden sind. Und auch aus den Worten des Möhrendorfer Bürgermeisters Hans Erhardt klingt Resignation, wenn er sagt: „früher war einer stolz darauf, daß er ein Schöpfrad erhalten konnte."
(Quelle: Erlanger Nachrichten, Ausgabe 16, Mai 1981, S. 20; HORST AUER)

Der Kommentar

Zielsetzung
Soll dem Leser ein aktuelles Geschehen (etwa ein Ereignis, eine Situation oder eine Handlung) nicht als sachlich-wirklichkeitsgetreue Nachricht in Kurzform mitgeteilt werden, sondern als kritisch-wertende Stellungnahme des Schreibers zu eben diesem Ereignis, dann entspricht dieser Absicht der „Kommentar". Denn sein Ziel ist es, dem Leser vom jeweiligen Geschehen eine ausführlichere und wertende Darstellung zu geben; es einzubeziehen in einen größeren Zusammenhang; eine wichtige Folgerung aus dem Ereignis zu ziehen oder anderes mehr.

Geschichtlich entstand diese Text-Sorte zu Beginn des neunzehnten Jahrhunderts, als man in der europäischen Presse begann, die Nachricht zu trennen von der Stellungnahme des Zeitungsherausgebers. Zur heutigen Situation: Eine große Anzahl von Korrespondenten-Zeitungen zieht weiterhin den erwähnten „Trennungsstrich" zwischen Nachricht und Kommentar, einige andere Zeitungen aber vermengen absichtlich diese beiden Text-Sorten.

Ob so oder anders: der traditionelle angelsächsische Grundsatz „facts are sacred, but comment is free" (= Tatsachen sind heilig, aber die Stellungnahme dazu ist frei) sollte auch künftig seinen Ehrenplatz im ungeschriebenen Sittenkodex internationaler Publizistik behalten.

Aus dem oben skizzierten Sachverhalt folgt schließlich als kommunikatives Richtziel für einen Kommentar: den Leser beeinflussen —, zumeist hinsichtlich seiner Meinung.

Sortenmerkmale

Inhalt
○ Themen aus dem Bereich der Wirklichkeit, etwa: bemerkenswerte Tagesereignisse, zunehmende Gefahr der Fußgänger durch rücksichtslose Radfahrer;

Beitragserhöhungen für Krankenversicherung; steigende Benzinpreise; rückläufige Baukonjunktur; Drogenmißbrauch u. a.;

o Themen aus dem Bereich der Über-Wirklichkeit, z. B.: aus der Religion, Futurologie, Science fiction.

Darstellungsweise
o erläuternd
o interpretierend
(s. Text-Analyse, S. 194 ff. und
Text-Interpretation, S. 205 ff.)

o persönlich-gefärbt
o verständlich
o knapp

Man vermeide:
o eine Nachricht mit einem Kommentar so weit zu vermischen, daß der Leser die „reine" Nachricht von der Stellungnahme des Schreibers/der Redaktion nicht oder nur mit Mühe trennen kann;

o den Kommentar zu einem Leitartikel „hochzustilisieren"; denn sein Standort liegt zwischen der Nachricht und dem Leitartikel.

Zeitstufen
o Gegenwart (= Präsens)
o gelegentlich auch erste bzw. zweite Vergangenheit oder erste Zukunft (= Imperfekt bzw. Perfekt oder Futur I)

Textumfang
häufig 40 – 60 Schreibmaschinenzeilen

Gestaltungshinweise
o ausgehend von einer wichtigen Nachricht, soll ein Kommentar diese analysierend klären, soll sie werten und, wenn nötig, sie auch interpretieren;

o gestalterisch liegt das Können darin, beim Leser ein Basis-Wissen zu schaffen, oder es an einzelnen Textstellen unmerklich einfließen zu lassen, um das Verständnis des „eigentlichen" Kommentares zu ermöglichen, es zu erleichtern;

o die urteilenden Gedanken sollten sich differenzierend in einer ausholenden Werteskala bewegen: vom Massiv-Grobschlächtigen bis hin zum Feinsinnig-Sublimen;

o argumentierende plakative Wertung darf sich nicht auf alleinstehende Thesen (= Behauptungen) abstützen, man sollte sie untermauern durch einzelne Beweisgründe (= Argumente) und anschauliche Beispiele;

○ er soll bewußt knapp abgefaßt sein und nicht in die Form eines Streitgespräches abgleiten;

○ sprachlich gewinnt ein Kommentar an Glanz, wenn man bewußt mehrere unterschiedliche Text-Sorten zu einer neuen Komposition vereinigt (etwa Nachricht, Grundzüge eines Berichtes mit denen des Kommentares, dazu Zitate).

Benachbarte Arten des Kommentares
○ Leitartikel

○ Glosse

○ Entrefilet
= ein sehr kurzer, zusammengedrängter Kommentar oder Leitartikel, gekennzeichnet durch leichtverständliche Gegenüberstellung unterschiedlicher Sachverhalte oder Tatbestände. — Einen Spitzenplatz als Klassiker dieser Kurzform hat sich Hermann Wegener (1815 — 1889) erworben, Begründer der „Neuen Preußischen (Kreuz)-Zeitung".

Zur Kurzform des „Entrefilet" gehört der „Einleitungsartikel" für die einzelnen Sparten. — Gegenwärtig liegt den inzwischen allgemeingültigen Sparten einer Zeitung folgende Stoffgliederung zugrunde:

— Politik (→ Innen-, Außen-, Kultur-, Sozialpolitik);
— Wirtschaft (→ Privatwirtschaft, Handel, Wirtschaftspolitik);
— Feuilleton (→ aktuelles Feuilleton, Kunstkritik, Literaturblatt);
— Lokales;
— Sport (= ein noch immer expandierendes Stoffgebiet);
— Reise;
— Erholung;
— Technik und Wirtschaft;
— Vermischtes.

Textbeispiel: „Kommentar" (Auszug)

Der ahnungslose Patient
Die Sparmaßnahmen im Gesundheitswesen wirken, aber sie wirken anders als geplant. Jedenfalls haben sich die Hoffnungen nicht erfüllt, daß sich der Ausgabenanstieg für ärztliche und zahnärztliche Leistungen sowie für verordnete Arzneimittel mit dem Kostendämpfungsgesetz problemlos bewältigen ließe. Die Vorstellung, daß der Zuwachs der Ausgaben mit Hilfe der gesetzlichen Reglementierung den Zuwachs bei der Grundlohnsumme der Arbeitnehmer nicht über-

steigt, ist schon im ersten Jahr weitgehend eine Fiktion geblieben. Dabei kann 1978, das erste volle Kalenderjahr nach Inkrafttreten des Gesetzes, als Modelljahr gelten. Die inhaltliche Tendenz der neuen Honorarvereinbarungen läßt den Schluß zu, daß es mit dem Kostendämpfungsgesetz auch in Zukunft eine garantierte Beitragsstabilität nicht geben kann.

Um dieses Ziel erreichen zu können, müßte das Gesetz jenes Reglementierungs-Instrument sein, als das es von den Betroffenen zumindest in der ersten Phase nach dem Wirksamwerden gern gesehen wurde. Im Vorfeld der am heutigen Donnerstag beginnenden Gesprächsrunde der Konzertierten Aktion im Gesundheitswesen ist das Gesetz deutlicher als zuvor und nicht nur für Experten als das entlarvt worden, was es tatsächlich ist: ein institutionalisierter Mechanismus zur Erzeugung politisch-moralischer Appelle, das Gewinnstreben im Gesundheitsbereich gesamtwirtschaftlicher Disziplin zu unterwerfen . . .

. . . Es kann von keinem Mitglied der gesetzlichen Krankenversicherung verlangt werden, daß es sich im Hinblick auf eine vielleicht drohende Beitragserhöhung seiner Kasse auf Auseinandersetzungen mit seinem Arzt über die Kosten seiner eigenen Therapie einläßt. Diese Kausalität ist für ihn nicht nachvollziehbar. Aktive Solidarität gibt es in einer Solidargemeinschaft nicht, die in Wirklichkeit eine Interessengemeinschaft mit dem Ziel ökonomischer Annehmlichkeiten ist. Bei steigenden Beitragssätzen können dies allerdings auch Unannehmlichkeiten sein. An die Solidarität der Patienten appellieren, heißt in den Wind reden. Wenn man schon eine ausgewogene Marktstruktur im Gesundheitswesen will, und dies muß ein wichtiges Ziel sein, warum billigt man dem Patienten, wenn er zum solidarischen Handeln nicht motiviert ist, nicht die Funktion zu, die er als Konsument auch in seinem übrigen Lebensbereich hat? . . .

. . . Die Krankenversicherung als moralische Anstalt? Nicht nur der zur Sparsamkeit ermahnte Arzt, sondern auch der Patient würde bei einer solchen Entwicklung im Bereich Gesundheit mehr Umsicht zeigen — die gleiche Umsicht, mit der er Rücklagen für sein neues Auto, die Urlaubsreise und die Eigentumswohnung bildet.
(Quelle: „Süddeutsche Zeitung", Ausgabe vom 22. März 1979)

Beispiel „Wortkommentar"

Deckungsgleich mit unserem Lernziel ist übrigens auch der gesprochene Kommentar, der: „Wortkommentar". Denn oft wird hier eine der textgestalterischen Grundregeln „Schreib wie du sprichst!" in vorbildlicher Weise demonstriert. Das ausgewählte Beispiel (Auszug) stammt von dem prominenten und beliebten Kommentator Bernhard Ücker, Bayerischer Rundfunk (Sendung: 9. Mai 1981).

Kommentar zur bayerischen Landespolitik

Verehrter Zuhörer!
Mancher hätte halt doch eine andere Weltanschauung, wenn er die Welt wirklich anschauen wollte! — Dieses Wort stammt vom bayerischen Ministerpräsidenten Franz Josef Strauß, gerichtet an rund 1100 Gäste aus allen Schichten der Bevölkerung, eingeladen zum Staatsempfang, den der Regierungschef dem 1. Mai zu Ehren gegeben hat. Ein griffiges Wort, gesprochen wohl auch in dieser Bedeutung, daß der Mensch nicht allein seine Welt mit beiden Augen betrachten, sondern ebenso zweidimensional denken sollte. Anders gesagt: Was uns heute Politiker und Funktionäre vortragen, erweckt leider nur zu häufig den Eindruck, als wäre die Sache zwar angedacht, aber keineswegs zu Ende gedacht worden. So meinte Strauß noch, daß es billig sei, Luftschlösser zu bauen, doch teuer, sie wieder einzureißen. Ob ihm dabei der Flughafen München II in den Sinn gekommen war? Der nämlich ist vor zehn Jahren auch nicht bis dorthin zu Ende gedacht worden, daß Erdöl weder in unbegrenzter Menge noch für unbegrenzte Zeit sprudeln wird. Doch möglicherweise haben wir das rechte Verhältnis zum Denken überhaupt verloren, seit wir nicht mehr nachdenken, sondern reflektieren.

Als zweiter Redner auf dem eingangs erwähnten Staatsempfang aber hat Bayerns DGB-Chef Jakob Deffnier ein nicht minder bemerkenswertes Wort gesprochen. Finanzierung von Massenarbeitslosigkeit, so sagte er, sei die größte Verschwendung, die sich eine Gesellschaft leisten könne. Deffnier meinte damit die Rechnung, daß eine Million arbeitsloser Menschen mit jährlich 20 Milliarden Mark zu Buche schlägt und dieses Geld bei der Schaffung und Erhaltung von Arbeitsplätzen vernünftiger und sozial gerechter angelegt wäre. Eine Logik, die kaum Widerspruch verdient ...

... Zu den beliebtesten Schlagworten unserer Tage gehört sicher der Leistungsdruck. Hat er aber seinen Ursprung nicht vielleicht gerade darin, daß wir den einer sinnvollen Arbeitszeit lebensnotwendig zugeordneten Spielraum des Denkens mehr und mehr als gedankenlose Freizeit herausfiltern? Die Schule mit ihrer dem Leistungsdruck beigesellten Plapperformel vom Schulstreß bietet ein Beispiel: Die Gesamtlänge der Ferien beträgt nun seit Jahren schon 102 Tage, rechnet man das verlängerte Wochenende hinzu, so ergibt sich das Resultat, daß jedes Jahr praktisch zur Hälfte nur ein Schuljahr ist, drangsaliert obendrein von der Hetze des Dreiviertelstundentakts, bedrängt von der für die mühsame Aufrechterhaltung einer wenigstens minimalen Schuldisziplin erforderlichen Zeitverschwendung und angenagt noch zudem von der großzügigen Handhabung wochenlanger Klassenausflüge. Der Schulstreß ist so zur Tatsache geworden — aber nicht, weil die Schüler von der Schule, sondern weil sie von der als Wohltat gedachten doch nie zu Ende gedachten Freizeit überfordert werden.

Ein weiteres, von den politischen Gebetsmühlen der Gegenwart pausenlos gemurmeltes Schlagwort heißt Wohnungsnot. Noch vor wenigen Jahren aber mußte man sogar Sozialwohnungen wie saures Bier anbieten. Da jedoch seither keine explosionsartige Volksvermehrung stattfinden konnte, sind gewiß andere Gründe die Ursachen des Mangels. War indessen aus den Programmfabriken der Politik bisher ein lautes Nachdenken darüber zu hören, daß in zahllosen Elternhäusern Tausende von Zimmern leerstehen, viel zu vorzeitig verlassen von Kindern, die mit staatlicher Approbation wiederum Tausende von Wohnungen belegen, um das neue Gesellschaftsspiel „Mündiger Bürger" samt vorwiegend sexueller Persönlichkeitsentfaltung zu betreiben?

Sind irgendwelche amtlichen Denkansätze zu vermelden, die ein System der Wohnbauförderung ändern könnten, das zur heute kaum noch korrigierbaren Fehlbelegung unzähliger Sozialwohnungen führen mußte? ... Dies wäre doch ein lohnendes Betätigungsfeld für unsere Gewerkschaften, auch, verbunden mit der Überlegung, wie lange noch die Mitfinanzierung einer mißbräuchlich müßigen Minderheit durch eine brav arbeitende und zahlende Mehrheit als unverzichtbarer Bestandteil des Sozialstaates verkauft werden kann.

Und wie lange noch kann ein Volk mit eigenen Arbeitslosen in Millionenstärke dazu verurteilt werden, auch für Millionen fremder Menschen Arbeitsplätze vorzuhalten? Schon diese Gegenüberstellung macht die geläufige Formel dubios, daß unsere Wirtschaft all die ausländischen Arbeitskräfte bitter nötig habe ...

Nun, es handelt sich in erster Linie wohl um ein türkisches Problem. Ein Volk wie das der Türken aber, in jahrhundertelanger Tradition als Eroberer aufgewachsen, läßt sich nicht integrieren, eher schon macht es von sich aus den umgekehrten Versuch. Sie erhalten damit allerdings ihre kulturelle Identität, bleiben aber Fremde hierzulande — ein humanes Ergebnis? ...

Der freie Teil Europas, dieser Körper kann nicht überleben, wenn zu viele seiner Kräfte von außen zum Zentrum drängen — weil auch jedes Herz stehen bleibt ohne den Pulsschlag seiner Stärke in allen Gliedern. Und was nie zu Ende gedacht wurde, mag wohl auch ein Ende haben — aber kein Ziel.

Auf Wiederhören!

Das Interview

Zielsetzung
Wird beabsichtigt, durch ein schriftlich gestaltetes Gespräch eine eingehendere Information über eine Person — oder — einen bestimmten Sachverhalt bzw. Gegenstand zu vermitteln, dann wählt man gern und des öfteren die Text-Sorte „Interview".

Diese meist mosaikartig-erkundete Information wird als „Zusammenschau"
(= engl. interview) veröffentlicht. Da ein Interview also person- oder sachbezogen
sein kann, ergeben sich gewisse Unterschiede in der Darstellungsweise.

In beiden Fällen aber bleibt das Richtziel gleich: den Leser hauptsächlich informieren, wie gesagt, über eine Person — oder — einen Sachverhalt bzw. Gegenstand.

Das Interview zur Person

Inhalt
- Personbezogene Themen aus der Wirklichkeit, etwa: die Ansichten, Eindrücke oder Urteile eines Künstlers, Politikers, Wissenschaftlers, Fabrikarbeiters oder Handwerkers; über seinen Beruf, seine Hobbies, die Gestaltung seines Heimes;
- personbezogene Themen aus der Über-Wirklichkeit, z. B.: Meinungen, Wünsche, Hoffnungen einer Person im Hinblick auf philosophische oder religiöse Fragen, etwa sein Erlösungsglaube, seine Hoffnung auf ein Weiterleben nach dem irdischen Tod.

Darstellungsweise
- dialogisch (= Dialogform)
- skizzenartig (→ auffällige äußere Merkmale oder spürbare Wesens- und Charakterzüge zu einem Gesamtbild zusammengefügt; oft geschickt verknüpft mit Meinungen und Feststellungen über interessante oder wissenswerte Sachverhalte)
- subjektiv-gefühlsbesetzt
- erlebnis-getönt
- aussage-intensiv
- anschaulich
- lebendig (→ wichtige Aussagen als wörtliche Zitate)
- knapp

Zur Gestaltung
Verwiesen sei hierbei auf einen der 15 „Publizistischen Grundsätze", der in dem Kodex journalistischer Berufsethik steht:

„7. Die Presse achtet das Privatleben und die Intimsphäre des Menschen. Berührt jedoch das private Verhalten eines Menschen öffentliche Interessen, so kann es auch in der Presse erörtert werden. Dabei ist zu prüfen, ob durch eine Veröffentlichung Persönlichkeitsrechte Unbeteiligter verletzt werden."

Zeitstufen
- oft Zeitenwechsel von:
  Gegenwart (= Präsens) — Vergangenheit (= Imperfekt) — Zukunft (→ Futur I)

Textumfang
- oft 80 — 120 Schreibmaschinenzeilen

Das Interview zur Sache

Inhalt
- Sachbezogene Themen aus der Wirklichkeit, etwa: über Umweltprobleme mit Wissenschaftler, Kommunalpolitiker, Führungskraft aus der Wirtschaft;
- sachbezogene Themen aus der Über-Wirklichkeit, z. B.: über die Entstehung der Erde, das Leben auf der Venus mit Historiker, Astronom, Futurologen.

Darstellungsweise
- dialogisch (= Dialogform)
- skizzenartig
- aussage-intensiv
- sachlich
- emotionsarm
- anschaulich
- knapp

Zeitstufen
- oft Zeitenwechsel von: Gegenwart — Vergangenheit — Zukunft

Textumfang
- häufig 80 — 120 Schreibmaschinenzeilen

Arten des Interviews
- Inhaltsbezogene Arten:
  — Interview zur Person
  — Interview zur Sache

- Methodenbezogene Arten:
  — Freies Interview
    = ohne ausgetüftelten Plan, nur auf das jeweilige Thema hin ausgerichtet, ohne starren geistigen Bauplan (= unstrukturiert); hauptsächlich offene Fragen (= „Was werden Sie heute machen?" Die Antwort ist offen);

  — Gebundenes Interview
    = nach vorher festgelegtem geistigen Bauplan (= strukturiert); die Zahl der Fragen wird begrenzt; Reihenfolge und Inhalte der Fragen werden in der Formulierung genau festgelegt — und damit auch die ungefähre Zahl

der möglichen Antworten; vornehmlich geschlossene Fragen (z. B. „Werden Sie heute abend zuhause sein?" Antwort nur: Ja oder Nein; deshalb „geschlossene" Frage);

- Gelenktes Interview
 = ein geistiger Leitfaden (= keine starre Ablauffolge!) wird zuvor insgeheim vom Interviewer skizziert; die Fragen werden weder in der Zahl noch in der Reihenfolge oder Formulierung festgelegt; es dominiert die offene Frage.

Arbeitsmethodische Hinweise
Ein Interview — schwierig, aber reizvoll! Beim Interview mit einem Partner oder mit mehreren und beim anschließenden Gestalten dieser Text-Sorte sollte man einige der folgenden Gesichtspunkte beachten:

○ Vorbereitung
- ein Interview stets sehr gründlich vorbereiten mit dem Ziel, über das jeweilige Thema wissenswerte und bedeutsame Informationen zu ermitteln;
- einen günstigen Gesprächstermin mit dem Partner vereinbaren (→ Tag, Tageszeit);

○ Verhalten und Fragetechnik
- das Umfeld beim Interview beachten (→ Situation, Atmosphäre, Stimmung u. a.);
- am ergiebigsten ist ein Interview erfahrungsgemäß unter vier Augen;
- in vielen Fällen bietet es sich an, die Form des gelenkten Interviews zu wählen;
- mit dem Befragten ein Gespräch (= Dialog) in partnerschaftlicher Art führen, mit Selbstsicherheit — jedoch „kein Verhör" in gereizter oder angriffslüsterner Stimmung;
- ein Interview mit Fingerspitzengefühl und Takt führen, dabei die Intimsphäre des Befragten und ebenso etwaige Tabus (→ unantastbare Themen) anerkennen und beachten;
- möglichst durch direkte oder indirekte Fragen das Interview steuern;
- immer nur eine einzige Frage beim Interview stellen: kurz und präzis;
- keine Frage darf den Gesprächspartner verletzen, ihn beleidigen;
- Fragen bewußt in langsamem Sprechtempo stellen, wenn nötig, sie mit gleichen Wörtern oder mit nur leicht abgewandelten Wörtern wiederholen;
- schwierige Fragen, wenn sinnvoll und möglich, beim Interview durch ein Bildmotiv, einen Gegenstand oder ein Beispiel verdeutlichen;
- nur Fragen stellen, die der Partner hinsichtlich seines Wissens und seiner Erfahrung mit großer Wahrscheinlichkeit beantworten kann;

— heikle Fragen allerdings nicht scheuen, sie sind bei einem ergiebigen Interview oft die Würze des Menüs; hierbei aber gilt: Der Ton macht die Musik; wenn der Befragte bei etwaigem Nachhaken weiterhin ausweicht, nur eine „halbe" Antwort gibt oder z. B. nach längerer Denkpause gar „mauert", dann einen anderen Gesprächspunkt aufgreifen;

— durch präzise und zielende Fragen wichtige Aussagen ans Licht heben, nach der bewährten „Hebammen-Methode" des Sokrates; (von Einzelfällen zum Allgemeinen, Gesetzmäßigen aufsteigen = Induktive Methode);
zur Methode des Sokrates:
durch geschickte Fragen an den Gesprächspartner und sinnlogische Antworten wird dessen scheinbares Wissen entlarvt, so daß er, der Partner, schrittweise zu klaren Begriffen und richtigen Einsichten gelangt: letztlich zum Sittlich-richtigen, zu wahrer Selbsterkenntnis. — Anregend und darum lesenswert sind als Quellen über das Leben und die Lehren des Sokrates die in Dialogform gehaltenen Schriften des Platon, wie: Gorgias (u. a. über das Wesen der Rhetorik), Kratylos (über die Sprache), Menon (über das Wesen der Rhetorik, Begriffsbildung als Wiedererinnerung) und andere Schriften mehr;

— in geschickter Art die verschiedenen Frage-Arten (z. B. offene und geschlossene Fragen; direkte und indirekte Fragen) bewußt einsetzen; dabei offene Fragen bevorzugen;

— passende Anekdoten, Sprichwörter, Sentenzen, Lebensweisheiten o. ä. bereithalten, um ein festgefahrenes eintrocknendes Gespräch zu beleben;

— während des Interviews auf keinen Fall mit eigenem Wissen protzen;

— jedes Interview durch einen zuvor bedachten Abschluß stets freundlich, verbindlich beenden.

Gestaltungshinweise

o skizzenartig-dialogisierende Darstellung zu einem pointierten Gesamtbild komponieren, mit deutlichen „Spitzlichtern";

o klarer Aufbau (z. B. in Zeitreihe oder dramatisierend nach Wertungen der Bedeutsamkeit: wichtiger — weniger wichtig — sehr wichtig; (s. S. 136)

o authentisch darstellen — durch eingestreute wörtliche Zitate;

o lebendig gestalten — vornehmlich im Hinblick auf verschiedenartige Text-Sorten (→ Wortwahl, Satzarten, Satzlänge u. a.);

o Zeitenwechsel vornehmen (z. B. Gegenwart — Vergangenheit — Zukunft);

o keine persönliche Stellungnahme durch den Schreiber;

- knapp — eine dem Thema und der Wertigkeit der Aussagen angemessene Textlänge bedenken;

- beim „Interview zur Person" möglichst ein Foto (oder eine Portrait-Serie) des Befragten als belebendes Element in das Interview einfügen.

Textbeispiel: „Interview zur Person" (Auszug)

Ich hatte Feinde wie treue Hunde
Josef Neckermann im Gespräch mit Ben Witter

Josef Neckermann war mit seinem Wagen im Mittagsverkehr steckengeblieben. Er entschuldigte sich fast eine Minute lang. Jetzt hatte er genau fünfzehn Minuten Verspätung. Weil er seinen Zigarettenstummel gerade in den Aschenbecher drückte, sah ich auf die Uhr über dem Tachometer. Dann kam es zu knappen Sätzen über Frankfurt, und von Frankfurt kam er gleich auf Berlin ...

... Der Bungalow sollte nicht mit aufs Photo, vor allem das Innere des Bungalows nicht und nicht einmal die Terrasse. Die Putten gehörten in den Bungalow so wie die Heiligenfiguren im Halbdunkel, und die Maßarbeit der Möbeltischler und Polsterer. Die weiten ineinandergehenden Räume steigern Erwartungen.

Beim Setzen war Josef Neckermanns Krawatte aus dem schwarzen Sakko geschlüpft. Er schob sie wieder hinein und strich über den aufgedruckten Pferdekopf. Er machte einen Lungenzug. Ich wollte ihn fragen, ob er schon als Schüler geraucht habe, aber dann frage ich: „Warum haben Sie eigentlich kein Abitur gemacht?" „Ich habe die Obersekundareife. Zum Abitur hätte es auch gereicht. Mathematik, Deutsch und Geschichte waren meine Renommierfächer, nur in Botanik versagte ich. Aber nach dem Tode meines Vaters mußte ich die Schule abbrechen. Ich war der älteste Sohn. Wir hatten eine Kohleneinzel- und -großhandlung in Würzburg. Dreißig Pferde zogen die Wagen ...
Ich sah die ganzen Pferde vor mir und die Kohlenträger. „Ja, und ich wollte Kavallerieoffizier werden. Meine Vorbilder waren Prinz Sigismund von Preußen und Freiherr von Langen. Mein Vater hatte mir aber das Versprechen abgenommen, mit dem Reiten Schluß zu machen, falls ihm etwas zustieße. So wurde ich Handelskaufmann ... Beim Aufstehen hielt er seine Hand auf die Krawatte. Sie rutschte aber nicht heraus. Josef Neckermann ließ mir den Vortritt und suchte den Gleichschritt. Es wurden abgemessene Schritte. „Und mit achtundzwanzig Jahren führten Sie dann in Berlin einschneidende Kriegs-Sonderprogramme durch", sagte ich, „und Sie wurden auch noch zum ‚Stellvertretenden Reichsbeauftragten für Kleidung und verwandte Gebiete' ernannt, und im vierten Kriegsjahr statteten Sie das gesamte Ostheer mit Winterbekleidung aus ..."

Josef Neckermann blieb stehen. Er war mit seinen Gedanken schon weiter: „Und 1945 verurteilte mich ein Militärgericht in Würzburg zu einem Jahr Zuchthaus. Ich saß in Ebrach bei Bamberg und konnte bald nichts mehr essen. Ich kam ins Lazarett und wurde als Schwerstkranker vier Wochen früher entlassen. Und die Militärgerichte gaben immer noch keine Ruhe ..." – „Daß Sie nichts mehr essen konnten, war wohl seelisch bedingt?" – „Ja, nur seelisch." ...

... Nun konnten wir allmählich vom Einzelhandel auf das Versandgeschäft kommen. Josef Neckermann war nach seinem Schlußsatz ein Stück vorausgegangen und wartete. Was sagte er da? Sagte er nicht, einen seiner Mitarbeiter hätte ein Gauleiter in einer Tischrunde erschossen, und es hätte nicht viel gefehlt, dann wäre er, Neckermann, zum Tode verurteilt worden, und es hätte Kämpfe gegeben ...?"

Josef Neckermann hob seine rechte Hand. Die Zigarette fehlte. Er schüttelte den Kopf und lobte Albert Speers Sachlichkeit und Genie. Die Stimme hatte sich nicht verändert. In den Mundwinkeln war keine Regung. Er sagte: „Die Jugend sollte kein Verständnis dafür haben; es paßt alles nicht in die Zeit ..." ...

... Unsere Blicke hoben und senkten sich fast schon gleichzeitig. Ich sagte: „Ihre Frau ist Protestantin, und Sie sind Katholik." – „Und mein Vater war ein hoher Würdenträger des Vatikans. Als wir bei Papst Pius und Johannes XXIII in Privataudienz waren ... wie sagte es Pius? ‚Jeder soll bleiben, was er ist, wenn er nicht aus tiefster Überzeugung konvertieren will ...' Deshalb ist meine Frau Protestantin geblieben. Toleranz im Leben und in der Familie. Jeder von uns führt im gewissen Sinne sein eigenes Leben, jeder."

... Dann kam es Schritt für Schritt: „Meine Frau hat Musik studiert, aber ich war noch nie mit ihr in Bayreuth". Ich sagte: „Herr Neckermann, wer alles sagt nicht immer wieder Neckermann ..." „Zuerst hatten wir den Slogan: ‚Besser dran mit Neckermann', aber die Konkurrenz sah darin eine vergleichende Werbung. Da sagte der Werbetexter einer amerikanischen Agentur gesprächsweise einmal: ‚Neckermann machts möglich'. Und so wurde Neckermann ein geflügeltes Wort. Meine Frau sagte schon 1950: Man muß zu den Produkten mit seinem eigenen Namen stehen ..."
Ich sagte: „Und so wurde er auch zum Markenartikel". – „Und mein soziales Engagement hatte eine klare Zielsetzung: Ich machte Möbel versandfertig, half meinen Landsleuten die Welt preiswert kennenzulernen und lieferte fertige Eigenheime. Sogar mit meinen Freunden aus der Industrie stand ich wegen meiner Niedrigpreise vor Gericht. Ich hatte Feinde wie treue Hunde ..."

... Bei jedem Schritt paßte Josef Neckermann auf, daß er nicht ein paar Zentimeter voraus war. Ich sagte: „Wie Sie auf Nuancen achten." „Ich habe ein gutes Zahlengedächtnis, vielleicht kommt es daher." „Und Sie sprechen überdeutlich und betonen die Endsilben stets mit Genuß." „Das geschieht nach dem Leitsatz meiner Mutter: ‚Nicht viel sagen, aber Wert auf Worte legen.' Ich will genau verstanden werden." „Und wie anpassungsfähig Sie sind." „Ich passe mich jeder Situation an und könnte, wenn es sein muß, morgen in eine Vierzimmerwohnung umziehen. Besitz hat für mich keine Bedeutung, aber am Erfolg partizipiert man zwangsläufig mit Besitz. Und was ich falsch oder richtig gemacht habe? Ich glaube, daß ich mehr richtig als falsch gemacht habe. Mich faszinieren nur Ideen und ihre Realisierung. Ich bin ein realistischer Idealist. Meine größte Schwäche war es nur, dem Geld nicht immer die Bedeutung beizumessen, die ihm zur Verwirklichung von Ideen zukam. Aber ich kann aus Niederlagen Siege machen." ...

„... Das Alter macht mir in keiner Weise zu schaffen, obgleich das rechte Trommelfell kaputt ist. Zwei Rückenwirbel sind gebrochen, und ich gelte als 75 Prozent arbeitsunfähig ... Freizeitgestaltung und Fernstudium, Einrichtungen zur Berufsbildung – und Förderung waren meine weiteren Ziele. Das heutige Unternehmen wird alles verwirklichen ..."

Auf der Autobahn schnitt uns ein Amerikaner. Es ging um Millimeter. Von der Sporthilfe sprach Josef Neckermann dann kurz und daß er das absolute Leistungsprinzip vertrete, seine tiefste Neigung jedoch dem Sozialwerk des deutschen Sports gelte. Darüber sprach er länger. „Ich reite aber nur noch in der deutschen Mannschaft, wenn mein Einsatz als unerläßlich angesehen wird." Ein Autofahrer grüßte, und noch einer, und ein Polizist. Wir fuhren bei „Rot" über eine Kreuzung und waren pünktlich beim Hauptbahnhof. Alles wieder in knapp zwanzig Minuten.
(Quelle: Die Zeit, Nr. 38, vom 15. Sept. 1978)

Textbeispiel: „Interview zur Sache"

„Das ist ein Kampf bis aufs Messer" (Auszug)

SPIEGEL: Herr Pieper, 1980 steckten die meisten bundesdeutschen Stahlkonzerne noch tief in den roten Zahlen. Jetzt werden Stahlaktien an der Börse zu stattlichen Kursen gehandelt. Geht es der Branche besser?
PIEPER: Schön wär's. Ich bin kein Börsianer, aber ein Insider. Und da kann ich Ihnen versichern: Wir stecken wahrscheinlich tiefer denn je drin. Die deutschen Hütten sind so arg in Bedrängnis, daß einige schon bald auf die Intensivstation müssen.
SPIEGEL: Das hört sich sehr dramatisch an. Dabei hat doch die EG-Kommission erst im Oktober vergangenen Jahres versucht, mit festen Produktionsquoten für Europas Stahlkonzerne zu verhindern, daß die Firmen sich mit Schleuderpreisen gegenseitig in die Pleite treiben.

PIEPER: Richtig ist, daß sich die Preise durch die Reglementierung stabilisiert haben. Mehr noch aber sind die Kosten für Kohle und Energie, Erz und Löhne gestiegen. Um wieder in die Gewinnzone zu kommen, müßten wir noch mindestens 50 Mark pro Tonne draufschlagen können. Das ist bei dem harten Wettbewerb nicht drin.
SPIEGEL: Den ruinösen Wettbewerb hat doch Brüssel gerade abgeschafft?
PIEPER: Wo denken Sie hin. Brüssel hat insgesamt den Stahlausstoß um zwölf Prozent gedrosselt. Wohin der Stahl geliefert wird, das hätte auch geregelt werden müssen . . .
SPIEGEL: Hätten Sie die Lieferungen gern auch noch reglementiert?
PIEPER: Ich bin gegen jede Form von Dirigismus. Sagen Sie bloß nicht, wir hätten keinen Wettbewerb, wenn inzwischen die Importe am deutschen Markt 40 Prozent erreicht haben. Das ist kein Wettbewerb mehr, das ist schon ein Kampf bis aufs Messer.
SPIEGEL: Sie reden so, als ob wir stündlich mit der ersten Pleite eines deutschen Stahlkonzerns rechnen müßten.
PIEPER: Soweit ist es noch nicht. Den Substanzverzehr aber kann keiner von uns mehr allzulange verkraften. Die Stahlkrise dauert nun schon sechs Jahre. Und Brüssel hat uns da nicht herausgeholfen, das Quotensystem hat uns letztlich geschadet.
SPIEGEL: Inwiefern?
PIEPER: Den Beamten in Brüssel hat offenbar eine Fata Morgana vorgeschwebt . . .
SPIEGEL: Wenn die deutschen Betriebe so viel moderner sind, dann mußte ihnen das nichts ausmachen.
PIEPER: Die Crux ist, daß in den EG-Ländern die Steuermilliarden kaum dazu verwandt wurden, die Klitschen einzumotten und moderne Betriebe aufzubauen, denn das hätten wir ja noch schlucken können. Mit den Geldern werden vor allem die Stahlpreise zu über hundert Mark die Tonne subventioniert.
SPIEGEL: Was schlagen Sie dagegen vor?
PIEPER: Wir fordern, daß die Bundesregierung in Brüssel diesmal hart bleibt und nicht nachgibt wie im Herbst, als sie dem Quotensystem zustimmte. Wir wollen ein Ende der Subventionswirtschaft in Europa . . .
SPIEGEL: Was wird, wenn Europas Stahlunternehmen sich nicht einigen und auch die Quotierung fällt? Dann haben Sie doch Ihren freien Wettbewerb.
PIEPER: Übergangslos darf das nicht sein, dann hätten wir wieder das totale Chaos. Der Markt würde mit Stahl überschwemmt, und die Preise landeten im Keller. Dann aber wird es nicht mehr lange dauern, bis die ersten deutschen Konzerne ihre Löhne nicht mehr zahlen können. Sie werden zu den Landesregierungen und zur Bundesregierung laufen und die Hände aufhalten.
SPIEGEL: Und bekommen Geld.
PIEPER: Ist doch klar. Die Politiker werden nicht zulassen, daß die Unvernunft der Stahlbosse auf dem Rücken der Arbeitnehmer ausgetragen wird . . .
SPIEGEL: Wie soll es dann weitergehen? Wird Europas Stahlindustrie jemals ohne Kartelle oder Absprachen zurechtkommen?

PIEPER: Gegenwärtig kann die Branche sicherlich nicht ohne Absprachen leben. Wir müssen aber dazu kommen, die Wettbewerbsverzerrungen zu beseitigen. Das können nicht wir, das muß Bonn mit aller Deutlichkeit den EG-Partnern klarmachen. Der gegenwärtige Subventionswettlauf muß aufhören.
SPIEGEL: Herr Pieper, das sind Wunschvorstellungen . . .
PIEPER: Ich traue Graf Lambsdorff zu, daß er sich durchsetzt.
SPIEGEL: Und wenn nicht?
PIEPER: Dann wird auch Bonn notgedrungen in den Subventionswettlauf mit einsteigen müssen. Denn die Bundesregierung kann es sich nicht leisten, daß eben mal Zehntausende von Arbeitsplätzen verlorengehen.
SPIEGEL: Dann wird es bald auch beim Stahl so zugehen wie auf dem EG-Agrarmarkt?
PIEPER: Es wäre geradezu grotesk, wenn wir eines Tages, so wie die Bauern ihre Kohlköpfe, unseren Stahl auf die Straße schmeißen, um immer höhere Subventionen durchzusetzen.
SPIEGEL: Herr Pieper, wir danken Ihnen für dieses Gespräch.

Der ,,Waschzettel" (= Presse-Information)

Vergeblich sucht man unter den journalistischen Text-Sorten den ,,Waschzettel" — in der Berufspraxis oft auch ,,Presse-Information" genannt. Man vermißt ihn aus verständlichem Grund; denn er hat offensichtlich bis heute noch nicht den Ausprägungsgrad einer eigenständigen Text-Sorte erlangt. Dennoch kommt man in der Tagesarbeit immer wieder in die Lage, ,,mal schnell einen Waschzettel" zu schreiben, etwa für die Redaktion der örtlichen Tageszeitung, einer Fachzeitschrift oder für einen Buchverlag (→ Klappentext). Darum im weiteren für solche Fälle einige Vermerke.

Arbeitsmethodische Hinweise
Beim Entwurf eines Waschzettels sollte man erfahrungsgemäß zumindest diese Gesichtspunkte bedenken:
   welches Thema liegt an;
   wie sollte der Titel und ggf. der Untertitel lauten, um beim Leser Aufmerksamkeit und Leseanreiz zu erzeugen;
   an welche Zielgruppe soll sich die Presse-Information wenden;
   welche Zielsetzung möchte man damit erreichen;
   wie aus der Erfahrung bekannt, kann man den Text-Entwurf — je nach Thema und seiner Bedeutsamkeit für die Zielgruppe/Öffentlichkeit — ausrichten auf die journalistische Text-Sorte:
   — ,,Nachricht", bei kürzerem Text
     (→ Nachrichtenaufbau, Darstellungsweise, s. S. 257 ff.) — oder —

- „Bericht", bei längerem Text
  (→ Aufbau des Berichtes, Darstellungsweise, s. S. 261 ff.);
  ○ den Text sollte man möglichst unterstützen durch ein aufmerksamkeitsstarkes Bild, z. B. ein Foto, eine Foto-Montage oder eine Grafik;
  ○ nicht vergessen, auf der Bildrückseite ferner die „Quelle" anzugeben, zum Beispiel:
  Siemens-Pressebild
  Siemens Aktiengesellschaft, Zweigniederlassung Bremen, Abteilung WI, 2800 Bremen 1, Contrescarpe 72, Fernsprecher (0421) 364 — 641;
  ○ außerdem hinsichtlich der Resonanz alle voraussichtlichen Publikationsstellen um einen Beleg bitten, falls die Presse-Information veröffentlicht wird.

Textbeispiel: „Waschzettel" (= Presse-Information)

Zeit ist Geld — auch beim Telefonieren. Ein neues Fernsprechsystem hilft hier tüchtig zu sparen. Und macht obendrein Schluß mit manchen Telefon-Kümmernissen am Arbeitsplatz. Siemens hat dieses „EMS" benannte System (Elektronisch-Mikroprozessorengesteuert-Speicherprogrammiert) für Nebenstellenanlagen ab zehn bis zu unbegrenzt vielen Anschlüssen entwickelt. Mit einem neuen, eigens auf EMS zugeschnittenen Fernsprecher (unser Bild) lassen sich eine Reihe zusätzlicher Telefonleistungen besonders bequem nutzen. Ein Druck auf die entsprechende Programmtaste (von oben nach unten: Automatischer Rückruf, Wahlwiederholung, Anrufumleitung, Kurzwahl) genügt.
Siemens-Pressebild

Die Buchbesprechung (= Rezension)

Zielsetzung
Wer sich mit diesem oder jenem Fachgebiet gründlich und ernsthaft befaßt (z. B. mit Politik, Literatur, Kunst, Theater, Fernsehen, Film o. a.) und darüber hinaus in Fachkreisen das Prädikat „Experte für . . ." trägt, dem kann folgendes widerfahren: Er wird eines Tages gebeten, etwa über ein neu erschienenes Buch eine Kritik in schriftlicher Form abzugeben — als „Buchbesprechung" (= Rezension).
Kommunikatives Richtziel: den Leser zwar informieren, ihn aber vor allem in seiner Meinung beeinflussen wollen, ihm „die Augen öffnen" über Aspekte und Probleme, die in einer neuen Publikation angesprochen werden.

Sortenmerkmale

Inhalt
- Buchthemen aus dem Wirklichkeitsbereich: z. B. aus den Naturwissenschaften, aus der Kunst (Baukunst, Malerei, Theater) u. a.,
- Buchthemen aus der Über-Wirklichkeit: z. B. zukunftgerichtete Literatur (→ futurologische Themen), Themen aus Religion, aus Philosophie o. ä.

Darstellungsweise
- sachlich-informierend (→ Buchinhalt)
- kritisch-wertend (→ Buchinhalt, Text-Gestaltung, Stil, Individualität des Autors)
- interesseweckend
- geistreich (je nach Thema)
- persönlich-getönt (nicht: individuell-überbetont!)
- knapp

Zeitstufen
- Gegenwart bevorzugt (= Präsens)
- Zukunft (gelegentlich)

Textumfang
unterschiedlich, oft 10 – 60 Schreibmaschinenzeilen

Empfehlung
Wer des öfteren eine Buchkritik erstellen muß, dem sei geraten, sich mit den Methoden der Text- und Stilanalyse (s. S. 410 ff.) eingehend zu befassen.

Text-Sorten in der Werbung
Wirtschaftswerbung: Begriff – Ziel – Aufgabe

Was versteht man unter ,,zeitgemäßer Wirtschaftswerbung'' –, welche Ziele und Aufgaben liegen ihr zugrunde? – Bevor auf diese Frage eine Antwort zu geben versucht wird, sei zunächst festgestellt:

○ zeitgemäße Wirtschaftswerbung betrachtet sich als dienstleistender Wirkfaktor im Marketing. Mit ,,Marketing'' wird hier nach dem definitorischen Wortlaut der ,,Deutsche Marketing-Vereinigung'' folgendes gemeint: ,,Marketing ist unternehmerisches Wirken, das die wachsenden und sich wandelnden Bedürfnisse der Verbraucher befriedigt und Unternehmensziele verwirklicht. — Die Praxis des Marketing umfaßt alle Unternehmensaktivitäten zur Erzeugung und zum Absatz nachfragegerechter Güter und Dienstleistungen."

Für die Werbung lassen sich daraus zwingend Ziel und Aufgabe ableiten:

○ Zeitgemäße Wirtschaftswerbung ist eine zielgerichtete, planmäßige und systematisierte Form der Information und/oder Beeinflussung; sie will in der anzusprechenden Zielgruppe (z. B. Interessenten oder Kunden) — im Sinne des übergeordneten Marketingzieles — durch ihre kommunikative Botschaft ein bestimmtes Wissen schaffen, ein gerichtetes Erleben bewirken oder die Zielgruppe zu einem bestimmten Verhalten (etwa Handeln) anregen.

Mit der Forderung nach einer zielgruppen-adäquaten Werbung wird allerdings dem Kommunikationsfachmann, also auch dem Werbetexter, eine sehr schwierige und anspruchsvolle Aufgabe überantwortet, da deren Lösung unbedingt voraussetzt: ein intensives Einfühlungsvermögen sowie eine hohe rational-analytische Fähigkeit. Denn ein Texter muß sich in die Lage anderer Menschen (= Zielgruppe) versetzen können, muß ihr Erleben nachfühlen können und zudem ihre Verhaltensweise hinsichtlich der Motivation (= Bedürfnisse) und Einstellungen verstehen, sie in einem größeren geistig-seelischen Zusammenhang begreifen. — Vor einem solchen Hintergrund wird verständlich, wenn Dankwart Rost in seinem Fachreferat „Grundzüge der Werbung in den 80er Jahren" u. a. das Postulat aufstellt: „ . . . Daß es *den* Einheitsverbraucher nicht gibt, sondern höchst unterschiedliche Gruppen mit differenzierten Interessen, Bedürfnissen und Informationserwartungen, wird in der Werbepraxis klarer als bisher in Erscheinung treten müssen . . ."[69]

Zur Werbesprache

Anzeige, Druckschrift/Prospekt, Werbebrief und andere Werbemittelarten (s. S. 294 ff.) weichen bekanntlich nicht nur in ihrem äußeren Erscheinungsbild voneinander ab, sondern sie unterscheiden sich auch in der Text-Gestaltung — und rechtfertigen dadurch den Anspruch, eigenständige Text-Sorten in der Wirtschaftswerbung zu sein. Zugleich aber haben sie alle eine gemeinsame Heimat: die „Werbung" — als geistig-seelisches Phänomen, das in seinem Wesen abbildartig sichtbar, zudem verstehbar und erlebbar wird in dem mannigfaltigen Gefilde der „Werbesprache".

Ihre Mannigfaltigkeit ergibt sich innerhalb der Marktkommunikation ganz natürlich und zumindest aus zwei Tatsachen:

○ zum einen behandelt Werbesprache eine kaum übersehbare Vielfalt materieller Angebote, so z. B. ,,Konsumgüter" (etwa Schokolade, Waschmittel, Zahncreme), außerdem ,,Gebrauchsgüter" (z. B. Wohnzimmermöbel, elektrische Hausgeräte, Personenkraftwagen), ferner ,,Investitionsgüter" (etwa technische Großanlagen, große Werkzeugmaschinen) — und darüber hinaus behandelt Werbesprache auch noch Dienstleistungen (etwa Angebote von Reisebüros, Versicherungsgesellschaften, Banken und Sparkassen);

○ zum anderen gibt Werbesprache etlichen immateriellen Sachverhalten — etwa Grundgesinnungen, Werthaltungen oder sittlichen Maximen — identitätsbewußt eine angemessene Ausdrucksform; man denke in diesem Zusammenhang an das Image einer Firma, an den Goodwill eines Unternehmens (= Wohlwollen, öffentliches Vertrauen), an eine bestimmte sozial-ethische Grundgesinnung gegenüber dem Markt, gegenüber eigenen Mitarbeitern oder anderes mehr;

○ und bei alledem muß Werbesprache — im Hinblick auf Grundgedanken von Paul W. Meyer — auf vier zielverschiedenen ,,Wirkungsstufen"[70] ein Optimum erbringen: beim Bekanntmachen des Angebotes, z. B. des Produktes; beim Informieren über das Angebot; beim Hinstimmen des Lesers auf das Angebot; schließlich beim Auslösen von Handlung, etwa einer Kaufentscheidung.

Eine derartige Mannigfaltigkeit von Zielen und Aufgaben macht es schwierig, gemeinsame Aspekte und allgemeingültige ,,Regeln" der Werbesprache herauszufiltern. Wenn hier im weiteren dennoch versucht wird, einige bedeutsame typologische Gesichtspunkte aufzuzeigen, dann geschieht das im Bewußtsein der eben erwähnten Einschränkung.

Richtpunkte für einen zielwirksamen Werbetext
Ein ,,guter" Werbetext entsteht in einem geistig-seelischen dynamischen Prozeß, mehrmals unterbrochen oder begleitet von systemorientierten Denk- und Erlebniseinschüben. Die folgenden Schritte wollen daher nur mehr die gedankliche Richtung verdeutlichen, nicht aber Normen geben für sklavisch einzuhaltende Arbeitsstufen.

1. Thema/Titel
Als Texter (= Schreiber eines Werbetextes) sollte man zuerst Thema/Titel (= das jeweilige Angebot, z. B. einen Geschirrspüler) gedanklich bewußt erfassen und wenn erforderlich, sich mehr Klarheit verschaffen (s. S. 36 ff.);

2. Schreib-Wirkungssystem
Ein nächster Blick gilt zumeist dem Schreib-Wirkungssystem (s. S. 21 f.), dabei sind für die vorliegende Aufgabenstellung die Schwerpunkt-Elemente

sowie die bedeutsamen Bezüge festzulegen (z. B. Zielgruppe; Werbemittelart, ob Brief, Anzeige o. a.; Werbeträger; Zeitpunkt des Werbestartes u. a.).

3. Werbetext-Planung

3.1 Nun wird man sich mit dem anstehenden Thema/Angebot gründlich befassen, z. B. mit dem Geschirrspüler (→ seiner Eigenart, den Vor- und Nachteilen, etwaigen Problemen, seinem Image bei der Hausfrau u. a. m.); ein breites und tiefes Wissen über das Angebot ist die unabdingbare Voraussetzung für einen wirkungsvollen Text;

3.2 im engen Zusammenhang damit durchleuchtet man die Zielgruppe (= Interessenten, Kunden; s. S. 41 ff.) und zwar hinsichtlich ihrer verschiedenen Merkmal-Gruppen (z. B. Sozio-demographische, Psychologische Gruppe u. a.); danach wird man die Zielgruppen-Bestimmung vornehmen (s. S. 81 f.);
nur in wenigen Fällen beginnt man erfahrungsgemäß zuerst mit der Zielsetzung, um anschließend die Zielgruppen-Bestimmung zu treffen;

3.3 zurück zum Angebot: es sollte sich – letztlich aus Marketing-Sicht – von den übrigen ,,Mitbewerbern" (= Konkurrenzangebote) sehr deutlich abheben durch irgendein Hauptmerkmal (= ein Hauptvorteil, Hauptnutzen; dazu gegebenenfalls Zusatznutzen); man schafft also für den Geschirrspüler X eine markante ,,Positionierung" (s. S. 78 f.), und zwar auf Grund strategischer Erwägungen oder einer fundierten Arbeitshypothese (= bedeutsame Annahme in der Marktwirklichkeit);

3.4 im weiteren steht die Zielsetzung an, möglichst schriftlich und in operationaler Form (s. S. 102 ff.); ihre überprüfbaren Merkmale ermöglichen eine zielorientierte Text-Gestaltung und im späteren Arbeitsprozeß eine recht objektive Text-Kontrolle;

3.5 zugleich ist es zweckmäßig und meist auch erforderlich, die ,,Rolle" des zu erstellenden Textes innerhalb des gesamten Marketing-Mix festzulegen, also z. B. sie abzugrenzen gegenüber den Aufgaben, die man PR-Texten oder Texten der Verkaufsförderung zuweist;

3.6 die erzielten Einzelergebnisse der Text-Planung sollte man, zumindest stichwortartig, in einem ,,Text-Plan" niederschreiben, wobei alle wesentlichen Plan-Elemente zu berücksichtigen sind (s. S. 336 ff.).

4. Werbetext-Gestaltung
Nach vorliegendem Text-Plan geht es jetzt ans Schreiben. Ausgerichtet vornehmlich auf wichtige Merkmale der Zielgruppe (etwa Motivation,

Einstellung, Hemmungen; s. S. 65 ff.) wird man nun dem Thema eine zielgruppen- und angebotsgerechte Textform geben. Da ein zielwirksamer Werbetext, im Unterschied zu manch anderer Text-Sorte, ein Doppelgesicht hat — auf der einen Seite soll er grundsätzlich ein guter Text sein, auf der anderen Seite aber auch ein guter Werbetext —, muß diese bemerkenswerte Tatsache beim „Texten" (= Schreiben des Werbetextes) bedacht und verwirklicht werden;

4.1 ein Werbetext entspricht im wesentlichen dann den Leitpunkten eines guten Textes, wenn er diese sechs Merkmale erfüllt:

- klar
- lebendig
- anschaulich
- verständlich
- knapp
- angemessen

Als Merkformel für diese Beurteilungskriterien gilt:
KLAVKA (s. S. 345 ff.);

4.2 zu diesen grundsätzlichen Merkmalen aber kommen aus werbefachlicher Sicht und Erfahrung einige weitere Kriterien, die insbesondere den Typus „Werbetext" kennzeichnen und zugleich seine fachspezifische Qualität ausmachen, so etwa:

4.21 der hohe Aufmerksamkeitsgrad
Eine simple Jedermannserfahrung: „Zeig dich — damit man dich sieht!"; denn was man nicht sieht, versumpft bekanntlich als Allerwelts-Information im Strudel gegenwärtiger Informationslawinen. Bei aller Wertschätzung der Bedeutsamkeit „selektiver Wahrnehmung" sei aus der Praxis gesagt: anzustreben ist beim Werbetext möglichst die „unwillkürliche Aufmerksamkeit", also z. B.

— ein außergewöhnliches Wort, etwa „Gemse" (VW), Sonnenkosmetik (Lancaster), Reisegründe-Vorhersage (SWISSAIR), Koexistenz (Rillos), Mustergatten-Tarif (Lufthansa), Männerfreiheit (SIR international);
— eine auffällige Wortgruppe, z. B.: König Pilsner; Jahrgang 1970; Expreß ins Grüne (Reyno-Zigaretten); Die klare Kraft (Schinkenhäger);
— ein aufsehenerregender Slogan, etwa: Mach mal Pause (Coca Cola); Ruf doch mal an (Bundespost); Ich gehe meilenweit (Camel); Alle reden vom Wetter. Wir nicht (Bundesbahn); Siemens bringt das Telefon auf neuen Kurs;

alle diese Sprachprägungen erregen als starker Reiz unser Erleben, die Vorstellung oder unser Denken so intensiv, daß wir unabsichtlich

(= unwillkürlich), mitunter sogar gegen unseren Willen, das Augenmerk darauf richten; psychologisch sprechen wir dann von „Konzentration" und meinen damit ein Gerichtetsein und Verharren der Aufmerksamkeit des Lesers auf nur einem Punkt, zentriert etwa auf ein Grundmotiv (z. B. Prestige, Sicherheit), auf eine intensive Einstellung oder einen wirkungsstarken Erlebnisinhalt;

zu den Reizfaktoren, die einem Thema (z. B. einem Erzeugnis) gesteigerten Aufmerksamkeitswert verleihen, zählen u. a. diese:

- Grundmotiv/ Grundbedürfnis
- Einstellung
- Neuartiges
- Normabweichendes
- Bewegung
- Größe
- Farbe
- Gegensatz (= Spannung, z. B. hell/dunkel, groß/klein)
- Schwerpunktbildung innerhalb einer Gestalt(ung) (= im Text oder Bild)
- Intensität

Wie die Erfahrung lehrt, kann in originell gestalteter Aufmerksamkeit aber dann eine große Gefahr liegen, wenn die „Werbe-Idee" eine so starke Durchschlagskraft besitzt, daß alle übrigen wichtigen Informationen (z. B. Produktname, Firmenmarke o. a.) in den Blickschatten verbannt werden;

4.22 die Bedürfnis-„Anbindung"
Guter Werbe-Text „bindet" bei informierender wie beeinflussender Zielsetzung fugenlos an ein vorrangiges Bedürfnis bzw. eine bedeutsame Einstellung der Zielperson bzw. Zielgruppe — oder — er bemüht sich, eines der situationsbedingten Grundmotive (z. B. Sicherheit, Prestige o. a.) anzusprechen und diesen „bewegenden Grund" (= Motiv) im Hinblick auf das jeweilige Angebot (z. B. Produkt, Dienstleistung oder ideelles Gut) zu verstärken;

4.23 das Angebot als „Bedürfnis-Erfüller"
Das Angebot selbst (z. B. Produkt oder Dienstleistung) sollte man zumeist nicht einfach als Wirklichkeit, als „So-Seiendes" darstellen, sondern z. B. als zielorientierten „Bedürfnis-Erfüller" oder als „Problemlöser";

4.24 der „Alleinstellungspunkt" (= USP)
Der Text sollte einen eindeutigen geistigen Kristallisationspunkt enthalten: eine „Kernbotschaft", die möglichst einen Alleinstellungspunkt (USP = Uniting Selling Proposition = „Einzigartiger verkaufender

Anspruch") beinhaltet — aus nur einem Wort, einer Wortgruppe oder höchstens ein bis zwei knappen Sätzen bestehend;

4.25 ein hoher Erinnerungswert
Außerdem hat ein Texter jeweils der zentralen Aussage innerhalb der gesamten „Werbebotschaft" einen größtmöglichen Erinnerungswert zu geben, und zwar durch ein originelles Einzelwort, durch eine knappe Wortgruppe, einen „Schlagwortsatz" (= Slogan) oder etwa durch eine aufmerksamkeitsstarke text-typografische Herausstellung (= Auszeichnung).

Dem Leser soll es leicht fallen, ein bestimmtes Angebot selbst nach längerer Zeit sich ins Gedächtnis zurückzurufen. Deshalb lautet das Gebot: den Merkstoff im Gedächtnis des Lesers fest verankern! Dies gelingt oft dann, wenn der Werbetext etwa einen dieser drei Sachverhalte erfüllt:

○ wenn der Merkstoff in seiner Gesamtheit übersichtlich gegliedert und leichtverständlich dargestellt ist — als Text und Bild;
○ wenn der Merkstoff von einem angenehmen Gefühlston begleitet wird; man denke dabei an die „Schwerin-Kurve", die das Ausmaß des Behaltens in Abhängigkeit vom Gefühlston darstellt;
○ wenn der Merkstoff verbunden ist mit einem unerledigten Auftrag oder einem Vorsatz.

4.26 die positive Darstellung
Darüber hinaus sollte ein Texter alle bedeutsamen Aussagen positiv darstellen, Verneinungen also vermeiden, die das Text-Verstehen erfahrungsgemäß oft erschweren (s. Leitpunkt „verständlich", S. 362 f.);

4.27 eine schlagkräftige Argumentation
Beim Richtziel „Beeinflussen" bekommt die Argumentation dann ihre volle Wucht, wenn nicht allein zugkräftige Behauptungen (= Thesen) herausgestellt werden, sondern wenn man als „Bollwerk" einen vollständigen Argumentblock errichtet, bestehend aus: Behauptung (= These) — einzelnen Beweisgründen (= Argumenten) — Beispiel(en) — Zusammenfassung (= wesentliche Gesichtspunkte des Argumentblockes). Vertiefende Information darüber gibt der Abschnitt „Argumentblock" (s. S. 133 ff.);

4.28 Handlung auslösen
Wohl in den meisten Fällen will und soll ein Werbetext den Leser zum Handeln anstoßen; dieser soll etwa das Produkt X kaufen oder einen Coupon ausfüllen und ihn dem Anbieter zurücksenden. So ist selbst ein

"Meister des Wortes" stets von neuem gefordert, durch psychologisches Geschick, treffende Wortwahl und durch eingängigen Satzbau dieses bedeutsame, aber schwierige kommunikative Richtziel "beeinflussen/handeln" zu erreichen; allein schon die Text-Gestaltung eines Coupons verrät den Qualitätsgrad eines Texters;

4.29 Wort — Satz — Text
— Vorrang hat im gesamten Wortgut das aufmerksamkeitsstarke Schlüsselwort;
— zu vermeiden sind: (weitestgehend) Fremdwörter, schwer auszusprechende Wörter, unverständliche Abkürzungen;
— zu bevorzugen sind kurze Sätze (z. B. ein Hauptsatz, dazu möglichst nur 1 — 2 Nebensätze); als problematisch gelten die "Trümmer-Sätze", da sie z. B. einen Gedanken (= Satz) willkürlich, ja mitunter sinnwidrig zerhacken, wodurch die Lesbarkeit sowie der Merkwert nachteilig betroffen sein dürfte;
— unter den verschiedenen Text-Leitpunkten nehmen die Kriterien "verständlich" und "anschaulich" einen Spitzenplatz ein (s. S. 362 f. und S. 353 f.);
— bei mehreren Textaufgaben ist darüber hinaus das Merkmal "lebendig" gestalterisch zu realisieren, etwa durch wechselnde Satzarten und Zeitstufen, durch gezielten Einsatz der Fragetechnik u. a. m. (s. S. 348 f.);
— in den Sätzen hat allein und unumschränkt das Zeitwort zu regieren;

4.30 zielorientierte Denkmuster
Eine schnelle Übersicht und bessere Verständlichkeit eines Textes ist zu erreichen durch einen klaren geistigen Bauplan. Zu gedanklichen Schrittmachern und bewährten Helfern zählen in diesem Zusammenhang die verschiedenartigen, zumeist zielorientierten "Denkmuster" (s. S. 120 ff.). Für werbetextliche Aufgaben kommen vornehmlich in Betracht:
— das Argumentative Denkmuster (→ für beeinflussende Aufgaben, s. S. 144);
— das Deskriptive Denkmuster (→ für informierende Aufgaben, s. S. 129);
— das BIDA-EVAZA-Denkmuster (→ für verkaufspsychologische Aufgaben, s. S. 149);
— die Lasswell-Formel (→ für publizistische Aufgaben, s. S. 127);
— die Formal-Stufen (→ für belehrende Aufgaben, etwa Bedienungsanleitungen, s. S. 151);

4.31 das Bild — als text-unterstützendes Mittel
Wenn sinnvoll oder erforderlich, wird der Schreiber text-unterstützend ein einzelnes Bild oder mehrere Bildmotive in die Darstellung einbezie-

hen, gewissermaßen als „text-kooperative Mitstreiter"; ihnen ist natürlich vom Blickwinkel gedanklicher Seilschaft aus eine präzise Funktion (= Aufgabenstellung) zu übertragen; soll beispielsweise das beigefügte Bild eine bestimmte Text-Aussage inhaltlich wiederholen, verengen oder erweitern (s. Abschnitt „Zusammenwirken von ‚Text und Bild' ", S. 318 ff.);

4.32 richtzielorientierte Bildmotive
Die text-unterstützenden Bildmotive müssen in Inhalt und Funktion dem festgelegten Richtziel (und natürlich auch wichtigen Grobzielen) entsprechen und ihre Reihenfolge sollte aus bilddramaturgischer Sicht entschieden werden; so besehen, dürfte die Gliederung der verschiedenartigen Bildmotive in ziel- und themenorientierte Bildarten für die redaktionelle Entscheidung vorteilhaft sein:

○ zielorientierte Bildarten (s. „Richtziele", s. 122)
— informierendes Werbebild (→ Gegenstand, Produkt, Anlage, Dienstleistung)
— beeinflussendes Werbebild (→ Meinung, Handeln)
— bekundendes Werbebild (→ Referenzen)
— belehrendes Werbebild (→ Bedienungsanleitung)

○ themenorientierte Bildarten (s. „Bild-Grundsorten", S. 311 ff.)
— Sachbild — Ereignisbild
— Handlungsbild — Phantasiebild
— Bildnis/Portrait

Bei der oft mühsamen Suche nach originellen Bild-Ideen vermögen Visualisierungs-Methoden eine merkliche Hilfe zu leisten. Darum sollte ein Kommunikations-Macher auf keinen Fall an dem Fachbuch „Vom Wort zum Bild"[71] vorbeigehen; in dieser Publikation veranschaulicht Werner Gaede insgesamt 101 Lösungswege zu visuellen Ideen, z. B. Visualisierungs-Methoden der Ähnlichkeit (= Analogie), der Gedanken-Verknüpfung (= Assoziation), der Methode Teil-für-Ganzes (= Synekdoche) und viele andere (s. S. 316 ff.).

5. Text-Kontrolle
Hat man mehrere oder gar die meisten der aufgezeigten Einsichten und Erfahrungen beim Textentwurf berücksichtigt und liegt der Text, nach oft mehreren heftigen Wehen, endlich in Maschinenschrift gut lesbar auf dem Tisch —, dann darf man die Mühe nicht mehr scheuen, ihn wenigstens einer Eigenkontrolle in objektiver Form zu unterziehen (s. S. 320 f.). Dabei wird man natürlich einige Schwächen gedanklicher oder textlicher Art entdecken; diese zu beheben aber dürfte nach einem langen und zähen Prozeß des Gebärens wohl wirklich gerechtfertigt sein.

Ein gelungener Wurf stimmt uns schließlich „in der Seele" froh, macht uns stolz — und gibt uns Mut und Tatkraft für neue, weitere Werbetexte.

So viel über einige Leitpunkte zum Stichwort „Werbetext". — Selbstverständlich sollte man sich darüber hinaus auch gründlich in der einschlägigen Fachliteratur nach Tips und „Rezepten" umschauen. Begnügen wir uns hier aus Raumgründen mit einem Blick in zwei Fachbücher:

○ „Geständnis eines Werbemannes"[72)] von David Ogilvy
Gelegentlich als „Hexenmeister" der Madison Avenue betitelt, kann Ogilvy auf eine stattliche Reihe großartiger, zum Teil internationaler Werbeerfolge zurückblicken. Als berufliche „Zwischenbilanz" (?) gibt er in dem genannten Buch unter anderem etliche Tips für die Gestaltung wirkungsvoller Texte; sechs dieser Tips seien im folgenden wiedergegeben:

1. „Die Überschrift ist das Wichtigste
   Wecken Sie mit der Schlagzeile die Aufmerksamkeit und das Interesse der Leser, die für Ihr Produkt in Frage kommen. Wenn Sie ein Mittel gegen Blasenschwäche verkaufen, so schreiben Sie das Wort „Blasenschwäche" in Ihre Überschrift, und jeder, der darunter leidet, wird durch die Überschrift angesprochen werden . . ."

2. „Manche Texter schreiben komplizierte Schlagzeilen, mit Wortspielen, literarischen Mätzchen und anderen durchsichtigen Dingen. Das ist eine Sünde. In der Tageszeitung steht Ihre Schlagzeile durchschnittlich mit 350 anderen im Konkurrenzkampf . . ."

3. „Werbungtreibende, die Kupons verwenden, wissen, daß kurze Texte nicht verkaufen. Tests beweisen, daß lange Texte wesentlich besser verkaufen als kurze . . ."

4. „Sie sollten immer Urteile in Ihren Text einbauen. Der Leser glaubt lieber der Meinung eines Konsumenten als der marktschreierischen Art eines unbekannten Texters. Jim Young, einer der besten lebenden Texter, meint: ‚Das größte Problem für jeden Werbungtreibenden ist, daß man ihm glaubt.' Die Postversandhäuser kennen nichts Wirkungsvolleres als die Verwendung von Urteilen oder Zeugnissen, aber der einfache Werbungtreibende verwendet diese Mittel nur selten . . ."

5. „Ich empfehle allen Textern, Dr. Rudolph Fleschs Buch ‚Art of Plain Talk' (Die Kunst der einfachen Rede) zu lesen. Das bringt Sie vielleicht dazu, sich kurzer Worte zu bedienen, einfache Sätze, kurze Absätze, um so einen sehr persönlichen, menschlichen Stil zu entwickeln . . ."

6. „Gute Texter werden der Versuchung, zu unterhalten, Widerstand leisten. Ihr Verdienst liegt darin, möglichst viele neue Produkte erfolgreich auf den Markt zu bringen. Claude Hopkins allerdings ist eine Klasse für sich. Er ist für die Werbung das, was Escoffier für das Kochen bedeutet . . ."

○ „Werbung, die ankommt" von Walter Schönert
Als erfahrener Chef-Texter („Coppy-Chief") einer internationalen Werbeagentur gibt er in seinem Fachbuch immerhin 199 „Erfolgsregeln" und erläuternde Beispiele für zupackende Werbung. Lehrreich dürften in dieser Publikation u. a. die „Vier Werbegesetze"[73] sein, von denen er meint, ihre Übertretung wäre tödlich. Diese vier Gesetze lauten:

1. „Sei neu — und nicht nur neuartig!"
2. „Sei einfach — aber nicht harmlos!"
3. „Sei zwingend — aber nicht mit dem Holzhammer!"
4. „Sei Verkäufer — und kein Unterhalter!"

Trumpf in einem Werbetext ist natürlich allenthalben die Kreativität. Aus den zahlreichen Beispielen seien nur zwei herausgegriffen, die vor allem den Gedankensprung verdeutlichen vom Alltagstext — zum kreativen Werbetext. Mit einem Bild aus dem Bereich des Sportes bezeichnet Schönert diesen Riesensprung als „die letzten 100 Meter". Hier nun die beiden Beispiele:

Ausgangspunkt ⟶	Mittellage ⟶	Die letzten 100 Meter
„VW — der Bergfreudige"	„Er bewältigt jeden Paß"	(VW auf schlechter, steiler Gebirgsstraße) „Gemse"
„Rank und schlank in den Sommer"	„Damit Sie wieder Freude an Ihrem Bikini haben"	(Mädchen im Häkelbikini) „Das ist es, was Ihre Konkurrenz diesen Sommer tragen wird . . ." (Shape-Schlankheitsmittel)

Wenden wir uns nun — nach einer mehr allgemeinen Betrachtung des „Werbetextes" — näher vier gängigen Text-Sorten der Werbung zu: der Verkaufsanzeige — der Werbeschrift (= Prospekt) — dem Werbebrief — und der Bedienungsanleitung.

Die Verkaufsanzeige

Zielsetzung
Wenn der Texter eine Verkaufsanzeige entwirft, dann will er dem Leser ein bestimmtes Angebot (z. B. Produkt, Produktgruppe, System, Anlage; Dienst-

leistung) so wirkungsvoll nahebringen, daß dadurch die Entscheidung des Lesers beeinflußt wird — und möglichst sein Handeln.

Deshalb ergibt sich aus solcher Absicht das kommunikative Richtziel: beeinflussen.

Sortenmerkmale

Inhalt
○ Bedarfsbezogenes Angebot:
  — ein Erzeugnis (z. B. ein neues Erfrischungsgetränk, ein Geschirrspüler; ein technisches System oder eine Anlage);
  — eine Dienstleistung (→ etwa eine wirtschaftliche Verrichtung als persönliche Leistung, nicht als Herstellung von Erzeugnissen; Dienstleistungen in den Bereichen Transportwesen, Gaststätten, Handel, Banken, Versicherungen, öffentliche Verwaltungen, freie Berufe u. a.);

○ bedürfnisbezogenes Angebot:
  — ein Erzeugnis (z. B. größeres Prestige der Markenkleidung von X);
  — eine Dienstleistung (etwa mehr Sicherheit durch ein Sparkonto bei der Bank X);

○ ideenbezogenes Angebot
  — Vorstellungen (= als anschaulich erfaßte Gestalt, z. B. Darstellung des Firmen-Image oder charakteristische Facetten dieses Vorstellungsbildes, verbunden mit Grund-Gesinnungen oder Grundhaltungen des jeweiligen Unternehmens);
  — Erfahrungen (= alles das zusammengenommen, was einem im Leben mit Bewußtsein widerfährt, z. B. Testerfahrungen oder Gutachten);

Darstellungsweise
○ Vorherrschende Grundmerkmale
  — klar, verständlich, knapp;

○ Typologische Merkmale
  — je nach Produkt-Art unterschiedlich:
    — Konsumgüter
      z. B. Seife, Waschmittel, Schokolade, Getränke u. v. m., oft phantasievoll (= wirklichkeitsfern), thesenartig, originell, humorvoll, bilderreich;
    — Gebrauchsgüter
      etwa Wohnzimmermöbel, Elektroherd, Personenkraftwagen o. ä., wirklichkeitsnah oder wirklichkeitsgetreu, (bedingt) bilderreich, argumentativ, glaubwürdig, originell;

— Investitionsgüter
   z. B. Datenverarbeitungsanlagen, Turbinen, Verkehrs-Leitstände; meist wirklichkeitsgetreu, eng themenbezogen, sachlich, ernsthaft, glaubwürdig, argumentativ, problemorientiert.

Die Verkaufsanzeige für Gebrauchsgüter und Investitionsgüter dient vielen Interessenten als erste Kurz-Information über die verschiedenen Anbieter und deren Erzeugnisse.

Zeitstufe
Gegenwart (vorrangig);

Textumfang
unterschiedlich: 1/8-Seite, 1/4-Seite, 1/2-Seite, eine Seite, Doppelseite, mehrere Doppelseiten.

Textbeispiel: Anzeige „Konsumgut"

Da geht trockene Haut gründlich baden

Wenn die Haut viel Feuchtigkeit braucht, dann sind Sie mit Nivea Creme genau an der richtigen Quelle. Denn Nivea Creme spendet der Haut wertvolle Feuchtigkeit und schützt sie gründlich vor dem Austrocknen. Und deshalb erhält sie die Haut nicht nur geschmeidig, sondern pflegt sie auch glatt schöner. Das alles macht Nivea zu einer Hautpflege, die sich gewaschen hat.

Nivea. Schutz, Pflege und Feuchtigkeit für jede Haut.

Textbeispiel: Anzeige „Gebrauchsgut"

Der Audi 80 bringt Sie mit Sicherheit erholt zurück

Die Voraussetzungen dafür sind unter anderem die Frontantriebs-Technik und die Fahrwerkabstimmung des Audi 80.
Der Frontantrieb verbessert das Fahrverhalten bei Nässe und Glätte. Die Konzentration des gesamten Antriebsaggregats auf die Vorderräder ergibt eine sehr gute Bodenhaftung. Und der dadurch nach vorn verlagerte Wagenschwerpunkt macht diese Limousine kaum seitenwindempfindlich. Das Fahrwerk hat einen langen Radstand und breite Spur. Das Kurvenverhalten und der Geradeauslauf sind vorbildlich. Die gute Federungs- und Dämpfungsabstimmung sorgt auch auf schlechten Straßen für angenehmen Fahrkomfort.
Für erholsame Reisen sprechen außerdem die Annehmlichkeiten der Innenausstattung und die anatomisch richtigen Sitze, die Sie im Audi 80 erwarten.

So bleibt auch auf langen Reisen die Erholung nicht auf der Strecke.
Gute Heimreise.

Gelassen fahren mit perfekter Technik.

6 Jahre Karosserie-Garantie gegen Durchrostung.

Textbeispiel: Anzeige „Investitionsgut"

Ideas for Steel

Bei A/S Sydvaranger, Norwegen:
Größte Erzmühle der Welt — ohne Getriebe

Die Aufgabe
Auf der gleichen Hallenfläche, auf der bisher eine 240-t-Mühle stand, sollte eine 1000-t-Anlage mit 8,1 MW (bei 13 min^{-1}) untergebracht werden.
Für diese neue Groß-Kaskadenerzmühle war ein drehzahlregelbares Antriebssystem mit extrem hoher Verfügbarkeit zu realisieren.

Das Problem
Wegen der kleinen Hallenfläche schied eine Lösung mit konventionellem Getriebeantrieb aus, denn Motor und Getriebe hätten bei dieser Mühlendimension zuviel Platz benötigt.

Die Idee
Ein Ringmotor — erstmals für den Naßmahlprozeß und erstmals für eine Mühle dieser Dimension. Ringmotoren brauchen keine eigene Stellfläche, denn die Mühlentrommel ist gleichzeitig Läufernabe des Motors. Und sie arbeiten ohne Getriebe. Das spart Wartungszeit und teure Ersatzteilhaltung.

Die Realisierung
Durch Frequenzregelung über Umrichterspeisung wird der Antrieb drehzahlregelbar.

Umrichterspeisung erfordert die exakte Erfassung der Winkellage des Läufers, damit die 72 Umrichterthyristoren zum richtigen Zeitpunkt gezündet werden können.

Weil jede konventionelle Taktgabe mechanischen oder atmosphärischen Einflüssen unterworfen ist, wurde ein neues elektronisches Taktgabesystem realisiert. Es basiert auf den elektrischen Meßgrößen des Motors und funktioniert absolut zuverlässig.

Damit (und durch das Wegfallen des wartungsaufwendigen Getriebes) konnte die gewünschte hohe Verfügbarkeit des Antriebs gewährleistet werden.

Das Ergebnis

- 20 % weniger Platzbedarf
- Drehzahlregelbarkeit — dadurch 10 bis 15 % weniger Energiebedarf
- große Verfügbarkeit des Antriebs
- kein Nachjustieren der Taktgeber
- niedriger Instandhaltungsaufwand

Innovationen sichern Ihnen den Vorsprung — Elektrotechnik von Siemens

Die Werbeschrift (= Prospekt)

Für eine Werbeschrift wird man sich meist dann entscheiden, wenn es notwendig ist, ein Erzeugnis oder eine Dienstleistung ausführlich in Wort und Bild darzustellen — bald mehr informativ, bald mehr beweisführend (= argumentativ). Als Text-Grundsorten dominieren: Beschreibung und Bericht; mitunter werden belebend, jedoch nur punktuell als inselartige Wirkelemente, eine Personenbeschreibung oder Charakterskizze in die Gesamtdarstellung eingeblendet.

Je nach der Aufgabenstellung kommen für eine Werbeschrift oft diese zwei Richtziele in Betracht:

- „beeinflussen" — oder —
- „informieren".

Sortenmerkmale

Inhalt
- Bedarfsbezogenes Angebot

    — ein Erzeugnis (z. B. ein neuartiger Trockenrasierer, ein Schnellkochtopf, ein Grillgerät o. ä.),
    — eine Dienstleistung (etwa Tapezieren von Wohnungen, Schuhbesohlung, Reiseangebot, Wohnungsvermittlung).

    PS
    Abweichend von der Text-Sorte „Anzeige" wird beim Prospekt der Bedürfnisaspekt meist unmittelbar und engmaschig verbunden mit materialen Besonderheiten des Produktes (z. B. neuartiger Kunststoff, neue Legierung o. ä.) oder Vorteilen der Dienstleistung — in vertiefender Art;

○ auf dem Gebiet der praxisbezogenen Erfahrungen haben bei höherwertigen Gütern und erst recht bei hochwertigen Erzeugnissen die „Referenzen" oder amtlichen Gutachten in der Regel große Bedeutung; so gibt man solchen jederzeit überprüfbaren Bekundungen im Prospekt auch einen ihrer Bedeutung angemessenen Umfang — nicht selten als Kombination von Text und Bild;

Darstellungsweise
○ Vorherrschende Grundmerkmale: klar, anschaulich, verständlich, themenangemessen;

○ typologische Merkmale: sie werden erkennbar vornehmlich bei Werbeschriften für Gebrauchs- und Investitionsgüter oder bei Werbe-Schriften über firmenwerbliche Themen:

— Gebrauchsgüter
z. B. Möbel für Wohn- und Schlafzimmer, Kühlschrank, Personenkraftwagen u. a.,
wirklichkeitsnah oder wirklichkeitsgetreu, glaubwürdig, originell; informativ und/oder argumentativ, knapp, „scharf" zielgerichtet;

— Investitionsgüter
etwa Betonmischer, Leitstand in einem Stahlwerk, Schiffsdiesel, Automatisierungsanlage;
in der Tendenz wirklichkeitsgetreu, zwischendurch wirklichkeitsnah, informativ und/oder argumentativ (→ Material, Konstruktion, Design, Nutzen), glaubwürdig, sachlich, ernst, gelegentlich originell, präzis, humorlos; detailgenau;
erfahrungsgemäß benutzt der Verkäufer oder Fachingenieur den Prospekt oft als Leitfaden bei Kundengesprächen; daher sollte eine solche Schrift grundsätzlich abgestimmt sein mit der Akquisition;

— firmenwerbliche Themen (→ Image-Werbung)
z. B. Darstellungen aus der Forschung und Entwicklung, aus weltweiten Aktivitäten des Unternehmens (etwa Verkaufsniederlassungen, Kundendienst, Fertigungsstätten o. a.), aus dem Bereich der sozialen Unternehmensleistungen u. a. m.; wirklichkeitsgetreu, zumeist informativ-sachlich, glaubwürdig, präzis, knapp, nur zwischendurch mitunter locker-originell.

Zeitstufen
je nach Zielsetzung:
— Gegenwart (= Präsens)
— Vergangenheit (→ Imperfekt, Perfekt)
— Zukunft (→ Futur I)

Textumfang
durchschnittlich 4 — 20 Schreibmaschinenseiten

Textbeispiel (Auszug): Prospekt für „Dienstleistung" (→ Büsum)

Büsum — Erholung die man leicht erreicht
Schon bei der Anreise entspannen, die Meeresbrise riechen, das Salz in der Luft schmecken und das prickelnde Gefühl genießen: Der Urlaub beginnt! Büsum erreichen Sie schnell und einfach mit dem Auto oder mit der Bahn ...
Ob grün, ob weiß — Strandwahl an der Nordsee.
Faszination von Büsum! Lassen Sie den weißen Sand durch die Zehen rieseln, bauen Sie phantasievolle Burgen oder stellen Sie Ihren Strandkorb ‚sandfrei' auf grünes Gras. Lassen Sie sich von der Weite des Meeres, von dem Schauspiel Ebbe und Flut und von der berauschenden Luft so richtig verzaubern. ...
Attraktiver Hafen — faszinierendes Watt: eine einmalige Kombination ... Wo Weite noch natürlich ist und Natur noch selbstverständlich ... Sport, Spiel und sehr viel Spaß — in Büsum kommt nichts zu kurz ... Faulenzen, abschalten, Sport treiben, Hobbies pflegen, an die Gesundheit denken (das Kurmittelhaus vereinigt übrigens alle Therapien unter einem Dach), ein wenig Stadtluft schnuppern im reizvollen Zentrum, Leute kennenlernen, gut essen gehen, tanzen, sich den Wind um die Nase wehen lassen, das Unterhaltungsangebot der Kurverwaltung nutzen und, und, und ... Ganz Schleswig-Holstein steht Ihnen offen — von Büsum aus ...
Urlaub komplett von A — Z ... Aalessen ... Aerosolhaltige Luft ... Angeln ... Baden ... Biomaris-Meeres-Tiefwasser ... Eidersperrwerk ... Fischereihafen ... Grünstrand ... Halligfahrten ... Heide ... Jod ... Krabben ... Kuranwendungen ... Kutterflotte ... ‚Pharisäer' ... Sandstrand ... Scholle ... Seeausflüge ... Seglerhafen ... Teestunden am Spinnrad ... Wanderungen ... Wattenlaufen mit Musik ... Zeichnen.

Textbeispiel (Auszug): Propsekt für „Investitionsgut"
(→ Siemens — Partner der Zementindustrie)

Elektrotechnik plus Engineering plus Service aus einer Hand. Die elektrotechnische Ausrüstung bestimmt heute in hohem Maße die Wirtschaftlichkeit der Produktion und die Qualität der Endprodukte.
In enger Zusammenarbeit mit den Fachleuten der Zementindustrie und der Maschinenfabriken entwickeln wir technologiegerechte elektrische und elektronische Ausrüstungen.
Vom Hochspannungsschalter bis zum Drehofenantrieb, vom Thermoelement bis zum Prozeßrechner sind unsere Systeme und unsere Technik aufeinander abgestimmt ...

Der langjährigen Zusammenarbeit mit den Kunden verdanken unsere Ingenieure und Spezialisten die Erfahrungen und technologischen Kenntnisse, die notwendig sind, um Systeme und Erzeugnisse zu entwickeln, die in Funktion, Zuverlässigkeit und Bedienung den Erfordernissen der Zementindustrie optimal angepaßt sind (z. B. adaptive digitale Regelsysteme, Meßtechnik, Antriebstechnik). Siemens bietet Know-how und eine umfassende Dienstleistung, die über Beratung und Projektierung, Lieferung und Montage hinausreicht. Siemens übernimmt Mitverantwortung — auch nach der Fertigstellung eines Projekts. Auch die Ausbildung Ihrer Mitarbeiter gehört zu unserem Service ...

Elektrische Energie im Zementwerk — überall und in jeder Sekunde. Der Leistungsbedarf nimmt auch im Zementwerk ständig zu. Immer größere Maschineneinheiten müssen mit elektrischer Antriebsenergie versorgt, gesteuert und überwacht werden. Umfangreiche Schaltanlagen gehören heute zur notwendigen Ausrüstung jedes Zementwerks. Wir haben dafür besonders platzsparende Hoch- und Mittelspannungs-Schaltanlagen entwickelt. Sie beanspruchen wenig Raum und zeichnen sich durch größtmögliche Betriebssicherheit aus.
Die Forderung nach immer kleineren Abmessungen der Anlagen und Geräte führte zu einer zukunftweisenden Entwicklung: metallgekapselte Hochspannungs-Schaltanlagen mit dem Isolier- und Löschmittel Schwefelhexafluorid SF_6. Bei diesen Anlagen wurde eine Raumersparnis bis zu 90 % gegenüber herkömmlichen Anlagen erreicht ...

In jedem Fall kombinieren wir völlig aufeinander abgestimmte Systeme zu Anlagen, die ein Höchstmaß an Wirtschaftlichkeit, Zuverlässigkeit, Übersichtlichkeit und Servicefreundlichkeit gewährleisten ...

Elektrotechnik optimiert den Abbau — treibt die Brecheranlage, steuert die Förderbänder, überwacht und disponiert das Rohmateriallager ... Vom Abbau über den Fertigungsprozeß bis zur Fakturierung — ein einheitliches Konzept für die Automatisierung ...

Sprechen Sie mit Siemens, wenn Sie einen Partner suchen, der mit dem Auftrag auch Verantwortung für das gesamte Projekt übernimmt ... Wenn Sie eine günstige Antriebslösung für Ihren Drehofen oder für eine Mühle suchen, wenn Sie eine Produktionslinie automatisieren wollen oder eine wirtschaftliche Steuerung brauchen — sprechen Sie mit unseren Ingenieuren und Spezialisten. Sie sprechen Ihre Sprache und beraten Sie an Ort und Stelle. Es lohnt sich immer ...

Lassen Sie sich ein unverbindliches Angebot ausarbeiten, oder schreiben Sie uns, wenn Sie ausführliche technische Information wünschen. Nennen Sie uns Ihr Problem oder das Gebiet, über das Sie informiert werden möchten. Wenn Sie sich für Referenzen interessieren, schicken wir Ihnen gern unsere übersichtliche Referenzschrift oder nennen Ihnen einige interessante Referenzanlagen. Schreiben Sie an: Siemens AG, ZVW 13, Postfach 3240, 8520 Erlangen 2.

Der Werbebrief

Zielsetzung
Wann entscheidet man sich, einen Werbebrief zu schreiben? Wie die Erfahrung zeigt, des öfteren in folgenden zwei Situationen:

○ wenn zum einen beabsichtigt ist, einer Zielgruppe über ein Produkt, eine Dienstleistung oder eine Idee lediglich durch einen eigenständigen Brief, in meist knapper Form, eine wichtige Mitteilung zu machen — oder die Zielgruppe im Hinblick auf ihre Meinung, Kaufentscheidung bzw. Handlung zu beeinflussen;

○ wenn zum anderen einer Zielgruppe eine umfassendere Information übermittelt werden soll, z. B. in Form eines Prospekts, und man dieser Unterlage „einführend — hinstimmend — begleitend" durch einen Brief einige Gedanken vorausschicken möchte.

Abgesehen von dem einen oder anderen Sonderfall ergeben sich für den Werbebrief vornehmlich zwei unterschiedliche Richtziele:

○ informieren
→ Informierender Werbebrief
etwa eine sachorientierte Mitteilung über ein neues Erzeugnis, über eine Preisherabsetzung, den Ausbau des Kundendienst-Netzes o. ä.;

○ beeinflussen
→ Argumentativer Werbebrief
z. B. die Vorteile eines neuen Produktes werden nach dem „Argumentblock" (s. S. 133 f.) dargestellt und abschließend wird zum Handeln angeregt (z. B. eine Antwortkarte beigelegt o. ä.). — Als erweiternde Information bietet ein Werbebrief öfters eine „Anlage" an, etwa ein Produkt-Foto mit Bildtext, einen Prospekt, eine Musterprobe o. ä.

Sortenmerkmale

Inhalt
○ ein Erzeugnis oder Gegenstand (z. B. aus Wirtschaft, Technik oder Natur);
○ eine Dienstleistung (etwa aus den Bereichen: Banken, Versicherungen, Reise und Urlaub o. ä.);
○ ein ideeliches Gut (z. B. Appell an soziale, ethische oder religiöse Gesinnung);
○ ein nachdrücklicher Hinweis auf eine wichtige „Anlage" (= etwa einen Prospekt) des Briefes, z. B. auf ein neuartiges Haushaltsgerät, auf Auto-Modelle der neuen Saison u. a. m.

Darstellungsweise
- aufmerksamkeitsstark
- neugierde-weckend
- originell
- persönlich (→ möglichst persönliche Anrede; am Briefschluß freundliche Grußformel und handschriftliche Unterschrift)
- argumentierend
- informativ (→ verständliche Information geben, z. B. über Preis, Bestell-, Liefer- und Zahlungsmodalitäten)
- wirklichkeitsgetreu oder wirklichkeitsnah (je nach Art des Angebotes und der Zielsetzung)
- anschaulich, gelegentlich mit einem Bildmotiv versehen
- knapp
- ein „PS" am Briefende hat einen hohen Aufmerksamkeitswert und wird oft als impulsgebender Anreiz benutzt.

Ein wirksamer Werbebrief wird

- die Aufmerksamkeit des Lesers bannen, zum Weiterlesen reizen und je nach Zielsetzung

  — die Meinung des Lesers beeinflussen — oder —
  — beim Leser ein zielgerichtetes Handeln bewirken; er wird z. B. den anliegenden Prospekt aufmerksam durchschauen bzw. die Beilage gründlicher betrachten; oder er wird die dem Werbebrief beigelegte Antwortkarte ausfüllen und sie an die Firma X zurückschicken u. a. m.

  Die Resonanz auf derartige Werbebriefe (= Rücklaufquote) liegt, je nach Produktart und Zielgruppe, in vielen Fällen bei 0,8 % bis 1 %.

  Will man eine nachhaltige Wirkung beim Leser erreichen, so bietet sich die „Werbebrief-Serie" an; sie besteht meist aus zwei bis drei Briefen, die in kürzeren Zeitabständen (Zeitabstand jeweils zwei bis drei Wochen) an die gleiche Zielgruppe gerichtet werden und das gleiche Thema von verschiedenen Gesichtswinkeln aus beleuchten (z. B. ein Produkt unter den Aspekten: Design und Handhabung — persönliche Vorteile — Leistung/Preis);

- das Thema in seinem Umfeld schrittweise darstellen (etwa das Produkt X mit seinen Vorteilen — Auswirkung der Vorteile auf die betriebliche Umwelt — Auswirkung der Geräte-Vorteile auf die Reinhaltung von Luft und Wasser im Bereich der Gemeinde X.

In den „Gestaltungs-Tips für erfolgreiche Direktwerbung"[74] der Merkur-Direktwerbung schneiden folgende vier Tips mit höherer Punktzahl (= Bewertung) ab:

- „Wenn die Begründung der Notwendigkeit, das Angebot anzunehmen überzeugend und glaubhaft ist ..."
- „Wenn Sie gute Anregungen (Kundenurteile, Urteile von Fachleuten) verwenden. Glaubhafte Anregungen sind erfahrungsgemäß die besten Argumente ..."
- „... Wenn der Brief eine Garantie enthält ... Garantie kann man geben für: Geldrückgabe bei Nichtgefallen, Unverbindlichkeit des Angebotes, Inanspruchnahme des Wartungs-Services ..."
- „... Wenn Sie ... die entscheidende Handlung (= was der Leser tun soll) erleichtern ... Schicken Sie stets eine Antwortkarte, einen Bestellschein oder einen Rückumschlag mit ..."

Textbeispiel: „Werbebrief"

(→ als eigenständige Form, mit akquisitorischer Tendenz)

Francis Stahl Brühl, im Mai 79
Vorstandsvorsitzender
Deutsche Renault AG

Lieber Autofahrer,

als Generaldirektor des größten Automobilimporteurs in der Bundesrepublik lade ich Sie heute persönlich zu einer Testfahrt mit unserem Renault 20 ein. Ich habe alle Renault-Händler in Deutschland über meine Absicht informiert, Ihnen das Auto zu einer ungestörten Probefahrt zur Verfügung zu stellen. Niemand, außer vielleicht Ihre Frau, soll Sie dabei beeinflussen oder zum Kauf drängen.

Nehmen Sie also bitte meine Visitenkarte, und wenden Sie sich damit bis Ende Juni 1979 vertrauensvoll direkt an den Inhabe eines Renault-Betriebes in Ihrer Nähe. Dort steht ein Renault 20 für Sie bereit.

Beim Einsteigen finden Sie eine kleine Broschüre, die Ihnen einen gründlichen Test erleichtert. Ich würde mich freuen, wenn Sie Ihre Eindrücke vom Renault 20 auf einem Text-Ticket notieren, das ebenfalls im Fahrzeug liegt. Für die kleine Mühe nehmen Sie an einer Verlosung teil.

Der Gewinn: Wir leihen Ihnen für Ihre Urlaubsreise 1979 — egal wohin sie geht — einen Renault 20.

Und wenn Ihnen der Renault 20 auf Anhieb gefällt, macht Ihnen der Renault-Händler sicher ein günstiges Preisangebot für Ihr jetziges Auto. Ein Gespräch mit ihm verpflichtet zu nichts aber macht sich vielleicht bezahlt für Sie.

Viel Vergnügen bei der Probefahrt mit dem Renault 20 wünscht Ihnen

Francis Stahl
(Unterschrift)

Textbeispiel: „Werbebrief"

(→ als „einführende" Gedanken in eine anliegende Werbeschrift)

Härterer Wettbewerb fordert schnellen Service für schnelle Schiffe

Zunehmend harter Wettbewerb im Seetransport zwingt zu kostenscharfer Kalkulation, bei großer Fahrt — und auch im Hafen. Trumpf ist der „schnelle Service", wie ihn Siemens bietet, als Check- und Reparaturservice.

Unsere Servicefahrzeuge fahren 2 bis 3mal täglich „Liniendienst" im Hamburger Hafen; sie bringen Fachpersonal und Ersatzteile an den Bestimmungsort, wenn nötig mit „Olga", unserer Barkasse. Hierbei kann man über UKW-Hafenfunk jederzeit kurzfristig disponieren.

Schiffe mit Siemens-Technik an Bord haben unseren Service überall in der Welt schnell zur Hand. Das zeigt die beiliegende Übersicht über unsere Service-Stellen. Mehr als 40 Stützpunkte liegen, über alle Kontinente verteilt, an den Straßen des internationalen Seeverkehrs und in namhaften Häfen der Welt.

Zu näheren Auskünften sind wir jederzeit gern bereit.

                 Mit freundlichen Grüßen

Anlage
Werbeschrift „Service-Stellen auf allen Kontinenten"

(Quelle: Siemens AG, Schiffbau-Abteilung, 1967)

Die Bedienungsanleitung

Zielsetzung
Kaum daß ein Gerät gekauft ist, bekommt sekundenschnell folgende Frage ein Schwergewicht: „Wie bediene ich dieses Gerät?" Darum: wenn immer ein erklärungsbedürftiges Erzeugnis anzubieten ist, muß rechtzeitig vor der Markteinführung des jeweiligen Produktes eine „Bedienungsanleitung" erstellt werden. Sie stellt knapp das Erzeugnis vor, möglichst durch Text und Bild, und bringt dann in streng logischer und kleiner Schrittfolge — beschreibend — alle wichtigen

Handgriffe, die eine sachgerechte Gerätebedienung gewährleisten: also eine störungsfreie Funktion.

Mithin lautet das kommunikative Richtziel: informieren — zum Teil belehrend informieren, natürlich lernpsychologisch in einer taktvollen Art, ohne den überheblichen Oberlehrerton.

Sortenmerkmale

Inhalt
○ ein Erzeugnis (z. B. Produkt, Anlage, System),
○ eine Dienstleistung (etwa als „Gebrauchsanleitung", z. B. „Erste Hilfe beim Verkehrsunfall");

Darstellungsweise
○ attraktiv (→ der Benutzer soll durch die Gestaltung „gezwungen" werden, als erstes die Bedienungsanleitung gründlich durchzulesen —, was in der Praxis leider nur selten geschieht);

○ wirklichkeitsgetreu (→ praxisgerecht);

○ klar (→ Aufbau und Gliederung, etwa: Darstellung des Gerätes X und seine Funktion — Einbau des Gerätes [z. B. in Küchenmöbel] und Anschluß — Bedienung [allgemein, Sonderfälle]; praktische Hinweise; grobe Bedienungsfehler [etwa als Zeichnungen] — Pflege — Zubehör — Selbsthilfe bei kleineren Störungen; mit Rückfragekarte — Kundendienst — Garantiehinweis — Darstellung des Geräte-Gesamtprogrammes, etwa durch Einhefter);

○ streng logisch (z. B. alle wichtigen Bedienungsschritte „narrensicher" in schlüssiger Weise);

○ leichtverständlich, gelegentlich mit Hilfe der Programmierten Unterweisung (s. pu-Beispiel, Bild 38);

○ anschaulich (möglichst durch mehrere Bildmotive, etwa Fotos oder Zeichnungen; kurze Bildserien [3 — 4 Bilder], z. B. über den schrittweisen Ablauf einer sachgerechten Gerätebedienung; Vorsicht bei Fotos mit zu vielen Details);

○ knapp (→ knappe Texte, dazu jeweils möglichst mehrere Bilder);

○ mehrsprachig (wenn wirtschaftlich vertretbar, möglichst nur jeweils zweisprachig gestalten, damit die einzelnen Bilder dem entsprechenden Text bündig zugeordnet werden können);

○ „handfreundlich" (→ praktikables Format, strapazierfähiger Einband).

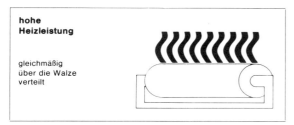

hohe Heizleistung

gleichmäßig
über die Walze
verteilt

Die hohe Heizleistung ermöglicht das Bügeln
großer und gut angefeuchteter Wäschestücke.
Sie verteilt sich – wie der Bügeldruck –
gleichmäßig über die ganze Walzenbreite.
Das Bügelergebnis ist deshalb an den Walzenenden
genauso gut wie in der Walzenmitte.

Auch die .... Heizleistung,
die gleichmäßig verteilt ist,
ist für die gute Bügelqualität wesentlich.

richtige Walzengeschwindigkeit

Bügeldruck, Heizleistung
und Walzengeschwindigkeit
sind optimal
aufeinander abgestimmt.

Wichtig für eine gute Bügelqualität
ist die richtige Abstimmung der Walzengeschwindigkeit
auf Bügeldruck und Heizleistung:
schnell genug für ein zeitsparendes Bügeln,
aber nur so schnell, daß feuchte Wäsche
in einem Durchgang trocken wird.
Die SIEMENS-Heimbügler bügeln deshalb so gut,

weil sie die .... Walzengeschwindigkeit haben,

die auf Bügeldruck und Heizleistung optimal .... ist.

Die SIEMENS-Heimbügler bügeln deshalb besser,

weil sie durch die .... gelagerte Walze

einen gleichmäßig hohen

Bügel- .... haben.

Bügeldruck, ... Heizleistung

und .... Walzengeschwindigkeit

sind .... aufeinander abgestimmt.

Bild 38: Bedienungsanleitung „Siemens-Heimbügler"
(Auszug aus programmierter Unterweisung)

Bei Anlagen oder Systemen, die sehr erklärungsbedürftig sind, bleibt zu überlegen, ob man die herkömmliche Bedienungsanleitung nicht durch AV-Medien erweitern und/oder vertiefen sollte. Durch einen Super-8-Film oder eine Tonbildschau (= etwa 15 — 20 Farb-Diapositive in bildlogischer Reihe, informativ begleitet von Tonband-Sprachaufzeichnung) lassen sich schwierige Bedienphasen leichtverständlich und einprägsam durch Bild und Ton darstellen.

So mancher Ärger ließe sich — bei Anwender und ebenso beim Anbieter — vermeiden, wenn man über den Gerätekauf mittelfristig hinausdächte und zumindest bei erklärungsbedürftigen Gütern auf eine optimale Gestaltung in konzeptioneller, textlicher und visueller Hinsicht bedacht wäre!

Zur Wirkungsweise werbender Sprache

Zwar liegt die Hochburg der Werbung und somit der Werbetext im Absatzbereich; doch das werbende Wort hat weit darüber hinaus mitwirkende und mitgestaltende Kraft auf alle Teilfelder eines Betriebes, auch auf den Betrieb als Gesamtheit und schließlich auf seine Ausstrahlung zum Markt, zur Um- und Mitwelt hin. Ein jeder wirkungsvolle Text gewinnt dabei an Gehalt und Wirkungskraft nicht allein aus wertblindem Verstand, sondern vor allem aus eigenem umgreifenden existenziellen Bewußtsein, in dem Denken, Einsichten und Erfahrungen ebenso wirksam sind wie Gefühle, Wünsche, Hoffnungen, Ängste, wie Schöpferkraft, Sinn, Ziel und Wert. — So nimmt es nicht wunder, daß Betriebe und Unternehmen zunehmend bemüht sind, markante Merkmale ihres Wesens, ihr Ethos und ästhetisches Formbewußtsein in profilierender Werbung als dokumentarische Gestalt ihres Selbstbildes, ihrer Identität darzustellen.

Ein beredtes und zukunftsweisendes Beispiel für eine solche Tendenz begegnet uns u. a. im Hause Siemens. In „zvw-public" (Ausgabe 17, März 1981) kommentiert Hannes Braun unter dem Titel „Grundsätze für Werbung und Design" eine firmenpolitische Entscheidung, er schreibt: „ . . . Der letzte Anstoß, solche Grundsätze zu formulieren, kommt zum einen aus der Erkenntnis, daß die immateriellen Werte einer Firma, wie ihr Name und ihre Marke, ihre Bekanntheit, wie ihr Image und ihr Goodwill, ihr Erscheinungsbild und die dadurch geprägte Identität für den geschäftlichen Erfolg immer wichtiger werden . . .

1. Grundsatz: Werbung und Design müssen der Grundhaltung und dem Ansehen des Unternehmens entsprechen.

2. Grundsatz: Werbung und Design haben auch in ihrer Gestaltung Grundhaltung und Ansehen des Unternehmens auszudrücken. Sie haben zur Einheit des Erscheinungsbildes beizutragen."[75]

2.3.4.8.4 Das text-unterstützende Mittel „Bild"

Feinziele
Dieser Abschnitt will Ihnen eine erweiternde und zugleich vertiefende Information geben über:

○ den Begriff „Bild"
○ wichtige Funktionen des Bildes
 (→ darstellungsbezogene und zielbezogene Funktionen)
○ den Begriff „Bild-Sorte"
○ Bild-Grundsorten
 (→ Sachbild, Bildnis/Portrait, Handlungsbild, Ereignisbild, Phantasiebild)
○ Gedankenführung im Bild
○ „Wünschelrute" für Bild-Ideen?
○ das Zusammenwirken „Text — Bild"
○ objektivierende Beurteilungsmerkmale für „Bild — Bildtext"

Ein Blick in die Umwelt: Immer und überall begegnen wir in unserem „visuellen Zeitalter" dem Bild —, ob in der Öffentlichkeit, in Betrieb und Schule, im Büro, in Dienststellen, der Verwaltung, in den Massenmedien oder in unserem Heim. Bald stoßen wir dabei auf das stehende Bild (z. B. Foto, Grafik, Ölbild u. a.), bald auf das bewegte Bild (etwa im Fernsehen oder Lichtspieltheater).

Zum Begriff „Bild"

Was verstehen wir unter einem „Bild"? — Ein Bild ist die grafische oder fotografische Wiedergabe eines Ausschnittes der Außenwelt (= Umwelt) oder der Innenwelt des Menschen.

Im Brockhaus findet man über das „Bild" die Definition: „ . . . Bild ist ein ursprünglicher Zugang des Menschen zur Welt. Es erscheint vor dem Begriff: Die Sprachen sind in ihrer Frühzeit reicher an Bildern, und wo der Begriff an die Grenze des Sagbaren rührt, stellt wiederum sich das Bild ein, wie wenn es mächtiger sei . . . .".[76] Kein Wunder also, daß wir das Bild schon in frühester Kulturgeschichte antreffen, wobei ihm mitunter irrationale Kraft oder gar göttliche Macht zugesprochen wurde, selbst wenn es nur ein bearbeiteter Holzpfahl oder ein roh zugehauener Stein war.

Welche Funktionen kann ein Bild haben?

„Funktion" — gemeint sind mit diesem Begriff, bezogen auf ein Gebrauchsbild: seine Tätigkeit und Leistung. So verstanden, kann ein Bild zumindest vier Funktionen im Hinblick auf die Darstellung von Welt haben — und zudem fünf Funktionen, ausgerichtet auf Richtziele.

○ Darstellungsbezogene Bild-Funktionen

— abbilden
Dinge aus dem Bereich der Wirklichkeit „dinggetreu" (= wirklichkeitsgetreu) abbilden, etwa einen Gegenstand, einen Menschen, ein Tier; einen Zustand (= Unbewegtes) oder Vorgang (= Bewegtes) in naturalistischer Art;

— nachahmen
Dinge aus dem Bereich der Wirklichkeit „dingnah" (= wirklichkeitsgetreu) nachahmen; man kann diese nachgeahmten Dinge jederzeit noch mühelos erkennen, aber sieht, daß sie nur mehr wirklichkeitsnah wiedergegeben sind, z. B. Dinge, in realistischer oder impressionistischer Art;

— erhellen
Dinge in ihrer unsichtbaren Struktur, ihrer verdeckten Funktion spekulativ — oft gestützt auf Denk- oder Erfahrungsmodelle — anschaulich darstellen; etwa Darstellungen aus dem Gebiet der Technik, Psychologie, Soziologie oder ähnlichem, z. B. ein Strukturbild;

— widerspiegeln
Gedanken, Gefühle, Stimmungen, Ideen, Ängste, Wünsche bildhaft wiedergeben, meist aus der Tiefe der Seele, aufsteigend aus individuellem Schöpfertum; z. B. Bildmotive aus dem Mythos, aus der Mächen- und Sagenwelt, aus der Welt der Über-Wirklichkeit, aus dem Surrealen oder ähnlichem: realistisch, impressionistisch oder expressionistisch in der Darstellungsart;

○ Zielbezogene Bild-Funktionen
Da einem jeden Bild außerdem eine mehr oder weniger offenkundige Absicht (= Zielsetzung) zugrunde liegt, kann man die Frage nach den Funktionen eines Bildes auch vom Blickwinkel der Zielgebung aus beantworten. Demnach kann ein Bild im Hinblick auf eine bestimmte Intention fünf Funktionen haben, es kann:

— informieren
= dem Betrachter (= Zielperson) in sachlicher Art eine Mitteilung geben, z. B. ihn objektiv informieren über ein neuartiges Gerät aus der medizinischen Technik —, ihm etwas zeigen;

- beeinflussen
  = etwa auf die Meinung oder das Handeln des Lesers einwirken wollen, z. B. durch das Portrait eines Politikers im Wahlkampf —, also argumentieren/beweisen oder appellieren;

- belehren
  = dem Betrachter einen schwierigen Sachverhalt in didaktisch-methodischer Art darstellen, etwa Verkäufern durch eine anschauliche technische Zeichnung die Funktion eines Gerätes nahebringen —, diese mithin klären, erklären;

- bekunden
  = dem Leser und ebenso dessen Mitmenschen eine besondere persönliche Leistung bilddokumentarisch vor Augen führen; z. B. durch einen grafisch gestalteten Meisterbrief, durch eine Jubiläumsplakette mit markantem Stadtmotiv o. ä. —, also gegenüber anderen Menschen, meist öffentlich, eine Leistung bezeugen;

- unterhalten
  = dem Betrachter als „dienstbarer Geist" zur Seite stehen, um ihm z. B. in der Freizeit, am Feierabend oder im Freibad seine „Leerzeit" in vergnüglicher Weise auszufüllen, ihm die Langeweile zu verkürzen o. ä.

Zum Begriff „Bild-Sorte"

In der vorliegenden Darstellung ist mit der „Bild-Sorte" in erweiterter Auslegung ein begrenzter Weltausschnitt gemeint — Außen- oder Innenwelt, Wirklichkeit oder Über-Wirklichkeit — als ästhetische Ganzheit aus: Sinn (→ Zweck, Ziel), Wesen, Inhalt und Form. Da einige dieser Merkmale — insbesondere ein bestimmter Sinn (→ Ziel), Inhalt und ein eigenständiges Wesen — in zahlreichen und unterschiedlichen Bildern immer wiederkehren, ergeben sich dadurch artspezifische Bildgruppen: „Bild-Gattungen", „Bild-Sorten" und „Bild-Arten".

Bild-Grundsorten

Für die Schreibpraxis und die Zielsetzung dieses Sachbuches genügt es, wenn wir im weiteren lediglich das „Gebrauchsbild" (= Gegensatz zum „Kunstbild") betrachten und uns nun näher befassen mit den fünf Bild-Grundsorten:

- Sachbild
- Bildnis/Porträt
- Handlungsbild
- Ereignisbild
- Phantasiebild

Werfen wir orientierungsuchend einige Blicke in unsere Umwelt: eine verwirrende Vielfalt von Bildern — schöne, garstige, wundersame Bilder im bunten Durcheinander, in Ruhe und Bewegung, im Hier-Sein und Entrückt-Sein. Bei etwas längerem und kritisch-analytischem Hinschauen wird man erkennen, daß ein jedes dieser Bilder etwas Eigenständiges ist; denn es hat

○ einen ganz bestimmten Inhalt (z. B. einen Gegenstand, ein Erzeugnis, einen Menschen, ein Ereignis o. a. als Inhalt);

○ eine gerichtete Charakteristik (etwa einen Zustand, Vorgang, eine Handlung o. a. als Charakteristik);

○ einen unmittelbaren Bezug zu den verschiedenartigen Bereichen der Welt, z. B. zur Wirklichkeit (→ Mensch, Natur, Kultur) oder zur Über-Wirklichkeit (→ Idee, Göttliches).

Dieser Sachverhalt führt dazu, zunächst fünf Bild-Grundsorten zu bilden, die man als Schreiber kennen sollte, wenn z. B. ein Gebrauchstext sinnentsprechend oder zielbewußt zu ergänzen oder zu unterstützen ist:

1. Sachbild (Bild 39) = wirklichkeitsgetreue Wiedergabe

   ○ eines Gegenstandes oder Erzeugnisses bzw. mehrerer Dinge (einschließlich Pflanze und Tier) in ihrer eigentümlichen Form und Farbe:

   — mit wirklichkeitsgetreuer Umwelt (= Milieu)
   — ohne wirklichkeitsgetreue Umwelt; stimmungsarme Umwelt-Farbe, z. B. zartes Grau;

   ○ eines Gegenstandes oder Erzeugnisses bzw. mehrerer Dinge (einschließlich Pflanze und Tier) in ihrer eigentümlichen Form, aber nur in Schwarz/Weiß:

   — mit wirklichkeitsgetreuer Umwelt in Schwarz/Weiß
   — ohne wirklichkeitsgetreue Umwelt; in stimmungsarmer Farbe, z. B. in zartem Grau;

   ○ eines Ausschnittes der Wirklichkeit, z. B. eine Landschaft, eine Stadt, ein Stilleben:

   — mit wirklichkeitsgetreuer Umwelt
   — ohne wirklichkeitsgetreue Umwelt; in stimmungsarmer Farbe.

Bild-Grundsorten
Bildbeispiele aus dem Themenkreis „Bergwelt"

Bild 39

Bild 41

Bild 40

Bild 42

Bild 39: Sachbild
„Bergwacht-Hütte" am Walberle
(Fränkische Schweiz)

Bild 40: Bildnis (Porträt)
Paul Mauser — ein „Vollblut-Bergsteiger"
(aus Burg/Forchheim)

Bild 41: Handlungsbild
Beim Bergwandern (Raum Pottenstein, Fränkische Schweiz)

Bild 42: Ereignisbild
Berggewitter über dem Schlern
(Südtirol)

Bild 43: Phantasiebild
„Rübezahl" — Berggeist und
Herr des Riesengebirges

Bild 43

2. Bildnis/Portrait (Bild 40) = die Wiedergabe

   ○ eines Menschen
   - Kopf (= Paßbild)
   - Halbfigur (= oben/Brustbild; unten)
   - Figur (= ganzer Mensch)

   ○ mehrere Menschen (= Gruppe/Gruppenbild)
   - Kopf
   - Halbfigur
   - Figur.

3. Handlungsbild (Bild 41) = die Wiedergabe

   ○ eines Menschen — bei körperlicher Tätigkeit (z. B. er verlegt ein Kabel, montiert einen Zähler u. a.);

   ○ eines Menschen — bei sichtlich geistiger Tätigkeit (z. B. er liest, rechnet, studiert u. a.).

   Wichtig: Der Mensch als Tätiger (körperlich oder geistig) ist beherrschender, bestimmender Bildinhalt.

4. Ereignisbild (Bild 42) = die Wiedergabe

   ○ eines gewöhnlichen oder eines außergewöhnlichen Naturgeschehens, z. B. eines Schneefalles, Regengusses; eines Berggewitters, Hagelwetters, eines Orkanes, einer Flutkatastrophe o. ä.; also die wirklichkeitsnahe oder -getreue Wiedergabe von Naturkräften, die man sprachlich zumeist mit dem Fürwort „es" beschreibt, etwa: es schneit, es regnet, es stürmt, es hagelt u. a. m.

5. Phantasiebild (Bild 43) = die Wiedergabe

   ○ eines (noch) nicht vorhandenen (= unwirklichen) Gegenstandes, Erzeugnisses oder einer Idee bzw. mehrerer Dinge, z. B. ein Kernkraftwerk des Jahres 2500, ein Raumschiff des Jahres 2000, futuristische Modelle u. a.;

   ○ von zwei oder mehreren Sachbildern (oder anderen Bild-Sorten) zu einem Gesamtbild vereint;

   ○ unwirklicher Gestalten aus den Bereichen: Mensch, Tier, Pflanze, z. B. Mars-Mensch, Märchen- und Sagenfiguren, Mythos, religiöse Motive u. ä.

Eine jede dieser Bild-Grundsorten kann in mehrerlei Weltsicht gestaltet und damit auf eine unterschiedliche Anmutung hin ausgerichtet sein:
- naturalistisch (= wirklichkeitsgetreu)
- realistisch (= wirklichkeitsnah)
- impressionistisch (= eindrucksstark, vornehmlich Licht- und Farbeindrücke betonend)
- expressionistisch (= ausdrucksstark, durch Form und Farbe stark betont).

Diese verschiedenartigen vier gestalterischen Gerichtetheiten gelten natürlich ebenso für die Bild-Sondersorten, etwa in der Wirtschaft oder Publizistik.

Gedankenführung im Bild

Es stimmt: ein Bild sagt mehr als 1000 Worte. Wenn wir allerdings unseren Lesern etwa in einem Fachbeitrag ein informationsreiches Bild vorstellen − z. B. einige Menschen in einer mehrgestaltigen Landschaft, den Ausschnitt einer Bergwelt, eine Menschengruppe, eine komplizierte technische Zeichnung o. ä. −, dann sollte man die Leser gedanklich geradlinig in kleinen Schritten im Bild führen − auf keinen Fall zerstreut hin- und herspringen!

Bei sinnvoller Blickführung des Lesers durch den Schreiber gibt es mehrere Möglichkeiten, etwa:
- vom Wichtigen − zum weniger Wichtigen hin;
- vom Vordergrund − über den Mittelgrund − zum Bildhintergrund;
- vom linken Bildrand − zum rechten Bildrand (= Leserichtung);
- vom oberen Bildrand − zum unteren Bildrand;
- vom Beginn − zum Ende eines Vorganges.

Grundregel also: den Leser sinnlogisch, folgerichtig und geradlinig in kleinen Gedankenschritten von Punkt zu Punkt, von Phase zu Phase führen; gedankliche „Verzweigungen" (→ pu-Methode) vermeiden, wenn es möglich ist. − Mehrere Bildmotive in einen Textbeitrag einblenden aber gebietet: einen wesentlich größeren Raumbedarf einplanen! Zugleich ist das „Regieführen" zu überlegen, nämlich, bei welchen Bildmotiven man auf eine sorgfältige Gedankenführung des Lesers verzichten sollte; mitunter kann man sich bei einem Bild auch auf wenige Stichwörter telegrammartig beschränken!

„Wünschelrute" für die Bild-Ideen?

„Gibt es Methodenwege, die uns − von einem bildhaften Wort ausgehend − systematisch zu einer zündenden Bild-Idee hinzuführen vermögen?" Diese Frage ist uralt und zugleich jung wie der heutige Tag. Uralt, denn ihr Ursprung liegt in der antiken Rhetorik, in dem schöpferischen Bemühen, dem gesprochenen Wort durch bildstarke Sprachfiguren — etwa durch Methapher, Synekdoche, Wiederholung, Steigerung/Klimax, Vergleich o. a. — Witz, Geist und Glanz zu geben. Und heute?

Die Spurensuche nach kreativen Bild-Ideen dauert unentwegt an, täglich, in vielen Bereichen des Alltags, eigentlich bei allen „Kommunikationsmachern", etwa bei: Journalisten, Textern, Graphik-Designern, Werbefachleuten und Produktmanagern. Mit solchem kreativen Suchprozeß befassen sich auch Wissenschaftler. Einer von ihnen ist Werner Gaede. In seinem Fachbuch „Vom Wort zum Bild" setzt er sich vor allem intensiv mit der systemativen Methode auseinander: „ . . . Man prüft und probt sozusagen methodisch, bewußt alle Lösungswege durch . . . Ideen-Fülle und Ideen-Qualität müßten nach diesem Arbeitsgang gewachsen sein . . .".[77] So die These des genannten Professors. Da er immerhin zwölf Grundarten an Visualisierungs-Methoden ausführlich darstellt — nämlich die Methoden „Teil-für-Ganzes" (= Synekdoche), Steigerung (= Gradation/Klimax), Ähnlichkeit (= Analogie) u. a. — und alle diese Methoden mit zahlreichen Arbeitsbeispielen verbindet, gibt der Autor dem lernwilligen Leser eine Vielzahl nützlicher Anregungen.

Der „Königsweg" zu kreativen Bild-Ideen führt nach eigenen Erfahrungen oft über zwei Stufen:

○ erste Stufe
zunächst werden durch Ideenfindungs-Methoden (z. B. Brainstorming) möglichst viele Ideen-Ansätze in schriftlicher Form aufgespürt, gesammelt — und im Hinblick auf die ihnen innewohnende Bildkraft sowie die Zielsetzung gewertet;

○ zweite Stufe
danach beginnt an ausgewählten, bildkräftigen Ideen-Ansätzen die „Hebammenkunst" der verschiedenen Kreativ-Methoden; so versucht man z. B. mit den Visualisierungs-Methoden den kreativen Sprung vom textlich formulierten Ideenansatz — hin zum visuellen Bild! Dabei kommen nach Gaede in Betracht die Visualisierungsmethoden: „Ähnlichkeit" (= Visuelle Analogie) — „Teil-für-Ganzes" (= Visuelle Synekdoche) — „Gedanken-Verknüpfung" (= Visuelle Assoziation) — „Symbolisierung" (= Visuelle Symbolisierung) oder andere. — Das folgende Beispiel will jenen faszinierenden Sprung „sichtbar" machen; benutzt wird die Methode „Ähnlichkeit", deren Gestaltungs-Prinzip nach Gaede so zu definieren ist: „ . . . Eine (verbale) Aussage/Bedeutung wird durch Zeichen visualisiert, die zur (verbalen) Aussage/Bedeutung in einer Ähnlichkeits-Beziehung (= Analogie) stehen. Die Ähnlichkeit gründet sich auf ein gemeinsames (inhaltliches bzw. gestalterisches) Merkmal . . ."[78]

Aussage/Bedeutung:

Sätze, Wörter; Schlagzeile, Titel ... „Car Pool":
(verbale Zeichen) Autofahrer nehmen andere mit.

Visualisierungs-Methode:

Ähnlichkeit (Analogie) Wer nimmt noch andere mit?
Welches visuelle Zeichen ist der verbalen (= gemeinsames Merkmal,
Aussage/Bedeutung inhalts- bzw. inhaltliche Ähnlichkeit)
gestaltähnlich?

Visualisierung:

Bild/Typografie (visuelle Zeichen) Känguruh nimmt mehrere kleine
Känguruhs mit.
Känguruh hat mit „Car Pool" ein
(inhaltliches) Merkmal gemeinsam.

Lösung

Bild 44: Beispiel für Visualisierungs-Methode „Ähnlichkeit" (= Visuelle Analogie)
(Quelle: „Vom Bild zum Wort", Werner Gaede, S. 30, gekürzte
Darstellung)

Inzwischen liegen auch bereits erste Urteile über dieses Fachbuch vor, so z. B. die von Leo Hawranek, Abteilungsleiter im Informations-Design der Siemens AG: „Kreatives Arbeiten ist auch immer methodisches Arbeiten. Werner Gaede gibt jedem Gestalter in seinem Buch „Vom Wort zum Bild" einen profunden und anschaulichen Überblick über mehr als 100 Kreativ-Wege zu einer visuellen Idee. Ein einmaliges Buch. Wirklich."

Sollten Sie des öfteren in die Lage kommen, Ihre Schreibe durch „zündende" Bildmotive anzureichern, dann dürfte Ihnen das genannte Fachbuch die visuelle Ideensuche künftig erleichtern.

Das Zusammenwirken „Text – Bild"

Verständlichkeit, Merkwert – und letzlich die Wirkung unseres Textes (etwa einer Facharbeit, einer Gegenstandsbeschreibung o. a.) können wir um Grade steigern, wenn wir die beiden „Urelemente" – Text und Bild – als eine Wirkungsganzheit sehen und jene beiden nach taktischer Architektonik gestalten. Was soll das heißen? Was ist dabei zu tun? Wir müssen die wichtigsten Möglichkeiten des Zusammenwirkens der beiden Elemente aufdecken und dann eine jede Möglichkeit einzeln näher betrachten. In der alltäglichen Schreibe stoßen wir häufig auf drei Möglichkeiten (Bild 45), nämlich auf das Zusammenspiel von

○ Lauftext – und – Bild

○ Bildunterschrift – und – Bild

○ Text im Bild.

Betrachten wir im weiteren diese drei Möglichkeiten näher und nacheinander.

○ Das Zusammenwirken „Lauftext – Bild"
   Zwischen diesen beiden Wirkungselementen sind mehrere „Brückenschläge" möglich, so etwa

   – vom Titel/Untertitel des Textes – zu einer eingegrenzten Schwerpunktaussage des Bild-Inhaltes;
   – von einer Zwischenüberschrift – punktuell zu einem Teil des Bild-Inhaltes;
   – von einer aussagestarken Textstelle (z. B. im Hauptteil) – akzentuierend zu einem Teilstück des Bild-Inhaltes;
   – vom „Abbinder" (= z. B. Textabschluß einer Werbe-Anzeige) – zu einem Anknüpfungspunkt des Bild-Inhaltes.

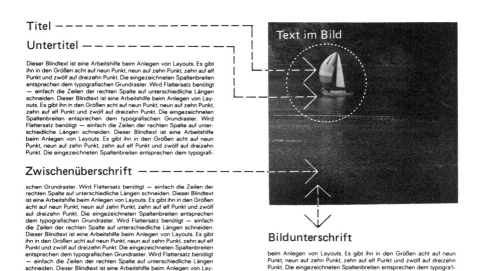

Bild 45: Zusammenwirken „Text — Bild"

Das Bild kann — beim Zusammenwirken mit einem Text — hauptsächlich drei Funktionen (= Aufgaben) übernehmen; es kann einen Text
— wiederholen
  = das Bild zeigt visuell, was der Text (→ beschreibend) darstellt;
— erweitern
  = das Bild bietet dem Leser ein Mehr an Information, als der Text enthält;
— verengen
  = das Bild bringt z. B. nur ein Schlüsselwort oder eine knappe Kernaussage des Textes — als „visuelle Konzentration".

○ Das Zusammenwirken „Bildunterschrift — Bild"
Besieht man sich die einzelnen Möglichkeiten ihres Zusammenwirkens, so stößt man bald auf die gewonnene Einsicht: auch die Bildunterschrift kann ein Bild im Hinblick auf seinen Inhalt „inhalt-beschreibend, inhalt-verengend/ akzentuierend oder inhalt-erweiternd" wiedergeben.

Gestalterisch kann die Bildunterschrift zwei Wege beschreiten:
— sie kann den vorherrschenden Gesamteindruck des Bildes als „Anmutungs-Bilanz" zunächst mit ein bis zwei Sätzen einfangen, um danach zwei bis

drei bedeutsame Aspekte des Bild-Inhaltes z. B. kommentierend knapp anzusprechen — oder —
— sie verzichtet auf einen solchen „einleitenden Gesamteindruck" und greift sofort mit dem ersten Satz einen schwergewichtigen Punkt des Bild-Inhaltes auf, danach einen zweiten und höchstens noch einen dritten Punkt; denn man sollte das Leistungsoptimum einer Bildunterschrift nicht überfordern! Im Grundsatz ist zu beachten: eine Bildunterschrift sehr verständlich und bewußt knapp zu halten.

○ Der „Text im Bild"
Bei einem solchen Konzept — den Text in das vorliegende Bild einzublenden — wird man vor allem darauf zu achten haben, daß der „Text-Einzug" die Bildwirkung nicht beeinträchtigt. Entscheidet sich ein Autor aber für einen bild-immanenten Text, dann hegt er eine dieser drei Absichten, er möchte

— durch ein einziges Wort oder durch nur wenige Wörter (höchstens zwei Wörter) geistig-optisch einen „Blickfang" im Bild schaffen;
— gedächtnismäßig im Bild ein „Denkmal" aufstellen, um den Merkwert punktuell zu steigern;
— die Verständlichkeit, etwa eines im Bild dargestellten Zustandes oder Vorganges, erhöhen bzw. sichern, beispielsweise durch typografisch günstig plazierte und sorgsam ausgewählte 2 — 3 Wörter.

Schließlich sollte der Autor beim Gestalten noch bedenken: Die eingeblendeten Wörter dürfen keine wesentliche Bildaussage verdecken, dürfen ferner den Bildaufbau gestaltpsychologisch nicht stören, und die Schriftart (z. B. Antiqua, Neuzeit-Grotesk o. a.) sollte dem Bild-Inhalt sowie der Darstellungsart (etwa naturalistisch, realistisch, impressionistisch, expressionistisch) angemessen sein.

Objektivierende Beurteilungsmerkmale für „Bild und Bildtext"

Ein jeder, der sich eingehender mit ästhetischen Fragen befaßt — etwa mit der Beurteilung zielorientierter Gebrauchsbilder, wie Fotos oder Zeichnungen —, weiß um das hartnäckige Problem, objektive Beurteilungsmerkmale festzulegen und sie ergiebig anzuwenden.

Daß auch dieses Bemühen hier mit Unzulänglichkeiten behaftet ist, sei nicht verschwiegen, dies liegt eben in der Schwierigkeit des Gegenstandes selbst. Doch: besser einen kleinen Schritt vorankommen, als kapitulierend auf der Stelle treten (Bild 46)!

	6	5	4	3	2	1
1. Bild-Beurteilung						
1.1 Bild-Anmutung						
• zielbezogene Anmutung (z. B. ernst)						
•						
1.2 Bild-Inhalt						
• sachlich richtig						
• klar (= übersichtlich gegliedert)						
• verständlich						
• anschaulich (⟶ Diagramm, Schaubild)						
• knapp (⟶ ohne große Info-Redundanz)						
• ideenreich/originell						
• erinnerungsstark (⟶ punktuell)						
•						
1.3 Bild-Gestaltung						
• Verhältnis „Grund — Gestalt" deutlich, angenehm						
• Technik/Werkmittel (Ausführung)						
• Bildaufbau klar (horizontal, vertikal, kreisförmig, dreieckig, quadratisch o. a.)						
• Blickschwerpunkt (⟶ spontan wahrnehmbar)						
• Blickführung (⟶ zielbezogen)						
•						
1.4 Bild-Darstellungsart						
• naturalistisch/realistisch						
• impressionistisch						
• expressionistisch						
•						

	6	5	4	3	2	1
2. Bildtext-Beurteilung						
2.1 Verhältnis „Bild — Bildtext"						
• inhalt-beschreibend						
• inhalt-verengend/akzentuierend						
• inhalt-erweiternd						
•						
2.2 Bildtext-Beurteilung						
• bild-bündig						
• sachlich richtig						
• verständlich						
• lebendig						
• knapp (⟷ ausschweifend)						
•						

Bild 46: Bild-Beurteilungsmerkmale; Bildtext-Beurteilung

Zum methodischen Vorgehen

Ein zweckbestimmtes Gebrauchsbild steht keineswegs isoliert in einem ästhetisch-psychologischen Umfeld, sondern es steht und wirkt innerhalb eines größeren kommunikativen Rahmens. Diese bedeutsame Tatsache verlangt von uns, daß wir beim Beurteilen eines Gebrauchsbildes und des oft beigefügten Bildtextes beim Analyse-Beginn diese vier Merkmalgruppen bedenken:

1. die Definition der Zielgruppe(n), an die sich das Bild wendet;
2. die Definition der operationalen Zielsetzung bzw. Zielwirkung, die dieses Bild beim Betrachter (= Leser) erreichen soll;
3. die Mittel-Art (z. B. Foto, Grafik, Foto-Montage o. a.), für die man sich bewußt entschieden hat;
4. den Kommunikations-Träger (etwa Fachzeitschrift, Mitteilungsblatt, Werbeschrift o. a.), in dem das Bild veröffentlicht wird und dessen Image die Bildwirkung beeinflußt.

Erst eine solche breite Basis-Betrachtung ermöglicht es uns, das „eigentliche Gebrauchsbild" sowie das Verhältnis „Bildtext — Bild" im Hinblick auf das zweckorientierte Kommunikationsfeld rahmengerecht und weitgehend objektiv zu beurteilen. Die beiden nun folgenden und wichtigen Analyse-Schritte sind:

5. die (eigentliche) Bildbeurteilung
   (→ Beurteilungsmerkmale sind auf Bild-Anmutung, Bild-Sorte/Bild-Art, Bild-Inhalt und Bild-Gestaltung gerichtet);

6. die Bildtext-Beurteilung
   (→ z. B. das Verhältnis „Bild — Bildtext" sowie die Bildtext-Beurteilung).

Abschließend noch zwei arbeitsmethodische Hinweise zum Bild 46: Die Leerzeilen ermöglichen es Ihnen, jeweils ein weiteres Beurteilungsmerkmal aufzunehmen; die Ziffer „sechs" kennzeichnet die höchste und beste Bewertung — im Gegensatz zur Ziffer „eins".

2.3.4.9 Die Text-Mittel

Wie uns aus der Erfahrung bekannt, steht die Frage „Welches der verschiedenartigen Mittel wähle ich für den zu erstellenden Text"? in der Regel mit am Beginn einer jeden Schreibe. Als „Mittel" wird hier gemeint: ein Brief, eine Druckschrift, eine Beilage o. a. m. Unsere Gedanken fließen also als Text in das jeweilige Mittel; so wird es zum (formalen) Gefäß für den Text.

„Mittel" — in welchem „Mini-System" hat es als Einzelfaktor seinen Standort und Wirkungsort? In dem Dreiecksverhältnis „Mensch — Ziel/Zweck — Mittel"; in diesem Bezugssystem will das „Mittel" beispielsweise einem „Menschen" (= Zielperson/Zielgruppe) ein festgelegtes „Ziel" (= Zweck) vermitteln. Die Wirksamkeit eines Mittels und damit sein „Vermittlungserfolg" hängt natürlich ab von den besonderen Qualitätsmerkmalen, die das jeweilige Mittel aufzuweisen hat. Aus Raumgründen können wir uns mit den Qualitätsmerkmalen der verschiedenen Mittel leider nicht befassen, doch seien wenigstens stichwortartig diejenigen Mittel genannt, die man in der Praxis öfters einsetzt:

○ der Brief (s. S. 211 ff.)
  = nach wie vor eine beliebte Mittelart wegen seiner „persönlichen Note";

○ die Beilage
  = ein ein- oder mehrfarbiges Druckerzeugnis (Umfang meist nur vier Seiten), in dem ein bestimmtes Thema knapp dargestellt wird oder in dem mehrere Themen in der Regel ohne „geistigen Tiefgang" behandelt werden;

- die Informationsfolge
  = sie praktiziert lernpsychologisch die Methode der „kleinen Bissen",
  nämlich: soll dem Leserkreis eine große themen-homogene Informationsmenge innerhalb einer kurzen Zeitphase übermittelt werden, dann eignet sich diese Art in besonderem Maße;

- die Druckschrift (→ der Prospekt, s. S. 298 ff.)
  = sie wird in mehrerlei Form eingesetzt, z. B. als: Produkt-Prospekt (→ Kunden-Prospekt, Händler-Prospekt), als Firmen-Prospekt (= Firmenschrift) oder als Sonderprospekt (etwa Brief-Prospekt, Gebrauchsanleitung, Preisliste);

- das Buch
  = nach einer 450jährigen Geschichte inzwischen durch maschinelle Fertigung zu einem „Massenartikel" geworden, hat es zugleich mehrere Ausprägungen erfahren, etwa als: Fachbuch – Sachbuch – Schulbuch – Jugendbuch – Taschenbuch; themenverwandte Buchtitel faßt man mitunter zu einer „Buchreihe" (= Buchserie) zusammen.

2.3.4.10 Die Text-Träger (= Kommunikations-Träger)

Außer durch die Text-Sorte, die Text-Gestaltung und die Art des Text-Mittels wird die Wirkung unserer Schreibe im Leserkreis u. a. auch durch den „Text-Träger" beeinflußt. Daher stellt sich uns die Frage: Welches Publikationsorgan – z. B. die Fachzeitschrift A, die Tageszeitung B, das Mitteilungsblatt C oder eine Kombination mehrerer Träger – findet bei der Zielgruppe erlebnismäßig eine günstige Resonanz und Akzeptanz?

Aus Raumgründen können die geläufigen Text-Träger wiederum nur stichwortartig angesprochen werden:

- die Zeitung
  = ein Presse-Erzeugnis, das werktäglich oder mindestens zweimal wöchentlich erscheint und über eine eigene politische Redaktion verfügt, die selbständig einen politischen Teil erstellt;

- die Zeitschrift
  = im Unterschied zur Zeitung bezeichnet man ein Presse-Erzeugnis dann als „Zeitschrift", wenn es

    - in regelmäßiger Folge erscheint,

    - einen eingegrenzten Themenkreis behandelt – und/oder –

○ eine besondere Darbietungsform der Themen (z. B. hinsichtlich Unterhaltung, Bild) aufweist;

allgemein unterscheidet man
— Publikums-Zeitschriften
  = etwa Illustrierte, Programm-Zeitschriften, Familien-Zeitschriften u. a.; wirtschaftliche Zeitschriften, kulturelle und politische Zeitschriften; Kunden-Zeitschriften;
— Fachzeitschriften
  = sie bieten dem Leser nur fachspezifische Themen an; dazu zählen z. B. Berufs-Zeitschriften, Verbands-Zeitschriften sowie Standes-Zeitschriften; im weiteren Sinne auch Werk- und Hauszeitschriften;
— die Zielgruppen-Zeitschrift
  = diesem Typ liegt ein „Redaktions-Marketing" zugrunde, das bestrebt ist, bestimmten und eindeutig festzulegenden Zielgruppen ein „maßgeschneidertes" Themenprogramm anzubieten.

Beurteilungsmerkmale für gedruckte Massenmedien
Auf welche wichtigen Merkmale sollten wir achten, wenn gedruckte Massenmedien — also z. B. Zeitungen, Zeitschriften oder Illustrierte — zu bewerten und als Kommunikations-Träger für unsere Schreibe zu bestimmen sind? Von mehreren Beurteilungsmerkmalen hat man für die endgültige Auswahl vor allem die folgenden Gesichtspunkte zu bedenken:

○ Kurzcharakteristik (des Trägers) ○ Einsatzmöglichkeit
○ Funktion   ○ Verfügbarkeit
○ Reichweite und Durchdringung   ○ Größenabmessungen
○ Nutzung   ○ Drucktechnik
○ Auflagenhöhe   ○ Kosten

Zur „Transparenz" gedruckter Kommunikationsträger
Seit Jahren gibt es Bemühungen, die „Transparenz" (= Durchschaubarkeit) der einzelnen Träger-Arten zu erhöhen, etwa hinsichtlich der Verbreitung, ihrer Empfänger-Strukturen und der objektiven Vergleichbarkeit verschiedenartiger Träger. In diesem Zusammenhang begegnen uns zwei Abkürzungen, die folgende Bedeutung haben:

IVW
= Informationsgemeinschaft zur Feststellung der Verbreitung von Werbeträgern; ein IVW-Zeichen ist der Nachweis für kontrollierte und bestätigte Auflagen-Angaben;

AMF
= A̲rbeitskreis M̲edia-Informationen F̲achzeitschriften; AMF-Zeichen verweisen auf Media-Daten, die nach dem AMF-Schema vergleichbar dargestellt sind.

Bevorzugte Medien der Weiterbildung

Seit Jahren wächst für zahlreiche Bürger die Bedeutung der Fort- und Weiterbildung. Welche Medien benutzen sie dabei hauptsächlich? Zum einen das ,,Fachbuch'' (35 % der Befragten) — zum anderen die ,,Fachzeitschrift'' (27 % der Testpersonen). Dies ist eine wichtige Information: auch für Sie, den Schreiber.

3. Zielgerichtete Text-Planung

3.1 Feinziele

Ein umfangreicher Abschnitt dieses Buches liegt, wie ein Blick auf Bild 1 zeigt, hinter uns: „Im Vorfeld zielgerichteter Text-Planung". Er vermittelte uns eine systemorientierte Sichtweise für anstehende Text-Aufgaben: (→ „Schreib-Wirkungssystem", s. S. 21 ff.) — und außerdem verschiedenerlei Grundwissen über zielgerichtete Text-Planung (s. S. 27 ff.).

Welche Nahziele sind in der bevorstehenden Lernstrecke anzusteuern? Vier Nahziele, nämlich:

○ der Begriff „Planung"
○ die systemorientierte Schreibe
○ die dynamisch-flexible Text-Planung
  — Informations-Phase
  — Planungs-Phase
  — Text-Plan (= Ergebnis der Planungs-Phase), mit den zehn Plan-Elementen (→ Planungsobjekt, Zielgruppe, Zielsetzung, Text-Sorte, Kernbotschaft, Text-Mittel, Text-Träger, Termin, Kosten, Planungsträger).

Nach einem abgewandelten Sprichwort aus der Normandie kann man sagen: Wenn wir einmal Erfolg mit unserer „Schreibe" haben, kann es Zufall sein. Wenn wir zweimal Erfolg haben, kann es Glück sein. Wenn wir aber dreimal und öfter Erfolg mit unserer Schreibe haben, dann ist es Planung — und nicht selten wohl auch etwas Glück.

Planen — nämlich vorausschauendes und folgerichtiges Denkhandeln — mindert erfahrungsgemäß das Risiko, gibt uns mehr Sicherheit und gewährleistet in der Regel größeren Erfolg; ganz gleich, ob es gilt, etwa einen wichtigen Brief, einen Entwicklungsbericht, ein Protokoll, eine Nachricht, einen Fachbeitrag oder irgendeine bedeutsame Mitteilung zu erstellen.

3.2 Was ist „Planung"

Ein prominenter Planungsfachmann, Erich Kosiol, beantwortet uns in einem seiner zahlreichen Beiträge über Planung die gestellte Frage so: „... Planung ist ein systematisch-methodischer Prozeß der Erkenntnis und Lösung von Zukunftsproblemen. Sie ist prospektives (= vorausschauendes) Denkhandeln, in dem eine geistige Vorwegnahme und Festlegung zukünftigen Tathandelns erfolgt ..."[79] Diese Begriffsbestimmung trifft auch für unser Vorhaben zu, für die Text-Planung. Denn auch hier kommt es hauptsächlich auf drei Punkte an, auf:

○ ein systematisch-methodisches Vorgehen
○ ein vorausschauendes Denkhandeln — und —
○ die Festlegung zukünftigen Tathandelns.

Grundsätzlich aber ist zunächst bedeutsam die Sichtweise, wie man die Schreibe und Text-Planung betrachtet: „linear" oder „systemorientiert" — „statisch" oder „dynamisch". Wie sollte, wenn wir bewußt „zielwirksam" schreiben wollen, unsere Sichtweise sein? Für die Schreibe: systemorientiert — und — für die Text-Planung: dynamisch, flexibel. Dazu im weiteren einige klärende Gedanken.

3.3 Systemorientierte Schreibe

Wer immer eine Schreibe plant, sollte sich — wie schon zu Beginn dieses Buches dargestellt — diese wichtigen Tatsachen vergegenwärtigen: Ich werde, als Schreiber, unwillkürlich Teil eines großen Text-Wirkungssystemes. Es besteht stets aus mehreren Wirkfaktoren, die man vorab in ihrer Gesamtheit überschauen sollte (s. S. 21 ff.).

Alle diese Wirkfaktoren (= „Elemente") bilden zusammen ein dynamisches Wirkungsfeld, stehen also in einem mehr oder weniger engen Bezug zueinander und beeinflussen sich gegenseitig, allerdings in unterschiedlicher Stärke. — Wer „zielwirksam" schreiben will, dem nützt diese Sehweise und Berücksichtigung der allgemeinen Schreib-Situation mehr als man bei flüchtiger Draufsicht vermuten kann. Dazu in gebotener Kürze ein Beispiel aus dem Alltag:

○ eine bedeutsame Mitteilung (z. B. ein Bericht über ein neues Erzeugnis) wird in der Hektik des Alltages der Zielgruppe zwei Tage zu spät übermittelt; übersehen wurde mithin der Faktor „Zeitpunkt"!

3.4 Dynamisch-flexible Text-Planung

Eine zeitgemäße Text-Planung (Bild 47) sollte dynamisch-flexibel sein und in ihrer Struktur verwandt dem kybernetischen Modell. — Dabei können vier Hauptphasen das gesamte geistige Geschehen markieren:

○ die Informations-Phase (= Fundament für die Text-Planung);

○ die Planungs-Phase mit dem Text-Plan (= Abschluß und Kernstück der Planung);

○ die Realisierung (= Verwirklichung des Text-Planes);

○ die Wirkungskontrolle (= „Eigentest" durch Schreiber oder „Fremdtest", z. B. durch Marktforschungsinstitut).

Wichtige Schritte zielgerichteter Text-Planung
Wie aus den vier aufgezeigten Hauptphasen erkennbar, vollzieht sich die „eigentliche" Text-Planung in zwei großen Phasen, in der:

○ Informations-Phase — und —
○ Planungs-Phase.

Betrachten wir nun fürs erste diese zwei umfassenden Planungsabschnitte etwas näher, die zum schnelleren Verständnis erläutert seien durch das eingangs aufgegriffene Arbeitsbeispiel „Formt Sport die Persönlichkeit?" —, bekanntlich ein Beitrag für das Mitteilungsblatt „Sport-Echo" (s. S. 21).

3.4.1 Die Informations-Phase

Gelegentlich wird dieser Abschnitt in der zeitgemäßen Planungslehre auch „Situations-Analyse" genannt. Als kleinere Einzelschritte kommen dabei vornehmlich diese in Betracht:

○ Thema/Planungsobjekt
Zunächst ist das Thema (z. B. ein Produkt, System, Verfahren, eine Dienstleistung, ein schriftlicher Bericht o. a.) festzulegen und gegen benachbarte Themen hin abzugrenzen; ist das Thema neu oder neuartig, bietet es dem Empfänger einen besonderen Vorteil/Nutzen;

Beispiel:

Darzustellen ist das Thema „Persönlichkeit und Sport", möglichst die persönlichkeitsbildende Kraft einiger ausgewählter Sportarten und Spiele (z. B. Kurz-

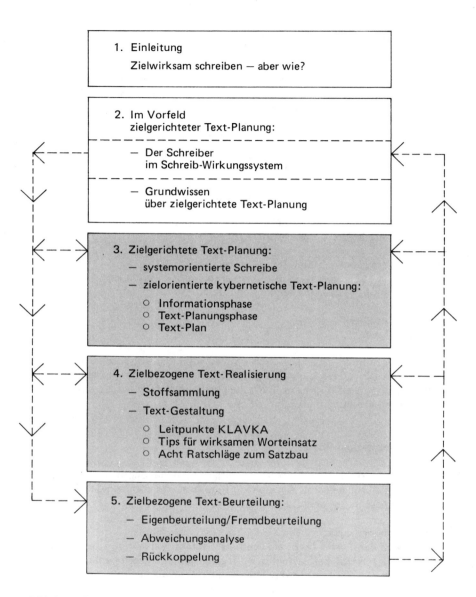

Bild 47: „Zielwirksam schreiben" — Zielgerichtete Text-Planung

streckenlauf, Langstreckenlauf, Handball); das Thema ist für die meisten Leser neu oder neuartig, vermag demnach vielen Lesern einen subjektiven und bemerkenswerten Nutzen zu bieten: Informationen und mehr Bewußtheit für persönlichkeitsbildende Möglichkeiten durch Sport und Spiel.

○ Fremdziel
Hat z. B. eine übergeordnete Stelle (etwa die Unternehmensleitung) hinsichtlich des Planungsobjektes ein Richtziel festgelegt, dann muß sich auch der Schreiber/Texter daran orientieren;

Beispiel:

Bei der vorliegenden Aufgabe gab der Vorstand des Sportvereines X z. B. nachdrücklich den Hinweis: In diesem Beitrag sollen vor allem als Beispiele diejenigen Sportarten und Spiele gebracht werden, die ein großer Teil der jungen Vereinsmitglieder gern betreibt.

○ Planungshorizont
Zu entscheiden ist, ob die Planung kurzfristig (etwa für ein Jahr), mittelfristig (drei bis fünf Jahre) oder langfristig (mehr als fünf Jahre) sein soll; welche Planungszeit ist erforderlich?

Beispiel:

Vorgesehen ist ein kurzfristiger Plan: Im Laufe des Kalenderjahres sollen — voraussichtlich — zwei weitere Beiträge über das gleiche Thema im „Sport-Echo" erscheinen. Die Planungszeit dürfte etwa drei Stunden betragen.

○ Planungsträger
Kann und will man das Thema allein erarbeiten oder benötigt man etwa wegen der Komplexität beratend ein bis zwei weitere Experten;

Beispiel:

Der Schreiber entschließt sich, das Thema allein zu erarbeiten, zu entwerfen —, wird aber den einen oder anderen Vereinskollegen bitten, den Entwurf vor der Veröffentlichung kritisch durchzulesen und dabei etwaige Verbesserungen vorzuschlagen.

○ Planungsobjekt
Welches Problem ist im Zusammenhang mit dem Objekt bedeutsam und soll gelöst werden; welche wesentlichen Merkmale kennzeichnen das zu bearbeitende Objekt (= ein Produkt, eine Produktgruppe, soft ware, Dienstleistung, einen Zeitschriftenbeitrag o. a.); wie steht es um das Image des Planungsobjektes; zeichnen sich wichtige Trends (materielle oder immaterielle) hinsichtlich des Planungsobjektes ab; in welcher Phase des Lebenszyklus befindet sich gegenwärtig das Thema/Produkt;

Beispiel:

— Nach einigen Gesprächen mit jüngeren Vereinskollegen und -kolleginnen (= vorrangige Zielgruppe) ergibt sich als Problem: ein Widerspruch zwischen „kleiner Lernbereitschaft — großer Erwartung", ferner mangelndes psychologisches Grundwissen über „Persönlichkeit — Persönlichkeitsbildung"; daher bleibt zu überlegen und sollte noch während des Planungsprozesses entschieden werden, ob nicht ein Kommunikationskonzept zu entwerfen sei, um jenes Problem anzugehen, es möglichst und weitgehend zu lösen (s. S. 334);

— Das Image des Themenkreises „Sport — Persönlichkeit" läßt sich kennzeichnen mit Erlebnis- und Wertqualitäten, wie: „jung — spritzig — anfeuernd — aktuell — aktiv"; als behutsamer Trend unter jungen Vereinsmitgliedern zeichnet sich ab ein wachsendes Interesse an geistiger Durchdringung von „Sport und Spiel", charakterisiert durch Fragen, die man etwa so formulieren kann: „Warum treiben wir Sport?" — „Welcher Sinn liegt in Sport und Spiel" — „Bringt Sport mir persönlich einen Gewinn?" und ähnliche Fragen mehr; gegenwärtig befindet sich das Thema am Beginn der vier Lebenszyklus-Phasen, bei der „Einführung".

○ Markt/Leser
Sind die Empfänger (= Leser) der textlichen Botschaft: z. B. Interessenten, Kunden oder Nicht-Kunden; welcher Bedarf oder welche Bedürfnisse (z. B. Streben nach Sicherheit, Prestige, Unabhängigkeit o. a.) dominieren bei ihnen; sind von ihnen wichtige Umwelt-Reaktionen hinsichtlich des Themas bekannt; wie steht es um das Vorwissen der Leser über das Thema; gibt es Forschungsergebnisse über den Informations-, Entscheidungs- oder Kaufprozeß der Leser;

Beispiel:

Die künftigen Leser des Beitrages „Sport und Persönlichkeit" sind aufgeschlossen und erkennbar interessiert an einem solchen Thema, sie sind mithin weitgehend „Interessenten"; als Bedürfnisse deuten sich an: ein Streben nach Selbstbestätigung und Selbstsicherheit sowie nach Selbstentfaltung im Sinn einer individuellen Selbsterziehung; das Vorwissen über den Themenkreis ist, wie schon gesagt, recht gering; Forschungsergebnisse liegen darüber leider nicht vor. — Indes, Problem: kleine Lernbereitschaft — Große Erwartung (s. o. „Planungsobjekt");

○ Text-Träger
(= Träger der Botschaft)
Welche Träger kommen für meine Mitteilung in Betracht (z. B. die Hauspost in einem Betrieb, die Bundespost/Briefträger, eine Fachzeitschrift, Tageszeitung, Illustrierte o. a.);

Beispiel:
Träger der Botschaft ist das Mitteilungsblatt „Sport-Echo"; an die Veröffentlichung in einem anderen Publikationsorgan wird gegenwärtig nicht gedacht.

○ Festgrößen
Sind unbeeinflußbare Vor-Gegebenheiten (= Festgrößen) zu beachten (etwa Termine für das Erscheinen des Textes, Kostengrenze für Honorare oder Produktion u. a.);

Beispiel:
Als Festgrößen sind zu beachten: der nächste Termin des Redaktionsschlusses beim „Sport-Echo" (z. B. 9. September ...), die Länge des Beitrages (= max. 2 1/2 Schreibmaschinenseiten, dazu ein bis zwei Bildmotive).

Diese Merkmale und zudem noch weitere mögliche Daten sowie Fakten der Informations-Phase bilden eine breite und stabile Grundlage für die jetzt einsetzende Text-Planung.

3.4.2 Die Text-Planungsphase

In diesem Abschnitt sind in mehreren kleinen Schritten verschiedenartige Teilziele (= Soll-Daten) zu erarbeiten, so zum Beispiel:

○ Zielperson/Zielgruppe
Wir sollten die Empfänger, vor allem wenn wir mehrere Menschen (= Zielgruppe) ansprechen, unbedingt schriftlich bestimmen, etwa hinsichtlich: Beruf, Funktion, Vorwissen über das Planungsthema, Bedarf, bemerkenswerte Einstellungen und Motivation, Lebensalter sowie zahlenmäßige Stärke der Zielgruppe(n);

Beispiel:
Person-beschreibende Merkmale der Zielgruppe
— verschiedenartige Berufe: kaufmännische und technische Lehrlinge, Schüler aus Mittel- und Oberschule, Studenten; Berufstätige (vornehmlich kaufmännische Berufe; z. T. technische Berufe und Handwerker), 14 — 22 Jahre; ca. 80 % männliche und 20 % weibliche Zielgruppenangehörige; davon etwa 10 % verheiratet, meist ohne Kinder; zusammen rund 460 Personen (= voraussichtliche Leser);

Bedarfsorientierte Merkmale
Die Zielgruppe ist spürbar materiall orientiert, weniger ausgerichtet auf geistig-ideelle Werte.

Psychologisch-orientierte Merkmale
Gegenüber dem Themenkreis „Persönlichkeitsbildung" ist die Zielgruppe interessiert und offen; hinsichtlich der Einstellung: geringes Wissen, gefühlsmäßig nicht stark besetzt; außerdem nicht sichtlich motiviert für eine individuelle zielstrebige Persönlichkeitsbildung, dennoch große Erwartung.

○ Zielsetzung
Auch die Ziele sollten wir schriftlich niederlegen, und zwar im Hinblick auf eine spätere Beurteilung des Text-Entwurfes und auf die Zielwirkung (= Wirkung unseres Text-Beitrages auf die Leser); und dies möglichst „operational", nämlich: eine Meßlatte festlegen, die eine tiefergreifende Überprüfung des gestalteten Textes erleichtert; als bedeutsame Richtziele kommen bekanntlich diese fünf in Betracht: Informieren, Beeinflussen, Lehren, Bekunden, Unterhalten.

Beispiel:

Der Fachbeitrag „Sport formt die Persönlichkeit" soll die Leser: beeinflussen, und zwar hauptsächlich im Hinblick auf ihr Denken und ihre Meinung; 80 % der Zielgruppe sollen nach der Lektüre sinngemäß meinen: „Sport (→ bestimmte Sportarten, wie Kurzstreckenlauf, Langstreckenlauf und Handball) sowie Spiel können zu meiner Persönlichkeitsbildung etliches beitragen; ich sollte künftig mehr als bisher diese Möglichkeit beachten — und — nutzen".

Außerdem sollen sich 90 % aller Leser (ohne visuelle Merkhilfe) an das Bildmotiv „Zatopek — ein Paradebeispiel für Willenskraft und Zähigkeit" sowie an „Haas — ein Beispiel für blitzschnelle Reaktion" erinnern.

Nicht gelöst mit diesem Beitrag kann das Problem „mangelndes psychologisches Grundwissen über Persönlichkeit und Persönlichkeitsbildung" werden; daher soll etwa zwei Wochen nach der Publikation des Fachbeitrages ein Sportpsychologe das gleiche Thema in einem zweistündigen Vortrag (mit vertiefender Diskussion) behandeln, und zwar am . . . im Sportheim . . . Anzugehen ist dabei auch der Widerspruch „Kleine Lernbereitschaft — große Erwartung".

○ Titel
Das zu Beginn festgelegte „Thema" ist einzugrenzen und als „Titel" zu präzisieren; z. B. das Thema „Winter in den Bergen" wird zum Titel „Schlittenfahrt im Winterwald";

Beispiel:

Das Thema lautete (nicht formalisiert): „Persönlichkeit und Sport".
Jetzt begrenzen wir das Thema und engen es ein zum Titel: „Formt Sport die Persönlichkeit?"

○ Aufbau und Gliederung
Nun ist der Augenblick gekommen, den geistigen Bauplan (= Denkmuster) für die textliche Darstellung zu entwerfen; eben über diese Problemfrage schreibt Arthur Schopenhauer in „Über Schriftstellerei und Stil": „Wenige schreiben, wie ein Architekt baut, der zuvor seinen Plan entworfen und bis ins einzelne durchdacht hat — vielmehr die meisten nur so, wie man Domino spielt. Wie nämlich hier, halb durch Absicht, halb durch Zufall, Stein an Stein sich fügt, so steht es eben auch mit der Folge und dem Zusammenhang ihrer Sätze. Kaum daß sie ungefähr wissen, welche Gestalt im ganzen herauskommen wird und wo alles hinaus soll . . ."80)

Der Bauplan hat sich stets an der Zielsetzung zu orientieren —, scheinbar eine Selbstverständlichkeit; dahinter aber steht die Kernfrage jeglicher geistigen Arbeit: die einer zielgebundenen Text-Gestaltung! Problemlöser können dabei, wie wir wissen, zielgerichtete Denkmuster sein. — Denn: Denkmuster gewährleisten eine schärfere Zielorientiertheit für die geistige Arbeit (→ Aufbau und Gliederung des Themas), erhöhen insgesamt die Folgerichtigkeit wegweisender Denkschritte und kanalisieren die Gedanken schon beim Stoffsammeln. Mithin haben Denkmuster eine zentrale Bedeutung für die Rationalisierung geistiger Arbeit — weltweit!

Übrigens, will man die Textwirkung durch aussagestarke Bildmotive ausweiten oder vertiefen, dann ist eben jetzt der Planungszeitpunkt dafür günstig: Gezielt und organisch lassen sich nun die „Bild-Standorte" in der geistigen Gesamt-Architektur (= Denkmuster) festlegen. — Bei solcher Überlegung wird man die Bild-Sorten im Hinblick auf ihre unterschiedliche Gerichtetheit und Aussagetendenz beachten, um so letztlich die Zielsetzung des gesamten Textes an wirkungssteigernden Stellen des jeweiligen Denkmusters punktuell zu unterstützen.

Bei den verschiedenen Bild-Sorten denke man etwa an: das Sachbild, Handlungsbild, Phantasiebild oder Bildnis/Portrait.

Beispiel:

Ausgehend vom Richtziel „beeinflussen" (→ Denken und Meinung der Zielgruppe) entscheiden wir uns für

— das Argumentative Denkmuster (s. S. 143 ff.);
— ein Bildmotiv (Schwarzweiß-Foto): Handlungsbild „Zatopek beim Marathonlauf"; Bildstandort in unmittelbarer Nähe der These „Sport steigert Willenskraft und Zähigkeit";
— ein weiteres Bildmotiv (Schwarzweiß-Foto): Handlungsbild „Haas beim 100-m-Start"; Bildstandort nahe bei der These „Sport steigert die Reaktionsgeschwindigkeit".

○ Text-Sorte
Welche Text-Sorte ist erforderlich oder für welche Sorte will man sich entscheiden: für einen Bericht, ein Protokoll, eine Beschreibung, eine Erörterung, eine Nachricht, einen Fachbeitrag, eine Anzeige o. a. m.; mal wird die „reine" Text-Sorte verwirklicht, mal eine Kombination aus zwei bis drei verschiedenen Text-Sorten.

Beispiel:

Im Blick auf das gesetzte Richtziel entscheiden wir uns für die Text-Sorte „Erörterung", und blenden belebend ein als weitere Text-Sorten: die Beschreibung (von Sport-Arten) sowie telegrammartig eine Charakterskizze (→ Zatopek) wie auch einem kurzen Interviewausschnitt von Christian Haas.

Nachdem wir im bisherigen Planungsprozeß alle wichtigen Aspekte geklärt und entschieden haben, können wir nun diese Arbeitsphase mit einem „Ergebnis" beenden.

3.4.3 Der Text-Plan (= Ergebnis der Planungs-Phase)

Das „vorausschauende Denkhandeln" ist im wesentlichen vollzogen. Die einzelnen Teilergebnisse dieses kombinierten Denk-, Prognose- und Entscheidungsprozesses liegen überschaubar, klar und in konzentrierter Form vor uns.

Jetzt gilt es, die erarbeiteten Teilergebnisse übersichtlich und knapp darzustellen. Was ist ist Text-Plan? Ein in sich stimmiger und geordneter Komplex mehrerer Informationen über: Titel/Untertitel, Zielgruppe, Zielsetzung, Kernbotschaft, Gestaltung, Mittel/Maßnahmen, Träger, Termine, Kosten und andere Bestimmungsgrößen (z. B. gewisse Festgrößen o. a.). In der Regel sollte er zumindest folgende zehn Plan-Elemente enthalten:

1. das Planungsobjekt
   (= Titel; Produkt, Anlage, System o. a.);

   Beispiel:

   Ein Beitrag mit dem Titel „Formt Sport die Persönlichkeit?" ist zu erstellen, zusammen mit ein bis zwei Bildmotiven.

2. Die Zielgruppe(n)

   Beispiel:

2.1 Person-beschreibende Merkmale der Zielgruppe
   Verschiedenartige Berufe: kaufmännische und technische Lehrlinge, Schüler aus Mittel- und Oberschule, Studenten; Berufstätige (vornehmlich

kaufmännische Berufe, z. B. technische Berufe und Handwerker), 14 — 22 Jahre; ca. 80 % männliche und 20 % weibliche Zielgruppenangehörige; davon etwa 10 % verheiratet, meist ohne Kinder.

2.2 Bedarfsorientierte Merkmale
Die Zielgruppe ist spürbar materiell orientiert, weniger ausgerichtet auf geistig-ideelle Werte; gegenüber dem Themenkreis „Persönlichkeitsbildung" ist sie eindeutig interessiert, offen, jedoch nicht stark handlungsmotiviert.

2.3 Psychologisch-orientierte Merkmale
Gegenüber dem Themenkreis „Persönlichkeitsbildung" ist die Zielgruppe interessiert und offen; hinsichtlich der Einstellung: geringes Wissen, gefühlsmäßig nicht stark besetzt; außerdem nicht sichtlich motiviert für eine individuelle zielstrebige Persönlichkeitsbildung.

3. Die Zielsetzung

Beispiel:

Zum Richtziel: Der Beitrag soll die Leser beeinflussen — hauptsächlich im Hinblick auf ihr Denken und ihre Meinung; nach der Lektüre sollen 80 % der Zielgruppe sinngemäß meinen: „Sport (= bestimmte Sportarten, wie Kurzstreckenlauf sowie Langstreckenlauf) und Spiel (= Handball) können zu meiner Persönlichkeitsbildung etliches beitragen; deshalb sollte ich künftig mehr als bisher diese Möglichkeiten beachten und nutzen". —
Darüber hinaus sollen sich mindestens 90 % aller Leser, ohne visuelle Merkhilfe, an die beiden Bildmotive erinnern:

○ „Zatopek beim Marathonlauf" und sinngemäß reflektieren „Zatopek — ein Vorbild an Willenskraft und Ausdauer";

○ „Haas beim 100-m-Start — ein Leitbild für Reaktionsgeschwindigkeit".

PS
Mit dieser Zielsetzung kann jedoch das in der Zielgruppe vorhandene Problem „mangelndes psychologisches Wissen über Persönlichkeit und Persönlichkeitsbildung" nicht gelöst werden; deshalb sollte man rechtzeitig überlegen, ein kombiniertes Kommunikationskonzept zu planen (Beispiel s. S. 339 f.).

4. Die Kernbotschaft
(= über Produkt, Anlage, System o. a.); gegebenenfalls ein gewichtiges Problem, dazu das zielorientierte Denkmuster;

Beispiel:

○ Kernbotschaft: bestimmte Sportarten (wie Kurzstreckenlauf und Langstreckenlauf) sowie Spiele (etwa Handball) können wesentlich dazu beitragen, eine bewußte und systematische Persönlichkeitsbildung zu betreiben; sie kann sich z. B. erstrecken auf die Merkmale: Reaktionsgeschwindigkeit, Willensstärkung, Ausdauer — und damit wachsendes Selbstbewußtsein und größere Selbstsicherheit in Beruf und Alltag bewirken.

- Zielorientiertes Denkmuster
  - als zielgerichtetes Denkmuster wird das „Argumentative Denkmuster" (s. S. 143 ff.) gewählt;
  - zugeordnet der These „Willenskraft — Ausdauer" wird das Schwarzweiß-Foto „Zatopek beim Marathonlauf", ein Handlungsbild (realistisch);
  - zugeordnet der These „Steigerung der Reaktionsgeschwindigkeit" wird das Schwarzweiß-Foto „Haas beim 100-m-Start".

5. Das Text-Mittel
(z. B. Brief, Anzeige, Prospekt, Beilage, Bedienungsanleitung o. a.);

Beispiel:

Text-Mittel: keines der geläufigen Text-Mittel wird vorgesehen; der Beitrag erscheint im Text-Träger „Mitteilungsblatt";

6. Die Text-Sorte oder Sorten-Kombination
(z. B. Fachbeitrag, Entwicklungsbericht, Protokoll o. a.);

Beispiel:

Text-Sorte: als zielgerichtete Text-Grundsorte kommt die Erörterung in Betracht; harmonisch eingefügt werden als belebende Elemente: die „Beschreibung" wichtiger Sportarten und ihr Einfluß auf die Persönlichkeitsformung;

7. Text-Träger
(z. B. Fachzeitschrift, Mitteilungsblatt, Tageszeitung o. a.);

Beispiel:

Text-Träger: das „Sport-Echo", ein Mitteilungsblatt des Turn- und Sportvereines 1848, Auflage 3.000 Stück, Format: 15 x 21 cm;

8. Termin

Beispiel:

Termin: Redaktionsschluß ist am . . .

9. Kosten
   (z. B. Text-Honorar, Druckkosten, gegebenenfalls Einschaltkosten für die Veröffentlichung)

   Beispiel:

   Kosten: keine; repro-reife Schwarzweiß-Fotos „Zatopek" und „Haas" vorhanden.

10. Planungsträger
    (z. B. Verantwortlicher für die Text-Planung und -Realisierung);

    Beispiel:

    Planungsträger: Autor ist Herr X, Mitautoren sind nicht vorgesehen.

Natürlich kostet eine qualifizierte Planung, wie alles Gute im Leben, ihre Zeit. Jedoch ist Text-Planung vor allem eine „Übungssache"! Nach zwei- bis dreimaliger Planung wird der anfangs etwas bedenkliche Zeitaufwand sich zusehends verringern, zugleich aber wächst ebenso merklich die Qualität der Text-Gestaltung und damit steigt die zielgerichtete Wirkung des Textes — bezogen auf den Leser, auf die Zielgruppe.

Noch ein problematischer Punkt?
Bleibt nicht, bei aller planerischen Gründlichkeit, doch noch ein Punkt offen? — Ja, da wir uns bei der operationalen Zielsetzung eingestehen mußten: mit einem noch so wirksamen Textbeitrag ist man leider nicht imstande, das schwierige Problem zu lösen, nämlich: den Mangel an psychologischem Grundwissen über „Persönlichkeit — Persönlichkeitsbildung" mit einem so kurzen Textbeitrag — von nur zweieinhalb Seiten! — zu beseitigen.

Und ebendiese Einsicht, entstanden in der präzis und gründlich vorgenommenen Informationsphase, hat den Autor veranlaßt, mit dem Präsidenten des Sportvereins X ein kombiniertes Kommunikationskonzept zu verabreden; es wird in höherem Maße gewährleisten, jenes Wissensproblem so weit zu lösen, wie es für die getroffene Zielsetzung erforderlich ist.

Hier stichwortartig die wichtigsten Gedanken und Maßnahmen dieses Text-Kommunikationskonzeptes:

1. Veröffentlichung des Beitrages „Formt Sport die Persönlichkeit?" im „Sport-Echo" am . . .
2. Zwei Wochen danach, am . . . , wird der bekannte Sportarzt und Psychotherapeut, Herr X, in einem zweistündigen Fachvortrag das gleiche Thema behandeln. Eingeblendet in den Vortrag werden mehrere Dia-Positive sowie zwei Kurzfilme.

In der anschließenden Diskussion sollen offene Fragen oder Probleme besprochen und weitestmöglich geklärt werden.

3. Der Sportverein wird für die Vereinsbibliothek fünf Sachbücher über den Themenkreis „Sport — Persönlichkeit" anschaffen, darunter eine leichtverständliche Einführung in die praktische Psychologie.

4. Etwa nach einem Vierteljahr wird die Kurzfassung jenes Fachvortrages im „Sport-Echo" abgedruckt.

5. Nach einem halben Jahr, rechtzeitig vor Beginn der Sommersaison, wird ein eingehender Meinungs- und erster Erfahrungsaustausch, gemeinsam mit dem Vortragenden (= Arzt und Psychotherapeut) geplant.

6. Je nach der Resonanz auf diese Veranstaltung werden weitere Maßnahmen vorgesehen.

Nachdem die verschiedenen W — Was, Wie, Wann, Wo u. a. — im Text-Plan systematisch dargestellt, übersichtlich geordnet und schriftlich festgelegt sind, ist eine feste Grundlage gelegt und zugleich eine günstige Ausgangssituation geschaffen — für die Schreibe.

4. Zielbezogene Text-Realisierung

Feinziele
Dieser neue Abschnitt will Ihnen Wissen anbieten zu folgenden Arbeitsschritten:

○ Stoffsammlung — Stoffordnung
○ Text-Gestaltung
  — Leitpunkte: ,,klar — lebendig — anschaulich — verständlich — knapp — angemessen" (= KLAVKA)
  — Tips für den Worteinsatz
  — Acht Ratschläge zum Satzbau
  — Gebrauchstext dramaturgisch optimieren?
  — Text-Gestaltung — Text-Verarbeitung (→ Verkettung der Text-Bearbeitung und Text-Verarbeitung mit wichtigen Stoffgebieten dieses Sachbuches)
  — Über die Bedeutung des ,,Feilens"
  — Arbeitsbeispiel ,,Formt Sport die Persönlichkeit?"

4.1 Stoffsammlung — Stoffordnung

Je nach individueller Persönlichkeitsstruktur und der Art geistig zu arbeiten, werden wir entweder die eine oder andere Methode des Stoffsammelns anwenden, nämlich:

○ die intuitive Methode — oder —
○ die systematische Methode.

Intuitive Methode

Wie der Name sagt, liegt dieser Methode kein systematisches Vorgehen zugrunde; man sammelt Gedanken und Einfälle, wo und wann immer sie einem gerade kommen, z. B. bei einem Spaziergang, am Morgen beim Rasieren, in der Badewanne, auf dem Weg zur Arbeitsstätte oder sonstwo.

Als Einzelschritte kommen bei dieser Methode in Betracht:

1. die schriftliche Festlegung des Titels (gegebenenfalls auch eines Untertitels); vorerst aber bleiben wir beim „Arbeitstitel"; denn es empfiehlt sich, den Titel endgültig erst dann festzulegen, wenn der Text entworfen ist; vertiefende Einsichten über „Thema — Titel" (s. S. 36 ff.);

2. die willkürliche Gedankensammlung, wobei man Gedanken und Ideen meist in telegrammartiger Kürze oder als Kurzwendungen auf einzelnen Zetteln festhält;

3. anschließend erfolgt die Ordnung des gesammelten Stoffes, etwa im Hinblick auf: Einleitung, Hauptteil, Schluß.

Systematische Methode

Bei dieser Methode wird der Stoff zielbewußt und planvoll gesammelt. Dabei empfehlen sich als wichtige Arbeitsschritte diese drei:

1. schriftliche Festlegung des Arbeitstitels (gegebenenfalls eines Untertitels, s. S. 38 f.);

Beispiel:

„Unsere Zukunft sichern — auch durch Kernkraft?"

2. Erschließen des Titels durch „Schlüsselfragen", um zu interessanten Gesichtspunkten für die Darstellung zu kommen, z. B.:
   - Was bedeutet „unsere Zukunft"?
   - Was heißt „sichern?"
   - Wer gefährdet unsere Sicherheit?
   - Wie soll man sichern?
   - Warum auch durch Kernkraft sichern?
   - Wie ist eine Sicherung bei dieser Energiegewinnung möglich?
   - Wer wähnt sich dadurch verunsichert?
   - Warum meint er sich verunsichert — zu Recht oder Unrecht?
   Und andere Fragen mehr.

3. Die Antworten auf diese Schlüsselfragen werden sofort in den vorbestimmten geistigen Bauplan eingebracht, in eines der Denkmuster:
   - Einleitung — Hauptteil — Schluß
   - Argumentatives Denkmuster
   - Lasswell-Formel o. a.

Ein Hinweis auf das Denkmuster „Einleitung — Hauptteil — Schluß": Wichtige Aspekte, die man in den Hauptteil verweist, werden je nach Bedeutsamkeit zu „Leitgedanken" ausgeformt und in eine durchdachte Reihenfolge gebracht. Die Leitgedanken bilden so die geistigen Richt- und Schwerpunkte im Gesamtfeld der Darstellung.

Welche bemerkenswerte Bedeutung insbesondere den Denkmustern zukommt im Hinblick auf die Klarheit des geistigen Entwurfes unseres Textes und hinsichtlich der Arbeitsersparnis beim Stoffsammeln sowie -ordnen, wird einem erst so recht bewußt, wenn man die Verbindung von Denkmustern mit systematischer Methode einige Male praktiziert hat.

Ebenso wird man die für den Text geeigneten Mittel (z. B. Fotos, Diagramme, Skizzen o. a.) bereits in dieser Arbeitsphase erfassen — gleich ob als Stichwort für den Zettelkasten, als Foto, Grafik oder Kopie. Mit Blick auf ihre dramatisierende Wirkung werden wir diese Mittel gruppieren und ihnen in dem gewählten Denkmuster schon jetzt einen voraussichtlichen Platz einräumen. Denn die Mittel dürfen nicht Fremdkörper im geistigen Bauplan sein, sie dürfen unseren Text-Gedanken nicht künstlich aufgepropft werden.

Beobachtungen und Erfahrungen

○ Bei klar formuliertem Titel (oder Arbeitstitel) arbeitet man wesentlich wirtschaftlicher, da man etliche Gedanken, die außerhalb des Titelfeldes liegen, von vornherein in den Papierkorb wirft;

○ die systematische Methode der Stoffsammlung wird offensichtlich von einem größeren Teil der Menschen bevorzugt;

○ „Schlüsselfragen" werden leider noch verhältnismäßig wenig als geistige Arbeitsmittel verwendet;

○ Stichwortzettel und Zettelkasten sind weit verbreitet und werden als nützlich angesehen.

4.2 Die Text-Gestaltung

Feinziele
In diesem Abschnitt sollen Sie mehrere Hinweise erhalten auf eine wirkungsvolle Text-Gestaltung, so z. B. auf:

○ die text-gestalterischen Leitpunkte KLAVKA
(= <u>k</u>lar — <u>l</u>ebendig — <u>a</u>nschaulich — <u>v</u>erständlich — <u>k</u>napp — <u>a</u>ngemessen)

○ das Sprachbild
  — Wortbild
  — Wortgruppenbild
  — Satzbild
  — Textbild

Was haben wir bisher alles vorbereitet und getan, um — endlich — mit der Schreibe beginnen zu können? Wir haben

○ den Text-Plan erstellt, mithin eine klare Schreiborientierung festgelegt: Titel, Zielgruppe (= Leser), operationale Zielsetzung, zielgerichtetes Denkmuster, Text-Sorte und Text-Träger;

○ die Stoffsammlung vorgenommen: den Stoff gesammelt, geordnet und gewertet nach Bedeutsamkeit, bezogen wiederum auf die Zielsetzung.

Also: wir sind gut vorbereitet, gut gerüstet. Darum die Feder zur Hand — und Schreibpapier!

Wie beginne ich arbeitsmethodisch die Schreibe? Arbeitsmethodisch haben wir zwei Möglichkeiten:

○ entweder wir schreiben nun „einfach drauf los", frisch und unmittelbar aus dem Themen-Erlebnis heraus —

○ oder wir orientieren uns am Denkmuster und gestalten
  — den Text systematisch vom ersten Abschnitt bis zum letzten hin — oder —
  — zunächst die Mittelabschnitte des Denkmusters, anschließend den folgenden letzten Abschnitt und erst zum Schluß den Abschnitt 1, den Einstieg.

Jeder hat eben, wie man weiß, so seine bewährte Vorgehensweise, wenn ein bestimmtes Thema textlich zu gestalten ist. Und ein jedes „Individual-Rezept" ist hierbei gut, da hilfreich und bewährt.

In diesem Zusammenhang noch zwei weitere Erfahrungen:

○ der eine schreibt bedächtig und langsam; er ist also bemüht, schon beim Erstellen des Roh-Entwurfes text-gestalterische Gesichtspunkte — etwa Klarheit, Lebendigkeit, Verständlichkeit oder anderes mehr — in die Schreibe umzusetzen;

○ der andere wiederum bringt ungestüm — ohne gleich Satz um Satz oder Wort für Wort auf die Waagschale gestalterischen Sprachempfindens zu legen — wie ein schöpferisch-sprudelnder Quell seine Gedanken flüssig zu Papier.

Auch hier, beim Schreiben, ist das eine genauso richtig wie das andere; wieder einmal entscheiden: Temperament, Gewohnheit und Erfahrung des Schreibers — und eben „seine Methode".

In beiden Fällen aber kommt es bei einer zielwirksamen Schreibe auf zwei kernartige Qualitätsmerkmale an, auf:

○ eine klare und zielorientierte Struktur des Textes
(= folgerichtiges, klares Denkmuster) — und —

○ einen wirksam gestalteten Text, der das jeweils gewählte Denkmuster einfallsreich mit „Fleisch und Blut" erfüllt.

Und eben darum gibt es ein Grundgesetz, das da lautet: Jeder erstellte Text-Entwurf ist zumindest auf zweierlei entscheidende Beurteilungskriterien hin zu überprüfen, auf

○ seine zielgerichtete Denkstruktur, also das gewählte Denkmuster — sowie auf —

○ wesentliche Gesichtspunkte einer wirksamen Text-Gestaltung.

Die folgerichtigen Gedankenschritte anhand des Denkmusters zu überpüfen — kaum ein Problem.

Schwieriger aber wird es, text-gestalterische Gesichtspunkte unmittelbar beim Schreiben zu realisieren und sie dann im erstellten Textentwurf zu überprüfen. Denn: Welche gestalterischen Gesichtspunkte soll man „konkret" überprüfen? Natürlich sind es mehrere Aspekte oder sagen wir treffender: text-gestalterische Leitpunkte, auf die es bei einer wirkungsvollen Schreibe ankommt.

4.2.1 Text-gestalterische Leitpunkte: KLAVKA

Da oft in der Lebenspraxis eine Formel oder „Eselsbrücke" gedächtnismäßig das Merken erleichtert, wollen wir hier die Probe aufs Exempel machen: Merken wir uns doch bitte die Formel KLAVKA (mancher denkt dabei vielleicht an KAFKA). Was besagt KLAVKA im einzelnen? Welche Leitpunkte sollen wir bei der Text-Gestaltung unbedingt beachten, damit unser Text grundsätzlich „gut" ist? — Es sind diese sechs Leitpunkte:

klar   verständlich
lebendig   knapp
anschaulich   angemessen

Klarheit
erreichbar z. B. durch:
konsequente Anwendung des Denkmusters bzw. einer Denkmuster-Kombination; lineare folgerichtige und/oder sinnlogische Gedankenschritte von Abschnitt zu Abschnitt des Denkmusters; richtungweisende Zwischenüberschriften; typographische Gliederung / Gewichtung

Lebendigkeit
erreichbar z. B. durch:
Wechsel der Satzarten (z. B. Aussagesatz, Fragesatz, gelegentlich Ausrufe- und Appellsätze) und Satzlängen; kurzen, abwechslungsreichen und überschaubaren Satzbau, dabei abwechslungsreiche Wortstellung; handelnde, positive Darstellung (z. B. zielende Verben); zwischendurch die direkte Rede einblenden

Anschaulichkeit
erreichbar z. B. durch:
bildkräftige Wörter, Wortgruppen-, Satz- oder Textbilder; hauptsächlich Konkreta verwenden (Abstrakta auf ein Mindestmaß beschränken); themenbezogene Beispiele und Vergleiche einbringen; wenn angebracht, die Personifizierung anwenden; den Text ggf. durch ein Bild, Foto, eine Grafik veranschaulichen, verdeutlichen

Verständlichkeit
erreichbar z. B. durch:
unmißverständliche Formulierung des Titels; geradlinige Gedankenführung vom Titel zum Textbeginn (keine Gedankensprünge); folgerichtige Entwicklung der Gedanken innerhalb der Abschnitte des gewählten Denkmusters;
knappen, leichtverständlichen Satzbau; treffende Wortwahl; leichtverstehbare Wörter (Fremdwörter zahlenmäßig beschränken); den Text ggf. durch ein Bild, Foto, eine Grafik veranschaulichen, verdeutlichen

Knappheit
erreichbar z. B. durch:
Berücksichtigung der operationalen und schriftlich vorgenommenen Zielsetzung; keine thematischen Grenzüberschreitungen; Weglassen von Unwichtigem; Flickwörter in vertretbaren Grenzen halten;
Vermerk:
Knappheit bedeutet „optimale Kürze", nicht Kürze um jeden Preis

Angemessenheit
erreichbar z. B. durch:
bewußte und genaue Einstellung auf
„Zielgruppe – Thema/Titel – Stilebene";
Text-Mittel und Text-Träger;
auch das Image des Senders (= Schreibers) bedenken

Bild 48: KLAVKA; Leitpunkte für die Text-Gestaltung

Zu einem jeden dieser sechs Leitpunkte gehören mehrere Einzelaspekte, die
— allein oder gemeinsam — tendenziell und „schwerpunktartig" die jeweilige
Wirkung beim Leser erzielen sollen (Bild 48, s. S. 342). — Da wir uns mit diesen
Kriterien im Erlebnisbereich bewegen, ist die Wirkung der einzelnen Leitpunkte
natürlich nicht messerscharf gegeneinander abzugrenzen oder in ihrem Wirkungs-
radius gar mathematisch zu bestimmen. Dennoch ermöglichen es solche Kriterien,
wie man aus beruflicher Weiterbildung und Tagesarbeit weiß, einen Gebrauchstext auf derartige Leitpunkte hin zu entwerfen — und danach diesen bewußt
gestalteten Text-Entwurf auf jene sechs Punkte hin zu überprüfen: in einer
Eigenkontrolle durch den Schreiber — und/oder — in einer Fremdkontrolle, etwa
durch ein Marktforschungsinstitut.

Leitpunkt „klar"

Als „klar" werden wir einen Text immer dann empfinden und werten, wenn:

○ der Gesamt-Inhalt (= die einzelnen Gedanken) mühelos eine geistige Ordnung
   erkennen läßt, nämlich Aufbau und Gliederung; alle dargestellten Denkmuster
   (s. S. 120 ff.) gewährleisten einen „klaren" Textaufbau;

○ die Ideen und Gedanken in den einzelnen Stufen der Denkmuster geordnet
   ablaufen, also in einer folgerichtigen (= logischen) Ordnung: in systematischer
   Reihenfolge (→ Zeitablauf); in einer sinnvollen Lage-Darstellung (→ Ort,
   Fläche oder Raum); in senkrecht gegliederter Schichtung (→ Art, Klasse,
   Gattung); oder gestuft nach Wertigkeit (→ Rang, Qualität, Beschaffenheit,
   Schicht) o. ä.
   Lebhaftes Hin- und Her-Springen der Gedanken ist der Erzfeind jeder Klar-
   heit;

○ einige Zwischenüberschriften, vornehmlich bei längeren Texten, dem Leser die
   gedankliche Schrittfolge signalisieren;

○ eine gekonnt-typografische Gestaltung (z. B. Bestimmung des Satzspiegels
   und des Standes auf der Druckseite, Satz des Textes, Wahl von Type und
   Schriftgrad, Titelei) die inhaltlich-gedankliche Gliederung spontan verdeutlicht und so den Gesamtüberblick erleichtert.

Beispiele für den Leitpunkt „klar"

○ die Einleitung dieses Sachbuches (s. S. 13 ff.)
○ alle Denkmuster-Beispiele (s. S. 120 ff.), mit den jeweiligen textlichen
   Gedankenansätzen;
○ der Fachbeitrag „Formt Sport die Persönlichkeit?" (s. S. 381 ff.).

Leitpunkt „lebendig"

Etlichen Gebrauchstexten fehlt offensichtlich das Merkmal „lebendig". Wodurch erreichen wir einen „lebendigen" Text?

Vor allem durch:

- belebenden Wechsel von „sachlicher Aussage — Frage — Antwort — Anrede — Einwand — Widerlegung — Ausruf — Aufforderung — Wunsch — Drohung — Befehl"; also durch bewußten Einsatz mehrerer unterschiedlicher Satzarten und Gestaltungsvarianten sowie ihrer geschickten Verbindung miteinander;

- Wechsel in der Wortwahl; vorherrschen sollte dabei das Zeitwort (= Verb, s. S. 365 f.);

- wechselnde Satzlängen (vornehmlich kurze Sätze, zwischendurch mittellange, beigeordnete Sätze);

- Wechsel der Zeitstufen (Gegenwart, Vergangenheit, Zukunft); ein beliebter Gestaltungskniff: man verläßt die „Vergangenheit", um etwas Wichtiges plötzlich in der Zeitstufe der „Gegenwart" darzustellen;

- Einblenden der wörtlichen (= direkten) Rede, z. B. bedeutsame Aussagen einer Person wörtlich wiedergeben; heimliche Zwiesprache mit dem Ich (= innerer Monolog); originelle Gedanken aus einem Zwiegespräch (= Dialog) darstellen;

- zielende Verben in der Tätigkeitsform (= Aktivum), also bewußt Verben verwenden, die auf einen Gegenstand oder eine Person „hinzielen" (z. B. er bestraft diesmal den Unschuldigen);

- den Text bewußt in der Tätigkeitsform des Verbs gestalten, kaum in Passivformen;
(etwa: er lobt den Schüler; nicht: der Schüler wird von ihm gelobt);

- Einsatz der verschiedenen Satzzeichen; oft findet man in Gebrauchstexten nur: Punkt und Komma; kaum vorhanden sind: Fragezeichen, Ausrufezeichen, Strichpunkt (= Semikolon), Gedankenstrich, Doppelpunkt, Anführungszeichen (z. B. bei wörtlicher Rede), Parenthese, Klammer (runde und/oder eckige Klammer), (s. S. 427 ff.);

- direkte und indirekte Frage an wichtigen Stellen der Gesamtdarstellung einschleusen, z. B. Fragen, die man sich selbst stellt und auch beantwortet; Fragen, die man anderen stellt; da Fragen einen Text in hohem Maße zu beleben vermögen, sei die Frage als Gestaltungsmittel noch etwas näher betrachtet.

Frage — Fragesatz

Kennen Sie das erheiternde und zugleich nachdenkliche Histörchen des Sokrates zum Stichwort „Frage"? Fürwahr, ein Kabinettstück, das uns die Mächtigkeit der Frage überdeutlich bewußt macht: „ ‚Halte Ihn!' ruft ein Verfolger dem Sokrates zu, der zwischen ihm und dem Flüchtenden steht. ‚Er ist ein Mörder'. ‚Was verstehst du unter einem Mörder?' ‚Dumme Frage! Einen Menschen, welcher tötet.' ‚Einen Metzger also.' ‚Alter Narr! Ich meine einen Menschen, der einen anderen tötet.' ‚Also einen Soldaten.' ‚Unsinn! Einen, der einen in Friedenszeiten tötet.' ‚Aha! Einen Henker.' ‚Verdammter Esel! Einen Mann, der einen anderen in dessen Haus tötet.' ‚Einen Arzt?' Da gab es der Verfolger auf und ließ den Mörder laufen."

Einem Beispiel solcher Art gehört ein Stammplatz in einer „Schule des Schreibens". Denn in vielen Text-Sorten (z. B. Beschreibung, Bericht, Erörterung, Interview, Kommentar, Anzeige, Prospekt u. a.) sollte man die Frage als belebendes Gestaltungselement einbringen: bald als „Wünschelrute", bald als „Hammer".

„Gehen Sie heute in die Stadt?" — Welche psychologische Situation liegt in der Regel vor, wenn ein Mensch diese oder eine ähnliche Frage stellt?

○ Zum einen öffnet sich der Fragesteller gegenüber der angesprochenen Person oder eine Situation;

○ zum anderen bekundet der Fragesteller dadurch Interesse und Anteilnahme an der Person, Situation oder Sache.

Eine Frage zielt entweder auf Personen, Meinungen, Vorstellungen und Gefühle — oder — auf Situationen, Sachen und Fakten. Diesen grundsätzlichen Unterschied der Zielrichtung gilt es stets zu sehen, wenn das wirkungsstarke Mittel „Frage" in der Schreibe angewandt und gezielt eingesetzt wird. Häufig ist eine Frage „Türöffner", lockert Verfestigtes oder Festgefahrenes auf, bringt geistige Bewegung in Statisches oder Stagnierendes.

Im Hinblick auf die Schreibe sollten wir folgende Frage-Arten unterscheiden:

○ die offene Frage

Beispiel:

„Was werden Sie heute abend machen?" (→ die Antwort ist „offen");

○ die geschlossene Frage

Beispiel:

„Werden Sie heute abend ins Theater gehen?" (→ die Antwort: ja/nein, also „geschlossen");

- die direkte Frage

  Beispiel:

  Der Taxifahrer fragte mich: „Soll ich Sie bis zur Dorfkirche fahren?"
  Die direkte Rede ist persönlich gerichtet und satzunabhängig;

- die indirekte Frage

  Beispiel:

  Der Taxifahrer fragte, ob er mich bis zur Dorfkirche fahren soll.
  Die indirekte Frage ist nicht persönlich gerichtet und satzabhängig.

Arten des Fragesatzes

Zum überwiegenden Teil ist die Frage in die Satzform gekleidet, grundsätzlich in die Form eines „Fragesatzes": Der Fragesteller will vom Angesprochenen z. B. eine Auskunft, eine Wertung oder Entscheidung.

Entsinnen Sie sich noch, wieviele Arten von Fragesätzen es gibt und welche Absicht ihnen jeweils zugrunde liegt? Eine kurze Wiederholung dürfte nicht schaden. Wir kennen folgende Arten von Fragesätzen:

- die Entscheidungsfrage

  Beispiel:

  „Fährst Du mit dem Zug?" — Die Antwort ist „Ja" oder „Nein";

- die Bestimmungsfrage

  Beispiel:

  „Wohin fährst Du mit dem Zug?" — Die Antwort verweist auf die genaue Bestimmung, z. B. auf Ort und/oder Zeit;

- die Bestätigungsfrage (= Suggestivfrage)

  Beispiel:

  „Du fährst doch mit dem Zug, nicht wahr?" — Als Antwort erwartet man eine Bestätigung, ein „Ja";

- die Wahlfrage

  Beispiel:

  „Fährt Du mit dem Zug oder dem Auto?" — Die Antwort enthält eine Entscheidung oder mehrere Möglichkeiten;

- die rhetorische Frage

  Beispiel:

  „Du wirst doch mit dem Zug fahren?" — Der Fragesteller erwartet keine Antwort, er setzt die Zustimmung des Gefragten voraus.

Beispiele für den Leitpunkt „lebendig"

Gerade beim Leitpunkt „lebendig" gilt die lateinische Spruchweisheit: „Beispiele erziehen" (= exempla tradunt). Daher sollten wir in unsere Textschulung künftig mustergültige Leseproben einbeziehen, etwa von

- Thukydides (460 — nach 400 v. Chr.)
  „Geschichte des Peloponnesischen Krieges" (— 411 v. Chr.)

- Martin Luther (1483 — 1546)
  „An den christlichen Adel deutscher Nation" (1520)
  „Von der Freiheit eines Christenmenschen" (1520)
  „Großer Katechismus", „Kleiner Katechismus" (1529)
  „Bibelübersetzung" (1534)

- Christian Fürchtegott Gellert (1715 — 1769)
  „Fabeln und Erzählungen" (1746 — 48)

- Gotthold Ephraim Lessing (1729 — 1781)
  „Fabeln" (1759)
  „Briefe, die neueste Literatur betreffend" (1759 — 65)
  „Laokoon" (1776)

- Johann Wolfgang von Goethe (1749 — 1832)
  „Die Leiden des jungen Werthers" (1774)
  „Liebesgedichte"
  „Wilhelm Meisters Lehrjahre" (1795/96)
  „Faust I" (1806) und „Faust II" (1832)
  „Aus meinem Leben, Dichtung und Wahrheit" (1811 — 33)
  „Wilhelm Meisters Wanderjahre" (1821)

- Johann Peter Hebel (1760 — 1826)
  „Schatzkästlein des Rheinischen Hausfreunds" (1811)

- Heinrich von Kleist (1777 — 1811)
  „Michael Kohlhaas"
  „Die Marquis von O."

- Adalbert Stifter (1805 — 1868)
  „Studien" (1844 — 50)
  „Bunte Steine" (1853)
  „Nachsommer" (1857)

- Otto von Bismarck (1815 — 1898)
  „Brief an Herr von Puttkammer" (ca. 21.12.1846), Braut-Werbebrief
  (→ Johanna von P.)
  „Gedanken und Erinnerungen" (1890 — 1892)

- Gottfried Keller (1819 — 1890)
  „Der grüne Heinrich" (1854/55)
  „Die Leute von Seldwyla" (1856)
  „Züricher Novellen" (1878)

- Conrad Ferdinand Meyer (1825 — 1898)
  „Jürg Jenatsch" (1876)
  „Der Schuß von der Kanzel" (1877)
  „Die Hochzeit des Mönchs" (1884)

- Friedrich Nietzsche (1844 — 1900)
  „Also sprach Zarathustra" (1833 — 85)
  „Der Wille zur Macht" (postum)

Ein Textbeispiel für „lebendig", nämlich: Einsatz des Zeitwortes, z. B. Aktivformen, Zeitenwechsel; Wechsel der Satzarten; kurze Sätze; Wechsel verschiedener Satzzeichen; Fragen; direkte Rede:

Paulus in der Burg Antonia
Bis dahin hatten sie ihm zugehört. Jetzt aber schrien sie laut: „Hinweg von der Erde mit einem solchen Menschen! Er darf nicht länger am Leben bleiben!" So schrien sie, warfen ihre Mäntel ab und schleuderten Staub in die Luft. Deshalb ließ ihn der Oberst in die Burg führen und gab Befehl, ihn unter Geißelhieben zu verhören. Auf diese Weise wollte er herausbringen, warum sie so gegen ihn tobten. Schon hatte man Paulus in die Riemen gespannt, als er dem dabeistehenden Hauptmann entgegenhielt: „Dürft ihr einen römischen Bürger geißeln, dazu noch ohne Richterspruch?" Auf diese Worte hin ging der Hauptmann zum Obersten und meldete: „Was fängst Du an? Der Mann dort ist ein römischer Bürger!" Da trat der Oberst heran und fragte ihn: „Sage mir, bist du ein römischer Bürger?" „Ja", gab er zur Antwort. Der Oberst entgegnete: „Ich habe mir dies Bürgerrecht um eine große Summe Geldes erworben." Paulus erwiderte: „Ich besitze es schon von Geburt." Sofort ließ man von der beabsichtigten Folter ab. Der Oberst war voll Furcht, da er nun wußte, daß er einen römischen Bürger hatte fesseln lassen.
(Quelle: Neues Testament, Apostelgeschichte 22)

○ Auszug aus der Kasperlgeschichte „Der Räuber Hotzenplotz", von Ottfried Preußler; ein Textbeispiel für lebendige Darstellung und massierten Einsatz verschiedenartiger Satzzeichen:

„... Er brach in ein schallendes Gelächter aus, schob die Pistole in den Gürtel zurück und machte sich daran, die Kiste gründlich von allen Seiten zu beschnüffeln.
„Hm – sie ist zugenagelt ... Natürlich! Es ist ja Gold drin! – Ob ich sie wohl mal aufmache und hineinschaue? Lieber nicht ... Ich muß sehen, daß ich hier wegkomme! Sicher sind Kasperl und Seppel zur Polizei gerannt. Nicht etwa, daß ich Angst hätte vor der Polizei! Nein, bestimmt nicht, ich bin ja der Räuber Hotzenplotz! Aber sicher ist sicher ..."81)

○ Ludwig Reiners schätzt den sprachgestalterischen Wert eines Lessing oder Goethe auch für unsere Zeit sehr hoch ein; er schreibt in seiner „Stilkunst":
„... Lessing hat die Deutschen gelehrt, Gedanken lebendig auszusprechen, Goethe hat unserer Sprache die Gabe verliehen, alle Gewalten des Lebens in sprachliche Gestalt zu bannen ..."82)

Leitpunkt „anschaulich"

Und noch einmal Ludwig Reiners, ein weiteres Zitat aus seiner „Stilkunst":
„... Der Mensch ist ein Augentier. Sehen ist leichter als denken ..."83)

Anschauen: Wir müssen die Dinge unserer Welt sehen, beobachten, anschauen –, um daraus letztlich Erlebnis- und Erkenntnisgewinn ziehen zu können. Sehen ist zwar leichter als denken; dennoch will das Beobachten und Anschauen gelernt sein, gilt es doch, in zahlreichen Fällen den wahrgenommenen begrenzten Inhalt schrittweise zu analysieren, zu strukturieren, zu kontuieren und ihn schließlich in einem größeren Zusammenhang als Weltausschnitt textlich einzufangen. – Wenn es bei diesem Seh- und Lernprozeß gelingt, das Bild als Erlebnis- und Erkenntnisquelle weitgehend auszumünzen, wird die Sichtweise für uns selbst und damit auch für unsere Schreibe erfahrungsgemäß: anschaulicher – verständlicher – merkfähiger.

In den Mittelpunkt unserer Betrachtung rückt mithin das „Sprachbild", und zwar in seinen vier Erscheinungsformen als: Wortbild – Wortgruppenbild – Satzbild – Textbild.

Zum Sprachbild

„Sprachbild": ein Ausschnitt der Welt wird durch ein sprachliches Bild (etwa Gegenstandsbeschreibung, Stimmungsbild, Personenbeschreibung o. a.), durch bewußte Text-Gestaltung wiedergegeben. — Abweichend davon kennen wir auch Text-Gestaltung in einer unanschaulichen, gewissermaßen „bildlosen" Art; bezeichnend hierfür sind z. B. begriffliche Hauptwörter (= Abstrakta), wie Friede, Freiheit, Freundschaft und andere.

○ Das Wortbild
  = ein Einzelwort (z. B. ein bildstarkes Substantiv, Verb oder Adjektiv) vermittelt dem Leser spontan einen bildkräftigen Eindruck; dazu einige Beispiele:

Substantive	Verben	Adjektive
Nebelwand	einnebeln	zugeknöpft
Fahrstuhl	klecksen	quirrlig
Wolke	knüppeln	flatterhaft
Schneefall	überdachen	klobig
Sonnenuhr	durchlöchern	schwammig
Spurensucher	krebsen	scharfzüngig
Bergforelle	ertrampeln	verstockt
Fallgrube	entwurzeln	pausbäckig
Rammbock	zerquetschen	springlebendig
Wollknäuel	zotteln	stämmig
Hopfenstange	angeln	runzelig
Taktstock	ummodeln	flügge

Zum Wortbild gehören auch bekannte Ausprägungen, wie: Metapher und Synekdoche.

— Metapher
  = „Übertragung", ein Vergleich ohne „wie"; auch sie ist ein Wortbild und entsteht durch „Übertragung": Man verwendet ein Wort oder eine Wendung, um damit einen anderen verwandten Begriff zu bezeichnen; benutzt wird die Metapher vor allem in der Absicht, entweder Geistiges oder Gefühlsmäßiges zu veranschaulichen, z. B. Leidenschaft → „Glut", Ehe → „Hafen".

  In unserer Umgangssprache finden wir viele Gebrauchsmetaphern, wie „eine neue Idee *taucht auf"*, „die *Talfahrt* der Wirtschaft" u. v. m. (→ Wortgruppenbild).

— Synekdoche
  = Mitverstehen; bei der Wortwahl setzt man für den allgemeinen Begriff einen Sonderbegriff oder umgekehrt.
  Beispiele: Tiger → „Katze"; Schwert → „Klinge".

- Das Wortgruppenbild
  = eine Wortgruppe (→ kein vollständiger Satz), bestehend durchschnittlich aus drei bis sechs Wörtern, präsentiert sich dem Leser in knapper und bildstarker Form; sie tritt auf vornehmlich als Titel, Beisatz (= Apposition) oder Schlagzeile (→ Werbung).

  Textbeispiele:
  - ins Visier nehmen
  - vom Winde verweht
  - eine Antwort mit Zähnen
  - die Flügel stutzen
  - die Beine untern Arm nehmen
  - die Anker lichten
  - sein Süppchen kochen
  - das Licht unter den Scheffel stellen
  - die Preise klettern

  Als Wortgruppenbild begegnet uns übrigens auch das Epitheton.

  - Epitheton
    (= schmückendes Beiwort, das die Bedeutung des Bezugswortes verstärkt); Wortsinnfigur;
    als Adjektiv verstärkt es ein Bezugswort, dem diese Bedeutung bereits zukommt.
    Beispiele: blaue Lüfte, rotes Blut, grüner Wald.

- Das Satzbild
  = ein Satz (= Hauptsatz, bestehend zumindest aus Subjekt und Prädikat) läßt in der Vorstellung des Lesers ein kraftvolles, konturenstarkes und oft wirklichkeitsnahes Bild entstehen; Musterbeispiele finden wir in zahlreichen Sprichwörtern, in der Lyrik — aber auch in der Prosa, etwa im Vergleich.

  - Sprichwort
    Sprichwörter wurzeln in der Volksweisheit oder in Erfahrungsregeln und haben meist eine prägnante Kurzform: bildkräftig, würzig, wirklichkeitsnah. In der Schreibe ist das Sprichwort nach wie vor beliebt, da sich in ihm Welt- und Lebensanschauungen bildartig widerspiegeln, und zwar über Themen wie: Mann, Frau, Liebe, Haß, Leben, Ethik, Jugend, Alter, Besitz, Müßiggang.

    Textbeispiele:

    Ein Narr trägt sein Herz auf der Zunge,
    ein weiser Mann seinen Mund im Herzen.

    Dem fliehenden Feind baue goldene Brücken.

    Man soll nicht den Pflug vor den Ochsen spannen.

    Wer hinter mehreren Hasen herläuft, fängt keinen.

Vorsicht — Bildbruch!
Mit Schwung beginnt man kühn in klarer Willensbahn ein Satzbild, jäh aber gerät das Bildbewußtsein außer Kontrolle und: der Bildbruch ist da.

„Wenn das Auge des Gesetzes seine Uniform auszog, verwandelte es sich in einen skrupellosen Rauschgifthändler."
(Quelle: Einführung in den praktischen Journalismus, W. v. La Roche, S. 110)

„Die ganze Sache ist ein totgeborenes Kind, das sich im Sande verlaufen wird.
(Quelle: Stilkunst, S. 334, L. Reiners)

Absichtlich als Stilmittel angewandt, vermag der Bildbruch auf den Leser meist komisch, belustigend oder erheiternd zu wirken.

— Lyrik
Sprachrhythmus —, des weiteren bezaubernde Bildlichkeit, Versmaß (= Metrum), Vers und Reim kennzeichnen diese liedartige Richtung: die „reinste Form von Dichtung". Eine so hohe Wertschätzung zollt man weithin der Lyrik — dritte Hauptgattung neben Epik und Dramatik.

Textbeispiele:

Frühling läßt sein blaues Band
wieder flattern durch die Lüfte;
süße, wohlbekannte Düfte
streifen ahnungsvoll das Land.
(Quelle: aus „Er ist's", Eduard Mörike)

Wie der Vogel des Walds über die Gipfel fliegt,
Schwingt sich über den Strom, wo er vorbei dir glänzt,
Leicht und kräftig die Brücke,
Die von Wagen und Menschen tönt. . . .
(Quelle: aus „Heidelberg", Friedrich Hölderlin)

Doch seid nicht vermessen
Sterne schreiben in Nächten
die Beschlüsse der Götter
in die Protokolle der Meere.
(Quelle: aus „Schwalben", Egon Breyer)

Es schlug mein Herz: geschwind zu Pferde!
Es war getan, fast eh' gedacht.
Der Abend wiegte schon die Erde,
und an den Bergen hing die Nacht;
schon stand im Nebelkleid die Eiche,
ein aufgetürmter Riese, da,

wo Finsternis aus dem Gesträuche
mit hundert schwarzen Augen sah.
(Quelle: aus „Willkommen und Abschied", Johann Wolfgang von Goethe)

Gelassen stieg die Nacht ans Land,
lehnt träumend an der Berge Wand,
ihr Auge sieht die goldne Waage nun
der Zeit in gleichen Schalen stille ruhn;
(Quelle: aus „Um Mitternacht", Eduard Mörike)

— Prosa
Geschichtlich etwas verwunderlich: Die freie Sprachform (= Textform) der Prosa — nämlich nicht gebunden durch Vers und seine Gesetze — ging der poetischen und versgebundenen Form keineswegs voraus, sondern war deren Nachfolgerin.

Im Blickpunkt aber steht hier nicht die Kunstprosa; unser Augenmerk richtet sich vielmehr auf die Sachprosa (= Gebrauchsprosa). Auch sie ist weitgehend gekennzeichnet durch: Wortwahl, Satzbau, Bildhaftigkeit und Stilfiguren.

Im folgenden einige Textbeispiele:
Schmiergelder in die Bierkasse
Mehr Zapfsäulen für Sozialleistungen
Wann bleibt das Preiskarussell stehen
Sein Vorschlag geriet zwischen zwei Mühlsteine
Mumien aus dem Irrenhaus

Textbeispiel aus der Kunstprosa:
„... Der Burgvogt, indem er sich noch eine Weste über seinen weitläufigen Leib zuknüpfte, kam, und fragte, schief gegen die Witterung gestellt, nach dem Paßschein ..."
(Quelle: aus „Michael Kohlhaas", H. v. Kleist)

— Vergleich
(= Veranschaulichung einer Vorstellung durch Vergleich mit einer anderen bildhaften Vorstellung);
der Schreiber stellt einen bereits bekannten Gegenstand oder Sachverhalt dar — und knüpft dann vergleichend und anschaulich einen neuen Gegenstand an; dabei stimmen beide Vorstellungen in einem wichtigen Moment (= tertium comparationis) überein.

Dazu ein Beispiel:
Seine Worte wirkten vernichtend wie ein Gewittersturm.

○ Das Textbild
= mehrere ineinander verwobene Sätze entwerfen in der Vorstellung des

Lesers eine bildstarke Skizze; um sie in ihrer bildhaften Aussage noch zu erhöhen, benutzt man mitunter auch die Personifizierung.

Fundstellen des Textbildes: Sach- und Kunstprosa, Poetik Anekdote, Gleichnis, Fabel und andere mehr.

„... Gegen den Abend durchbrach die Sonne die Wolken und spiegelte sich in den Reisfeldern. Zwischen der leuchtenden Wasserfläche und der nassen Luft, die nur ein Element zu bilden schienen, sah es von ferne aus, als hinge die schwarze Kette der Flüchtlinge, die sich vor einer Eselsbrücke stauten, wie ein düsterer Flug von Zugvögeln in einer unwirklichen chinesischen Malerei ..."
(Quelle: „Der Tod im Reisfeld", Peter Scholl-Latour, S. 62)

„... Nun war das Osterfest der Juden nahe, und Jesus zog hinauf nach Jerusalem. Im Tempel traf er Händler, die Rinder, Schafe und Tauben verkauften, und Geldwechsler, die sich dort niedergelassen hatten. Da flocht er aus Stricken eine Geißel und trieb alle samt den Schafen und Rindern zum Tempel hinaus. Den Geldwechslern verschüttete er das Geld, und ihre Tische stieß er um ..."
(Quelle: Neues Testament, Johannesevangelium)

„... Die vielzweigige Erle geht am Wasser hin, die leichte Buche mit den schönfarbigen Schaften, die feste Eiche, die schwankenden Halme der Fichten stehen gesellig und plaudern bei gelegentlichen Windhauchen, die Espe rührt hierbei gleich alle ihre Blätter, daß ein Gezitter von Grün und Silber wird, das die Länge lang nicht auszutaumeln und auszuschwingen vermag — der alte Ahorn steht einsam und greift langarmig in die Luft — die Tannen wollen erhabene Säulengänge bilden und die Büsche, Beeren und Ranken, gleichsam die Kinder sind abseits und zurück in die Winkel gedrängt, daß mitten Raum bleibe für hohe Gäste. Und diese sind auch gekommen. Frei und fröhlich ziehen sie das Tal entlang ..."
(Quelle: Der Hochwald, Adalbert Stifter, Reclam Verlag, S. 31)

„Wie groß ist deines Lebens ‚Tastatur'!
Was kannst du wirklich darauf spielen?
Bedienst du denn nicht allzu oft
— die schwarzen Tasten nur?"
(Quelle: Unveröffentlichtes Manuskript, Hanns-Martin Herrmann)

— Anekdote
Knapp, scharf, witzig — so ist die Anekdote als rhetorisches aber auch textliches Mittel bekannt und beliebt; denn oft bildet ein unbeglaubigtes, absonderliches Ereignis oder ein pointierter Ausspruch den erheiternden Kerninhalt, der zugleich eine bestimmte Persönlichkeit angeblich charakterisiert. — „Das große Buch der Anekdote" enthält u. a. das folgende Textbeispiel:

In dem Kasino zu Frankfurt, in dem Schopenhauer regelmäßig verkehrte, begegnete er einst einem wichtigtuerischen jungen Mann, der sich mit großem Pathos über das Sprichwort ausließ: „Wem Gott ein Amt gibt, dem gibt er auch Verstand."
Schopenhauer war schon nach kurzer Zeit des Zuhörens soweit, sein bissigstes Gesicht aufzusetzen. „Mein Herr", sagte er dann, „bitten Sie Gott inständig, daß er Ihnen bald ein Amt verleihen möge!"
(Quelle: Das große Buch der Anekdote, S. 113)

— Gleichnis
Beim Gleichnis erweitert man das Vergleichsmoment zu einem eigenständigen Zusammenhang. Das Gleichnis setzt das Bild nicht an die Stelle der Sache (z. B. Alter → „Abend des Lebens"), sondern stellt beides nebeneinander; Bedeutung und Sinnbild stehen in einem parallelen Analogiezusammenhang. In seinem Wesen ist es intuitiv-poetisch.

Im religiösen Bereich hat das Gleichnis zumeist die Aufgabe, die Idee oder Lehre zu verdeutlichen.

Gleichnis vom verlorenen Schaf
Allerlei Zöllner und Sünder nahten sich ihm, um ihn zu hören. Darüber murrten die Pharisäer und Schriftgelehrten und sagten: „Dieser nimmt die Sünder auf und ißt mit ihnen."
Da trug er ihnen folgendes Gleichnis vor: „Wenn einer von euch hundert Schafe besitzt und eins davon verliert, läßt er nicht die neunundneunzig in der Wüste und geht dem verlorenen nach, bis er es findet? Hat er es gefunden, so nimmt er es voll Freude auf seine Schultern. Und wenn er nach Hause kommt, ruft er seine Freunde und Nachbarn zusammen und sagt zu ihnen: Freut euch mit mir. Ich habe mein Schaf wiedergefunden, das verloren war. Ich sage euch: „Ebenso wird im Himmel größere Freude sein über einen einzigen Sünder, der sich bekehrt, als über neunundneunzig Gerechte, die der Bekehrung nicht bedürfen."
(Quelle: Das Neue Testament, Lukas 15)

— Fabel
Die Fabel scheint aus der Gegenwartsliteratur vorerst noch verbannt zu sein. Wie lange noch? Mit stärkerer Besinnung auf Sitte und Moral dürfte auch diese erziehungsbezogene Kurzform wieder zu neuem Leben erwachen —, vielleicht vorrangig im Bereich von Erziehung und Weiterbildung. Bringt doch die Fabel einsichtige Wahrheiten und landläufige Erfahrungen, gründend in Lebensklugheit und Moral, in leichtverstehbarer und einprägsamer Form. Bei einigem Nachdenken kann man sicherlich da oder dort eine geeignete Einsatzmöglichkeit für die Fabel finden. Und Fabeln selbst findet man nicht nur etwa bei Äsop, sondern auch bei Luther, Sachs, La Fontaine, Gellert, Gleim, Lessing und anderen Dichtern.

Die Krähe und der Wasserkrug
Einmal, es war im heißesten Monat des Sommers, vertrockneten viele Bäche, und auch viele Quellen versiegten. Eine durstige Krähe irrte einen ganzen Tag lang umher auf der Suche nach Wasser. Abends, als sie so erschöpft war, daß sie kaum mehr fliegen konnte, entdeckte sie endlich einen Krug mit Wasser auf der Schwelle eines Hauses.
Sie stürzte hinab, steckte ihren Kopf in den Krug und wollte trinken.
Aber — der Krug war nur halbvoll, und die Krähe mochte ihren Hals noch so lang recken, sie erreichte das verlockende Naß nicht mit ihrem Schnabel.
Enttäuscht flatterte sie auf, hüpfte flügelschlagend um den Krug und versuchte, ihn umzuwerfen. Doch es war ein großer, schwerer Tonkrug, den sie nicht kippen konnte.
Als die Krähe niedergeschlagen neben dem Krug hockenblieb, erblickte sie neben der Schwelle des Hauses einen Haufen kleiner Steine. Die Krähe pickte einen Stein nach dem anderen auf und warf ihn in den Krug hinein, bis das Wasser den tönernen Rand erreichte und sie ihren Durst stillen konnte.
Ausdauer und Geistesgegenwart führen immer zum Ziel!
(Quelle: Das große Fabelbuch, S. 21)

Aesop

Die „Abstraktionsleiter"

Um das Merkmal „anschaulich" noch mehr aufzuhellen, sei an die „Abstraktionsleiter" erinnert, die manchen von Ihnen bekannt sein dürfte (Bild 49). Aus dieser grafischen Darstellung wird uns in aller Deutlichkeit bewußt, daß wir bei einer beabsichtigten anschaulichen Text-Gestaltung vom hohen Abstraktionsniveau heruntersteigen müssen auf eine Sichtebene, die z. B. bedeutsame Einzelheiten bildartig darstellt; gleichzeitig erzielen wir dadurch beim Leser meist eine mühelosere und zugleich erhöhte Verständlichkeit.

Im Zusammenhang damit abschließend ein treffendes Beispiel, in dem einer unanschaulichen Situationsdarstellung eine anschauliche Darstellung gegenübergestellt wird; man findet dieses Beispiel in dem Buch „Gutes Deutsch in Schrift und Rede" von Lutz Mackensen.[84)]

Lösung 1: unanschauliche (= abstrakte) Darstellung
„... Infolge der englischen Gesetzgebung war die Wirtschaftslage Irlands sehr ungünstig. Viehzucht überwog den Ackerbau, der sich mit Hafer und Kartoffeln begnügte; die Forstwirtschaft verfiel, große Strecken blieben ungenützt. Das Land war dünn besiedelt, die Häuser kamen herunter, die Wohnkultur blieb weit hinter England zurück ...".

Abstraktionsebene

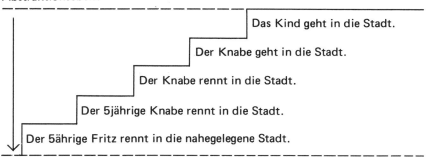

Anschaulichkeitsebene

Veranschaulichen
- Vom Allgemeinen zum Besonderen
- Geschehen/Tätigkeit treffend darstellen
- Bezüge verdeutlichen

Bild 49: Abstraktionsleiter

Lösung 2: anschauliche (= konkrete) Darstellung
„... Der Zustand des Landes entsprach dieser Gesetzgebung. Wer um 1800 von Dublin nach der Küste ritt, den mußte die ganze Melancholie irischen Lebens ergreifen: Endlose braune Moore, mit Heidekraut und Ginster bestanden, hier und da ein Kartoffel- und Haferfeld, nirgends Wald und immer wieder steiniges Ödland, ‚wo es nicht Holz genug gibt, um einen Menschen zu verbrennen, nicht Wasser genug, um ihn zu ertränken, nicht Erde genug, ihn zu begraben.' In großen Abständen kauern einsame Häuser am Boden, fensterlos aus losen Steinen gebaut, oft auch nur strohgedeckte Lehmhütten. Kuh und Schwein teilen den Raum der Familie; ‚die Kuh heizt gut', sagt der Ire. Ein Bretterverschlag, mit Lumpen bedeckt, dient als Bett und stellt zusammen mit dem Dunghaufen die ganze Wohnungseinrichtung dar. Aber auch dort, wo fette Gräser die Flur bedecken, schneiden nicht Sense noch Sichel die flatternden Halme: die Iren sind ein Hirtenvolk geblieben. Den Acker haßt und fürchtet der Bewohner der Grünen Insel. Die drückende Wirtschaftsverfassung und der unbekümmerte Geist des Volkes, der in der Arbeit nicht den Sinn des Lebens zu erblicken vermag, haben zusammengewirkt, um Irland zu einem Land ewiger Weide zu machen; das ganze Jahr verbleibt das Vieh auf den Feldern ..."

Leitpunkt „verständlich"

Auf diesen Leitpunkt — leichte Verständlichkeit — pflegt jeder Schreiber eine besondere Bedeutung zu legen.

„Verständlich" ist hier gemeint als Merkmal-Kombination eines Textes, die es dem Leser ermöglicht, dargestellte Gedanken (= mehrere einzelne Sätze, Sinn-Einheiten) als geistig-sinnvollen Zusammenhang aufzunehmen — ohne intensive und mühevolle Denkarbeit.

Die drei bekannten Arten des Verstehens — das Bedeutungs-, Sinn- und Ausdrucksverstehen — werden absichtlich nicht als Einzelfaktoren unterschieden, sondern hier als Ganzheit gesehen.

Wer in diesem Sinne „verständlich" schreiben will, sollte unbedingt mehrere Gesichtspunkte berücksichtigen. Unbestritten —, aber welche? Als „Verständlich-Macher" spielen eine besondere Rolle:

○ der spontan und leicht erfaßbare Titel;

○ gegebenenfalls ein richtungweisender, erklärender Untertitel;

○ eine gedanklich engmaschige „Brücke" vom Titel bzw. Untertitel zum Textbeginn;

○ die sinnlogische und lückenlose Gedankenführung oder Gedankenentwicklung innerhalb des gesamten Textablaufes, mithin auch innerhalb der einzelnen Denkmuster-Schritte;

○ die Wahl treffender und leichtverständlicher Wörter:

  — häufig vorkommende Wörter wählen, Wörter, die den Lesern mit großer Wahrscheinlichkeit bekannt sind;
  — vornehmlich Wörter der Umgangssprache verwenden;
  — die Konkreta (= gegenständliche Wörter) gegenüber den Abstrakta (= begriffliche Wörter) bevorzugen;
  — kurze Wörter verwenden;
  — mit Fremdwörtern geizen;

○ die begriffliche Erklärung schwer verstehbarer Wörter, vor allem wenn sie „Schlüsselwörter" im Text sind;

○ ein überschaubarer und leicht erkennbarer Satzbau; die Sätze sollen nicht mehr als 15 Wörter umfassen;[85] nach Meier's „Deutsche Sprachstatistik" liegt die durchschnittliche Satzlänge in der Schriftsprache bei 11 — 15 Wörtern. Ein Satz kann jedoch dann etwas mehr als 15 Wörter enthalten, wenn die inhaltliche Mitteilung informationsarm ist.

PS
Über den bewußten Einsatz von Wort und Satz — hinsichtlich besserer Verständlichkeit und größerer kommunikativer Wirksamkeit — informieren an späterer Stelle die beiden Abschnitte „Tips für wirksamen Worteinsatz" (s. S. 365 ff.) und „Acht Ratschläge zum Satzbau" (s. S. 369 ff.);

○ das sinnvolle, dramaturgische Zusammenwirken von geschriebenem Wort und text-unterstützendem Bild (z. B. zwischen Text und Foto oder Grafik, s. S. 318 ff.).

Leitpunkt „knapp"

„Ein Text soll klar, verständlich, inhaltsreich — und knapp sein." So hört man es landläufig aus Lesermund. Wann aber ist ein Text „knapp"? Reiners schreibt in seiner schon mehrmals zitierten „Stilkunst" über die Knappheit: „ . . . Verdichten, Einkochen ist eine der wichtigsten Künste jedes Prosastils, Kürzungsübungen ein unentbehrliches Mittel jeder Stilschulung . . ."[86]

So steht denn folgendes fest:

○ knappe Text-Gestaltung ist nicht angeboren, sondern muß mit Fleiß und schonungsloser Eigenkritik gelernt werden; unentbehrlich ist dabei der Rotstift;

○ knapp soll der Ausdruck sein; anders gesagt: mit geringem Wortaufwand alles Wesentliche verständlich darstellen;

○ knapp soll man ebenso die textliche Darstellung gestalten, also weniger Wichtiges und erst recht jedweder belanglose Inhalt wird gestrafft bzw. gestrichen;

○ dennoch bleibt von Wortwendung zu Wortwendung, von Satz zu Satz zu überlegen und entscheiden, ob eine geringfügige Redundanz (= überflüssige Sprach- bzw. Informationselemente) beizuhalten oder doch zu streichen ist; nämlich: die mitunter verpönten Füllwörter oder füllenden Textstellen erleichtern des öfteren das Verstehen von Sinn und Bedeutung, da sie in aussagepralle Texte eine kurze geistige Verschnaufpause, also etwas Luft zum Atemholen bringen — und — häufig auch den Lesefluß rhythmisierend mitgestalten.

Häufig benutzte Füllwörter:
zwar, nämlich, durchaus, gewiß, übrigens, selbstverständlich u. a.

Füllende Text-Wendungen:
man bedenke, voll und ganz, im übrigen, im großen und ganzen, so besehen u. ä.

○ als „knapp" bezeichnen wir also meist einen Text, bei dem die drei Faktoren „Inhalt — Bedeutsamkeit (für den Leser) — Textaufwand (= Textmenge)" in einem ausgewogenen Verhältnis stehen;

○ Knappheit hat aber überall dort ihre Grenzen, wo der Text wegen allzu großer Kürze für den Leser schwer verständlich wird.

Leitpunkt „angemessen"

„Angemessen": durch Wortwahl, Satzbau, bestimmte Stilmerkmale oder Stilzüge und durch „Sprachton" will man als Schreiber das Thema in einer Art und Weise darstellen, die der Leser insgesamt als „passend — richtig — bedeutungsgerecht — wertgemäß" empfindet und den Text auch gefühlsmäßig so erlebt.

Eine „angemessene" Schreibe steht häufig zu mehreren text-internen Richtgrößen in einem systemorientierten Bezug, so etwa

○ zum Thema
handelt es sich z. B. um ein Thema aus dem Alltag (etwa ein Bericht über die Kirchweih, über ein Sportfest o. ä.) — oder um ein Thema aus der Kunst, aus der Technik, Wissenschaft oder Religion;

○ zum Leser
besteht die Zielgruppe aus Schülern der Grundschule, des Gymnasiums oder sind es Studenten einer Universität; sind es Hilfsarbeiter oder Meister, Angestellte oder Freiberufliche u. a.;

○ zur Person des Schreibers (= Selbstbild)
als Schreiber wählt man, wie jeder zur Genüge weiß, eine textliche Darstellung, die weitgehend dem persönlichen Denken, Sprechen, Verhalten und Empfinden entspricht oder diesem naheliegt. Man will sich, als Persönlichkeit, mit seiner Schreibe voll identifizieren (= gleichsetzen, übereinstimmen) können;

○ zum „Image" einer Firma/Behörde
wenn z. B. der Schreiber — als Angehöriger eines namhaften Wirtschaftsunternehmens oder einer bedeutenden Behörde — bestimmte Themen textlich erstellt, wird er unbedingt das Vorstellungsbild (= Image) zu bedenken haben, das der Leser von eben diesem Unternehmen bzw. der Behörde hat — oder mutmaßlich davon besitzt;

○ zum Text-Träger
auch ein Text-Träger (= Zeitschrift, Zeitung o. a.) kann, wie wir aus der Praxis wissen, eine Schreibe hinsichtlich des Leitpunktes „angemessen" beeinflussen; so wird man z. B. den Bericht für ein Boulevardblatt in Wortwahl, Satzbau und Stilmerkmalen anders gestalten als einen Bericht über das gleiche Thema, den man jedoch für eine wissenschaftliche Zeitschrift erstellt.

4.2.2 Tips für wirksamen Worteinsatz

○ Zum Zeitwort

— Bevorzuge aktive, zielende Verbformen
Denn diese Verben geben den Sätzen, Ihrem Stil: Dynamik, Tatbewußtsein und Zielgerichtetheit.
Ein Verb ist immer dann zielend (= transitiv), wenn es ein Objekt im vierten Fall nach sich haben kann, z. B. Der Schüler *holt das Buch.* — Im Gegensatz dazu stehen die nichtzielenden (= intransitiven) Verben, etwa lachen, husten, arbeiten u. a.

Beispiele:

schlecht	gut
Die Mutter wird vom Son in die Stadt gefahren.	Der Sohn fährt die Mutter in die Stadt.
Von ihm wird eine neue Problemlösung erarbeitet.	Er erarbeitet eine neue Problemlösung.
Frau Müller erhielt vom Nachbar einen Blumenstrauß.	Der Nachbar schenkte Frau Müller einen Blumenstrauß.

— Vermeide Zeitwort-Umschreibungen

schlecht	gut
Er wird seine Kraft unter Beweis stellen.	Er wird seine Kraft beweisen.
Die Ablieferung der Ware hat umgehend zu erfolgen.	Die Ware ist umgehend abzuliefern.
Sie wird sich in Kürze einer Prüfung unterziehen.	Sie wird sich in Kürze prüfen lassen.

— Vermeide Spreiz-Verben

schlecht	gut
Aber man wolle beachten, daß ...	Aber man beachte, daß ...
Wollen Sie mir bitte liefern ...	Liefern Sie mir bitte ...
Das Buch beinhaltet ...	Das Buch enthält ...
Wie von offizieller Stelle verlautet ...	Wie offizielle Stellen mitteilen ...

○ Zum Hauptwort

— Bevorzuge Konkreta (= gegenständliche Hauptwörter)
Wir wollen als Schreiber wirklichkeitsnah und leichtverständlich sein; deshalb sollte man bei der Wortwahl die Konkreta bevorzugen — gegenüber den Abstrakta (= ,,unanschauliche" Hauptwörter). Binden wir also unsere Gedanken an die Gegenstände in der Umwelt an, dann fließen in unseren Stil ein und er erlangt: Wirklichkeit, Anschaulichkeit, Bildhaftigkeit; und der Leser wird unserem Worte leicht und damit gern folgen.

— Erkunde die Bedeutung von ,,Schlüsselwörtern"
Wenn in Ihrem Text ,,neuralgische Schlüsselwörter" vorkommen, dann sollten Sie unbedingt deren gegenwärtige Kern- und Umfeldbedeutung erkunden. Man denke z. B. an das Schlüsselwort ,,Automation"; die Gefahr schlummert oft im Umfeld des Wortes, das erfahrungsgemäß stark emotional besetzt ist.

— Vermeide Substantiv-Koppelungen

schlecht	gut
Wir bedanken uns für eine leihweise Zurverfügungstellung ...	Wir bedanken uns für die leihweise Zuweisung ...
Uns überraschte die Geltendmachung seiner Rechte ...	Uns überraschte die Begründung seiner Rechte ...
Er wollte keine Rücksichtnahme ausüben ...	Er wollte keine Rücksicht nehmen ...
Sie erhielt das Schreiben zur Kenntnisnahme ...	Sie erhielt das Schreiben zur Kenntnis ...

— Vermeide Substantiv-Verbindungen

schlecht	gut
Dieses Reinigungsmittel ist zum einmaligen Gebrauch bestimmt.	Dieses Reinigungsmittel darf man nur einmal gebrauchen.
Sein Urteil unterliegt keinem Zweifel.	Sein Urteil kann nicht bezweifelt werden.
Gestern ist die Sendung zur Auslieferung gelangt.	Gestern ist die Sendung ausgeliefert worden.

○ Zum Eigenschaftswort

— Benutze bedacht und maßvoll das Eigenschaftswort
Das Eigenschaftswort sollte man bedacht und sparsam verwenden; gehäufte Eigenschaftswörter geben einem Text übermäßige Farbigkeit, Gefühlsschwelgerei und Üppigkeit.

Jedoch eine wichtige Ausnahme: Mitunter will man mit den Schlußsätzen seines Textes die Leser gefühlsmäßig stärker ansprechen oder sie gar durch einen Gefühlsappell intensiv beeinflussen; dann natürlich ist das Eigenschaftswort ein erstklassiges Gestaltungsmittel. Aus einer Fülle von Beispielen hier ein Beleg aus der politischen Szene; erinnert sei damit an Abraham Lincoln und sein berühmtes Emanzipationsmanifest vom 22. September 1862, mit dem er die Sklaven in den abtrünnigen Staaten zu freien Menschen erklärte. Man vernehme den emotional gefärbten Schlußsatz: „... Für diese Akte, als einen aufrichtigen Akt der Gerechtigkeit, gedeckt durch die Verfassung und erfolgt auf Grund militärischer Notwendigkeit, rufe ich das besonnene Urteil der Menschheit und die hilfreiche Gnade des Allmächtigen an."[87]

— Unterscheide „stehende" von „außergewöhnlichen" Eigenschaftswörtern
Will man einige Farbtupfer in seinen Text bringen, und erfordert es zudem der Sprachrhythmus, dann kann man mit Augenmaß auch „stehende" Eigenschaftswörter verwenden (z. B. blauer Himmel, dunkle Nacht, grüne Wiesen, weite Flächen u. a.).

Zwischendurch habe man auch den Mut, sparsam und gezielt ein außergewöhnliches Eigenschaftswort einzusetzen (z. B. vierschrötiger Knecht, schwerlötiger Krieger u. a.).

Wenn man aber unsicher ist, in Zweifel gerät, ob man dieses oder jenes Eigenschaftswort nehmen sollte, dann folge man getrost dem Ratschlag Süßkinds:

„... Wo man in Zweifel ist, gebe man sozusagen den Hauptwörtern den Rachen frei und erlaube ihnen, nach Herzenslust Adjektive zu verschlingen ...".[88]

— Vermeide aussageschwache Eigenschaftswörter

schlecht	gut
Das Erlebnis machte einen nachhaltigen Eindruck auf ihn.	Das Erlebnis hat ihn stark beeindruckt.
Seine Argumente haben mich restlos überzeugt.	Seine Argumente haben mich überzeugt.
Der Mann ist buchstäblich verrückt.	Der Mann ist verrückt.
Dieser Brief ist für ihn von ausschlaggebender Bedeutung.	Dieser Brief bedeutet ihm sehr viel.

— Bitte beachten
  — Mit dem Superlativ sollte man geizen, z. B. der *klügste* Knecht u. a.;
  — vermeiden sollten wir den „Gummizug-Superlativ", etwa: Dies ist *einer der klügsten* Knechte.

Mit Fingerspitzengefühl in unsere Schreibe eingebracht, kann indes das Adjektiv wie eine delikate Würze wirken. — Allgemein aber sollten wir den Rat beherzigen, den Clemenceau, einst Schriftsteller in einer Zeitung, seinen Redakteuren gab: „Schreiben Sie kurze Sätze: Hauptwort, Verbum, Objektiv: fertig! Bevor Sie ein Adjektiv schreiben, kommen Sie zu mir in den dritten Stock und fragen, ob es nötig ist!"

Mit einem Rückblick auf die drei bedeutsamen Wortarten — Verbum, Substantiv, Adjektiv (s. S. 365 ff.) — können wir, auf sehr kurzen Nenner gebracht, sagen:

○ das zielende Verb gibt unseren Gedanken, dem Satz, vor allem Bewegung; zudem eine gerichtete Bildtönung und einen bestimmten sprachlichen Rang, die „Stilebene";

○ die bildkräftigen, statischen Substantiva wirken im Fluß unserer Gedanken wie „Leuchttürme", die dem Zuhörer schnell die geistige Fahrrinne signalisieren, ihm einen Vorausblick auf das Geschehen geben;

○ das Adjektiv bringt immer Farbe, Gefühl, Wesenhaftes in unsere Gedanken, in unsere Sätze, und bindet dabei den Schreiber als Bewertenden, Urteilenden, als Erlebenden in das Geschehen ein.

Alle drei Wortarten bekommen Sinn und Wirkung erst voll im Miteinander und Gegeneinander des Satzes.

4.2.3 Acht Ratschläge zum Satzbau

1. Kurze Sätze bauen
Die Sätze sollten durchschnittlich nicht mehr als 15 Wörter umfassen. — Meier verweist in diesem Zusammenhang auf den kurzen Satzumfang, etwa beim Verkündigen des christlichen Wortes und meint, die „. . . Kirchen, die den Menschen ihrer Zeit dienen wollen, wissen darum . . . Innerhalb der Evangelien liegt die Spitze beim Zwölf-Wörter-Satz . . . Ein moderner Kanzelredner (Missionsdirektor Heinrich Giesen) scheint sich ebenso entschieden wie erfolgreich der Satzkürze verschrieben zu haben . . . In seinen weit verbreiteten Andachtsbüchern dominiert der Fünf-Worte-Satz bis zu 10 Prozent aller Sätze . . . Zweifellos kommt eine derartige übrigens sorgfältig gefeilte Satzprägung den Menschen unserer Tage ungemein entgegen, wie sich das auch auf weltlichen Gebieten zeigt . . ."89)
Außerdem sollten die Sätze bestehen: aus einem Hauptsatz und nur ein bis zwei Gliedsätzen (= Nebensätze), um für den Leser leichtverständlich zu sein.

Beispiel:

schlecht
Der neue Fahrdamm, dessen Baum im Frühjahr, als der Nachtfrost vorbei war, begonnen wurde, wird hoffentlich in Kürze, obwohl Fachkräfte leider am Markt gegenwärtig kaum zu bekommen sind, fertiggestellt werden.

gut
Als im Frühjahr die Nachtfröste vorbei waren, wurde der Bau des neuen Fahrdammes begonnen. Inzwischen sind am Markt leider Fachkräfte kaum zu bekommen; dennoch kann der Damm hoffentlich in Kürze fertiggestellt werden.

2. Die Hauptsache gehört in den Hauptsatz
Jeder längere Gedanke enthält eine „Hauptsache" —, irgendeine wichtige Nachricht. Und eben die gehört stets in den Hauptsatz! Folglich ist dann die „Nebensache" im Nebensatz (= Gliedsatz) unterzubringen.

Beispiel:

schlecht
Der Elektro-Meister, der in seinem Vortrag wichtige Gesichtspunkte des Kundendienstes behandelte, ergriff später in der Diskussion dazu noch einmal das Wort.
Die Hauptsache: wichtige Gesichtspunkte des Kundendienstes.

gut
Der Elektro-Meister behandelte in seinem Vortrag wichtige Gesichtspunkte des Kundendienstes; er sprach sie später in der Diskussion noch einmal an.

3. Wichtiges gehört an die eindrucksstärkste Satzstelle
Wo im Satz sind die eindrucksstärksten Stellen? — Am Anfang oder am Schluß des Satzes.
Zunächst ein Beispiel für eine neutrale Satzform, in der also keine Aussage besonders betont werden soll:
Der kleine Fritz hat seinen Hund schon seit Tagen nicht mehr gesehen.

Nun einige Beispiele für eine nachdrückliche Betonung:
— *Schon seit Tagen* hat der kleine Fritz seinen Hund nicht mehr gesehen.
— *Seinen Hund* hat der kleine Fritz schon seit Tagen nicht mehr gesehen.
— Der kleine Fritz hat schon seit Tagen *seinen Hund* nicht mehr gesehen.

4. Die Satzglieder sinnvoll aufeinander beziehen
Grenzt es nicht an Unzumutbarkeit, dem Leser mitunter Satzgestaltungen vorzusetzen, in denen er erst alle seine Kombinationsfähigkeit aufbieten muß, um den Zusammenhang der dargestellten Gedanken zu verstehen?

Dazu wiederum ein Beispiel:

schlecht
Lippert's Nachbar leitete gestern eine Versammlung, die durch seine mangelnde Selbstdisziplin gestört wurde.

gut
Lippert störte eine Versammlung, die sein Nachbar gestern leitete, durch mangelnde Selbstdisziplin.

schlecht	gut
Heute waren die Freunde, auf die er sich seit Jahren gefreut hatte, da.	Heute waren die Freunde da, auf die er sich seit Jahren gefreut hatte.
Zwei Waldarbeiter wurden von fünf Wildschweinen angefallen, die gerade mit Forstarbeiten beschäftigt waren.[90)]	Zwei Waldarbeiter, die gerade mit Forstarbeiten beschäftigt waren, wurden von fünf Wildschweinen angefallen.

Noch zwei drastische Beispiele:
„Studentin sucht Zimmer mit Bett, in dem auch Unterricht erteilt werden kann." — „Abends Ball beim König, der sehr voll war."[91)]

5. Eine enge Satzklammer bringt mehr Klarheit
Wenn man eine Satzklammer (= gebildet durch die Prädikatsteile z. B. „... hat ... geholfen") möglichst eng hält, wird der Satz leichter verständlich.

Beispiel:

Der Direktor *forderte* den Grafiker zum Empfang der Ehrenplakette, die er sich durch seine letzte Ausstellung verdient hatte, *auf*.

gut
Der Direktor *forderte* den Grafiker zum Empfang der Ehrenplakette *auf*, die er sich durch seine letzte Ausstellung verdient hatte.

6. Stets die „angemessene" Möglichkeitsform verwenden
Vielen von uns ist die „Würde-Form" (= Konjunktur) verpönt; deshalb sollte man sie sparsam verwenden. Die „Würde-Form" steht dann zu Recht, wenn die „rechtmäßige" Möglichkeitsform dem Infinitiv gleicht oder wenn sie gespreizt wirkt. — Im Haupt- und Gliedsatz (= Nebensatz) darf man jedoch „würde" nicht gleichzeitig verwenden.

Beispiel:

schlecht
Wenn der jungvermählte Ehemann vor seiner Frau fliehen würde, dann würde er von seinem Onkel keine Unterstützung mehr erhalten.

gut
Wenn der jungvermählte Ehemann vor seiner Frau flüchten würde, dann erhielte er von seinem Onkel keine Unterstützung mehr.

○ Vermeiden Sie die gespreizte Möglichkeitsform, sie wirkt oft geziert und altmodisch.

Beispiel:

schlecht
Seine Eltern verlangten, daß er nach Schweden führe.

gut
Seine Eltern verlangten, daß er nach Schweden fährt.

○ Verwenden Sie die Möglichkeitsform bei indirekter Rede

Beispiel:

schlecht
Die Mutter meinte, der Sohn schlägt seine Schwester.

gut
Die Mutter meinte, der Sohn schlage seine Schwester.

7. Zielende Zeitwörter in der Tätigkeitsform (= Aktivum) verwenden
Diese Verben geben den Sätzen: Dynamik, Tatbewußtsein und Zielgerichtetheit (s. S. 365).

Beispiel:

schlecht
Der Acker wird vom Knecht gepflügt.

gut
Der Knecht pflügt den Acker.

8. Rhythmus, Takt, Klang und Reim bedenken

Rhythmus
„Urphänomen" der menschlichen Kultur — so nennt man zuweilen den Rhythmus. Und warum auch nicht? Denn er wirkt lebensgestaltend aus tiefen Schichten unseres Seins — hinein in unser Tun: in die Tagesarbeit, in die Musik, Baukunst, Malerei, in Tanz und auch in die Sprache, den Text.
Unter „Rhythmus" verstehen wir die periodische Gliederung im Fließenden des geschriebenen Wortes, wobei man, aufmerksam hineinhörend, die „Erneuerung des Ähnlichen" wahrnimmt.
Durch rhythmisierenden Text, bestimmt vom Lesetempo sowie der Abfolge von Zeiteinheiten, vermögen wir ordnend Überschaubarkeit in unsere Schreibe zu bringen. Gekonntes rhythmisierendes Schreiben kann das Aufnehmen des Textinhaltes erleichtern und dabei den Merkwert günstig beeinflussen.

Takt
Im Unterschied zum Rhythmus erleben wir den „Takt" als eine „Erneuerung des Gleichen" — nicht aber als „Erneuerung des Ähnlichen" (= Rhythmus). In den Feldern des Taktes hat ein poetisches Phänomen seine Heimat: der Vers. Er wird definiert als „rhythmisches Glied einer Dichtung in gebundener Rede"; mithin finden wir ihn z. B. im Gedicht, in Vers-Novelle, Vers-Erzählung und Vers-Roman.

Klang
Mit „Klang" meinen wir das Zusammenklingen mehrerer einfacher Töne, etwa des Grundtones mit seinen Obertönen. Bedeutsam für unsere Schreibe ist beim halblauten oder lauten Lesen die Klangfarbe; sie wird bestimmt von der Verteilung der Töne (= Vokale: a, e, i, o, u), von ihrer Höhe, Stärke und der Dauer.

Reim und Vers
Im Zusammenhang mit dem Klang steht der „Reim", nämlich: der Gleichklang zweier oder mehrerer Silben, und zwar vom letzten betonten Vokal an,

z. B. graben — schaben, reiten — gleiten o. a. — Auch im Gebrauchstext stoßen wir häufig auf den Reim, leider aber wird er meist zu wenig bewußt als sprachliches Gestaltungsmittel angewendet. Dadurch werden seine Vorteile nicht ausreichend genutzt. Was vermag der Reim beim Leser zu bewirken? Vor allem dreierlei:

○ eine größere Einprägsamkeit textlicher Inhalte;
○ eine gefühlsbeeinflussende, stimmungerzeugende Musikalität — und —
○ die Abgrenzung rhythmischer und metrischer Einheiten sowie die Gliederung des strophischen Aufbaus (→ in der Dichtung).

Um diese bemerkenswerten Vorteile nutzen zu können, sollte man einige Grundkenntnisse über die Metrik (= Lehre vom Versmaß) haben.

Grundbegriffe der Metrik

○ Hebung (—): eine betonte Silbe (= rhythmisch hervorgehobene Stelle im Vers); z. B. Niemand kennt ihn ..."

○ Senkung (◡): eine unbetonte Silbe im Vers; z. B. „Er hört es immer wieder ..."

○ Vers: das Stück einer gebundenen Rede, abgeschlossen durch Reim oder Zeilenende;

○ Versfuß: eine rhythmisch-mechanische Einheit, gebildet durch Skansion (= taktmäßiges Lesen nach Versfüßen);

○ Arten der Versfüße

— Jambus: eine Folge von Senkung und Hebung, z. B. gelernt; „Er läuft und läuft und läuft (→ VW-Werbung);
— Trochäus: eine Folge von Hebung und Senkung, z. B. Männer machen Märkte (→ Fachzeitschrift); Bauknecht weiß, was Frauen wünschen (→ Werbung);
— Taktylus: eine Folge von einer Hebung und zwei Senkungen, z. B. Komm, sagt der Vater, zum Sohn!
— Anapäst: eine Folge von zwei Senkungen und einer Hebung, z. B. „Wieder will ich wie Du in den Ursprung zurück" (Weinheber).

Rhythmus: eine Abfolge von Bewegung in der Zeit, gegliedert durch Betonung (= Nachdruck) oder Dauer der einzelnen Teilstücke; Rhythmus wird in der Metrik bestimmt durch die regelmäßige Wiederkehr der Hauptbetonungen oder Längen;

- steigender Rhythmus: wenn der Rhythmus eines Verses mit einer Senkung oder mit mehreren Senkungen beginnt, z. B. „da brennen der Kerzen so viele" (Goethe);

- fallender Rhythmus: ein Rhythmus, der mit einer Hebung beginnt, z. B. „Feiern möcht ich; aber wofür? und singen mit anderen" (Hölderlin);

- Reim: ein Lautspiel, das den Satzschluß bildet; in der Versform wird er zu einem eindrucksstarken Mittel der Schallform (→ Inhalt und Klang)

- Reimarten — bezogen auf die Stellung des Reimes innerhalb des Verses:
    — Endreim
      = zwei Wörter lauten gleich, und zwar vom Vokal der letzten betonten Silbe an, z. B. klingen — springen;
    — Binnenreim
      = ein Wort im Innern des Verses reimt auf das letzte Wort dieses Verses, z. B. eine starke schwarze Barke; hierher gehört auch der Schlagreim, z. B. „es war eine singende klingende Atmosphäre";
    — Anfangsreim
      = die ersten Wörter zweier Verse reimen, z. B.
      „Rüde war sein Ton,
      müde seine Seele."

- Reimarten — bezogen auf die Anzahl der Reime in den Silben/Wörtern:
    — stumpfer (= männlicher) Reim
      = einsilbige Wörter reimen oder die letzte Silbe von Wörtern reimt, z. B. Strahl — Tal; verrückt — entzückt;
    — klingender (= weiblicher) Reim
      = wenn bei zwei Wörtern zwei Silben reimen, z. B. Worte — Pforte; geklungen — gesprungen;
    — gleitender (= reicher) Reim
      = drei oder mehr Silben reimen, z. B. zornige — dornige;

- Stabreim (= Alliteration)
  = mehrere nahe beieinander stehende Wörter beginnen mit denselben Mitlauten (= Konsonanten): „und hohler hört man's heulen" (Schiller), „Marketing macht Märkte".

4.2.4 Gebrauchstext „dramaturgisch" optimieren?

Wer über einen längeren Zeitraum seine Gebrauchstexte bewußt und selbstkritisch gestaltet, bei dem kann zwischendurch wie ein Korken die Frage auftauchen: Wo lagern im Verborgenen irgendwelche Schatztruhen, in denen menschliche Einsicht und Erfahrung gehortet sind. Nämlich bewährte Erkenntnisse, die mir helfen könnten, verschiedene meiner Gebrauchstexte zu optimieren — etwa umfangreichere Berichte, Fachbeiträge, Interviews. Lagert solch geistiges Edelgestein vielleicht auch in der jahrhundertealten Rüstkammer der Dramaturgie?

Wenn wir hier ,,Dramaturgie" allgemein als die Lehre verstehen, einen Vorgang, eine Handlung oder ein situatives Geschehen zielbewußt im Hinblick auf größere Wirkung zu gestalten, dann kann man die zuvor gestellte Frage mit einem Ja beantworten. Denn: wenn wir einen umfangreichen Gebrauchstext optimieren möchten, dann wollen wir doch seine Wirkung steigern — bezogen natürlich auf den Leser. Mit ,,Wirkung" ist hier im philosophischen Sinn ein Geschehen (z. B. ein Vorgang, eine Handlung, ein Ereignis) gemeint, das eine Ursache haben muß; so gesehen, ergibt sich eine Kausalkette, da ein jedes Geschehen stets Wirkung ist, deren Ursache aber wiederum Wirkung einer weiteren Ursache ist ... und so fort. — Im Mittelpunkt der Dramaturgie steht darum das Wechselspiel zwischen Ursache und Wirkung (= also Geschehen, Vorgang, Handlung); ein Wechselspiel — etwa bezogen auf das weite Wirkungsfeld ,,Mensch — Gegenstand — Natur — Gott/Schicksal" —, das einen Autor zu ideenreicher, spannungsgeladener Gestaltung anzuregen vermag!

Dramaturgie hält aber auch für uns als Schreiber von Gebrauchstexten einige nützliche Hinweise, einige ,,Gestaltungstips" bereit, die man beim Optimieren umfangreicherer Texte — je nach Thema, Zielgruppe, Zielsetzung und Text-Sorte bzw. Sortenkombination — beherzigen sollte. Im weiteren eine kleine Auswahl:

○ Wenn angebracht und möglich, sollte man dem Text — z. B. einem längeren Bericht, einem Fachbeitrag, einem Interview o. a. m. — eine Handlung zugrunde legen: einfach, spannend und knapp. — Über den Handlungsaufbau schreibt Aristoteles in seiner ,,Poetik" ,, ... Es dürfen also Handlungen, die gut aufgebaut sein sollen, weder an einem beliebigen Punkte beginnen noch an einem beliebigen Punkte aufhören ..."[92];

○ wem es gelingt, im Leser gleich bei Textbeginn eine Spannung zu erzeugen, diese zu steigern und sie schließlich zu lösen —, der hat ein grundlegendes Formgesetz der Dramaturgie angewendet;

Spannung läßt sich erzeugen und steigern durch

— eine geschickte Spannungsführung: vom unerwarteten Ereignis (etwa Konflikt) — zum Höhepunkt, zugleich mit Wendepunkt (= Peripetie) — Hinausschub der Lösung (= Retardieren) — Abschluß durch Lösung des Konfliktes;

- Überraschung (z. B. ein unerwartetes Ereignis tritt urplötzlich ein);
- Kampf (man läßt etwa zwei gleichstarke Ideen, Vorstellungen oder Argumente miteinander „kämpfen");
- Frage — Antwort (auf eine gestellte Frage gibt man bewußt eine verzögerte Antwort);
  über das Wesen der Spannung meint Gottfried Müller: „... Das Wesen der Spannung liegt im Überraschungsmoment. Allein das Unerwartete auf die Bühne zu bringen, birgt schon ein Spannungsmoment ... Ein Tyrann, der sich vor einer Maus fürchtet, ein katholischer Pfarrer, der Kinder hat, ein Gott, der hilflos und in der Hand von Zwergen ist, wie Wotan, sind von dramaturgischer Wirkung ..."[93];

○ Profilierung von Gegensätzen (z. B. gegensätzliche Meinungen oder Argumente scharf und plastisch herausarbeiten);

○ das Mittel „Erkennungsszene" (etwas Verhülltes wird z. B. durch einen Trick, einen deus ex machina oder durch logische Entwicklung für den Leser schrittweise erkennbare Klarheit, Einsicht);

○ das Gestaltungsmittel „Entdeckung", es hat in der Dramaturgie große Bedeutung; schon bei Aristoteles lesen wir: „... Die Entdeckung ist, wie das Wort sagt, der Umschlag aus Unwissenheit in Erkenntnis, zur Freundschaft oder Feindschaft, je nachdem die Handelnden zu Glück oder Unglück bestimmt sind. Am schönsten ist die Entdeckung, wenn sie mit der Peripetie (= Wendepunkt) zusammenfällt, wie im Oidipus[94] ... Die weitaus beste Art der Entdeckung ergibt sich aus der Handlung selbst, in dem aus wahrscheinlichen Momenten das Staunen hervorgerufen wird wie im Oidipus des Sophokles und in der Iphigeneia. Denn es war wahrscheinlich, daß sie einen Brief zu übergeben wünschen würde ...[95]

Zweifellos, es bedarf einiger Phantasie, um den einen oder anderen dramaturgischen Hinweis für die Gestaltung umfassenderer Gebrauchstexte zu nutzen. Aber, warum sollten wir in lohnenden Fällen nicht unsere — leider des öfteren sonst brachliegende — Kreativität einsetzen? Vermag doch so mancher dramaturgische Kniff, geschickt angewendet, unsere Texte in verschiedenen Fällen erheblich wirkungsvoller zu machen:

○ etwa den geistigen Bauplan (= Denkmuster) dramaturgisch ideen- und spannungsreicher entwerfen;

○ bedeutungsträchtige Textabschnitte durch profilierte Gegensätze beleben;

○ plötzlich eine Überraschung einblenden;

○ auf eine bedeutsame Frage spannungsverzögernd eine Antwort geben;

○ oder vielleicht bei einer wichtigen Textaussage durch einen gegensätzlichen Bildinhalt (z. B. Foto bzw. Grafik) erschütterndes Problembewußtsein schaffen!

4.2.5 Texte rationell erstellen — durch Textverarbeitung

Rund 25 000 Sendungen — Briefe, Beschreibungen, Angebote, Bescheide u. a. — passieren mitunter in einer einzigen Woche die Poststelle in größeren Betrieben oder Verwaltungen. Nimmt man dazu noch alle die Schriftstücke, die allwöchentlich betriebs- bzw. verwaltungsintern entstehen (etwa Protokolle, Rundschreiben, Aktenvermerke o. ä.), dann ergibt dies die stolze Summe von rund 50 000 Schriftstücken je Woche!

Wie läßt sich eine solche Springflut an Schriftgut mit möglichst geringem Aufwand an Arbeit, an Zeit und damit an Kosten bewältigen? Um diese Problemfrage aufzuhellen und Lösungsansätze machen zu können, wird es in einer solchen Situation erforderlich, die vielgestaltige Menge des Schriftgutes zunächst zu analysieren, und zwar vorerst auf zwei große Gruppen hin, auf:

○ standardisierbares Schriftgut
z. B. technische Beschreibungen, Geräte- und Anlagentexte, Liefer- und Zahlungsbedingungen, Formulartexte, fremdsprachige Texte u. a.;

○ nicht standardisierbares Schriftgut
etwa persönlich akzentuierte Texte, wie individuelle Akquisitions-Schreiben, personenbezogene Berichte, Stellungnahmen, Bescheide u. ä.

Unschwer zu erkennen, daß in der ersten Gruppe die größeren Chancen liegen, das Schriftgut schrittweise rationeller zu gestalten: zum einen etwa durch qualifizierte Schreibkräfte —, zum anderen in einem weitaus höheren Maße durch den Einsatz spezifischer Technik, nämlich durch Textverarbeitungsgeräte (z. B. Telex-, Telefax- und Teletex-Geräte; Textsysteme; EDV-Anlagen, von Klein- bis Großanlagen; Geräte zur Textarchivierung sowie zur Reproduktion u. a. m.).

All das intensive Bemühen, jenes massige und vielfältige Schriftgut rationell (= zweckmäßig, wirtschaftlich) zu erstellen, läuft inzwischen allgemein unter den Kennwörtern „Textverarbeitung" und „Text-Kommunikation". Was versteht man, genauer besehen, unter „Text-Verarbeitung"? Nach einer Definition des Verbandes für Textverarbeitung im AWV (= Ausschuß für wirtschaftliche Verwaltung in Wirtschaft und öffentlicher Hand) umgreift man damit den folgenden Denk- und Prozeßbereich, nämlich eine „ . . . Tätigkeit, die das Konzipieren, Formulieren, Diktieren, Schreiben, Reproduzieren, Transportieren und Archivieren von Texten, einschließlich der entsprechenden Vordruckgestaltung umfaßt". — Mit „Text-Kommunikation" meint man allgemein den Informationsaustausch „über Draht".

Schalten wir an dieser Stelle gedanklich um auf das Anliegen des vorliegenden Sachbuches — mit der Frage: Wo liegt in dem weiten Feld heutiger Textverarbeitung der geistige und arbeitsmethodische Standort einer „zielorientierten Text-Gestaltung"? Und zwar bezogen auf die Sichtweise der obigen Begriffsbestimmung des Verbandes für Textverarbeitung. Lassen Sie uns diese Frage klären durch einen Blick auf ein Bildmotiv des Arbeitsfeldes „Textverarbeitung" (Bild 50); es zeigt uns die bereits angesprochenen wichtigen Arbeitsstufen der Textverarbeitung und läßt deutlich eines erkennen: die uns interessierende „Text-Gestaltung" liegt vornehmlich im Arbeitsfeld „Text — konzipieren (= entwerfen) und formulieren (= gestalten)". Hingewiesen sei im Zusammenhang damit hauptsächlich auf die in diesem Sachbuch ausführlich dargestellten Abschnitte: Schreib-Wirkungssystem (s. S. 21 ff.) — Zielgerichtete Text-Planung (s. S. 327 ff.) — Zielbezogene Text-Realisierung (s. S. 341 ff.) — und Zielbezogene Text-Beurteilung, einschließlich der Korrekturen und Rückkoppelung (s. S. 393). — Mit Nachdruck sei dabei verwiesen auf die große Bedeutung des Text-Wirkungssystemes und der zielgerichteten Arbeitshilfe „Denkmuster", die in bemerkenswertem Maße die Rationalisierung geistiger Arbeit ermöglicht (s. S. 120 ff.)! Und ebenso nachdrücklich sei verwiesen auf die praktikable Hilfe der Leitpunkte für eine „gute" Text-Gestaltung, auf KLAVKA (s. S. 345 ff.). — Denn eben diese Denk- und Arbeitshilfen können wir innerhalb der ersten Arbeitsstufe „konzipieren — formulieren" (= Textbearbeitung) sinnvoll und vorteilhaft nutzen, so etwa beim Erstellen von:

○ Standard-Texten
z. B. Angebotstexte, Auftragstexte, allgemeine Texte, fremdsprachige Texte u. ä.; vermutlich 20 % aller im Berufsalltag vorkommenden Texte dürften standardisierbar sein;

○ Textbausteinen (= Textmodule) — und —

○ Texthandbüchern.

Die Wirkung eines Textes — sei er z. B. auf das Richtziel „beeinflussen" (s. S. 93) oder „informieren" (s. S. 93) ausgerichtet — wird nicht zuletzt auch von der optimalen Kombination der verschiedenen Textbausteine mitbestimmt; deshalb sollte man bei den jeweils anstehenden operativen und taktischen Überlegungen insbesondere die praktischen Vorteile der zielorientierten Denkmuster beim „Konzipieren" (= Textentwurf) überlegt und ausgiebig nutzen. — Übrigens, nutzen sollten wir sie außerdem für das Zusammenwirken von Text und Bild, z. B. Text mit Foto, mit Tabelle, Diagramm, Schaubild o. a. (s. S. 318 ff.).

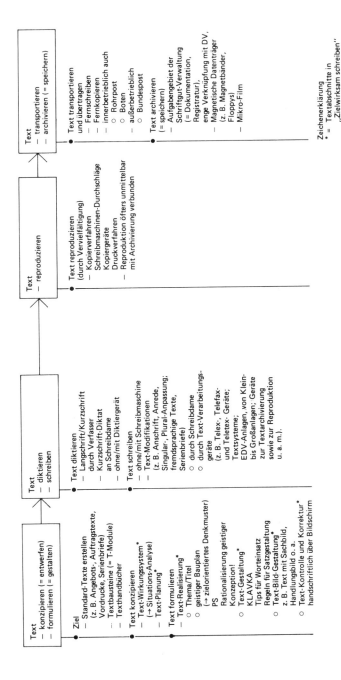

Bild 50: Die Textverarbeitung (vier wichtige Arbeitsstufen)

379

Worauf wird es bei der Textverarbeitung künftig im wesentlichen ankommen? Aus gegenwärtiger Sicht auf diese vier Aspekte, nämlich auf:

- eine klare Text-Gestaltung (→ geistiger Bauplan/Denkmuster)
- eine verständliche Text-Gestaltung
- eine knappe Text-Gestaltung
- ein zweckmäßiges und zielorientiertes Zusammenwirken von Text und Bild.

4.2.6 Über die Bedeutung des „Feilens"

Wort um Wort, Satz um Satz wächst nun unser Text, von Seite zu Seite — bis der Entwurf endlich als „Text-Rohling" steht. Dann lautet die Devise: feilen; dargestellte Gedanken sind zu verdichten, vertiefen, zu veranschaulichen, verdeutlichen, zu erweitern oder zu kappen; Satzbau, Satzarten und Wortwahl sind gründlich zu überprüfen, zu ändern; der Text-Rhythmus wird auf angenehmes Schwingen und auf Flüssigkeit hin nachempfunden, um ihn da oder dort feinfühlig zu korrigieren.

In mühsamer Kleinarbeit gewinnt so der Text-Rohling an Gestalt, an Prägnanz und Gefühlsqualität. Wie gesagt, eine sehr mühsame aber doch bedeutsame Kleinarbeit! Nicht ohne Grund werten brillante Stilisten diese Arbeitsphase sehr hoch; hören wir dazu vier sachkundige und befugte Zeugen:

„... Denn daß er alles mit eigener Hand und sehr schön schrieb, zugleich mit Freiheit und Besonnenheit, daß er das Geschriebene immer vor Augen hatte, sorgfältig prüfte, veränderte, besserte, unverdrossen bildete und umbildete, ja nicht müde ward, Werke von Umfang wiederholt abzuschreiben, dieses gab seinen Produktionen das Zarte, Zierliche, Faßliche, das Natürlich-Elegante, welches nicht durch Bemühung, sondern durch heitere genialische Aufmerksamkeit auf ein schon fertiges Werk hervorgebracht werden kann."
(Goethe über Wieland)

„... Meine Prosa hat mich stehts mehr Zeit gekostet als Verse ..."
(Theodor Storm)

„... Drei Viertel meiner ganzen literarischen Tätigkeit ist überhaupt Korrigieren und Feilen gewesen. Und vielleicht ist drei Viertel noch zu wenig gesagt ..."
(Theodor Fontane)

„... Die deutsche Sprache ist ein strenger Herr; ihr Dienst fordert Geduld, und der mühsame Pfad vom ersten Entwurf bis zur letzten Fassung ist nicht kürzer als der Weg von der Bleistiftskizze des Bildhauers bis zu der vollendeten Brunnenfigur ..."
(Friedrich Nietzsche)

4.2.7 Der Text-Entwurf „Formt Sport die Persönlichkeit?"

Um den begonnenen Lernprozeß fortführen zu können, sei Ihnen im folgenden ein schon „behauener" Text-Rohling vorgestellt, nämlich der Beitrag „Formt Sport die Persönlichkeit?". Wie Ihr kritisches Auge erkennen wird, muß er an der einen oder anderen Stelle noch mit dem „Punktiereisen" behandelt werden. Viel allerdings dürfte es nicht mehr sein. — Hier also das genannte Arbeitsbeispiel (→ Argumentatives Denkmuster).

1. (Anrede; entfällt)

2. (Titel)
   „Formt Sport die Persönlichkeit?"

   (Untertitel)
   Beobachtungen an Laufdisziplinen und Handball

   (Verfasser)
   Karl Martell

3. (Empfänger-Einstieg)
   Könnten Sie die gestellte Frage auf Anhieb beantworten — und vor allem überzeugend begründen? „Auf Anhieb" wohl kaum, sondern erst nach einigem Nachdenken. — Zu der gleichen Ansicht gelangte übrigens auch der bekannte Sportarzt, Herr Dr. Larcher, als er vor kurzem 100 Sportler im Alter von 18 — 50 Jahren befragte; die meisten von ihnen meinten sinngemäß: „ ... über diese Frage habe ich mir eigentlich noch kaum Gedanken gemacht ...". Und warum wohl nicht? Da ihnen vermutlich niemand bislang so klar und unmittelbar eine solche Frage gestellt hat. Darum können sie eine derartige „Dilemma-Frage" in ihr Weltbild, wie auch in ihre Vorstellung vom eigenen Ich, nur schwerlich oder gar nicht einordnen.

4. (Darbietung des Objektes)
   (Zwischenüberschrift)
   Vielleicht auch ein Weg für Sie
   Mit anderen Worten: Hätten die Befragten ein deutliches und durchgegliedertes Bild von ihrem Ich — vom Ist-Zustand und dem anzustrebenden Soll, also von Zielen, die es im individuellen Bereich zu erreichen gilt —, dann wären sie längst und mit Bewußtsein auf jene gewichtige Frage gestoßen; und sie dürften sich dabei u. a. auch eine klare Meinung über Sinn und Nutzen des Sportes für die eigene Persönlichkeit gebildet haben.

   „Persönlichkeitsbildung" —, dieses Stichwort ist zunächst der Wegweiser für unsere weiteren Gedanken. Was darunter zu verstehen sei? Persönlichkeitsbildung bedeutet in diesem Zusammenhang das starke Wollen eines Indivi-

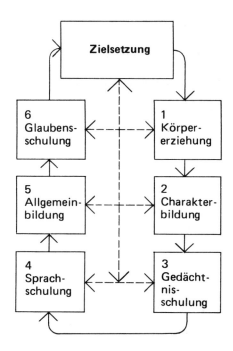

Bild 51:
Wichtige Themenfelder
eines Bildungssystems

duums, sein „eigentliches Ich" in Breite und Tiefe zu erhellen, um zielbewußt individuelle Eigenarten auszuformen; Persönlichkeitsbildung bedeutet außerdem, bestimmte Werthaltungen (z. B. ethische Werte, wie Gerechtigkeit, Wahrhaftigkeit, Toleranz u. a.) gestalthaft und für die Mitmenschen erkennbar durchsichtig auszuprägen — bis hin zu sinnträchtiger Reife der Gesamt-Persönlichkeit.

Dabei sollte der einzelne, orientiert an seinen Möglichkeiten und Grenzen, zweckmäßig ein Bildungsprogramm entwerfen, modellartig etwa und in grafischer Form (Bild 51). Diese sechs Themenfelder wollen für Sie nur eine anschauliche Anregung sein, um ein individuelles und damit „maßgeschneidertes" Bildungsprogramm zu entwerfen. Der eine oder andere von Ihnen wird jene Themen vielleicht etwas abwandeln oder sie durch andere ersetzen, je nach Bildungsziel bzw. persönlichem Bildungsbedarf. — Übrigens, alle einzelnen Felder sind Teile (= Elemente) eines Wirkungssystems, die ständig in einer Wechselbeziehung zueinander stehen; jedes einzelne wirkt prägend auf die Person als Ganzheit. So auch das Themenfeld „Körpererziehung", eines der sechs Wirkungselemente. „Hmm . . . eine kühne Behauptung . . .", mögen Sie in diesem Augenblick denken. Nun, betrachten wir diese anscheinend problematische Behauptung etwas eingehender, betrachten wir sportliches Tun im weiteren unter der Lupe und zugleich in der Zeitlupe — an einigen Beispielen aus Spiel und Leichtathletik.

5. (Argumentation)
(Zwischenüberschrift)
Einige Beispiele für die persönlichkeitsformende Kraft

Beispiel 1: Kurzstreckenlauf
Kurzstreckenlauf erhöht vornehmlich die Konzentration und Reaktion, und zwar aus mehreren Gründen, da etwa

○ die Startübungen dazu beitragen, sich im Augenblick des Starts geradezu auf Hundertstelsekunden zu konzentrieren, um just mit dem Startschuß „loszuschießen", blitzschnell wie eine Rakete;

○ man sich mit atomarem Kraftschub im „strategischen Augenblick" ins Ziel vorwerfen muß, entscheiden da doch oft nur wenige Zentimeter über den Sieg.

Christian Haas — bei Startübungen:
Blitzschnell „aus dem Loch"!

Zeugen, die den skizzierten Sachverhalt aus eigener Erfahrung untermauern, finden wir selbst unter jungen Sportlern inzwischen etliche. Einer aus ihrer Schar ist Christian Haas: der Weltklasse-Sprinter aus Nürnberg; mit 6,55 Sekunden über 60 Meter ist er 1980 Hallen-Europarekord gelaufen. In einem persönlichen Gespräch meinte Haas: „Obwohl ich doch erst eine relativ kurze Zeit Leistungssport betreibe, glaube ich, daß sich Sport allgemein sehr fördernd auf die Persönlichkeit auswirkt. — In erster Linie muß man als Kurzstreckenläufer natürlich die erhöhte Konzentrations- bzw. Reaktionsfähigkeit sowie das mit steigendem Erfolg wesentlich stärkere Selbstbewußtsein anführen . . ."

Die genannten — durch den Sport ausgeprägten — Eigenschaften helfen dem Athleten aber auch im Alltag und im Berufsleben. Darum wird derjenige, der im Leistungssport die Fähigkeit etwa zur Konzentration auf das Wesentliche gelernt hat, so mancher Situation in unserer leistungsorientierten Gesellschaft einfach besser gerüstet gegenüberstehen.

Beispiel 2: Langstreckenlauf
Langstreckenlauf steigert vor allem Willen und Ausdauer; so wird man beim Lauf über lange Strecken (ab 5000 m und mehr) zum Beispiel

o zunehmend die Willenskraft mobilisieren, um etwa das begonnene Lauftempo im wesentlichen durchzuhalten oder sogar noch zu steigern;

o gegen den berüchtigten „toten Punkt" seine gesamten geistig-seelischen Kraftreserven aufbieten, um zäh, ja mitunter verbissen, einen solchen Punkt oder gar eine „zermürbende Durststrecke" zu überwinden;

o immer dann alle geistig-seelischen Kräfte mobilisieren, wenn der Gegner, plötzlich von hinten vorschießend, an einem vorbeiziehen möchte;

o rechtzeitig vor dem Ziel taktisch klug zum Endspurt antreten, alle Kräfte aufbietend, um möglichst einen der vorderen Plätze zu erringen oder gar den Sieg zu „erstampfen".

Regelmäßige Trainingsläufe über Langstrecken sind deshalb ein Garant dafür, unseren Willen, unser Durchstehvermögen geistig-seelisch und körperlich zu steigern — im Sport und ebenso wiederum im Alltag oder Beruf. An Beispielen, die dies bezeugen, fehlt es auch hier nicht. Denken wir etwa an den „100-km-Lauf". Über 4000 Läufer und Läuferinnen starteten z. B. beim „Bieler 100er" in der Schweiz, bei strömendem Regen, für ein Startgeld von sfr 28,— ohne Medaille als Lohn! Warum das überhaupt mitmachen? Hauptsächliche Gründe: Selbstbestätigung hinsichtlich persönlicher Leistungsbereitschaft, Ausdauer, Willenskraft; Freude am Lauf; Kräftigung der Gesundheit; Erweisen gegenseitiger Hilfsbereitschaft, Kameradschaft; packendes, großartiges Erlebnis! — Nebenbei, der Gewinner benötigte für die 100-km-Strecke nur 6 Stunden 58 Minuten.

Vorbild für die inzwischen neun 100-km-Läufe in Europa pro Jahr bleibt offensichtlich der „Bieler 100er". Als persönliches Vorbild wirkt vielleicht nach Jahren insgeheim noch immer als Polarstern am Marathonhimmel: Emil Zatopek? Mit 13 Weltrekorden zählt er — die „tschechische Lokomotive" — zu den erfolgreichsten Langstreckenläufern der Welt.

Ein Bündel an Willenskraft! Unvergeßlich: Emil Zatopeck

Beispiel 3: Handball
Handball fördert Wendigkeit und Gruppenbewußtsein; man denke dabei zum Beispiel an

- die situative Blitzanalyse, die ein Handballer x-mal und zugleich sekundenschnell vornehmen muß, um die einzelnen Spielzüge erfolgreich aufzubauen und sie kraftvoll „durchziehen" zu können;

- die vielen Situationen, wo es gilt, mit dem Leder wieselflink am Gegner vorbeizukommen, etwa durch taktisch geschicktes Verhalten in meist kleinen Bewegungsfeldern —, durch täuschende Mimik, Gestik oder Zwischenrufe;

- die immerwährende Handlungsbereitschaft, zu der sich ein jeder Spieler an jeder Stelle der Mannschaft bekennen muß, ob im wirbeligen Sturm, in Mittelfeld, Verteidigung oder Tor; ist doch ein jeder Spieler mitbestimmendes Element in einem Verhaltenssystem, das häufig von einem „Wir-Gefühl" her unablässig geistig-seelische Impulse bekommt. Ein jeder muß den anderen mitreißen, ihm Schuß-Chancen zuspielen und überall dort einspringen, wo im eigenen Team zwischendurch mal eine Schwächeperiode auftritt. Alle vereint der gemeinsame Wille zum Sieg!

Die Kette von Kurzbeispielen, in denen ein ums andere Mal die persönlichkeitsformende Kraft einsichtig und wirksam wird, ließe sich mühelos verlängern im Blick auf die weite, bunte Welt mannigfaltiger Leistungsübungen und Bewegungskünste (z. B. Gehen, Springen, Werfen, Gleiten, Klettern, Schwimmen, Heben u. a. m.; Bodenturnen, Turnen mit mannigfaltigen Geräten, Volks- und Bühnentanz o. ä.).

6. (Bewährung, Erprobung)
(Zwischenüberschrift)
Die Probe aufs Exempel
Ob und wieweit einige der Leibesübungen — also Leistungsübungen oder Bewegungskünste — im Rahmen ihrer künftig vielleicht bewußteren Persönlichkeitsbildung mitwirken werden, das sollten Sie am besten an sich selbst beobachten und beurteilen.

In weiten Kreisen jedenfalls stößt man auf die Meinung, gründend zumeist in persönlicher Erfahrung: Leibesübungen und Leibeserziehung schaffen bei vielen Menschen einen leib-seelischen Ausgleich, und zwar oft in spielerischer Art; sie schaffen ferner Freude an der Leistung: bewirken zunehmend eine Schärfung des persönlichen Wertbewußtseins; sie gewährleisten dem einzelnen geradezu eine Gesundheitsvorsorge — und haben zutieft persönlichkeitsformende Kraft.

Übrigens, ein beredtes Plädoyer in eben diesem Grundsinne führt Carl Diem (1882 — 1962), Theoretiker und mehrfach bewährter Praktiker in einer Person. In seinem Buche „Wesen und Lehre des Sportes und der Leibeserziehung" schreibt er:

„ ... Aus dem streunenden Jugendlichen wird ein Kerl, der weiß, was er will. Im sportlichen Üben wird der Wille gefestigt, und er stützt sich auf eine Eigenschaft, die im heutigen Leben gefährdet ist: die Konzentration ...
... Sport, ein Mittel, im Gegner den Kameraden zu sehen, im Sieg den Besiegten zu ehren und in der Niederlage für den kommenden Sieg moralische Kraft zu gewinnen, aber immer nur, wenn die Hinlenkung vom Fairen im Spiel aufs Faire im Leben wahr wird ..."[96]

So weit Stimmen und Meinungen von Erfahrungsträgern.

7. (Schluß)
Beispiele und Zeugen ließen sich zu einer langen Perlenkette auffädeln. Je länger diese Kette, desto deutlicher würde dabei die Einsicht: Leistungsübungen und Bewegungskünste haben die innere Kraft, das Tor sogar zu ausgeweiteten Horizonten hin aufzustoßen, indem sie das Bewußtsein schärfen und den Wunsch stärken, in andere persönlichkeitsbildende Themenfelder vorzudringen, sei es in das Feld der „Allgemeinbildung" (z. B. Themen aus der Kultur, Kunst, Gesellschaft), sei es in die Felder von „Sprachschulung, Gedächtnis- und Glaubensschulung" oder andere mehr. So kann unser In-der-Welt-Sein zusehends an Sinn und Wert gewinnen, vermag unsere Persönlichkeit bei einer sich stetig erweiternden Weltsicht zum „eigentlichen Ich" auszureifen.

Darum unser Fazit: Sport kann also durchaus einen wesentlichen und wirksamen Beitrag leisten — zu tatsetzendem Glücklichwerden, zu harmonisierender Lebenserfüllung.

5. Zielbezogene Text-Beurteilung

Feinziele

Nachdem der Text-Entwurf steht, gilt es nun, eine zielbezogene Text-Beurteilung in objektivierender Art vorzunehmen.

Der vor uns liegende Abschnitt will Wissen in knapper Form anbieten über:

○ die Eigenkontrolle (eines Textes)
○ die checklistenartige Arbeitshilfe „Beurteilungsmerkmale eines Gebrauchstextes";

○ die Fremdbeurteilung (z. B. durch ein Marktforschungsinstitut)

So, das Gröbste ist geschafft! — Der Text-Entwurf liegt vor uns. Ein großes Stück harter geistiger Arbeit ist getan. Die weitere Wegestrecke wird nun, so die Erfahrung mehrerer Schreiber und Texter, weniger beschwerlich. Dennoch heißt es jetzt: den vorliegenden Text optimieren, etwa zu überprüfen, ob der Text der gewünschten „Anmutung" entspricht, ob er beabsichtigte Merkmale (z. B. Klarheit, Verständlichkeit o. a.) erfüllt und ob er, halblaut gelesen, einen angenehmen Rhythmus und Klang hat.

Bevor wir aber mit einer eingehenderen Text-Beurteilung beginnen, sollten wir uns die beiden grundsätzlichen Möglichkeiten vergegenwärtigen, einen Text auf den „Prüfstand" zu geben:

○ die Eigenkontrolle
  = man selbst beurteilt nach zielorientierten Kriterien (z. B. KLAVKA) den Textentwurf — oder —

○ die Fremdkontrolle
  = ein Forschungsinstitut wird beauftragt, die Text-Wirkung in der festgelegten Zielgruppe zu ermitteln, und zwar auf einige besondere Kriterien hin ausgerichtet (z. B. Verständlichkeit, Zusammenwirken von Text und Bild o. a.).

	6	5	4	3	2	1
• Ist der Text leserorientiert (→ zielgruppenorientiert)						
• Erfüllt der Text die (operationale) Zielsetzung						
• Hat der Text die beabsichtigte Anmutung						
•						
• Reizt die Überschrift zum Lesen (→ Aufmerksamkeitsgrad)						
• Ist die Überschrift leicht verständlich						
• Verdeutlicht der Untertitel den Titel						
• Haben wichtige Textaussagen hohen Erinnerungswert						
•						
• Ist der Text klar, z. B. durch						
— leicht erkennbaren Bauplan (→ Denkmuster)						
— durch überblickschaffende Zwischenüberschriften						
— durch typografische Gestaltung						
—						
• Ist der Text lebendig, z. B. durch						
— Wechsel im Satzbau						
— Wechsel in den Satzarten; Satzzeichen						
— Wechsel in der Satzlänge						
— Wechsel in der Zeit						
— vorherrschende aktive Verbformen						
— eingeblendete Fragen						
— eingefügte direkte Rede						
—						
• Ist der Text anschaulich, z. B. durch						
— bildkräftige Wörter, Wortgruppen-, Satz- oder Textbilder						
— bildkräftige Beispiele						
— Personifizierung						
—						

Bild 52: Beurteilungsmerkmale eines Gebrauchstextes

	6	5	4	3	2	1
• Ist der Text verständlich, z. B. durch						
− lineare, folgerichtige Gedankenführung (in allen Textabschnitten)						
− kurzen, überschaubaren Satzbau						
− leicht verstehbare Wörter						
− eingeblendete Begriffsbestimmungen (bei schwerverständlichen Begriffen)						
−						
• Ist der Text knapp, z. B. durch						
− Weglassen unwichtiger Wörter						
− Weglassen aussageschwacher Textstellen (⟶ Redundanz)						
− Weglassen nichtssagender Wörter (⟶ Füllwörter)						
−						
• Ist der Text angemessen, z. B. hinsichtlich						
− des Schreibers (⟶ Selbst-Image des Senders)						
− des dargestellten Themas						
− der Leser-Stilschicht (⟶ Zielgruppe)						
− des Textträgers (z. B. Fachzeitschrift, Boulevardblatt o. a.)						
− der Mittelart (z. B. Fachbuch, Werbe-Anzeige o. a.)						
−						
• Ist der Text überzeugend, z. B. durch						
− klaren Argumentblock (⟶ These, Argumente, Beispiel)						
− treffende Beispiele						
− Hinweise auf Bewährung/Erprobung						
−						
• Hat der Text melodisch-angenehmen Klang						
• Hat der Text harmonischen Rhythmus						
• Enthält der Text grammatikalische Fehler						
• Bild und Text						
− Wirken Bild und Text in beabsichtigter Weise zusammen (z. B. erweiternd, verengend, kommentierend o. a.)						
− Ist der Bildinhalt ohne Text leichtverständlich						
−						

5.1 Zur Eigenkontrolle

Vermeiden wir doch bei der Text-Beurteilung durch uns selbst einen Kernfehler, wie er in der Praxis leider allzuoft gemacht wird, nämlich: Beurteilen wir den vor uns liegenden Gebrauchstext nicht isoliert von seinem Umfeld, sondern sehen wir den Text-Entwurf im engen Bezug zu den beiden Richtgrößen „Zielgruppe" und „Zielsetzung"!

Bezogen auf diese Grundorientierung verwenden wir als objektivierende Meßlatte folgende Beurteilungsmerkmale:

- die Anmutungsqualität des Textes (= spontaner Gesamteindruck);
- den Aufmerksamkeitsgrad des Titels (→ Überschrift, Schlagzeile);
- die sechs Leitpunkte der Text-Gestaltung (= KLAVKA);
- das Zusammenwirken von Text und Bild (falls wir dem Text ein Bild oder einige Bildmotive beigegeben haben).

Alle genannten Kriterien finden Sie in einer differenzierenden Untergliederung in der checklistenartigen Grafik „Beurteilungsmerkmale eines Gebrauchstextes" (Bild 52, S. 388 f.).

Einige ergänzende Vermerke zum besseren Verständnis, zur leichteren Handhabung dieser Arbeitshilfe.

Anmutungsqualität

Gemeint ist der spontane erste Eindruck, den der vorliegende Text auf uns ausübt; wir können ihn z. B. wissenschaftlich, pseudo-wissenschaftlich, boulevardartig, technisch, natürlich o. a. empfinden. — Anmutungsqualitäten solcher Art beeinflussen erfahrungsgemäß oft unser Gesamturteil.

Aufmerksamkeitsgrad

Objektiver kann man ihn dann erfassen, wenn wir den vorliegenden Text in seinem „Umfeld" betrachten, also z. B. informiert sind über andere Themen und Titel einer Zeitschriftenausgabe, in der unser Beitrag erscheinen soll.

Unabhängig davon sollten wir die textliche Gestaltung (→ originelle und treffende Wortwahl) des Titels und gegebenenfalls des Untertitels hinsichtlich ihres Aufmerksamkeitswertes beurteilen.

Leitpunkte KLAVKA

Mehrjährige Erfahrung hat gezeigt, daß es uns diese sechs Leitpunkte erleichtern, einen Text-Entwurf sachlich zu beurteilen; der Einfluß subjektiver Meinungen und Vorurteile wird dabei weitgehend in den Hintergrund gedrängt.

Und schon bald entdeckt man bei kritisch-sachlicher Durchsicht des Text-Entwurfes

○ ob es ihm etwa an „Klarheit" mangelt, da das zugrunde gelegte Denkmuster z. B. unzulänglich in die Schreibe umgesetzt wurde — oder —

○ ob der Text-Entwurf an Lebendigkeit zu wünschen übrig läßt, da etwa die Satzarten, -längen und -zeiten kaum wechseln, man keine zielenden Zeitwörter vorfindet und auch nirgendwo eine wörtliche Rede eingeblendet ist.

Wenn wir so den Text-Entwurf schrittweise und sorgfältig noch auf weitere Beurteilungsmerkmale hin überprüft und dabei Schwachstellen ausgelotet haben, fällt uns die gezielte Verbesserung erfahrungsgemäß leichter. Natürlich ist auch bei der Text-Beurteilung — genau wie bei der Text-Planung — eine stetige Übung das A und O.

In der Praxis des Berufsalltages wird man einen Text-Entwurf nicht in jedem Falle auf alle sechs Leitpunkte hin überprüfen, sondern sich — je nach Zielgruppe und Zielsetzung — mit zwei bis drei Kriterien (etwa mit „klar — verständlich — lebendig") begnügen. Eine solche verkürzte Text-Beurteilung aber sollte unverzichtbarer Bestandteil unserer Schreibe sein!

Zahlreiche Schriftsteller, Journalisten und Werbetexter bewerten die Text-Beurteilung und die damit verbundene „Feilarbeit" am Text-Entwurf sehr hoch; man hört oder liest da Meinungen, wie: für den Text-Entwurf benötige man etwa 20 %, für die Feilarbeit ungefähr 80 % vom gesamten Zeitaufwand.

Nach eigener Erfahrung braucht man für die Beurteilung einer DIN-A-4-Seite (Maschinenschrift) — bei einiger Übung! — etwa zehn bis fünfzehn Minuten jeweils für ein Beurteilungsmerkmal (z. B. für „verständlich"). — Die bereits empfohlene Checkliste (Bild 52) kann die Eigenkontrolle eines Text-Entwurfes beachtlich erleichtern; denn: sie gibt einen schnellen Überblick, ermöglicht besser die Akzentuierung bestimmter Beurteilungsmerkmale und gewährleistet, daß in der Hektik des Alltags kein wesentlicher Gesichtspunkt übersehen wird.

Dabei darf ferner die Bild-Beurteilung (s. S. 320 ff.) nicht zu kurz kommen.

5.2 Zur Fremdkontrolle

Mitunter gilt es, einen Text — etwa einen bedeutsamen Brief an Aktionäre oder eine Anzeigen-Serie für eine neues Produkt — beeinflussend an eine große Lesergruppe zu richten. Um in solcher Situation einen ,,Fehlschuß" zu vermeiden und tendenziell Aufschluß über die voraussichtliche Zielwirkung jenes Textes bei der besagten Zielgruppe zu bekommen, wird man, nach vorheriger Eigenkontrolle, ein Marktforschungsinstitut beauftragen, um die Resonanz im Markt zu ermitteln.

Die Zielsetzung für eine solche textbezogene Untersuchung mit dem Marktforscher festzulegen —, dies wird uns dann wesentlich leichter fallen, wenn wir den Text zielorientiert geplant und gestaltet haben (s. Abschnitte ,,Zielgerichtete Text-Planung", S. 327 ff.; ,,Text-Gestaltung", S. 343 ff.). So sind wir jetzt in der Lage, dem Marktforscher die anstehende Aufgabe und vor allem die Zielsetzung klar und in operationaler Art darzustellen, um danach mit ihm gemeinsam eine optimierende Zielvereinbarung über das Untersuchungsobjekt vorzunehmen. — Nur so wird die Chance erheblich größer, durch diesen Test gezielt Ergebnisse zu erhalten, die man später in einer Abweichungs-Analyse (gegenüber der Zielsetzung des Textes) rückkoppelnd ausmünzen wird! Dies etwa im Hinblick auf wichtige Stufen der Text-Planung (z. B. Vorwissen der Leser über das Planungsobjekt, Motivation oder Einstellung des Lesers zum angebotenen Erzeugnis, zum Werbeträger u. a. m.) oder hinsichtlich der Text-Gestaltung (bezogen etwa auf ein vorrangiges Beurteilungsmerkmal, wie ,,klar", ,,verständlich" oder ,,anschaulich"). — Daß eine solche textliche Marktforschungsaufgabe im Bereich der Verbrauchsforschung zu sehen ist, dürfte inzwischen durch die bisherige Darstellung beantwortet sein; ihren genauen Standort aber hat sie im Gebiet der psychologischen Marktforschung, nicht aber in der Umfrage —, Panel- oder Media-Forschung.

Da die Qualität des Forschungsergebnisses weitgehend abhängt von der Art der Methode oder der Methoden-Kombination, sollten wir dieser Frage unsere Aufmerksamkeit zuwenden und einige bemerkenswerte Hinweise beachten.

Ein Forschungsplan gliedert sich in drei Teilpläne:

○ Arbeitsplan (→ er informiert über die notwendigen Arbeiten und damit Methoden sowie die Zuständigkeiten der beteiligten Mitarbeiter);

○ Zeitplan (→ er bestimmt den Beginn und zeitlichen Ablau der Untersuchung);

○ Kostenplan (→ dieser ergibt sich aus dem Arbeits- und Zeitplan).

Der Arbeitsplan enthält u. a. die Art der Untersuchungsmethode. Unter „Methode" verstehen wir ein planmäßiges Verfahren, um ein bestimmtes Untersuchungsziel rationell zu erreichen. — Im Methoden-Spektrum der Marktforschung findet man beispielsweise:

○ Primär-Erhebungen (→ neue Daten über die Zielgruppe, den Markt);

○ Sekundär-Erhebungen (→ Rückgriff auf vorhandenes Datenmaterial, z. B. amtliche Statistiken, Statistiken von Verbänden und Instituten, innerbetriebliches Zahlenmaterial);

○ Befragungen
z. B. Tiefen-Interview, direktive Technik, Gruppen-Exploration, projektive Verfahren, assoziative Verfahren, Zuordnungsverfahren, Skalierungsverfahren;

○ Beobachtungen
etwa quasi-biotische Beobachtung (Lese-Verhalten, Handlungsablauf), Definitionsversuch, Beobachtung in voll-biotischer Situation (Kaufverhalten);

○ Experiment
z. B. Tachistoskop, Schnellgreifbühne.

Anwendungsorientierte und damit aussagestarke Ergebnisse wird man vornehmlich in jenen Fällen erhalten, in denen der Forscher sozio-linguistischen Aspekten (z. B. gesellschaftliche Bedingungen der Sprache und der sprachlichen Kommunikation) erhöhte Aufmerksamkeit schenkt; die Abhängigkeit individuellen Sprachgebrauches von der sprachlichen Umwelt (→ schichtenspezifisches Verhalten, Sprachbarrieren) u. a.

Eine „Fremdkontrolle" kann uns einen tieferen Einblick in die Resonanz unseres Textes beim künftigen Leser geben, vermag uns zu einer Prognose ertüchtigen, — ermutigen. Doch: Eine Fremdkontrolle muß man, da nicht zuletzt kostenaufwendig — sehr gründlich, bedachtsam und mit großer Sorgfalt vorbereiten. Wenn dann trotzdem die Ergebnisse unsere Erwartungen nur teilweise erfüllen, tröste man sich mit dem Wort aus Faust I: „Was man nicht weiß, das eben brauchte man, und was man weiß, kann man nicht brauchen. — Doch laß uns dieser Stunde schönes Gut durch solchen Trübsinn nicht verkümmern!"

5.3 Abweichungsanalyse und Rückkoppelung

Seit vielen Jahren hat man kybernetisches Denken und Handeln inzwischen in Wissenschaft und Praxis — oft sehr zum Nutzen der jeweiligen Absicht — ausgelotet und ausgemünzt. Warum sollten wir daher bei unserem Anliegen, beim Gestalten zielorientierter Gebrauchstexte, auf bewährte Erfahrungen verzichten wollen?

Im Interesse der Sache dürfen wir dies auf keinen Fall! Das heißt: es gilt, gewonnene Einsichten und Ergebnisse der vorgenommenen Text-Beurteilung arbeitsmethodisch nach dem kybernetischen Prinzip „Abweichung vom Ziel — Korrektur — Rückkoppelung zur Text-Gestaltung" verwerten, um so eine Optimierung des bisherigen Textes zu erreichen. Eben an diesem millimeterkleinen Punkt des Denkens wird also eines klar: wir dürfen wichtige Ergebnisse der Text-Beurteilung nicht einfach nutzlos als „tiefere Wahrheit" unserer Analyse dastehen lassen, sondern haben diese Erkenntnisse optimierend in eine stärkere Text-Wirkung umzusetzen; dies z. B. im Hinblick auf:

o eine verständlichere Formulierung des Titels und/oder des Untertitels;

o eine wirkungsstärkere Kombination zielbezogener Text-Sorten (etwa eine wirkungssteigernde Kombination von Erörterung, Charakterskizze und belebendem Interview);

o eine Wirkungsverstärkung einiger text-gestalterischen Leitpunkte (etwa „verständlich" und „lebendig" verbessern);

o eine Erhöhung der Lesespannung durch gestaltete Dramatisierung (z. B. dem vorliegenden Thema eine einfache, vorwärtstreibende Handlung unterlegen);

o eine zielgerichtete Wirkungssteigerung durch treffende Wortwahl, durch originelle Sprachbilder, überlegten Wechsel der Stilebene, durchsichtigen Satzbau oder anderes mehr.

Dies sind nur fünf naheliegende Möglichkeiten, einen Text von etwaigen Analyse-Ergebnissen aus zu optimieren; aber es sind längst nicht alle Möglichkeiten, nicht alle Chancen. Darum: mangelhafte Rückkoppelung ist meist verlorener Gewinn.

6. Vom Stil zum Individual-Stil

Feinziele

Der letzte Abschnitt dieses Sachbuches will abrundend zum Themenfeld „Stil" einige Gedanken in knapper Form darstellen, und zwar ist beabsichtigt:

○ den Begriff „Stil" in allgemeiner Bedeutung zu definieren;

○ einen kurzen Überblick über verschiedene Stilarten zu geben;

○ den Begriff „Schreib-Individualstil" zu klären;

○ sieben Schritte aufzuzeigen, die Sie anregen können, leichter den Weg zum Stil „mit persönlicher Note" zu finden — also zum Schreib-Individualstil;

○ schließlich einen Schreibstil nach mehreren praktikablen Merkmalen weitgehend objektiv und umfassend zu beurteilen, um dadurch das Stilempfinden zu schärfen und vor allem dem eigenen Stil ein persönlichkeitsstarkes Profil zu geben.

Für die meisten von uns kommt eines Tages der Punkt, wo man sich insgeheim sagt: Nach längerer und systematischer Arbeit bin ich nun in der Lage, einen Gebrauchstext zielwirksam zu planen, zu schreiben und seine Gestaltung sowie voraussichtliche Wirkung durch eine versachlichende Eigenkontrolle zu prüfen. Ein selbstehrliches Urteil, ein Werturteil, ein persönliches Erfolgserlebnis, das einen mit Recht freuen kann!

Indes, sind wir mit diesem Ergebnis am Ziel — oder? Mancher mag mit diesem Erfolg zufrieden sein. Andere aber, die z. B. an der Ausformung ihrer Persönlichkeit arbeiten, werden sich vermutlich die Frage stellen: „Kann ich — außer durch das gesprochene Wort — auch durch das geschriebene Wort meine Persönlichkeit zielstrebig prägen, sie profilieren — etwa durch individualisierende Merkmale?

Aufgeworfen ist damit zunächst die Frage nach dem „Stil" allgemein —, und im weiteren die Frage nach typisierenden „Kennmarken" eines Schreib-Individualstiles sowie den Schritten dahin.

Was ist „Stil"?

Stil ist — in der allgemeinen Bedeutung — eine bestimmte, gleichbleibende und wertgerichtete Art des Lebens, Erlebens, Denkens, Handelns und Leistens, die man über einen längeren Zeitraum als charakteristisches und einheitliches Gepräge wahrnimmt.

Wir begegnen diesem Phänomen vornehmlich im Bereich der Kultur (→ Architektur, Malerei, Musik, Literatur u. a.).

6.1 Stilarten

Da wir einen Stil unter verschiedenartigen Sichtweisen betrachten können, ergeben sich dadurch auch unterschiedliche „Stil-Arten"; im allgemeinen sind es drei Arten:

1. der Individual-Stil (= Personal-Stil)
   hierbei betrachtet man die Texte aus einer längeren Zeitreihe als Ausdruck individual-typischer Merkmale, als Verhaltens- und Wesenszüge eines Schreibers;

2. der Werkstil
   damit meint man charakteristische Merkmale eines Werkes (z. B. typisierende Gestaltungsmerkmale eines Bauwerkes, eines Bildes, eines Textes als „Werk");

3. der Altersstil
   er ist geprägt durch kennzeichnende Merkmale altersbezogener großer Entwicklungsstufen (etwa Jugendstil, Erwachsenenstil, Altersstil).

Neben dieser Einteilung in Stilarten ist eine andere Sichtweise üblich, nämlich: Stil als sozio-kulturelles Phänomen aufzufassen; beim Aufrastern ergeben sich hierbei folgende Arten:

- der Zeit- oder Epochenstil (z. B. Romanik, Gotik, Renaissance, Barock, Klassik u. a.);
- der Nationalstil;
- der Landschaftsstil u. a. m.

Richtungsweisend für unsere textbezogene Betrachtung aber ist der folgende
Standort: den Stil sachbezogen zu sehen; daraus ergibt sich eine Gliederung der
Stilarten in:

- Baustil
- Möbelstil
- Sportstil (z. B. Laufstil)

- Lebensstil
- Sprachstil (→ Schreibstil, Redestil)

Bleiben wir bei der letztgenannten Stilart, beim: Schreibstil — verstanden als
Individualstil.

6.2 Zum Begriff „Schreib-Individualstil"

In einem erweiterten Sinne wird hier der Schreib-Individualstil verstanden als:
die sichtbare, situative und wirkungsgerichtete Darstellungsform von Gedachtem
oder Gesprochenem in ganzheitlichen Textgebilden; diese sind durchgehend
durch einige individual-typische Züge gekennzeichnet und erhalten so ein eigentümliches Gepräge im Hinblick auf: Erleben, Verhalten, Wirken, Wertewelt und
Wesen des Schreibers — beobachtet und beurteilt über einen längeren Zeitraum.

Das Phänomen „Stil" wird bestimmt und geprägt durch viele und mannigfaltige
Stilmittel (= Stilelemente, Stilistika), wie Wortarten, Satzarten, Wortstellung im
Satz, Sprachbilder, Zeitstufen, Aktiv- und Passivformen, Rhythmus und Klang
und vieles mehr. — Meist sind es mehrere Mittel, die gemeinsam und durch ihre
mittelimmanente Wirkung, durch die Zielsetzung des Schreibers und ihr gegenseitiges Zusammenwirken bestimmte Stilzüge sichtbar und erlebbar werden
lassen.

Bei einem Stilmittel unterscheidet man im allgemeinen zwei Wertaspekte:

- den Eindruckswert
   = die auf den Leser (→ Zielgruppe) bezogene Wirkung des Stilmittels
   — und —

- den Ausdruckswert
   = die Absicht des Schreibers, ein bestimmtes Stilmittel gestalterisch in seinen
   Texten einzusetzen.

Darüber hinaus spricht man noch vom „Stilwert" eines Stilmittels. In diesem
Zusammenhang vertritt z. B. Bernhard Sowinski die Auffassung: „ . . . Der Stilwert des jeweiligen Stilmittels liegt nicht absolut fest, sondern ergibt sich erst aus

dem Zusammenhang und der Ausdrucksabsicht des Textes . . ."[97] — Die variable Qualität des Stilwertes dürfte hauptsächlich bestimmt werden durch: die Absicht des Schreibers, die semantisch-grammatische Leistung des jeweiligen Stilmittels und die tatsächlich erzielte Wirkung beim Leser.

Wie wir aus solchen skizzenartigen Gedanken erkennen, muß eine jede Stilbetrachtung unbedingt den Kontext (= der Zusammenhang eines Wortes, einer Textstelle oder eines Kapitels mit dem Vorausgegangenen oder dem Nachfolgenden) gebührend berücksichtigen.

Eine Stilauffassung, wie oben skizziert, umgreift ausholend die Situation, die Absicht (= Ziel), die Text-Gestaltung und die Text-Wirkung. Mithin lassen sich die meisten der gegenwärtigen Stilauffassungen sowie Forschungsergebnisse — etwa Aspekte der rhetorischen, psychologischen, funktionalen, personalen, didaktischen, quantitativen, semantischen und textgrammatischen Auffassung — in die oben skizzierte Begriffsbestimmung einfügen, mit wachsendem Gewinn an Breitensicht und Tiefenschärfe.

Mit einem solchen praxisbezogenen Nutzen paart sich ein weiterer Vorteil, auf den Sowinski in seiner „Deutsche Stilistik" verweist: „. . . während eine wie auch immer eingeschränkte Stilauffassung die Kriterien der Abgrenzung von Stil und Nicht-Stil nur aufgrund subjektiver Urteile ermitteln kann, geht eine umfassendere Stil-Auffassung diesen Schwierigkeiten aus dem Wege, wenn sie allen Äußerungen Stilcharakter zuerkennt, allerdings in unterschiedlicher Form und mit einem jeweils unterschiedlichen Anteil an Stilmitteln . . ."[98]

Dieser von Sowinski angesprochene „Stilcharakter" kann durch eine selbstbewußte Persönlichkeit eine offenkundige und konturierte Ausprägung erfahren, kann zur „individuellen Note" werden. In diesem Zusammenhang stellt sich dann die Frage: Wie kommt man vom allgemeinen Schreibstil zu einem markanten Schreib-Individualstil?

6.3 Sieben Meilenschritte zum „Schreib-Individualstil"

Wer schon hätte den vermessenen Ehrgeiz, etwa wie Goethe, Lessing, Kleist oder Nietzsche schreiben zu wollen — ebenbürtig ihrer Persönlichkeit und Stilqualität?!

Trotz alledem: Wer ernsthaft einen profilierten Schreib-Stil finden möchte als Ausdruck seiner Persönlichkeit, seiner Individualität, der wird auch einen gangbaren Weg oder Seitenpfad entdecken, der zu diesem Ziel führt. — Als Anregung seien, basierend auf eingehenden Gesprächen mit Kollegen und Seminaristen, sieben mögliche Meilenschritte — raumgreifende Schritte! — aufgezeigt, die vielleicht auch Ihnen wenigstens eine Grund-Orientierung bei Ihrem suchenden Bemühen geben:

○ erster Schritt
eine planvolle Persönlichkeitsbildung beginnen;

○ zweiter Schritt
die eigene Persönlichkeit im Lebensumfeld positionieren;

○ dritter Schritt
das Stil-Bewußtsein und -Empfinden schärfen, zugleich die Begriffsbestimmung „Schreib-Individualstil" verdeutlichen;

○ vierter Schritt
ein Stil-Vorbild nach mehreren Beurteilungsmerkmalen kritisch auswählen;

○ fünfter Schritt
Text-Analysen des Stil-Vorbildes vornehmen —, mit nachahmenden Schreibübungen;

○ sechster Schritt
mehrere Stil-Analysen von Werken des Stil-Vorbildes durchführen —, wiederum mit nachahmenden Schreibübungen;

○ siebter Schritt
bewußt-kritische und kraftvolle Befreiung vom Stil-Vorbild vornehmen — hin zu einem eigenen Individualstil!

6.3.1 Erster Schritt: planvolle Persönlichkeitsbildung beginnen

„Persönlichkeitsbildung" — ein Schlüsselwort für den Menschen unserer Zeit, erst recht für den Schreiber oder Redner, der nach einem profilierenden Individualstil strebt. Wie im Sachbuch „Zielwirksam reden"[99] ausführlicher dargelegt, soll eine längerfristige Persönlichkeitsbildung unbedingt durch eine operationale Zielsetzung (in schriftlicher Form) bestimmt werden; zudem soll sie auf mehrere verschiedenartige Themenfelder hin ausgerichtet sein, so z. B. zumindest auf: Körpererziehung, Charakterbildung, Gedächtnisschulung, Sprachschulung, Allgemeinbildung und Glaubensschulung (→ Bild 52, S. 382).

Das Werden des Menschen zur Persönlichkeit vollzieht sich in einer ständigen Wechselwirkung mit der Umwelt, also mit Dingen und Geschehnissen in der

Kultur (etwa Staat, Gesellschaft, Kunst, Technik, Sprache, Musik u. a. m.), mit Sitte und Moral, ferner mit Gegenständen und Ereignissen in der Natur; und ebenso wächst und wird die Persönlichkeit durch Wechselbezüge mit Themen und Fragen aus der Über-Wirklichkeit: Gott, Religion, Metaphysisches.

Der Psychologe Philipp Lersch (1898 — 1972) sieht die Persönlichkeit vertikal als Schichtengefüge: aus der Tiefe des endothymen Grundes „... entfalten sich die Antriebserlebnisse mit ihrer dreifachen Thematik des lebendigen Daseins, des individuellen Selbstseins und des Über-sich-hinaus-Seins";[100] ergänzend kommen (horizontal) dazu das Weltinnewerden (z. B. das Wahrnehmen, Vorstellen, Denken) sowie das wirkende Verhalten (etwa Antriebe und Willenshandlungen). Beides, Weltinnewerden und wirkendes Verhalten, bewegt sich unablässig in einem „Funktionskreis des Erlebens" — sich gegenseitig durchdringend, ausbildend, steigernd (s. Bild 6, S. 48).

Wer ernsthaft die Bildungsarbeit am Selbst vornimmt, wird sich bald zwei existenziell zentralen Fragen nähern:

○ Was ist in meinem Leben und in der Welt wertvoll?
○ Was muß ich künftig tun, um mich sittlich richtig zu verhalten?

Versuch einer Antwort

○ Zum einen sollte man seine Selbstbildung ausrichten auf Verhaltensziele grundsätzlicher Art, etwa auf ein verantwortungsbewußtes, zuverlässiges und folgerichtiges Verhalten;

○ zum anderen wird man in eigener und freier Entscheidung ganz bestimmte Tugenden auswählen, die man als individualisierende und bedeutsame Werte erkennt, anerkennt und deshalb innerhalb der weiteren Persönlichkeitsbildung zeitkonstant verwirklichen will, z. B. Selbstachtung, Toleranz, Gerechtigkeit, Disziplin, Pflicht, Selbstbeherrschung, Tapferkeit (auch „im Kleinen"), Aufrichtigkeit, Treue, Bescheidenheit oder eine andere solcher wertstarken Tugenden.

Bezug zum Metaphysischen

„... und mit ihm spielen Wolken und Winde"; bei dem Kennwort „Metaphysisches" mag einem vielleicht warnend dieses Goethe-Wort in den Sinn kommen. Wir sollten also auf keinen Fall zu denen zählen, die Schilfrohr im Winde sind. Ganz im Gegenteil: Ein jeder darf dem Schicksal dankbar sein, wenn er einen Bezug, einen starken Bezug zum Metaphysischen hat oder dies bereits zutiefst erfahren konnte —, zu einer übersinnlichen Realität, jenseits der Grenzen von

Erfahrung und mitunter von Vorstellungen. Eine derartige Verankerung des Ich in der Über-Wirklichkeit, etwa im Göttlichen, gibt einem — wie Selbstbeobachtung und Erfahrungsaustausch mit anderen immer wieder kundtun — in so mancher schwierigen oder bedrohlichen Lebenssituation: festen Halt, Ruhe, Gewißheit und Hoffnung.

Bildung so verstanden, ist ein jahrelanger und streckenweise mühsamer Prozeß, der aber doch oft zu einem Abschluß mit erfreulichem Ergebnis führt — zur ausgeprägten Persönlichkeit. Denn als „Persönlichkeit" bezeichnet man allgemein eben nur denjenigen Menschen, bei dem offensichtlich eine haltungsmäßige Durchformtheit gegeben ist und der zugleich die Fähigkeit hat, anspruchsvolle Aufgaben selbständig zu bewältigen — durch vertiefende Einsicht, klare Stellungnahme und eindeutige Entscheidung. Als weitere ziel- und leistungsorientierte Ausstattungen kommen persönlichkeitsformend hinzu: Begabungen und Erbanlagen (s. S. 71).

Und nur wer zunächst durch zielbewußte Bildung im skizzierten Sinne seiner „Persönlichkeit" zustrebt, erlangt dadurch das geistig-seelische Fundament und die Chance, schrittweise „seinen" Schreib-Individualstil als Echo im eigenen Ich auszuloten und zu fixieren durch zielbewußte und systematische Textarbeit.

6.3.2 Zweiter Schritt: die eigene Persönlichkeit positionieren

Im Gesamtgefüge einer Persönlichkeit zieht erfahrungsgemäß oft ihr individualtypisches Verhalten unsere Aufmerksamkeit auf sich. Und warum? Wohl einfach deshalb, da im Denken, Erleben und Verhalten eine Persönlichkeit deutlich an Profil gewinnt: durchschaubarer und griffiger für uns im Umfeld wird.

Fragt man nach den wesentlichen Perspektiven und Richtungen im menschlichen Verhalten — bezogen auf Wort und Tat —, dann ist es zweckmäßig, dies vom sozio-kulturellen Standort aus zu tun, mit Blick auf das verhaltensdynamische Spannungsfeld zwischen: dem Ich und dem Du — oder — dem Ich und Dingen der Umwelt. Bedeutsam für unsere Absicht ist es, rechtzeitig und entschieden in jenem verhaltensdynamischen Spannungsfeld die eigene Persönlichkeit zu positionieren. Nehmen wir verdeutlichend als Beispiel zwei unterschiedliche Persönlichkeiten: die Person A ein aktiver, vorwärtsschreitender Typ; dagegen die Person B ein reaktiver, vorsichtig abwartender Typ. — Welche Verhaltensmöglichkeiten treten hier zwischen den beiden Persönlichkeiten oder zwischen einer Persönlichkeit und ihrer Umwelt bzw. Mitwelt erfahrungsgemäß auf? Anders gefragt: Welchen Verhaltenszügen (→ Stilzügen) können wir dabei begegnen? Zur Aufhellung erneut eine Grafik (Bild 53, s. S. 402).

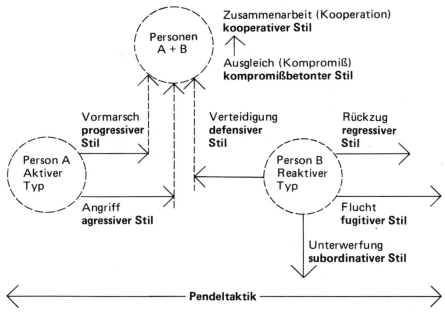

Bild 53: Verhaltensorientierte Stilarten

Zu den einzelnen Verhaltenszügen (→ Stilzüge) einige verdeutlichende Vermerke.

○ Progressiver Stil (→ Fortschritt)
Stilzug: ein starker Drang zum Fortschritt, auch zum Fortschritt durch Experiment, verbunden mit Mut zum Risiko;

○ Aggressiver Stil (→ Angriff)
Stilzug: ein starker Wille zur Auseinandersetzung, zum Kampf, oft getragen von Siegeszuversicht.
Mit der Aggression — diesem triebhaften und affektbedingten Angriffsverhalten, im Zwischenmenschlichen oft als Bedürfnis oder Bereitschaft anzutreffen — befaßt sich seit Jahrzehnten die Psychologie. Erinnert sei z. B. an Sigmund Freud, Gesammelte Werke; Konrad Lorenz, Das sogenannte Böse; Alexander Mitscherlich, Die Idee des Friedens und die menschliche Aggression; auch an Hans Werbik mit seiner jüngsten Publikation „Kritische Stichwörter (1981): „... Mit Hilfe des von Werbik vorgeschlagenen Kategoriensystems ist es möglich, alle Aggressionen, die sich auf andere Personen beziehen, als ‚destruktiv intendiert', ‚teilweise destruktiv intendiert' oder ‚negativ intendiert' auszuweisen" ...[101]

- Defensiver Stil (→ Verteidigung)
  Stilzug: eine offenkundige Bereitschaft, die erreichte Position zu verteidigen, sie auf keinen Fall kampflos aufzugeben;

- Konservativer Stil (→ Bewahrung)
  Stilzug: ein intensives Bestreben, das Erreichte im wesentlichen unverändert zu bewahren, zu halten; ein deutlicher Hang zur Tradition; bewußte Zurückhaltung gegenüber tiefer eingreifenden Experimenten;

- Subordinativer Stil (→ Unterwerfung)
  Stilzug: die Bereitschaft, sich nach kurzem Ringen oder von vornherein kampflos zu unterwerfen;

- Regressiver Stil (→ Rückzug)
  Stilzug: die Bereitschaft, bei beginnender Auseinandersetzung sehr bald einen möglichst planvollen und geordneten Rückzug vorzunehmen;

- Fugitiver Stil (→ Flucht)
  Stilzug: die starke gefühlsmäßige Neigung, einer Auseinandersetzung zu entfliehen, oft gedanken- und kopflos;

- Kompromißbetonter Stil (→ Ausgleich)
  Stilzug: der Wille, eine Auseinandersetzung durch (gerechten) Ausgleich zu beenden, möglichst ohne „Gesichtsverlust" für alle Beteiligten;

- Kooperativer Stil (→ Zusammenarbeit)
  Stilzug: das Bemühen, ein gestecktes Ziel durch intensive Zusammenarbeit mit anderen (Partnern) zu erreichen, zum Vorteil aller Beteiligten.

Diese wesentlichen und unterschiedlichen neun Verhaltenszüge (→ Stilzüge) erleben wir in der Wirklichkeit des Alltags erfahrungsgemäß meist als „Pendeltaktik": Das Individuum wechselt je nach Situation und Ziel die Art seines Verhaltens (→ Stilart). Über einen etwas längeren Zeitraum hin betrachtet aber dominiert in der Mehrzahl aller Beobachtungen und Erfahrungen eine ganz bestimmte Verhaltensart (→ Stilzug). Eben diese beherrschende Verhaltensart aber gibt einem Schreib-Individualstil letztlich das prägende und individualtypische Signet, den „Markencharakter".

Für welche Verhaltensart — also Positionierung — werden Sie sich entscheiden? Entscheiden Sie sich bitte unzweideutig!

6.3.3 Dritter Schritt: das Stil-Bewußtsein und -Empfinden schärfen

Der (eigentliche) Einstieg in den „Individualstil" wird für uns insbesondere dann nutzbringend, wenn man fürs erste beginnt, das Stil-Bewußtsein und -Empfinden zu schärfen. Dies soll an zwei Beispielen geschehen, die aus der Feder polarer Persönlichkeiten stammen: Gotthold Ephraim Lessing — und — Adalbert Stifter.

Stilbeispiel Nr. 1

Gotthold Ephraim Lessing (1729 — 1781): Dichter, Kritiker, Philosoph, Maler; als Mitherausgeber der kritischen Wochenzeitschrift „Briefe, die neueste Literatur betreffend" (insgesamt 333 Briefe, davon vermutlich 55 von Lessing verfaßt), erklärte sich Lessing im gern zitierten siebzehnten Brief gegen die französische Klassik und gegen Gottsched — damit zugleich unmißverständlich für Shakespeare.

Auszug aus dem „Siebzehnten Brief"

„Niemand", sagen die Verfasser der Bibliothek, „wird leugnen, daß die deutsche Schaubühne einen großen Teil ihrer ersten Verbesserung dem Herrn Professor Gottsched zu danken habe."
Ich bin dieser Niemand; ich leugne es geradezu. Es wäre zu wünschen, daß sich Herr Gottsched niemals mit dem Theater vermengt hätte. Seine vermeinten Verbesserungen betreffen entweder entbehrliche Kleinigkeiten, oder sind wahre Verschlimmerungen. Als die Neuberin blühte und so mancher den Beruf fühlte, sich um sie und die Bühne verdient zu machen, sah es freilich mit unserer dramatischen Poesie sehr elend aus. Man kannte keine Regeln; man bekümmerte sich um keine Muster. Unsere „Staats- und Helden-Actionen" waren voller Unsinn, Bombast, Schmutz und Pöbelwitz. Unsere „Lustspiele" bestanden in Verkleidungen und Zaubereien; und Prügel waren die witzigsten Einfälle derselben. Dieses Verderbnis einzusehen, brauchte man eben nicht der feinste und größte Geist zu sein. Auch war Herr Gottsched nicht der erste, der es einsah; er war nur der erste, der sich Kräfte genug zutraute, ihm abzuhelfen. Und wie ging er damit zu Werke? Er verstand ein wenig Französich und fing an zu übersetzen; er ermunterte alles, was reimen und Oui Monsieur verstehen konnte, gleichfalls zu übersetzen . . .

Er hätte aus unsern alten dramatischen Stücken, welche er vertrieb, hinlänglich abmerken können, daß wir mehr in den Geschmack der Engländer als der Franzosen einschlagen; daß wir in unseren Trauerspielen mehr sehen und denken wollen, als uns das furchtsame französische Trauerspiel zu sehen und zu denken gibt; daß das Große, das Schreckliche, das Melancholische besser auf uns wirkt, als das Artige, das Zärtliche, das Verliebte; daß uns die zu große Einfalt mehr ermüde als die zu große Verwicklung . . .

Wenn man die Meisterstücke des Shakespeare mit einigen bescheidenen Veränderungen unsern Deutschen übersetzt hätte, ich weiß gewiß, es würde von bessern Folgen gewesen sein, als daß man sie mit dem Corneille und Racine so bekannt gemacht hat. Erstlich würde das Volk an jenem weit mehr Geschmack gefunden haben, als es an diesen nicht finden kann; und zweitens würde jener ganz andere Köpfe unter uns erweckt haben, als man von diesen zu rühmen weiß. Denn ein Genie kann nur von einem Genie entzündet werden, und am leichtesten von so einem, das alles bloß der Natur zu danken zu haben scheint, und durch die mühsamen Vollkommenheiten der Kunst nicht abschreckt ...

Daß aber unsere alten Stücke wirklich sehr viel Englisches gehabt haben, könnte ich Ihnen mit geringer Mühe weitläufig beweisen. Nur das Bekannteste derselben zu nennen: ,,Doktor Faust" hat eine Menge Szenen, die nur ein Shakespearisches Genie zu denken vermögend gewesen. Und wie verliebt war Deutschland und ist es zum Teil noch in seinen ,,Doktor Faust"! Einer von meinen Freunden verwahrt einen alten Entwurf dieses Trauerspiels, und er hat mir einen Auftritt daraus mitgeteilt, in welchem gewiß ungemein viel Großes liegt! Sind Sie begierig ihn zu lesen? Hier ist er! — Faust verlangt den schnellen Geist der Hölle zu seiner Bedienung. Er macht seine Beschwörungen; es erscheinen derselben sieben; und nun fängt sich die ,,dritte Szene des zweiten Aufzugs" an. Was sagen Sie zu dieser Szene? Sie wünschen ein deutsches Stück, das lauter solche Szenen hätte? Ich auch! ...[102]

Stilbeispiel Nr. 2

Adalbert Stifter (1805 — 1868): Dichter, Maler, Erzieher; unter dem Titel ,,Bunte Steine" (1853) vereinigte er sechs Erzählungen zu einem Band und versah diese Ausgabe mit der berühmten ,,Vorrede" —, darin sein gläubiges Bekenntnis zu All und Natur, zum ,,sanften Gesetz": ,, ... Das Wehen der Luft, das Rieseln des Wassers, das Wachsen der Getreide ... halte ich für groß: ..."

Auszug aus dieser ,,Vorrede"

,, ... Weil wir aber schon einmal von dem Großen und Kleinen reden, so will ich meine Ansichten darlegen, die wahrscheinlich von denen vieler anderer Menschen abweichen. Das Wehen der Luft, das Rieseln des Wassers, das Wachsen der Getreide, das Wogen des Meeres, das Grünen der Erde, das Glänzen des Himmels, das Schimmern der Gestirne halte ich für groß: das prächtig einherziehende Gewitter, den Blitz, welcher Häuser spaltet, den Sturm, der die Brandung treibt, den feuerspeienden Berg, das Erdbeben, welches Länder verschüttet, halte ich nicht für größer als obige Erscheinungen, ja ich halte sie für kleiner, weil sie nur Wirkungen viel höherer Gesetze sind. Sie kommen auf einzelnen Stellen vor und sind die Ergebnisse einseitiger Ursachen. Die Kraft, welche die Milch im Töpfchen der armen Frau emporschwellen und übergehen macht, ist es auch, die die Lava in dem feuerspeienden Berg emportreibt und auf den Flächen der Berge hinabgleiten läßt. Nur augenfälliger sind diese Erscheinungen und reißen den Blick des Unkundigen und Unaufmerksamen mehr an sich, während der Geisteszug des Forschers vorzüglich auf das Ganze und Allgemeine geht und nur in ihm allein Großartigkeit zu erkennen vermag, weil es allein das Welterhaltende ist. Die Einzelheiten gehen vorüber, und ihre Wirkungen sind nach kurzem kaum noch erkennbar ...

Wenn wir, so wie wir für das Licht die Augen haben, auch für die Elektrizität und den aus ihr kommenden Magnetismus ein Sinneswerkzeug hätten, welche große Welt, welche Fülle von unermeßlichen Erscheinungen würde uns da aufgetan sein. Wenn wir aber auch dieses leibliche Auge nicht haben, so haben wir dafür das geistige der Wissenschaft, und diese lehrt uns, daß die elektrische und magnetische Kraft aus einem ungeheuren Schauplatze wirkte, daß sie auf der ganzen Erde und durch den ganzen Himmel verbreitet sei, daß sie alles umfließe und sanft und unablässig verändernd, bildend und lebenerzeugend sich darstelle. Der Blitz ist nur ein ganz kleines Merkmal dieser Kraft, sie selber aber ist ein Großes in der Natur ...

So wie es in der äußeren Natur ist, so ist es auch in der inneren, in der des menschlichen Geschlechtes. Ein ganzes Leben voll Gerechtigkeit, Einfachheit, Bezwingung seiner selbst, Verstandesgemäßigkeit, Wirksamkeit in seinem Kreise, Bewunderung des Schönen, verbunden mit einem heiteren gelassenen Sterben, halte ich für groß: mächtige Bewegungen des Gemütes, furchtbar einherrollenden Zorn, die Begier nach Rache, den entzündeten Geist, der nach Tätigkeit strebt, umreißt, ändert, zerstört und in der Erregung oft das eigene Leben hinwirft, halte ich nicht für größer, sondern für kleiner, da diese Dinge so gut nur Hervorbringungen einzelner und einseitiger Kräfte sind, wie Stürme, feuerspeiende Berge, Erdbeben. Wir wollen das sanfte Gesetz zu erblicken suchen, wodurch das menschliche Geschlecht geleitet wird. Es gibt Kräfte, die nach dem Bestehen des Einzelnen zielen. Sie nehmen alles und verwenden es, was zum Bestehen und zum Entwickeln desselben notwendig ist. Sie sichern den Bestand des Einen und dadurch den aller. Wenn aber jemand jedes Ding unbedingt an sich reißt, was sein Wesen braucht, wenn er die Bedingungen des Daseins eines anderen zerstört, so ergrimmt etwas Höheres in uns, wir helfen dem Schwachen und Unterdrückten, wir stellen den Stand wieder her, daß er ein Mensch neben dem andern bestehe und seine menschliche Bahn gehen könne, und wen wir das getan haben, so fühlen wir uns befriedigt, wir fühlen uns noch viel höher und inniger als wir uns als Einzelne fühlen, wir fühlen uns als ganze Menschheit. Es gibt daher Kräfte, die nach dem Bestehen der gesamten Menschheit hinwirken, die durch die Einzelkräfte nicht beschränkt werden dürfen, ja im Gegenteile beschränkend auf sie selber einwirken. Es ist das Gesetz dieser Kräfte, das Gesetz der Gerechtigkeit, das Gesetz der Sitte, das Gesetz, das will, daß jeder geachtet, geehrt, ungefährdet neben dem anderen besteht, daß er seine höhere menschliche Laufbahn gehen könne, sich Liebe und Bewunderung seiner Mitmenschen erwerbe, daß er als Kleinod gehütet werden, wie jeder Mensch ein Kleinod für alle anderen Menschen ist. Dieses Gesetz liegt überall, wo Menschen neben Menschen wohnen und es zeigt sich, wenn Menschen gegen Menschen wirken. Es liegt in der Liebe der Ehegatten zueinander, in der Liebe der Eltern zu den Kindern, der Kinder zu den Eltern, in der Liebe der Geschwister, der Freunde zueinander, in der süßen Neigung beider Geschlechter, in der Arbeitsamkeit, wodurch wir erhalten werden in der Tätigkeit, wodurch man für seinen Kreis, für die Ferne, für die Menschheit wirkt, und endlich in der Ordnung und Gestalt, womit ganze Gesellschaften und Staaten ihr Dasein umgeben und zum Abschlusse bringen . . ."[103]

So weit die Auszüge aus zwei verschiedenartigen Stilproben:

○ dort Lessing — scharfsinnig, lebhaft-spritzig, leidenschaftlich dahinstürmend, angriffslustig-bissig, zwischendurch ironisch und spöttisch; gedankenklar; wider Dogma, Regelhaftigkeit und erstarrten Rationalismus;

○ hier Stifter — versöhnlich-heiter, episch-breit, ausgeglichen, abgeklärt, aus stiller Reife und Religion das Erhabene und Großartige miterfassend, bestaunend, verehrend.

Beide Beispiele — und es gibt in der deutschen Literatur zahlreiche weitere eindrucksvolle Belege — zeichnen sich aus durch das, was so mancher von uns in seiner Schreibe anstrebt, nämlich: die „persönliche Note".

Eine solche Anmutung, ein kritisch-bewußtes Empfinden zweier sehr unterschiedlicher Persönlichkeiten und ihrer Stilzüge wirft nun die Frage auf: Was eigentlich ist Schreib-Individualstil?

Zum Begriff „Schreib-Individualstil"
Von Schreib-Individualstil sprechen wir bei Gebrauchstexten in der Regel also dann, wenn der Schreiber das Geschehen (= Zustände und/oder Vorgänge) in der Welt — Themen aus den Bereichen Mensch, Natur, Kultur, Religion und aus dem Reich der Ideen — zielorientiert in einer individuell-charakteristischen Art darstellt; dabei wird die Art textlicher Darstellung stark mitbestimmt von dominanten Gerichtetheiten der jeweiligen Persönlichkeit, etwa: von ihrem Weltbild, von Sitte und Moral, von ihrem Verhaltenstrend, vom Verhältnis zum Über-Wirklichen, von ihrer Lebensgrundstimmung sowie den Erbanlagen.

6.3.4 Vierter Schritt: ein „Stil-Vorbild" kritisch auswählen

Der nächste Schritt hin zu einem werthaltigen Schreib-Individualstil führt, wie wir es alle aus vielen Lernprozessen wissen, über die Nachahmung — also über ein Vorbild oder über einige Vorbilder, die einem rundum Richtziel sein können im Hinblick auf die eigene Persönlichkeits- und Stilbildung.

Als „Vorbild" verstehen wir in unserem Fall eine bestimmte Persönlichkeit und ihren Schreibstil als Ideal, vornehmlich bezogen auf ihr Verhalten, auf Leistung und Sitte — ein Ideal, das uns Richtpunkt und damit Orientierungshilfe sein kann bei einer zielbewußten Persönlichkeits- und Stilbildung. Erfahrungsgemäß wird man sich mit dem sorgfältig ausgewählten Vorbild zunächst in hohem Maße und über einen längeren Zeitraum identifizieren und dabei mehrere bedeutsame Züge nachahmen —, Züge, die man für leitfähig ansieht.

Vorbild in diesem Sinne können z. B. sein: Staatsmänner, Dichter, Literaten, Künstler, berühmte Ärzte, Forscher oder Tatmenschen aus der Wirtschaft. — Man wird sich mit ihrer Biographie (= Lebensgeschichte) befassen, anhand mehrerer Originaltexte (= Quellen) in ihre Denk- und Tatwelt eindringen und etwaige vorhandene Literatur über diese Vorbilder lesen (= Sekundärliteratur).

Dabei werden wir uns in den Inhalt der Texte und den Schreibstil des ausgesuchten Vorbildes „anschauend versenken" (= die Schreibe „kontemplativ" aufnehmen), werden die Texte analysieren, um danach aussagestarke Textabschnitte nachahmend und wortgetreu niederzuschreiben und anschließend die eigene Textfassung mit der des Vorbildes kritisch zu vergleichen. Zugleich werden wir das Welt- und Wertebild unseres Vorbildes erhellen, werden seiner Lebensgestaltung nachspüren und auch sein Verhältnis zur Über-Wirklichkeit aufdecken, um von so weitem Systembezug her letztlich ihr Denken, Erleben und Verhalten in Weite und Tiefe zu begreifen.

Lernergiebig sind und bleiben über längere Zeit für unser Tun: die Text- und Stil-Analyse.

6.3.5 Fünfter Schritt: Text-Analysen des Stil-Vorbildes vornehmen

Worin liegen Absicht und Aufgaben der Text-Analyse? — Vornehmlich darin, einen einzelnen Text (des Stil-Vorbildes) „auf Herz und Nieren" zu untersuchen, um letztlich diesen Einzeltext sachgerechter und gründlicher zu verstehen. Als Beurteilungsmerkmale der Analyse denke man z. B. an: den Leser des Textes, die Zielsetzung des Verfassers, den Entstehungsanlaß für den Text, die Text-Sorte, den geistigen Bauplan/Denkmuster, die Text-Gestaltung und anderes mehr.

Anders dagegen lauten Ziel und Aufgabe der Stil-Analyse: Sie betrachtet das Textschaffen eines Verfassers über einen längeren Zeitraum und ist bestrebt, alle wichtigen Texte auf das Durchgängig-Eigentümliche im geistig-seelischen und sprachlichen Raum zu untersuchen — und dies in einer weiten geistigen Dimension.

Eine Text-Analyse (= Zergliederung) können wir, wie bereits an früherer Stelle ausführlich dargestellt (s. S. 194 ff.), nach folgenden Merkmalen vornehmen:

- Leser (→ Zielgruppe) des Textes
- Zielsetzung (des Verfassers)
- Entstehungsanlaß für den Text
- Thema/Titel (Untertitel)
- Text-Sorte bzw. literarische Gattung (→ Epik, Lyrik, Dramatik)
- Text-Inhalt (→ ,,Was" der Darstellung; die thematische Abgrenzung u. a.); Gehalt (= das Wesentliche, Wertvolle im Text)
- geistiger Bauplan/Denkmuster
- Text-Gestaltung
  - Wort (s. S. 365 ff.)
    - Wortwahl/Wortarten
    - Wortstellung im Satz
    - Bildhaftigkeit (→ Wort-, Wortgruppenbild)
    - u. a.
  - Satz
    - Satzarten
    - Satzlänge
    - Zeitstufen
    - Satzbild
    - u. a.
  - Text (s. S. 345 ff.)
    - Leitpunkte der Gestaltung: klar, lebendig, anschaulich, verständlich, knapp, angemessen
    - Rhythmus und Klang
    - Sprachbilder (→ Textbild)
    - Darstellungsperspektive (→ Ich-, Du-, Regie-Perspektive)
    - u. a.

Unser Lerngewinn wird vornehmlich dann spürbar anwachsen, wenn wir

- die Analyse-Ergebnisse klar gegliedert und schriftlich knapp niederlegen;
- anschließend frisch zur Feder greifen, um mehrere Textabschnitte des Stilvorbildes ,,nachzuschreiben";
- und später die eigene Schreibe sachkritisch mit dem Vorbild vergleichen.

In der Regel bringt danach eine textliche „Optimierungsübung" zusätzlichen Lernerfolg.

Derartige Text-Analysen, verbunden im Wechsel stets mit nachahmenden Schreibübungen und anschließender Kritik, sollte man natürlich an mehreren Textbeispielen des Stil-Vorbildes vornehmen. — Bei solchem Tun verdichtet sich zunehmend unser Blick auf wiederkehrende Merkmale (→ Stilelemente), wird unser Erleben empfänglicher für die Anmutung bestimmter Texteindrücke und ebenso für Verhaltenszüge des Stil-Vorbildes.

Ein arbeitsmethodisches Vorgehen solcher Art führt uns also sinnvoll hin zur: Stil-Analyse.

6.3.6 Sechster Schritt: Stil-Analysen von Werken des Stil-Vorbildes vornehmen

Ein Spaziergang in die abwechslungsreiche Landschaft des Schreibstiles ist erfahrungsgemäß in vielen Fällen: entspannend, spannend und vor allem lehrreich für unsere Sprachgestaltung —, anregend aber oft auch für unsere Persönlichkeitsbildung, für unseren Lebensplan.

Zur Stil-Analyse
Im Unterschied zur Text-Analyse liegen ihre Absichten und Aufgaben darin:

○ alle wesentlichen Texte eines Verfassers (z. B. des Stil-Vorbildes), über einen längeren Zeitraum (etwa Jugendzeit, Alter) betrachtet, auf charakteristische und durchgängige Stilelemente (= Stilmittel, wie Wortarten, Satzarten, Denkmuster, Sprachbilder u. a.) hin zu untersuchen;

○ alle diese Texte stilistisch in einer größeren geistigen Reichweite und tieferen Sicht zu analysieren als es in der Regel die Text-Analyse vornimmt, nämlich nun system-orientiert (→ Schreib-Wirkungssystem, s. S. 21 ff.) vier Stilfelder zu untersuchen: Anmutung (= erster Eindruck) — Inhalt/Thema — Form — Grundbefindlichkeit. Mithin vermag die Stil-Analyse wichtige Einsichten auf eine Bewußtseinsstufe zu heben, die weit hineinreicht in die Ästhetik sowie in die Welt des Erlebens, Verhaltens, Wertens und Wirkens (s. Bild 54);

○ die Phasen eines Stilwandels (= Stilumbruch) aufzudecken, z. B. gerichtet auf die Text-Gestaltung, das Verhalten, auf Werte, Lebens- und Weltbezüge des Verfassers.

So hilft uns die Stil-Analyse, in den Texten das Individual-Typische der jeweiligen Verfasser-Persönlichkeit herauszufinden, diese Persönlichkeit in ihrer textprofilierenden Ausformung schärfer zu erkennen und sie umfassender zu begrei-

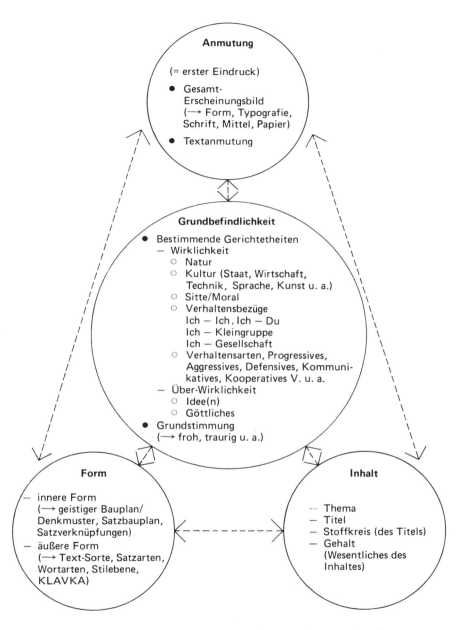

Bild 54: Stil-Analyse — Wichtige Stilfelder, mit Beurteilungsmerkmalen

fen, etwa: in ihrem Erleben von Wert (→ Grundbefindlichkeit; Anmutung), in ihrem Verhalten gegenüber der Mitwelt (→ verhaltensorientierte Züge), in ihren sprachlich-typisierenden Eigenheiten (→ Wortwahl, Stilebene, Satzarten, geistige Baupläne u. a.) — und nicht zuletzt in ihrem Verhältnis zum Über-Wirklichen (→ metaphysischer Bezug) (Bild 54).

Im weiteren einige Gedanken zur Methodik. — Auch die Stil-Analyse wird man — wie die Text-Analyse — orientierunggebend und zugleich systemorientiert auf einige wichtige Beurteilungsmerkmale (→ Stilfelder, Stilelemente) hin ausrichten, so z. B. auf

- ○ den Leser
- ○ die Zielsetzung
- ○ das Stilfeld „Anmutung"
- ○ das Stilfeld „Inhalt/Thema"
- ○ das Stilfeld „Form"
- ○ das Stilfeld „Grundbefindlichkeit"

○ Zum Leser
  = welche Leser (→ Zielperson, Zielgruppe) will der Verfasser (= das Stil-Vorbild) mit den verschiedenen Texten hauptsächlich ansprechen;

○ zur Zielsetzung
  = welche Absicht liegt diesen Texten zugrunde, welche Wirkung möchte der Autor beim Leser damit erreichen;

○ zum Stilfeld „Anmutung"
  = welchen „ersten Eindruck" bekommt man spontan als Leser, wenn wir die vorliegenden Texte zunächst „quer lesen", sie also vorerst nur „überflogen" haben; erfahrungsgemäß stößt man dabei erlebnismäßig auf „tonangebende" Anmutungsqualitäten, so z. B. auf Klarheit, Harmonie, Lehrhaftigkeit, Hast, Sachlichkeit oder andere. — Wenn eine bestimmte Qualität der Anmutung (etwa Harmonie, Hast o. a.) in den zu untersuchenden Texten eine beherrschende Stellung einnimmt, dann darf man annehmen, daß sie im Bereich der Grundbefindlichkeit als Grundstimmung die Verfasser-Persönlichkeit charakterisiert.

  Die Stil-Anmutung wird ferner mitbeeinflußt vom Image des Text-Trägers, etwa von Buch, Flugblatt, Fachzeitschrift oder anderen Trägern;

○ zum Stilfeld „Inhalt/Thema"
  = welche Inhalte/Themen (z. B. aus der Natur, Kultur, aus dem Bereich des Über-Wirklichen o. a.) beggnen uns häufig in den verschiedenen Texten des Stil-Vorbildes;
  Inhalt ist das „Etwas" (= Was) in dem „Wie" der Form; Inhalt füllt die Form und wird durch sie gestaltgebend verwirklicht. Form verdeutlicht den Umfang (= Stoffkreis) des Inhaltes;

über „Thema" und „Titel" finden Sie eine eingehendere Information
(s. S. 36 ff.); eine zupackende Stil-Analyse wird stets bestrebt sein, auch den
Gehalt als geistiges „Konzentrat" des Inhaltes zu erfassen, nämlich: das
Wesentliche des Inhaltes (→ Kerngedanken), seinen inneren Wert;

○ zum Stoffeld „Form"
  = aus sprachphilosophischer Sicht ist damit ein bewußtseinsgeprägtes Gefüge
  gemeint, das einen themenbezogenen Inhalt:

● als (verschleiertes) Gedankengerüst trägt und stützt
  = dies ist die „innere" Form, vornehmlich z. B.: der geistige Bauplan
  (= Denkmuster); ferner die verschiedenen Satzbaupläne (= Strukturmuster,
  nach denen Sätze durch Wortfügung gebildet werden); außerdem Satzverknüpfungen;

● gefügeorientiert eingrenzt und ihn sichtbar wie auch griffig darstellt (= ihn
  vergegenständlicht, objektiviert)
  = dies ist die „äußere" Form, etwa: die Eingrenzung eines Inhaltes/Themas
  und damit die Abgrenzung gegenüber anderen Inhalten/Themen; die unterschiedlichen Wort- und Satzarten; die Wortstellung im Satz; die Sprachbilder; die Stilebene; die Satzzeichen u. a. m.

— zur „inneren" Form
  = welche geistigen Strukturen sind im Textschaffen vorzufinden, etwa:
    — liegen den meisten Texten (des Text-Vorbildes) ähnliche oder gleicharti-
      ge geistige Baupläne (= Denkmuster) zugrunde;
    — begegnet man in der Mehrzahl aller Texte bestimmten Satzbauplänen;
    — haben die Satzverknüpfungen stilistische Besonderheiten;

— zur „äußeren" Form
  = wodurch ist die *Wortgestaltung* im Textschaffen charakterisiert, etwa:
    — welche Wortarten bevorzugt der Verfasser (→ Nominal- oder Substantiv-
      stil, Verbalstil, Adjektivstil);
    — verwendet der Schreiber vornehmlich Konkreta oder Abstrakta;
    — dominieren Aktiv- oder Passivformen;
    — wird der Indikativ oder der Konjunktiv bevorzugt;
    — ist der Wortschatz arm, mittelmäßig oder reich;
    — welche Stilebene bestimmt vorrangig die Texte;
      im allgemeinen unterscheidet man drei Stilebenen: eine obere Stilebene
      (z. B. „sich alterieren"), eine mittlere Ebene (etwa „zürnen") und eine
      untere Stilebene (z. B. „motzen");

  = welche *Satzgestaltung* beherrscht die meisten Texte, etwa:
    — welche Satzarten (→ Aussagesatz, Fragesatz o. a.) dominieren;

- wie steht es um die Satzlänge;
- werden bestimmte Zeitstufen bevorzugt;
- wirken gewisse Modi typisierend (→ Aussageweisen beim Verbum: Indikativ, Konjunktiv, Imperativ, Infinitiv);
- werden bestimmte Satzzeichen zu charakteristischen Stilelementen (s. S. 427 ff.);

= welchen Merkmalen der *Text-Gestaltung* begegnen wir in den meisten der zu untersuchenden Texte (→ Gebrauchstexte bzw. literarische Gattungen, z. B. in der Epik, Lyrik oder Dramatik):
  - welche Text-Sorten (z. B. Bericht, Erörterung, Interview o. a.; s. S. 166 ff.) bzw. Sorten-Kombinationen findet man in der Mehrzahl aller Texte;
  - welche der wesentlichen Text-Gestaltungsleitpunkte (→ KLAVKA, s. S. 345 ff.) kennzeichnen die Texte;
  - welche Sprachbilder typisieren die meisten Textgebilde (→ Wort-, Wortgruppen-, Satz-, Textbilder; s. S. 354 ff.);
  - aus welchen Bereichen der Wirklichkeit oder Über-Wirklichkeit stammen die meisten der Sprachbilder (etwa aus Natur, Kultur, Über-Wirklichkeit u. a.);
  - welche Darstellungsperspektive findet sich durchgehend in den Texten (→ Ich-, Du-, Regie-Perspektive; s. S. 199 ff.);
  - häufen sich gewisse Stilelemente (z. B. kurze Sätze, abgegriffene Sprachbilder, Wörter der unteren Stilebene o. a.);
  - werden einige der Stilelemente stilgestalterisch auffallend oft wiederholt;
  - fehlen offenkundig gestaltungsstarke Stilelemente (z. B. Fragesätze; wörtliche Rede; Satzzeichen, wie Doppelpunkt, Semikolon o. a.);

o = welchen charakteristischen Rhythmus und Klang hat die Mehrzahl der Analyse-Texte.

Bleiben wir vorerst noch eine Weile bei der Stil-Analyse. — Kommunikationsfachleute stimmen seit langem darin überein, daß im Sprachbereich dem emotionalen Phänomen eine weitaus größere Bedeutung zukommt als man vermuten möchte. Daher sei im folgenden die „Stil-Anmutung" sowie die „Stil-Ebene" eingehender betrachtet.

Anmutungs-Qualitäten wichtiger Stilzüge

Anmutung — erster Eindruck — Atmosphäre: alle drei Begriffe werden hier gleichbedeutend verwendet und meinen einen Beobachtungs- und Erlebniseindruck, meistens verschwommen und stark gefühlsbetont; zudem ist dieser Eindruck vorläufig, da erst bei einer längeren Betrachtung der endgültige klare

Eindruck entsteht; und nicht zuletzt ist dieser Eindruck auch ungegliedert, also ganzheitlich; denn erst nach gewisser Betrachtungszeit erfaßt man — schrittweise das Wahrnehmungsfeld erhellend und durchgliedernd — den jeweiligen Menschen, Gegenstand, Zustand oder Vorgang in seinen wesentlichen Einzelheiten.

Dem aufmerksamen Betrachter eröffnet sich im Bereich der Stil-Anmutung eine nuancenreiche Vielfalt, die eben letztlich den unauslotbaren Formenreichtum individuellen Erlebens (→ Grundstimmungen) und Verhaltens (→ Verhaltenszüge) widerspiegelt. So finden wir mannigfaltige und oft gegensätzliche Stilzüge, wie: Kürze und Weitschweifigkeit, Humor und Schaurigkeit, Freude und Ängstlichkeit, Sentimentalität, Volkstümlichkeit, Naivität, Spannkraft und Schwäche, Trivialität, Vitalität und Müdigkeit, Zuversicht und Sorge, Ironie, Feierlichkeit und etliche Züge mehr.

Unerläßlich für jedwede Stilbildung ist es, diese oft polare und zumeist feinstufige Mannigfaltigkeit der Stilzüge zu kennen, damit man sie in Gebrauchstexten oder auch in der schöngeistigen Literatur bewußtseins- und empfindungsmäßig treffsicher „diagnostizieren" kann.

Um die verschiedenartigen Qualitäten der Anmutung zu charakterisieren, benützen wir häufig als Wortart das Eigenschaftswort und sagen zum Beispiel: „Dieser Text wirkt ‚nüchtern — langweilig — spritzig — wissenschaftlich — gewinnend — abstoßend — seriös — marktschreierisch' oder anders."

Im weiteren seien einige Arten von Stilzügen skizziert, denen wir in Gebrauchstexten und literarischen Texten öfters begegnen — im Hinblick auf Anmutungsqualitäten.

Stilzug „Klarheit"

Merkmale hierfür sind vor allem: ein übersichtlicher und leichtverständlicher Bauplan (= Denkmuster); bei einem längeren Text einige Zwischenüberschriften, die schnell überschaubar die wesentlichen Gedankenschritte des gesamten Textgebildes erkennen lassen; leicht erfaßbare Sätze; Unterstützung des Ganzen durch eine gliedernde Typografie.

Stilzug „Sachlichkeit"

Der Text befaßt sich nur mit denjenigen Informationen, die unmittelbar zur Sache gehören. Zugleich unterläßt es der Schreiber, seine persönlichen Meinungen oder Gefühle darzustellen.

Diesen Stilzug finden wir vor allem in wissenschaftlichen Texten, ferner in Beschreibungen technischer Produkte oder Anlagen, in Gebrauchs- und Bedienungsanleitungen o. ä.

Stilzug „Harmonie" (= Ausgeglichenheit)

Wie der Name sagt, liegt hier ein angenehm empfundenes Gleichgewicht vor, eine beruhigende und zugleich stabilisierende Ausgeglichenheit — ohne Langeweile oder Einfältigkeit. Man vermißt starke Störungen, etwa: schrille Töne, schroffe Kürzungen, hektische Spannungen, so daß der Leser einen derartigen Text als eine angenehm-zusammenklingende Ganzheit, als Ebenmaß erlebt.

Wir stoßen auf diesen Stilzug des öfteren in: Beschreibungen, Berichten, Erläuterungen und mitunter auch in Erzählungen.

Stilzug „Lehrhaftigkeit"

Spürbar, ja geradezu sichtbar ist hier der „erhobene Zeigefinger": Der erwachsene Leser wird mit gelindem Druck auf die Schulbank niedergedrückt, nicht selten in wohlmeinender Absicht, aber immerhin in einer Weise, die leicht zu innerem Widerspruch reizt.

In günstigen Fällen liegt solchen Texten das Denkmuster der Formalstufen (s. S. 151 ff.) zugrunde; die Sätze sind belehrend-knapp; Modal-Wörter, wie „müssen — dürfen — sollen — lassen" beherrschen die Text-Szene.

Stilzug „Rationalität"

Nüchternes Denken, das ein Leser mitunter als „unterkühlt" empfindet, beherrscht bei diesem Stilzug über längere Strecken den Text; es fehlt ihm menschliche Nähe, Wärme, Herzlichkeit.

Ein solcher Eindruck von sachlicher Nüchternheit, von „Rationalität", wird sicher mitbewirkt durch eine geschliffen-scharfe Gedankendarstellung, durch eingeblendete präzise Begriffsbestimmungen, durch bewußten Verzicht auf erlebnis- und gefühlsorientierte Wertungen oder Urteile sowie durch bevorzugten Einsatz blutleerer, abstrakter und bewegungshemmender Substantivierungen.

Und seine Domäne, sein „Revier": wissenschaftliche Abhandlungen, Fachaufsätze, Fachbeiträge und Sachberichte, z. B. aus den Bereichen Technik, Medizin, Mathematik, Physik, Chemie und artähnlichen Gebieten.

Stilzug „Hast"

Wer beabsichtigt, ein temposchnelles Geschehen (etwa einen Vorgang, eine Handlung oder ein Ereignis) spannend als gestalteten Erlebniseindruck in angemessener Text-Sorte wiederzugeben, gibt — so ihm diese bewußte Nachahmung gelingt — seiner Schreibe oft den Stilzug von: Dynamik — Hektik — Hast.

Typische Mittel solcher Ausdrucksweise sind: Kurzsätze, die im Gesamttext eindeutig überwiegen; dazu gesellen sich zielende Zeitwörter (z. B. bearbeiten, gehen, fangen u. a.); Umstandswörter der Zeit (z. B. jetzt, dann, heute, immer, einst u. a.); Interjektionen (etwa Donnerwetter! Ach! Leider! Oho! Hallo! Pst! Brr! Ticktack! u. a.) und mitunter das historische Präsens (= schildert lebhaft Vergangenes und stellt es in den Bereich des Lesers).

Daneben jedoch kann man als Schreiber ein schnelles, hastiges, spannendes Geschehen — dramaturgisch kontrastierend — auch in einer ruhigen, ausgeglichenen und harmonischen Prosa darstellen.

Stilebene

In Ludwig Reiners „Stilkunst"[104)] stoßen wir beim Stichwort „Stilschicht" auf folgenden Hinweis: „ . . . Die Stilschicht, in der sie (= Wörter) geistig beheimatet sind, entscheidet über ihre Atmosphäre. *Warte ein wenig* und *Verweile einen Augenblick* oder *Harre eine Weile* mögen inhaltlich das gleiche bedeuten. Aber Lebensluft, die sie umgibt, weht aus verschiedenen Reichen zu uns herüber. *Sterben, verrecken* und *entschlafen* bezeichnen den gleichen Vorgang, aber sie verlegen ihn in unterschiedliche Stilebenen . . .".

Ein jedes Wort hat also seine „individuelle Atmosphäre" und darüber hinaus sein bestimmtes „assoziatives Umfeld" —, sie beide bestimmen maßgeblich die jeweilige Stilebene. Zum Verdeutlichen dieses Sachverhaltes im folgenden einige sinnverwandte Wörter, die jedoch unterschiedlichen Stilschichten angehören:

○ trinken — schlürfen — nippen — saufen
○ essen — speisen — dinieren — fressen
○ gehen — schreiten — wandern — spazieren — tippeln — wandeln.

Eines wird uns dabei bewußt: die oft behutsamen, fast fließenden Übergänge zwischen den verschiedenartigen Wörtern machen deutlich, daß die einzelnen Schichten (= Ebenen) nicht immer klar abgrenzbar übereinanderliegen. Dennoch haben wir als Schreiber bei der Wortwahl sorgfältig auf die Stilebene zu achten; hängt sie doch eng zusammen mit der Empfindungswelt der Zielperson bzw. Zielgruppe und darüber hinaus auch mit der jeweiligen Zielsetzung.

Trotz allem aber erwarten wir von dem Kriterium „Stilebene" einen praktikablen Nutzen für unsere Schreibschulung. Dieser Anwendungsnutzen wird dann faßbar für uns, wenn wir vom sozio-kulturellen Standpunkt aus vereinfachend drei Stilebenen anerkennen und ihnen die Wörter im Hinblick auf „Atmosphäre" und „assoziatives Umfeld" zuordnen.

Ein Beispiel zum Wortfeld „Ärger, Zorn" (Auszug)

Obere Stilebene
sich alterieren — ergrimmen
die Schale des Zorns ausgießen — in Zorn entbrennen — seinen Unwillen nicht zurückhalten;

Mittlere Stilebene
zürnen — aufbrausen — sich entrüsten — sich ereifern — sich ärgern — schmollen — eine Szene machen — in Weißglut geraten — die Geduld verlieren — der Geduldsfaden reißt — es platzt einem der Kragen — in Fahrt sein — aus dem Häuschen sein — aus der Haut fahren — in die Luft gehen — vor Wut platzen;

Untere Stilebene
brüllen — motzen — hochgehen — raunzen — explodieren — etwas hinauspfeffern — maulen
Galle speien — auf die Akazien klettern — zum Verrecken — zum Knochenkotzen.

Stilbruch

Wenn uns bei der Schreibe zwischendurch ein Mißgriff bei der Wortwahl unterläuft, nennen wir dies einen „Stilbruch": Man verläßt dabei, meist unbeabsichtigt, die durchgängige Stilebene und rutscht entweder nach unten ab oder schießt empor auf eine höhere Ebene.
Beide Male wird eine solche Abtrift vom Leser in der Regel als absonderlich, nicht selten als unangenehm, peinlich oder komisch empfunden; ein so schroffer Kurswechsel stört eben den empfindsamen Leser. — Ein Beispiel dazu entnehmen wir der schon genannten „Stilkunst": „ . . . Komische Stilbrüche zeigen am deutlichsten die Bedeutung der Stilschicht. Wenn ein Lehrer bei der Übersetzung Homers das Entschwinden Aphrodites möglichst zart und poetisch wiedergeben will und dabei zu den Worten greift: ‚Aphrodite verduftete', so ist er taub dafür gewesen, daß dem Worte ‚verduften' ein Anklang von Gaunerrotwelsch anhaftet . . ."[105]

Die Grundbefindlichkeit

Verstanden wird unter diesem Begriff das „Sichbefinden" des Menschen schlechthin, nämlich das geistig-dominante „Ist" sowie „Züge" im Denken und Handeln eines Schreibers, etwa: bestimmende Merkmale im Bereich seiner Einstellungen, seiner Motivation, seines Erlebens und Verhaltens — wie sich also letztlich Seiendes in ihm befindet, wie es in der Persönlichkeit des Verfassers im Grunde bestimmt ist und wirkt.

Typisierendes Ist und charakteristische Züge entstehen und verstärken sich in der stetigen Wechselwirkung zwischen dem Schreiber und der Welt (→ Wirklichkeit und Über-Wirklichkeit), vornehmlich als:

o bestimmende Gerichtetheiten, die im jeweiligen Persönlichkeitsbild thematisch ausgerichtet sind auf

— die Umwelt, wie Natur und Kultur (→ Staat, Kunst, Sprache, Wirtschaft, Technik u. a.);
— die Mitwelt, etwa Gesellschaft, Einzelmenschen, Sitte und Moral (→ Verhaltensorientierte Züge, z. B. Aggressiver Stil, Defensiver Stil u. a.);
— das eigene Ich;
— Bezugspunkte der Über-Wirklichkeit (→ Reich der Ideen; Göttliches);

o Grundstimmung — eine erlebnismäßige Grundbefindlichkeit, eine Seins-Art des Individuums, die wichtige seiner Lebensäußerungen als überdauernde Qualität „durchtönt", so auch die Schreibe; demnach kann in einem Text z. B. eine heitere, traurige, ausgeglichene, ängstliche oder andere Grundstimmung wirksam sein —, nicht selten ein Beleg für die zunächst spontan empfundene Anmutung.

Grundstimmungen sind zumeist weniger zielgerichtet als Gefühlszustände, sie spiegeln die allgemeine seelisch-geistige Grundbefindlichkeit des Individuums wider und sind häufig Ausdruck von Konstitution und Temperament oder von physischen Anlässen (etwa geistige oder körperliche Erschöpfung: Erkrankung, wie auch Depression o. a.).

Die Grundstimmungen sind verquickt mit den „Stilzügen" (s. S. 414 ff.), wobei nach Bernhard Sowinski „... nicht nur die Ausdrucksabsicht allein, sondern deren Wirkungscharakter das Wesen ..."[106] der verschiedenen Stilzüge mitbestimmt.

Textbeispiel: „Stil-Analyse" (stark gekürzt)

1. (Titel)
   Das Textschaffen des Herrn A
   Stil-Analyse

2. Autobiografische Daten
   . . .

3. Untersuchte Texte
   . . .

4. Ergebnis der Stil-Analyse

   4.1 (Leser-Zielgruppe)
   Der Verfasser, Herr A, wendet sich mit den meisten seiner wesentlichen Texte an folgende Leser (= Zielgruppe): Angestellte in Wirtschaft und Verwaltung, . . .;

   4.2 (Zielsetzung)
   Die Mehrzahl seiner Texte läßt erkennen, daß er die Leser durch die dargestellten Themen und Probleme beeinflussen will: in ihrer Meinung und in ihrem Handeln; und dies vor allem bezogen auf ihre vorherrschende Einstellung (z. B. „Das Gerät X ist ja kaum einem von uns bekannt" o. ä.) sowie auf die wesentliche Motivation (etwa „Ein solches Gerät kann doch kaum einen Menschen hinterm Ofen vorlocken" o. ä.);

   4.3 (Anmutung)
   Ein erster oberflächlicher Blick auf das Textschaffen des Herrn A (→ zehn Fachbeiträge, ein Sachbuch, Briefe, Beilagen) in den zurückliegenden sechs Jahren vermittelt uns als Spontan-Eindruck:

   ○ ein sympathisches, klares Gesamt-Erscheinungsbild hinsichtlich der äußeren Form, Farbgebung, Typografie, Schriftart und Papierqualität;

   ○ weniger günstig erlebt man die Text-Anmutung, nämlich als einen offenkundigen und spürbaren Zug zu aufdringlicher Lehrhaftigkeit: So trägt z. B. der Verfasser in zahlreichen Textstellen sein fachliches Mehrwissen doktrinär und plakativ zur Schau, er gängelt in Schulmeistermanier den Leser; mehrere beinahe wortgetreue Wiederholungen nach jeweils kurzen Textabschnitten grenzen an „Paukerei"; dieser Eindruck verstärkt sich durch etliche sachorientierte epigrammatische Einschübe;

4.4 (Inhalt)
Herr A behandelt hauptsächlich Themen aus der Technik, etwa: . . .; die meisten Titel seiner Beiträge grenzen das jeweilige Thema scharf ab gegen benachbarte technische Themen; der Stoffkreis aller behandelten Themen ist auffallend weit gezogen, mitunter allzu weit (z. B. bei den Fachbeiträgen: „. . ."; leicht zu erfassen ist durchgehend der Gehalt in den verschiedenen Darstellungen, er läßt sich knapp auf folgende Formel bringen: . . . einige Zitate als Beleg: . . .

4.5 (Form)

o innere Form
der überwiegende Teil der Texte zeichnet sich aus durch bestechende Klarheit der geistigen Struktur, der Baupläne; neben dem Grundmuster „Einleitung — Hauptteil — Schluß" findet man vornehmlich das Argumentative Denkmuster, allerdings jeweils in geringfügiger Variation; die Argumentation zeigt oftmals Schwächen, da sie sich weitgehend mit Thesen begnügt und dabei auf die untermauernden Einzelargumente und stützenden Beispiele verzichtet; gedanklich schwierig zu erfassen sind des öfteren die Satzverknüpfungen einzelner Textabschnitte; klarer dagegen sind die Satzbaupläne;

o äußere Form
im gesamten Textschaffen dominieren als Satzart die Aussagesätze; Fragesätze sind nur spärlich vorhanden; ellenlange Sätze (→ Hauptsätze schleppen meist drei bis vier längere Nebensätze hinter sich her) erschweren das Verständnis und machen lesemüde;

unter den Wortarten hat das Hauptwort, oft das Abstraktum, eindeutigen Vorrang; belebende Verben und wertende Adjektive treten stark zurück; bei den wenigen Verben dominieren Passivformen und Konjunktive; die Sprachlandschaft wirkt insgesamt „bilderleer", mithin eintönig, langweilig, ermüdend; an bedeutsamen Aussagestellen vermißt man das treffende Wort; der Wortschatz ist im allgemeinen armselig, er bewegt sich überwiegend in der mittleren Stilebene; einige Zitate als Beleg: . . .

4.6 (Grundbefindlichkeit)
das Hauptinteresse des Herrn A und damit seine offensichtliche Gerichtetheit gilt, wie bereits angedeutet, größtenteils Themen aus dem Wirklichkeitsbereich, vorwiegend Themen aus der Technik; in den meisten seiner Darstellungen stößt man auf inselartige Einsprengsel philosophischer und psychologischer Art, zudem auch auf Konzentrate aus dem Sittlich-Moralischen;

unmißverständlich und eindeutig positiv ist das Verhältnis des Verfassers zur Technik, Gesellschaft und zum Göttlichen; darum sind für ihn, für seine Erlebnis- und Wertewelt, z. B. Begriffe und Gedanken wie: Kulturbedrohung, Technik als „abendländische Krankheit", Zerfall und Untergang der Gesellschaft oder ähnliches fernliegende Vokabeln, Worte aus einer romantischen oder gar utopischen Szenerie; so sieht er etwa in der Technik keinen Moloch, keine gefahrbergende Macht, die das Volkstum, die Kultur, die Religion oder das Individuum bedroht. Risiken liegen mehr im Menschen, weniger in der Technik. Als Lebensoptimist betont er die Sonnenseiten der Technik, nämlich: die Entlastung des Menschen von schwerer und entwürdigender Arbeit; die Überwindung kontinentweiter Dimensionen durch technische Verkehrs- und Kommunikationsmittel; intensive Mithilfe beim Lösen beängstigender Ernährungsprobleme der Weltbevölkerung; bemerkenswerte Hilfe bei Krankheiten; mehr und größerer Freiheitsraum für das Individuum, damit auch mehr Zeit für Bildung, Ausformung der Persönlichkeit sowie für Erholung und Entspannung;

einige Zitate als Beleg: ...;

aus etlichen Textstellen läßt sich ferner auf einen Verhaltenstrend des Verfassers schließen, auf einen „Progressiven Zug" im Persönlichkeitsbild, und zwar: ein merklicher Drang zum Fortschritt; offene Haltung gegenüber sinnvollen Experimenten, verbunden mit Verantwortungsbewußtsein und bedachtem Mut zum Risiko;

und das Verhältnis des Verfassers zum Metaphysischen, zu Gott? Aus mehreren seiner Texte wird ein fester Bezug zu Gott erkennbar, eine Verankerung im Göttlichen: Glaube und Hoffnung bestimmen sein Denken und Tun;

das konfliktfreie Einssein mit dem eigenen Ich — der starken Bewußtheit von Mit-sich-selbst-identisch-sein — und dazu der stabile Bezug zum Göttlichen, die Geborgenheit sowie das Ruhen in Gott dürften letztlich der Grund dafür sein, daß das Textschaffen des Verfassers von einer frohen und zuversichtlichen Grundstimmung durchtönt wird;

für Herrn A gilt, was Ernst Bieri in „Die Menschlichkeit unserer technischen Zivilisation" schreibt: „... Die moderne Technik und Wirtschaft mit ihrer dynamischen Lebenseinstellung, ihrem Ergreifen des Neuen und Unbekannten, ihrer Revisionsfähigkeit und ihrem hohen Wandlungspotential, aus denen eine gewaltige Verbesserung der Daseinsbedingungen der Menschen hervorsprang, ist die zivilisatorische und kulturgeschichtliche Entsprechung, ja Folge eines universalen, offenen und weltbejahenden christlichen Glaubens ..."[107];
abschließend einige Zeilen als Beleg: ... (→ Abschluß)

Eine Stil-Analyse solcher Art gewinnt also schrittweise an Deutlichkeit, an Plastizität und Gestalt; sie wird griffig und erleichtert mit ihren mehrsichtigen Teilergebnissen ein sachliches und sachkundiges Urteil über Texte jeglicher Art — auch über die vielfältigen Sorten des Gebrauchstextes.

Nach dem Blick in die Theorie und Praxis der Stilistik jetzt wieder zurück zur Schreibpraxis. Gilt es doch, mehrere längere Textbeispiele — möglichst aus verschiedenartigen Veröffentlichungen des Stil-Vorbildes — nicht nur zu analysieren, sondern sie auch nachahmend zu schreiben; danach die eigene Schreibe wiederum sorgfältig und sachlich-kritisch mit den Textabschnitten des Vorbildes zu vergleichen, um dabei jeweils rückkoppelnd zu lernen.

In einem solchen Regelkreis „Stil-Analyse — Stil-Nachahmung — Stil-Vergleich/ Abweichungsanalyse — optimierende Rückkoppelung" werden wir uns über eine längere Zeit mit Übungen bewegen, mindestens ein bis zwei Jahre, vielleicht aber auch noch länger — möglichst bis zum Zeitpunkt einer im Ich erlebten Reife.

Ein Randvermerk zu „Stil-Regeln"
Wenn wir „Stil" als weiträumigen Begriff verstehen und meinen: Alle Elemente textlicher Äußerung — etwa Wortarten, Satzarten, Sprachbilder, geistige Baupläne und vieles mehr — bestimmen einen Stil, dann erübrigt sich die Frage nach Stilregeln. Denn von unserem Blickwinkel aus sind richtungweisend für Stilfragen alle diejenigen Gedanken und Hinweise, die in den umspannenden Begriff „Text-Gestaltung" (s. S. 345 ff.) einbezogen sind.

Greifen wir, um diesen Randvermerk zu verdeutlichen, drei „Stilregeln" aus dem großen und üblichen Angebot in der Fachliteratur heraus:

○ „Wir anderen wollen uns der natürlichen Grenzen unserer Sprache bewußt bleiben: kurze, meist beigeordnete Sätze sind für uns das beste Ausdrucksmittel unserer Gedanken und Gefühle . . ."[108]

○ „. . . Diese große Stilregel: Wähle das besondere Wort, nicht das allgemeine, ist uralt . . ."[109]

○ „. . . Der leitende Grundsatz der Stilistik sollte sein, daß der Mensch nur einen Gedanken zurzeit deutlich denken kann; daher ihm nicht zugemutet werden darf, daß er deren zwei oder gar mehrere auf einmal denke . . ."[110]

6.3.7 Siebter Schritt: bewußt-kraftvolle Befreiung vom Stil-Vorbild

Lassen wir ihn — unseren Schreibstil — in aller Ruhe, ohne inneres Drängen und Schieben, allmählich, natürlich wachsen; lassen wir in der Tiefe des Ich unsere Sprache sich bewußt formen, ausformen, durchformen — bis zum Tage X. Wenn nämlich über einen längeren Zeitraum, oft über mehrere Jahre, die geistigseelische Verkörperung (= Inkarnation) mit dem Stil-Vorbild vollzogen worden ist — durch Analysen und optimierende Schreibübungen —, dann erstarkt erfahrungsgemäß das Bedürfnis, sich dem Bann des machtvollen Vorbildes zu entziehen. Man will jetzt nur noch eines: endlich frei werden, eigenständige Persönlichkeit sein — erkennbar nicht zuletzt an einem profilierten Individual-Schreibstil!

Damit beginnt für unser Sein merklich eine neue Lebensphase; denn wir durchbrechen die Bannmeile unseres Stil-Vorbildes und münden ein in das bojenmarkierte Fahrwasser eines Schreib-Individualstiles. Wir sind zu einer eigenständigen Stilgestalt ausgereift, wir erkennen und anerkennen unsere Schreibe jetzt als Spiegelbild unserer weit und tief erfaßten Gesamt-Persönlichkeit; an ihr entdecken nun auch die Mitmenschen unserer Umgebung die insgeheim angestrebte „persönliche Note" — und noch mehr:

○ eine individualisierende, von Mitmenschen erlebbare und zudem bestimmbare Stil-Anmutung;

○ individuell-profilierende Denkformen und wahrnehmbare Stilzüge und -mittel;

○ ein durchsichtiges und mithin für den Leser griffiges Wertesystem, das gewisse Rückschlüsse zuläßt auf Grundstimmung, Charakter und Verhalten unserer Individualität, unserer Persönlichkeit als Schreiber.

Ein hohes Ziel ist damit nach einer langen und beschwerlichen Bergwanderung erreicht: ein beglückender Lohn für unser Menschsein. Und vielleicht ist gar ein gutes Stück unserer Selbstbildung oder Selbstverwirklichung erreicht — durch das geschriebene, bewußt-gestaltete Wort.

Dennoch ist, wie wir wissen, jedes erreichte Ziel im Leben oft nur ein flüchtiges Ausruhen; denn unsere Persönlichkeit kennt keinen Stillstand: sie drängt weiter zu neuen Zielen, zu einer plötzlich neu aufkeimenden Sinnfrage, um eine Sinnantwort als Wegemarkierung für künftige Lebenstage zu finden. — Romano Guardini (1885 — 1968), Religionsphilosoph und Theologe, hat diesen immerwährenden Prozeß der Zielsetzung, der Selbstführung und Persönlichkeitsformung in seinen „Briefe über Selbstbildung"[111)] in Worte gefaßt, die uns — wenn zwischendurch mal müde, betrübt oder saumselig — eine Leitlinie sein können, meine ich, für die unablässige Arbeit am eigenen Ich, für die Zeit der Endlichkeit hier auf Erden: „ . . . Du selbst mußt das Verlangen im Herzen haben nach dem verborgenen Bild, das Gott in Dein Inneres hineingewirkt hat; den Willen, rein, stark und edel zu werden. Du selbst mußt sehen, wie es mit Dir steht, was Dir not tut, was die besonderen Verhältnisse fordern, in denen Du lebst. Du selbst mußt das Werk anpacken und es mit ernstem Willen durchführen. Mußt darauf gefaßt sein, daß es dabei oft heißt, hart zuschlagen; daß man manches weghauen muß, was einem lieb ist; manchen Hieb führen, der weh tut, und daß der Hammer die Hand wund drückt. Und Stunden kommen, da meinst Du, alles sei umsonst. Dann heißt es aber gerade, die Zähne zusammenbeißen und am Werk ausharren . . ."

7. „Schlußbilanz" ziehen?

Es ist geschafft! Mit zielklarem und starkem Willen, mit erheblichem Kräfteeinsatz haben wir das langgezogene Lerngebirge „Gebrauchstext — Bild" durchquert, und dies, wie ich hoffe: mit Gewinn, etwa als Bewußtseinsschärfung für die beiden Phänomene „Text" und „Bild", vor allem aber als Lernzuwachs für Ihre Schreibe —, als bereichernden Gewinn für Ihre Persönlichkeit. Ist damit der Augenblick gekommen, lernorientierte Schlußbilanz zu ziehen? Nein, keineswegs; denn in Sachen „Text" und „Bild" lernt keiner von uns aus.

Angebracht aber ist dennoch und auf jeden Fall eine Zwischenbilanz, und zwar bezogen auf denjenigen Lernstoff dieses Sachbuches, den man — nach operationaler Zielsetzung — systematisch und gründlich durchgearbeitet hat. Je nachdem, welche der drei großen Lernstufen Sie bisher bewältigt haben (s. S. 15 ff.), sollten Sie nun eine Lern-Zwischenbilanz ziehen. Falls Sie z. B. die Lernstufe I (s. S. 15) intensiv durchgearbeitet haben, dann empfiehlt es sich, Lernbilanz zu ziehen im Hinblick auf folgende einzelne Lernfelder:

o das Schreib-Wirkungssystem und seine wesentlichen Wirkfaktoren (s. S. 21 ff.);

o das Vorwissen über qualifizierte Text-Planung, vorrangig
  — Zielgruppe (s. S. 39 ff.)
  — Zielsetzung (s. S. 86 ff.)
  — Denkmuster (s. S. 120 ff.; Grundmuster; Argumentatives Denkmuster, Deskriptives Denkmuster u. a.)
  — Text-Grundsorten (s. S. 166 ff.)
  — Bild-Grundsorten (s. S. 312 ff.)
  — Zusammenwirken von „Text — Bild" (s. S. 318 ff.);

o die Text-Planung (s. S. 327: Planungsstufen; Text-Plan mit seinen wichtigen Plan-Elementen);

o die Text-Realisierung (s. S. 341 ff; vor allem KLAVKA als Leitpunkte für die Text-Gestaltung);

o die Text-Kontrolle (s. S. 390 f.: zunächst als Eigenkontrolle).

In ähnlicher Art sollten Sie eine Lern-Zwischenbilanz ziehen, wenn man z. B. bestimmte Text-Sondersorten aus der Publizistik oder Schule durchgearbeitet hat — oder man sich eingehender mit Fragen des Schreib-Individualstiles befaßt hat.

Auf alle Fälle: jeden aufwendigen Lernprozeß stets mit einer „Zwischenbilanz" — nach operationaler Zielsetzung, in schriftlicher Form — beenden! Denn nur dann wird einem zweierlei klar und bewußt: zum einen der sachlich erfaßte Lernzuwachs, der erfahrungsgemäß motivierend auf uns einwirkt —, zum anderen aber auch die entdeckten Schwachstellen, die es anschließend durch gezieltes „Nach-Lernen" zu beseitigen gilt. Jeder neue bedeutsame „kognitive" Lernzuwachs (= verstandesmäßige Stoffaufnahme) kann meist erst durch mehrere Schreibübungen zum unverlierbaren Besitz werden.

Übrigens, bei dieser Gelegenheit sei eine alte Weisheit ins Licht gerückt, die sich seit der Antike bis auf den heutigen Tag bewährt hat und weiterhin Gültigkeit behalten wird. Hören wir dazu den weisen Quintilian, berühmtester Rhetorik-Lehrmeister aus dem alten Athen; er meint in seinem Lehrbuch der Redekunst: „. . . Man soll daher möglichst sorgfältig und möglichst viel schreiben. Denn wie die tief aufgegrabene Erdscholle eine ergiebigere Saat aufgehen läßt, so schenkt ein nicht oberflächlicher Fortschritt reichere Früchte des Studiums und bewahrt sie verläßlicher. Denn ohne diese stetige Übung wird uns die Fähigkeit zur Stegreifrede bloß mit leerem Geschwätz und Worten, die auf den Lippen entstehen, versorgen. Dort sind die Wurzeln, dort die Grundlagen, dort die Reichtümer, die sozusagen in der geheimen Schatzkammer aufbewahrt werden, woher sie für unerwartete Fälle, wenn es die Sachlage erfordert, hervorgeholt werden können . . ."[112]

Weit darüber hinaus kann in zielbewußter Schreibe auch eine starke persönlichkeitsbildende Kraft wirksam werden, die unser Ich zu formen, prägen und auszurichten vermag, und zwar hin auf bestimmte Ziele, Werte oder Ideale.

Letztlich können wir, im Sinne des Sprachphilosophischen Friedrich Bollnow[113], „. . . durch das verantwortlich geschriebene Wort unser Wesen prägend verwirklichen, uns zum eigentlichen Selbst erheben . . . durch das im Versprechen vorwegnehmend gegebene Wort . . ."

8. Anhang

8.1 Zeichensetzung (= Interpunktion)

Um dem Leser die Sinnabschnitte eines Textes optisch zu verdeutlichen, hat Aldus Manutius schon im 15. Jahrhundert mehrere Satzzeichen eingeführt. Diese sind seitdem allgemeingültig geworden und werden nach mehreren Prinzipien, also „regelrecht" angewendet.

Zum Hauptprinzip der Zeichensetzung erklärt die „Deutsche Grammatik" von Eichler und Bünting: „... die Ersetzung intonativer Signale ..."[114]; damit sind gemeint die Stimmführung (→ Stimmhebung und Stimmsenkung), kürzere und längere Pausen, die Intensität der Aussprache sowie der sprechmelodische Rhythmus. — Darüber hinaus können Satzzeichen nach Auffassung der beiden Autoren noch signalisieren:

○ besondere syntaktische (= satzlehrebezogene) Verhältnisse
z. B. die Selbständigkeit von Sätzen wird dann durch einen Beistrich (= Komma) gekennzeichnet, wenn sie durch eine Konjunktion miteinander verbunden sind;
Beispiel: Zuerst trank Tante Elsa eine Tasse Tee, *und* danach schrieb sie ihrem Sohn einen Brief.

○ besondere semantische (= bedeutungsbezogene) und kommunikative Verhältnisse;
als Satzzeichen gehören hierher: der Doppelpunkt, der Strichpunkt und die Anführungszeichen; z. B. das Anführungszeichen signalisiert eine direkte Rede; der Doppelpunkt verweist auf einen bemerkenswerten Anschluß (→ weitere Gedanken); und der Strichpunkt kennzeichnet das besondere Verhältnis der Aneihung bedeutungsmäßig sehr unterschiedlicher, angeschlossener Aussagen; dagegen werden ähnliche Aussagen durch Beistriche (= Kommata) markiert.

Die Zeichensetzung im heutigen Deutsch ist weitgehend eindeutig geregelt, und zwar durch Richtlinien und Empfehlungen, die der „Duden" gibt.[115] Die folgende Darstellung der Satzzeichen will in knapper Form nur jene Fälle ansprechen, mit denen man es in der Tagesarbeit öfters zu tun hat.

1. Punkt
   Der Punkt steht:

1.1 nach Aussagesätzen
   Der Punkt verweist am Satzende auf eine längere Gedankenpause;
   Beispiele: Ich kann es dir nicht sagen. Ich weiß es nicht;

1.2 nach Frage-, Ausrufe-, Wunsch- und Befehlssätzen

1.2.1 Der Punkt steht nach abhängigen Frage-, Ausrufe-, Wunsch- und Befehlssätzen.
   Beispiele: Er fragte ihn, warum er sich nicht entschuldige. Er rief ihm zu, er solle sich nicht fürchten. Ich wünschte, es wäre geschafft. Er befahl ihm, sofort zu gehen.

1.2.2 Der Punkt steht statt des Ausrufezeichens nach Wunsch- und Befehlssätzen, die ohne Nachdruck gesprochen werden.
   Beispiele: Bitte geben Sie mir den Bleistift. Siehe § 61 der Zivilprozeßordnung.

2. Beistrich (= Komma)
   „Beistrich" ist eine Verdeutschung von Komma (gr.-lat. für: Abschnitt), die auf den deutschen Grammatiker Justus Georg Schottelius (1612 – 76) zurückgeht. Dieses Zeichen ist durch Kürzung aus einem schrägen Langstrich entstanden, der noch bis etwa 1700 üblich war.

   Was für die Zeichensetzung im allgemeinen gilt, das gilt für den Beistrich im besonderen. Bei aller Freiheit, die man zur feineren Abschattung der Gedanken lassen muß, bleibt der Beistrich für den Schreibenden im Deutschen ein Mittel der Gliederung eines Satzes in logische Wortgruppen. Seine Hauptaufgabe liegt darin, den Hauptsatz vom Gliedsatz (= Nebensatz) oder von mehreren Gliedsätzen zu trennen. — Er schließt jedoch die Gedankenfolge innerhalb eines Satzes nicht so entschieden ab wie der Punkt und trennt weniger stark als der Strichpunkt.

   Der Beistrich steht nicht zwischen Satzteilen, die eng zusammengehören, nämlich zwischen Eigenschaftswörtern, deren letztes mit dem folgenden Hauptwort einen Gesamtbegriff bildet.
   Beispiele: ein Glas dunkles bayrisches Bier; lehrreiche physikalische Versuche; aber: bisher unbekannte, neuartige, lehrreiche, physikalische Versuche.

2.1 Der Beistrich zwischen Sätzen

2.1.1 Vollständige Hauptsätze — trennt man durch Beistrich.

2.1.2 Beigeordnete Hauptsätze
Der Beistrich trennt beigeordnete Hauptsätze, auch wenn sie durch „und" oder „oder" verbunden sind.
Beispiele: Ich kam, ich sah, ich siegte. Wir glauben an die Zukunft, und wir kämpfen für unser Ziel. Sind wir einer Meinung, oder habt ihr Einwände vorzubringen?

2.1.3 Der Beistrich trennt nicht:

2.1.3.1 durch „und" oder „oder" verbundene Hauptsätze, wenn diese kurz sind und eng zusammengehören.
Beispiele: Er grübelte und er grübelte. Er las oder er schrieb;

2.1.3.2 zusammengezogene Sätze, deren Satzglieder mit „und" oder „oder" verbunden sind.
Beispiele: Ein Löwe lag kraftlos vor seiner Höhle und erwartete den Tod. Ich gehe heute abend in das Theater oder besuche ein Konzert.

3. Strichpunkt (= Semikolon)
Der Strichpunkt trennt stärker als der Beistrich, aber nicht so entschieden wie der Punkt. Im Gegensatz zum Punkt trennt und vereinigt er zugleich. — Der Strichpunkt ist also in gewissen Fällen der Stellvertreter des Beistriches und des Punktes. Das Urteil darüber, ob einer dieser Fälle vorliegt oder nicht, aber kann verschieden sein; deshalb lassen sich für die Anwendung des Strichpunktes keine so strengen Richtlinien aufstellen wie für die anderen Satzzeichen.

3.1 Hauptsätze
Der Strichpunkt steht zwischen innerlich zusammenhängende Hauptsätzen.
Beispiele: Die Rätsel, welche Menschen sich aufgeben, sind ungelöst am schönsten; nach der Lösung gehen sie uns nicht mehr viel an.
(Ludwig Thoma)

4. Doppelpunkt (= Kolon)
Der Doppelpunkt kündigt an und erweckt deshalb Spannung.
Er steht:

4.1 bei Ankündigungen

4.1.1 vor der angekündigten wörtlichen Rede;
Beispiel: Die Mutter spricht: „Nein, Hans, das tut man nicht!";

4.1.2 vor angekündigten vollständigen Sätzen;
Beispiel: Die Regel lautet: Das Hauptwort wird groß geschrieben.

4.1.3 vor angekündigten Aufzählungen;
Beispiele: Die Namen der Monate sind folgende: Januar, Februar, März usw. — Er hat folgende Pflichten: die Post zu ordnen, Briefe und Telegramme zu besorgen, Auskünfte zu geben und den Fernsprecher zu bedienen;

4.1.4 vor angekündigten Satzteilen;
Beispiele: Er soll übersetzen: dem kranken Manne. Deutsch: sehr gut;

4.2 vor Zusammenfassungen;
vor Sätzen, die eine Zusammenfassung des Vorangegangenen sind oder Folgerungen daraus enthalten.
Beispiele: Haus und Hof, Geld und Gut: alles ist gerettet. Er ist umsichtig und entschlossen, zuverlässig und ausdauernd, aufrichtig und mutig: man kann ihm alles anvertrauen.

5. Fragezeichen
Das Fragezeichen steht nach Fragesätzen und Fragewörtern, außerdem:

5.1 nach einem unabhängigen Fragesatz (auch als Überschrift);
Beispiele: Wo wohnst du? Wie heißt du? „Wohin so schnell?" fragte er. Wie baut man ein Rundfunkgerät?

5.2 nach einzelnen Fragewörtern, wenn sie allein oder im Satzzusammenhang auftreten;
Beispiele: Wie? Warum? Wohin? Auf die Frage wem? steht der dritte, auf die Frage wen? der vierte Fall.

6. Ausrufezeichen
Sätze, einzelne Wörter, Anreden u. ä.

6.1 Das Ausrufezeichen steht nach Aufforderung, Wunsch und Befehl;
Beispiele: Grüß die Freunde! „Wäre er doch hier!" sagte er. Aber: Siehe § 25 der Zivilprozeßordnung.

6.2 Das Ausrufezeichen steht ferner nach Ausrufen der Gemütsbewegung, also auch nach jedem Ausrufesatz.
Beispiele: Wie schön! „Nein, nein!" rief sie. Aber (mit Nachdruck): „Nein? Nein!" rief sie. Das Ziel — denke daran! — muß unbedingt erreicht werden.

7. Gedankenstrich
Der Gedankenstrich bezeichnet eine Pause, die einen Wechsel ankündigt; und zwar:

7.1 zwischen Sätzen
Der Gedankenstrich zwischen Sätzen bezeichnet den Wechsel des Sprechenden, den Übergang zu etwas anderem u. ä.
Beispiel: Ihren Wunsch können wir leider nicht erfüllen. — Gestern erhielten wir eine Nachricht von Herrn Schmidt.

7.2 als Pausenbezeichnung
Der Gedankenstrich kann stehen:

7.2.1 bei einer längeren Pause, z. B. zwischen Überschriften;
Beispiel: Inhalt: Rechnungsarten — Zinsrechnung — Rechenhilfe — Zahlenspielereien.

7.2.2 bei einer Pause zwischen Ankündigungs- und Ausführungsbefehl;
Beispiel: Rumpf vorwärts senken — senkt!

7.2.3 bei Abbruch einer Rede, beim Verschweigen des Gedankenabschlusses;
Beispiele: „Verlassen Sie das Zimmer, oder —". Er ist ein elender —.

7.2.4 bei der Vorbereitung auf etwas Unerwartetes;
Beispiel: Plötzlich — ein Ruf des Entsetzens, der Körper schwankte . . .

7.2.5 vor und nach eingeschobenen Satzteilen und ganzen Sätzen;
Beispiel: Wir traten aus dem Walde, und ein wunderschönes Bild — die Sonne kam eben durch die Wolken — breitete sich vor uns aus.

7.3 in Verbindung mit anderen Satzzeichen
Gedankenstrich und Beistrich
Der Beistrich tritt hinzu, und zwar hinter den zweiten Gedankenstrich, wenn er auch ohne den eingeschalteten Satzteil oder Satz gesetzt werden müßte.
Beispiel: Sie wundern sich — schreiben Sie —, daß ich so selten von mir hören lasse.
Aber: Sie wundern sich — schreiben Sie — und sind sehr enttäuscht.

8. Anführungszeichen

8.1 Wörtliche Rede
Anführungszeichen stehen bei wörtlicher Rede und bei wörtlicher Anführung von Textstellen aus einem Buch, Gespräch, Brief, Aufsatz, einer Rede u. a., und zwar am Anfang und am Ende des Zitates;

Beispiel: Er sagte: ,,Morgen werde ich in Berlin sein".
Wird ein Zitat unterbrochen, so wird die Unterbrechung ausgespart.
Beispiel: ,,Gut", sagte er, ,,gehen wir weiter!"

8.2 Einzelne Wörter, kurze Aussprüche, Titel u. ä.
Anführungszeichen stehen ferner zur Hervorgebung einzelner Wörter;
Titel von Büchern, Gedichten, Zeitungen, kurzer Aussprüche o. ä.
Beispiele: Das Wort ,,Liebe" ist vieldeutig. ,,Wacht auf, ihr Schläfer drinnen!" so tönte es vielfältig an unser Ohr. Wer kennt sie nicht, die ,,Kraniche des Ibykus"!

9. Klammern

9.1 Runde Klammern
Runde Klammern schließen erklärende Zusätze ein.
Beispiele: Main (deutscher Fluß); Marburg (Lahn); Beil (Werkzeug).
Er hat den (allerdings nur undeutlichen) Vorwurf überhört.

In Nachschlagewerken und Wörterbüchern werden für die Einschließung von erklärenden Zusätzen u. a. oft auch eckige Klammern verwendet.

9.1.2 Runde Klammern in Verbindung mit anderen Satzzeichen

9.1.2.1 Ausrufezeichen, Fragezeichen, Punkt, Doppelpunkt und Beistrich stehen hinter der schließenden runden Klammer, wenn sie auch ohne den eingeschlossenen Zusatz gesetzt werden müßten;
Beispiele: Äußere Dich endlich zu meinem wohlgemeinten Vorschlag (vgl. meinen Brief vom 5. 1. 1952)! Beharrst Du auf Deinem Vorschlag (vgl. Deinen Brief vom 5. 1. 1952)? Das ist jetzt meine Meinung (zugleich mein endgültiger Vorschlag). Sie sprach zu ihm (das war das letzte Wort der Sterbenden): ,,Ich danke dir innig für alles Gute!" Sie wundern sich (so schreiben sie), daß ich so selten von mir hören lasse.

9.1.2.2 Ausrufe- und Fragezeichen stehen vor der schließenden runden Klammer, wenn sie unmittelbar zu dem eingeschlossenen Zusatz gehören;
Beispiele: Das geliehene Buch (denke an Dein Versprechen!) hast du noch nicht zurückgegeben. Du wolltest mir doch (weißt du es noch?) das Heft leihen.

9.2 Eckige Klammern
Erläuterungen
Eckige Klammern setzt man, wenn Erläuterungen zu einem bereits eingeklammerten Text gekennzeichnet werden sollen.
Beispiel: Ich teile Ihnen mit (das ist jetzt mein fester Entschluß [vgl. meinen Brief vom 5. 1. 1952]), daß ich von meiner Forderung nicht abgehen werde.

Fehler	Korrigierter Text	Korrekturzeichen
Jedes Korrekturzeichen wiederholen	Rundgan*k* durch di*e* Geschichte	*lg re*
Falscher Buchstabe	Rundgan*k*	*lg*
Mehrere Fehler in einer Zeile	Rundgan*k* *in* die Geschich*re*	*lg H durch re*
Verstellte Buchstaben	Rundgang du*rg* d*ei* Geschichte	*ru reh rie*
Fehlende Buchstaben und Interpunktion	Rundg_ _ du_ _ die Geschicht_	*u ang n reh /e.*
Überflüssiger Buchstabe	Rundgang dur*f*ch die Geschichte	*l ✗*
Falsches Wort	Rundgang *in* die Geschichte	*H durch*
Überflüssiges Wort	Rundgang durch die *die* Geschichte	*⊢ ✗*
Fehlendes Wort (= „Leiche")	Rundgang die Geschichte	*┌ durch*
Auszeichnung eines Wortes	Rundgang durch die Geschichte	*halbfett*
Sperren	Rundgang durch die Geschichte	*— sperren - oder* *— nicht sperren*
Verstellte Wortfolge	Rundgang die durch Geschichte	*⊔⊓*
Verstellte Zahlen	Rundgang durch die Geschichte ǀ1018ǀ	*H 1981*
Fehlender Absatz	Rundgang durch die Geschichte	*⌐*
Kein Absatz	Rundgang ⤸ durch die Geschichte	*⤶*
Vergessener Einzug	Rundgang durch die Geschichte	*⌐*
Größere Auslassung	Rundgang Geschichte	*┌ durch die*
Fehlender Zwischenraum	Rundgang durch dieGeschichte	*⌐*
Überflüssiger Zwischenraum	Rundga ng durch di e Geschichte	*⌒ ⌒*
Fehlender Zeilenabstand	Rundgang durch die Geschichte	*⟨*
Entfallender Zeilenabstand	Rundgang durch die Geschichte	*⟩*
Ungültige Korrektur	Rundgang durch die Geschichte	*H ✗*
Falsche Einrückung	⊢ Rundgang durch die Geschichte	*⊢*

Bild 55: Korrekturzeichen (Auswahl)

10. Auslassungspunkte
   Um den Abbruch einer Rede oder das Verschweigen eines Gedankenabschlusses zu bezeichnen, verwendet man statt des Gedankenstriches besser Auslassungspunkte. Dies geschieht vor allem dann, wenn in demselben Satz bereits der Gedankenstrich verwendet wird. Auch am Schluß eines Satzes stehen nur drei Punkte.
   Beispiele: Der Horcher an der Wand ... Er gab den Takt an: „Eins — zwei, eins — zwei ..."

8.2 Korrekturzeichen: notwendiges „Handwerkszeug"

Soll ein Text — etwa ein Fachbeitrag im Mitteilungsblatt X — publiziert werden, dann erhält man als Autor in den meisten Fällen das eingereichte Schreibmaschinenmanuskript (zusammen mit den vorgesehenen Bildmotiven) rechtzeitig vor der Veröffentlichung als „Autorenkorrektur" (→ Fahnenabzüge) zugeschickt; dies mit der Bitte, vorhandene Druckfehler auszumerzen und/oder zugleich die Text-Gestaltung an der einen oder anderen Stelle geringfügig zu verbessern. — Für diesen Arbeitsgang braucht ein Autor von Gebrauchstexten ein wenn auch bescheidenes Handwerkszeug: einige Korrekturzeichen; denn diese Zeichen gewährleisten, daß Mißverständnisse zwischen Autor und Redaktion bzw. Druckerei weitgehend vermieden werden.

Von den zahlreichen Korrekturzeichen sollte ein Verfasser von Gebrauchstexten, so die Meinung und vieljährige Erfahrung von Korrektoren, mindestens die folgenden Regeln und Zeichen (Bild 55; S. 433) beherrschen:

1. jedes verwendete Korrekturzeichen muß man (möglichst) auf dem rechten Papierrand wiederholen; dann ist rechts neben dieses wiederholte Zeichen die erforderliche Änderung zu schreiben, natürlich gut lesbar.

2. Falsche Buchstaben, Wörter oder Satzteile sind in der Druckzeile einzuzeichnen und auf dem Rand durch die richtigen zu wiederholen.

3. Wenn in einer Zeile mehrere Fehler vorkommen, so werden sie — entsprechend der Reihenfolge — durch verschiedenartige Zeichen gekennzeichnet; dabei vermeide man buchstabenähnliche Zeichen.

Arbeitshilfe „Korrekturzeichen"
Die grafische Übersicht (Bild 55) wird es Ihnen erleichtern, künftig die Autorenkorrektur sachgerecht und verständlich vorzunehmen —; und sie wird erfahrungsgemäß auch den damit verbundenen Lernprozeß beschleunigen.

8.3 Quellennachweise

1) Zielinski, J.: Ausbildung der Ausbildenden, Düsseldorf-Aachen 1972, Bd. 5, S. 257
2) Japsers, K.: Philosophie, 2. Band (Existenzerhellung), Berlin 1932, S. 51
3) Statistisches Jahrbuch für die Bundesrepublik Deutschland, Stuttgart und Mainz, 1980, Vorwort
4) Lersch, Ph.: Aufbau der Person, München 1964, S. 31 f.
5) Hofstätter, Peter R.: Einführung in die Sozialpsychologie, Stuttgart 1963, S. 324
6) Messinger, H. und Rüdenberg, W.: Langenscheidts Handwörterbuch Englisch, Berlin-München-Wien-Zürich 1974, S. 309
7) The advanced learner's dictionary of current english, London, Oxford University Press 1970, S. 490
8) Augustinus, A.: Bekenntnisse, Stuttgart 1967, S. 270 f.
9) Augustinus, A.: Ebenda, S. 272 f.
10) Gsöllpointer, H.: Design ist unsichtbar, Wien 1981, Sonderdruck „Erscheinungsbild Siemens", S. 1
11) Gsöllpointer, H.: Ebenda, S. 1
12) Johannsen, U.: Image nach Plan, Sonderdruck aus MARKT-KOMMUNIKATION Nr. 8, München 1972, S. 2
13) Salcher, E. F.: Psychologische Marktforschung, Berlin — New York 1978, S. 181
14) Correll, W.: Motivation und Überzeugung in Führung und Verkauf, München 1976, S. 19 f.
15) Correll, W.: Ebenda, S. 29 ff.
16) Correll, W.: Ebenda, S. 32
17) Heiß, R.: Allgemeine Tiefenpsychologie, Bern und Stuttgart 1964, S. 293 ff.
18) Heiß, R.: Ebenda, S. 356
19) Morf, G.: Einführung in die Psychologie, München und Basel 1970, S. 117 f.
20) Böcker/Thomas: Marketing, Stuttgart — New York 1981, S. 61
21) Wild, J.: Grundlagen der Unternehmensplanung, Reinbeck bei Hamburg 1974, S. 66
22) Salcher, E. F.: Psychologische Marktforschung, Berlin — New York 1978, S. 322
23) Salcher, E. F.: Ebenda, S. 324
24) BROCKHAUS ENZYKLOPÄDIE, Wiesbaden 1974, 20. Band, S. 678
25) Anton, M.: Die Ziele der Werbung, Wiesbaden 1973, S. 18 f.
26) Wild, J.: Grundlagen der Unternehmensplanung, Reinbeck bei Hamburg 1974, S. 54
27) BROCKHAUS ENZYKLOPÄDIE, Wiesbaden 1973, 18. Band, S. 210
28) Moltke, H. von: Ausgewählte Werke, Berlin 1925, Erster Band, S. 241 f.
29) Clausewitz, C. von: Vom Kriege, Berlin und Leipzig 1916, S. 9
30) Liddell Hart, B. H.: Strategie, Wiesbaden 1955, S. 396
31) Blumentritt, G.: Strategie und Taktik, Konstanz 1960, S. 7 f.
32) Clausewitz, C. von: Vom Kriege, Leck/Schleswig 1978, S. 53 f.
33) Blumentritt, G.: Strategie und Taktik, Konstanz 1960, S. 9
34) Clausewitz, C. von: Vom Kriege, Berlin und Leipzig 1916, S. 29
35) Clausewitz, C. von: Ebenda, S. 161
36) Clausewitz, C. von: Ebenda, S. 343
37) Clausewitz, C. von: Ebenda, S. 696
38) Clausewitz, C. von: Ebenda, S. 721
39) Cochenhausen, von: Moltke-Gedanken, Berlin 1944, S. 13
40) Cochenhausen, von: Ebenda, S. 14
41) Cochenhausen, von: Ebenda, S. 21
42) Cochenhausen, von: Ebenda, S. 24
43) Liddell Hart, B. H.: Strategie, Wiesbaden 1955, S. 412
44) Liddell Hart, B. H.: Ebenda, S. 412

45) Liddell Hart, B. H.: Ebenda, S. 412
46) Liddell Hart, B. H.: Ebenda, S. 413
47) Liddell Hart, B. H.: Ebenda, S. 414
48) Mager, R. F.: Lernziele und Programmierter Unterricht, Weinheim 1972, S. 53
49) Dornseiff, F.: Der deutsche Wortschaft nach Sachgruppen, Berlin 1970, S. 256
50) Hartmann, N.: Einführung in die Philosophie, Tübingen 1954, S. 110
51) Heiß, R.: Allgemeine Tiefenpsychologie, Bern und Stuttgart 1964, S. 270 ff.
52) Heiß, R.: Ebenda, S. 273
53) Correll, W.: Pädagogische Verhaltenspsychologie, München/Basel 1969, S. 33 f.
54) Skinner, B. F.: The Behavior of Organism. An Experimental Analysis. New York 1938, S. 21
55) Correll, W.: Pädagogische Verhaltenspsychologie, München/Basel 1969, S. 73
56) Neumann, R.: Zielwirksam reden, Grafenau 1/Württ. 1978, S. 100
57) Hartmann, N.: Kleinere Schriften, Berlin 1958, S. 38
58) Pukas, D.: Verbale Kommunikation, Rinteln 1979, S. 4 ff.
59) Seiffert, H.: Einführung in das wissenschaftliche Arbeiten, Braunschweig 1972, S. 123 f.
60) Sowinski, B.: Deutsche Stilistik, Frankfurt/Main 1978, S. 293 ff.
61) BROCKHAUS ENZYKLOPÄDIE, Wiesbaden 1968, 5. Band, S. 340
62) Schischkoff, G.: Philosophisches Wörterbuch, Stuttgart 1974, S. 687
63) Stadtler, H. (Herausgeber): Deutsch Verstehen – Sprechen – Schreiben, Frankfurt/M. 1973, S. 188
64) Zielke, W.: Berichtswesen; in Management-Enzyklopädie, München 1969, 1. Band, S. 888
65) Dovifat/Wilke: Zeitungslehre I, Berlin – New York 1976, S. 161
66) La Roche, W. von: Einführung in den praktischen Journalismus, München 1980, S. 78 f.
67) Dovifat/Wilke: Zeitungslehre I, Berlin – New York 1976, S. 76
68) Dovifat/Wilke: Ebenda, S. 39
69) Rost, D.: Grundzüge der Werbung in den 80er Jahren; ein Referat vor dem Zentralausschuß der Werbewirtschaft (ZAW) am 3. 5. 1977; als Manuskript gedruckt Berlin und München 1977, S. 2
70) Meyer/Hermanns/Holscher: Werbung, Aufgabe und wirtschaftliche Bedeutung, Essen 1974, S. 42
71) Gaede, W.: Vom Wort zum Bild, München 1981, S. 27 ff.
72) Ogilvy, D.: Geständnisse eines Werbemannes, Wien – Düsseldorf 1975, S. 138 ff.
73) Schönert, W.: Werbung, die ankommt; München 1977, S. 48 ff.
74) MERKUR programmierte Direktwerbung: Gestaltungstips für erfolgreiche Direktwerbemittel, Einbeck, o. J.
75) Braun, H.: Grundsätze für Werbung und Design, in ZVW public, Ausgabe März 1981, S. 1 ff.
76) BROCKHAUS ENZYKLOPÄDIE, Wiesbaden 1967, 2. Bd., S. 715
77) Gaede, W.: Vom Wort zum Bild, München 1981, S. 25
78) Gaede, W.: Ebenda, S. 30 f.
79) Kosiol, E.: Zur Problematik der Planung in der Unternehmung; in: Zeitschrift für Betriebswirtschaft 1967, S. 79
80) Schopenhauer, A.: Über Schriftstellerei und Stil, Frankfurt/M. 1960, S. 61
81) Preußler, O.: Der Räuber Hotzenplotz, Stuttgart 1962, S. 26
82) Reiners, L.: Stilkunst, München 1943, S. 268
83) Reiners, L.: Ebenda, S. 297
84) Reiners, L.: Die Kunst der Rede und des Gesprächs, Bern und München 1962, S. 36 f.
85) Meier, H.: Deutsche Sprachstatistik, Hildesheim 1964, S. 187
86) Reiners, L.: Stilkunst, München 1943, S. 360
87) Peters, K. H. (Herausgeber): Proklamationen und Manifeste, Stuttgart 1964, S. 269

88) Süskind, W. E.: Vom abc zum Sprachkunstwerk, Stuttgart 1953, S. 41
89) Meier, H.: Deutsche Sprachstatistik, Hildesheim 1964, S. 192
90) Seibicke, W.: Duden — Wie schreibt man gutes Deutsch? Mannheim/Wien/Zürich 1969, S. 68
91) Seibicke, W.: Ebenda, S. 68
92) Aristoteles: Poetik, Stuttgart 1961, S. 37
93) Müller, G.: Dramaturgie des Theaters, des Hörspiels und des Films, Würzburg 1954, S. 27
94) Aristoteles: Poetik, Stuttgart 1961, S. 42
95) Aristoteles: Ebenda, S. 51
96) Diem, C.: Wesen und Lehre des Sports und der Leibeserziehung, Berlin 1960, S. 65 ff.
97) Sowinski, B.: Deutsche Stilistik, Frankfurt/M. 1978, S. 275
98) Sowinski, B.: Ebenda, S. 30
99) Neumann, R.: Zielwirksam reden, Grafenau 1/Württ. 1978, S. 25 ff.
100) Lersch, Ph.: Aufbau der Person, München 1962, S. 499
101) Werbik/Kaiser (Herausgeber): Kritische Stichwörter, München 1981, S. 18
102) Lessing, G. E.: Kritik und Dramaturgie, Ausgewählte Prosa, Stuttgart 1969, S. 37 ff.
103) Stifter, A.: Granit, Stuttgart 1956, S. 4
104) Reiners, L.: Stilkunst, München 1943, S. 288
105) Reiners, L.: Ebenda, S. 293
106) Sowinski, B.: Deutsche Stilistik, Frankfurt/M. 1978, S. 275
107) Bieri, E.: Die Menschlichkeit unserer technischen Zivilisation, Berlin und München 1980, S. 85
108) Reiners, L.: Stilkunst, München 1943, S. 756
109) Reiners, L.: Ebenda, S. 756
110) Schopenhauer, A.: Über Schriftstellerei und Stil, Frankfurt/M. 1960, S. 61
111) Guardini, R.: Gottes Werkleute, Briefe über Selbstbildung, Burg Rothenfels/Main 1925, S. 11
112) Quintilian, F. M.: Lehrbuch der Redekunst, 10. Buch, Stuttgart 1974, S. 83
113) Bollnow, O. F.: Sprache und Erziehung; Stuttgart, Berlin, Köln, Mainz 1969, S. 195
114) Eichler/Büntig: Deutsche Grammatik, Kronberg/Ts. 1978, S. 291
115) Der große Duden, Mannheim/Wien/Zürich 1973, S. 17 ff.

8.4 Personenregister

Anton, M. 88
Aristoteles 375, 376
Arnold, W. 192
Äsop 360
Auer, H. 268
Augustinus 55

Bacon, F. 140
Bergius, R. 121
Bieri, E. 422
Bismarck, Otto von 220, 352
Blumentritt, G. 99
Böcker/Thomas 73
Bollnow, F. 426
Borchert, W. 202

Braun, H. 308
Brehm, A. E. 172
Breyer, E. 18, 356

Clausewitz, Claus von 97, 100
Clemanceau, G. 368
Correll, W. 65, 66, 67, 112, 113, 114

Dhalla, N. K. 74
Diem, C. 386
Dorrnseiff, F. 105
Dovifat, E. 256, 261, 265, 266

Eichler/Bünting 427
Eysenck, H. J. 192

Festinger, L. 52, 53
Fichte, J. G. 56
Fontane, Th. 380
Freud, S. 402

Gaede, W. 292, 316
Gellert, Ch. F. 351, 359
Gleim, J. W. 359
Goethe, E. 218, 380, 400
Goethe, J. W. von 184, 200, 351, 353, 356
Guardini, R. 424
Guire, M. J. 51

Haas, Ch. 377, 383
Hart, L. 97, 98, 102
Hartmann, N. 109, 128
Hawranek, L. 18, 318
Hebel, J. P. 351
Heinen, E. 88
Heiß, R. 70, 110, 111, 112
Hemingway, E. 207
Hermann, H. M. 358
Herzog, M. 235
Hesse, H. 180
Hofstätter, P. R. 53, 60
Hölderlin, F. 356
Hovland, C. J. 52

Jaspers, K. 28
Johannes (Evangelist) 358
Johannsen, U. 58
Jost 116

Keller, G. 352
Kleist, H. von 351, 357
Kosiol, E. 328

La Fontaine 359
Lange, R. 18, 143
La Roche, W. von 259, 266, 356
Lasswell, H. D. 126
Lersch, Ph. 49, 400
Lessing, G. E. 351, 353, 359, 404 f.
Lincoln, A. 367
Lindner, G. 18, 143
Lorenz, K. 402
Lukas (Evangelist) 359
Luther, M. 351, 359

Mackensen, L. 360
Mager, R. F. 102
Maslow, J. 67, 68
Meier, H. 362, 369
Meili, R. 192
Meyer, C. F. 352
Meyer, P. W. 286

Mörike, E. 356, 357
Moltke, H. 97, 98, 101
Mosf, G. 71
Müller, G. 376
Müntzer, Th. 220

Neckermann, J. 278
Nietzsche, F. 352, 380
Nöldner 211

Ogilvy, D. 293
Osgood, C. 60

Pieper 280 ff.
Platon 277
Preußler, O. 353
Pukas, D. 154
Puttkammer, H. von 218

Quintilian, M. F. 426

Reiners, L. 353, 356, 363, 417, 418
Reischel, H. 241
Rilke, R. M. 183
Rohrbach, B. 75, 76
Rost, D. 285

Sachs, H. 359
Salcher, E. F. 64, 78
Saas, J. 181
Scholl-Latour, P. 358
Schönert, W. 294
Schopenhauer, A. 335, 359
Schwarzer, H. 18
Seiffert, H. 155
Sheriff, L. 52
Skinner, B. F. 113
Smith, B. L. 126
Sokrates 140, 277, 349
Sowinski, B. 185, 397, 398, 419
Stifter, A. 352, 358, 405 ff.
Starke, G. 18, 143
Storm, Th. 380
Süßkind, W. E. 367

Thukidydes 351

Ücker, B. 271

Volz, W. 182

Waggerl, K. H. 180, 181
Wegener, H. 270
Werbik, H. 402
Whewell, W. 140
Wieland, Ch. M.
Wild, J. 75, 90
Wilke, D. 256, 261, 265, 266
Witter, B. 278

Yuspeh, S. 74

Zatopek, E. 377, 384, 385
Zielinski, J. 22
Zielke, W. 229

8.5 Sachregister

Abstraktionsleiter 360 f.
Abweichungsanalyse
    (→ Rückkoppelung) 393 f.
Adjektiv 367 ff.
AIDA-Formel
    (→ Denkmuster) 146 ff.
Aktennotiz/Aktenvermerk 254 f.
Anekdote 358 f.
Angebotsbrief 222, 223 f.
angemessen 364 f.
Anmutung
    (→ Erster Eindruck) 390, 412, 414 f.
anschaulich 353 ff.
Anspruchsniveau 54
Antrag 252 f.
Anzeige (→ Werbung) 294 ff.
Argumentatives Denkmuster 143 ff.
Argumentblock
    (→ Denkmuster) 133 ff.
Assoziationspsychologie 60

Bauplan, geistiger
    (→ Denkmuster) 121 f.
Bedarf 60 f., 63
Bedienungsanleitung 305 ff.
Bedürfnis/Motiv 62 ff.
beeinflussen 93
Beeinflussungsmodell 105
Begriff 34, 190
Begriffsbestimmung 190 f.
Beilage 323
bekunden 93
Bericht 175 ff., 228 f., 261 ff.
Beschreibung 166 ff., 229
Besinnungsaufsatz
    (→ Problemaufsatz) 187 ff.
Besprechungsniederschrift 255 f.
Bewerbung 244 ff.
BIDA-EVAZA-Formel
    (→ Denkmuster) 148 ff.
Bild
— Begriff 309

— Beschreibung 170 ff.
— Beurteilung 320 ff.
— Funktionen 310 f.
— Gedankenführung im 315
— Grundsorten 312 ff.
— Ideen 315 ff.
— Unterschrift 319 f.
Bildnis (= Portrait) 314
Bildungssystem
    (→ Themenfelder) 382
Brief 211 ff., 222 ff., 302 f., 323
Briefarten 216 f.
Buch 325
Buchbesprechung/Rezession 283

Charakteristik 179, 182 ff.
— Ding-Charakteristik 183
— Person-Charakteristik 183 f.

Darstellungsperspektive 194 ff.
Darstellungsweise (→ Welt) 163 f.
Deduktives Denkmuster 142 f.
Denken, Analyse 121
Denken, Begriff 34
Denkmuster
    (→ geistiger Bauplan) 120
Deskriptives Denkmuster 128 ff.
Dialektische Form
    (→ Denkmuster) 137 ff.
Diffusion 72 f.
Ding-Charakteristik 183
Dramaturgische Gesichtspunkte 374 ff.
Dramatisierende Reihe
    (→ Denkmuster) 136 f.
Druckschrift/Prospekt 324

Eigenschaftswort/Adjektiv 367
Eindruck, Erster 390, 412, 414 f.
Einleitung/Hauptteil/Schluß
    (→ Denkmuster) 124 ff.
Einstellung 50 ff.
— Änderung 52 f.
— Arten 51
— Begriff 50
— Funktionen 50 f.
— Komponenten 51 f.
— Ziele 52
Epitheten 335
Erbanlagen 71
Ereignisbild 314
Ereignisschilderung 171, 180
Erlebnisschilderung 179, 182
Erörterung 184 ff.
— Arten 185 f.

Erwartung 53 f.
Erzählung 189
Fabel 359 f.
Facharbeit 174, 209 ff., 230 ff.
Fachaufsatz 209 ff., 230 ff.
feilen (→ Text) 380
Formalstufen (→ Denkmuster) 151 ff.
Frage 349 ff.
— Arten 349 f.
— Technik 276 f.
Funktionskreis
    „Weltzuwendung — Weltbegreifen —
    Weltgestaltung" 48 ff.
Gedankenführung im Bild 315
Gegenstandsbeschreibung 167, 169 f.
Gehalt 197
Geistiger Bauplan (→ Denkmuster) 120 ff.
Geländebeschreibung 168, 170
Geographische Merkmalgruppe
    (→ Zielgruppe) 46
Geschäftsbrief 217, 222 ff.
Gleichnis 359
Gliederungsmuster 153 ff.
— Dezimalgliederung 153 ff.
— Klassische Gliederung 155 f.
Grundbedürfnisse/Grundmotive 65 ff.
Grundmotive/Grundbedürfnisse 65 ff.
Grundwissen (→ Text-Planung und
    -Gestaltung) 27 ff.

Handeln/Handlung 109
Handlungsbild 314
Hauptteil 124 ff.
Hauptwort/Substantiv 366 f.
Hemmung 110 ff.

Image 54 ff.
— Begriff 55 f.
— Forschung 60
— Funktionen 58
— Gattung und Arten 56 ff.
— Strategie 59 f.
Individualstil 397
Induktives Denkmuster 140 ff.
Informationsfolge 324
Informationsphase (→ Text-Planung) 329
informieren 93
Inhalt 412
Inhaltsangabe 192 ff.
Interpunktion 427
Interview 273 ff.
— zur Person 273 ff., 274 f., 278 ff.
— zur Sache 275, 280 ff.

Klang 372
klar 347 f.
KLAVKA 345 ff.
knapp 363 f.
Kommentar 268 ff.
Kommunikation 28 f., 32 f.
Konflikt (→ Ziel) 95 f.
Korrekturzeichen 433 f.
Kreativ-Methoden 315 f.
Kultur 161 ff.

Lage-Analyse
    (→ Situations-Analyse) 329 ff.
Landschaftsschilderung 179, 180
Lasswell-Formel (→ Denkmuster) 126 ff.
lebendig 348 ff.
Lebenslauf 246 ff.
Lebenszyklus (→ Produkt/Idee) 73 f.
lehren 93
Leser (→ Zielperson, Zielgruppe) 41 ff.
Leserbrief 216
Lyrik 356 f.

Mahnbrief 222 f., 225
Mensch 159 f.
Merkmalgruppe (→ Zielgruppenanalyse)
    41 ff.
Metapher 354
Mittelarten (→ Brief, Beilage, Informations-
    folge, Druckschrift/Prospekt, Buch u. a.)
    323 f.
Motiv/Bedürfnis 62 f., 64 ff.
Motivation 64
— Grundmotive 65 ff.
— Diagnose 66 f.
— Liste 66, 69

Nachricht 257 ff.
— Begriff 261
— Aufbau 259 f.
Natur 159

Offener Brief 216 f.
Operation (→ Strategie, Taktik) 99
Operationale Zielsetzung 102 ff.

Person-Beschreibung 172 f.
Person-Charakteristik 183 f.
Persönlichkeit 401
Persönlichkeitsbildung 381 ff., 399 ff.
Polaritätsprofil 65
Positionierung
    (→ „Meinungsgegenstände") 78 ff., 401
Presse-Information (→ „Waschzettel") 282 f.

Privatbrief (= Persönlicher Brief) 216
Problem 75 ff.
— Arten 75 f.
— Begriff 75
— lösen 76 f.
— Lösungsmöglichkeiten 77 f.
Problemaufsatz
 (→ Besinnungsaufsatz) 187 ff.
Problem — Problemlöser
 (→ Denkmuster) 131 ff.
Protokoll 236 ff.
— Ergebnis-Protokoll 237, 239 f.
— Verlaufs-Protokoll 237 f.
Psychologisch-sozialpsychologische
 Merkmalgruppe (→ Zielgruppe) 44

Rang (→ Rolle) 53
Reihe
— dramatisierende 136 f.
— steigernde 135 f.
Reim und Vers 372 ff.
Reklamationsbrief 222, 224
Religiöser Brief 217
Religion 162 f.
Rhythmus 372
Rolle (→ Rang) 53
Rückkoppelung
 (→ Text-Beurteilung) 118, 393 f.

Sachbericht 176 f.
Sachbild 312
Satz
— Bau/Ratschläge 369 ff.
— Bild 355
— Zeichen 427 ff.
Schilderung 178 ff.
Schreib-Individualstil 397
Schreib-Wirkungssystem 21 ff.
Selbstbild (→ des Schreibers) 35 ff.
Situations-Analyse (= Lage-Analyse)
 329 ff.
Situationsbericht 176, 177 f.
Sozio-demographische Merkmalgruppe
 (→ Zielgruppe) 41 ff.
Sprache
— Begriff 53
— Bild 353 f.
 — Wortbild 354
 — Wortgruppenbild 355
 — Satzbild 355
 — Textbild 357 f.
Sprichwort 355
Steigernde Reihe
 (→ Denkmuster) 135 f.

Stil
— Analyse 410 ff.
— Arten 396 f., 401 ff.
— Begriff 396, 397, 423
— Beurteilung 412 ff.
— Bildung (sieben Schritte) 398 ff.
— Bruch 418
— Ebene 417
— Felder 411
— Individual-Stil 397
— Mittel/Elemente 397 f.
Stimmungsbild 179, 181
— Züge 414 ff.
Stoffsammlung/Stoffordnung 341 ff.
Strategie (→ Operation, Taktik) 97 f.
Substantiv 366 f.

Tätigkeitswort/Verb 365 f.
Takt 372
Taktik (→ Strategie/Operation) 99 f.
Thema — Titel 36 ff.
Themen — Lebenszyklus 73 f.
Text
— Analyse 194 ff., 403 ff., 408
— Begriff 33
— Beschreibung 194
— Beurteilung 387 ff.
— Bild 357 ff.
— Entwurf 381 ff.
— Gestaltung (→ KLAVKA) 345 ff., 414
— Gliederungsmuster 153 ff.
  dezimal 153 f.
  klassisch 155 f.
— Grundsorten 165 f.
— Interpretation 205 ff.
— Mittel 323 f.
— Plan (→ Elemente) 336 ff.
— Planung 327 ff.
— Planungsphase 333 ff.
— Realisierung 341 ff.
— Sondersorten 165 f.
— Träger (Medien) 324 f.
— unterstützendes Mittel „Bild" 309 ff.
— Verarbeitung 377 ff.
— Zusammenwirken mit Bild 318 ff.
Tiefenseelische Funktionen 70 f.
Tierbeschreibung 168, 172
Tierschilderung 179, 184
Titel/Untertitel 38 f.
Träger/Medien 324 f.

Überlernen (= overlearning) 117
überzeugen (→ argumentieren) 143 ff.
unterhalten 95
Untertitel 38 f.

441

Verb/Zeitwort 365 f.
Verbesserungsvorschlag 240 ff.
Verhalten 108 ff.
Verhaltensorientiertes Beeinflussungsmodell 105 f.
verständlich 362 f.
Verstärkung 112 ff.
— positive 113
— negative 113 f.
Vorgangsbeschreibung 168, 173 f.
Vorgangsschilderung 179, 181

Waschzettel (→ Presse-Information) 282 f.
Welt (→ schriftliche Darstellung) 158 ff.
Werbebrief 302 ff.
Werbeschrift (→ Prospekt) 298 ff.
Werbesprache 285 f.
Werbetext 286 ff.
— Gestaltung 287 ff.
— Planung 287
Werbung 284 f.
— Begriff, Ziel, Aufgabe 284 f.
Wiederholung 115 ff.
Wirkfaktoren (→ Text-Kommunikation) 29 f.
Wirkung 118
Wirtschaftliche Merkmalgruppe
 (→ Zielgruppe) 45 f.

Wort
— bild 354
— einsatz, Tips für 365 ff.
— Gestaltung 413 f.
— gruppenbild 355
Zeichensetzung/Interpunktion
 (→ Satzzeichen) 427 f.
Zeitschrift 324 f.
Zeitung 324
Zeitungsbericht 261 ff.
Zeitwort/Verb 365 f.
Ziel
— arten 92 f., 94
— Begriff 87 f.
— Bestimmungselemente 88 f.
— bildungsprozeß 87
— ebenen 91, 94
— gruppe 41
— gruppen-Analyse 41
— gruppen-Bestimmung 80 f.
— gruppen-Merkmale 41 ff.
— konflikt 95 f.
— person 41
— setzung, operationale 102 ff.
— system 89 ff.
— system-Kategorien 97 ff.
Zusammenwirken „Text — Bild" 318 ff.

8.6 Literaturhinweise

Aley/Fischer: Deutsch, Verlag W. Girardet, Essen, 1977
Bollnow, O. F.: Sprache und Erziehung, W. Kohlhammer Verlag, Stuttgart, 1979
Correll, W.: Motivation und Überzeugung in Führung und Verkauf, verlag moderne industrie, München, 1981
Dornseiff, F.: Der deutsche Wortschatz, Verlag Walter de Gruyter u. Co., Berlin, 1970
Dovifat/Wilke: Zeitungslehre I und II, Verlag Walter de Gruyter, Berlin — New York, 1976
Drechsler, U.: Korrespondenz im Sekretariat, Wirtschaftsverlag Langen-Müller/Herbig, München 1982
Drosdowski, G.: Duden, Stilwörterbuch der deutschen Sprache, Dudenverlag, Mannheim/Wien/Zürich, 1970
Duden: Rechtschreibung, Dudenverlag, Mannheim/Wien/Zürich, 1986
Eggerer, W. und Rötzer, H. G.: Großer Analysenband I, Manz Verlag, München, 1978
Eichler, W. und Bünting, K.-D.: Deutsche Grammatik, Athenäum Verlag, Kronberg/Ts., 1978
Gaede, W.: Vom Bild zum Wort, Wirtschaftsverlag Langen-Müller/Herbig, 1981
Hartwig, H.: Das Wort in der Werbung, Verlag Karl Thiemig, München, 1974
Kath, J.: Die hundert Gesetze der erfolgreichen Werbung, Wirtschaftsverlag Langen-Müller/Herbig, München, 1980
Kranz, Friedrich: Wege zum Abituraufsatz, Gedichtinterpretation, R. Oldenburg Verlag, München, 1976

La Roche, W. von: Einführung in den praktischen Journalismus, List Verlag, München, 1980
Lersch, Ph.: Aufbau der Person, Verlag Johann Ambrosius Barth, München 1970
Mackensen, L.: Gutes Deutsch in Schrift und Rede, C. Bertelsmann Verlag, Gütersloh, 1985
Manekeller, W.: Persönliche Briefe im Geschäftsleben, verlag moderne industrie, München, 1980
Meyer, W., Frohner, J.: Zeitungspraktikum, Verlag R. S. Schulz, 1985
Neumann, R.: Zielwirksam reden, Lexika-Verlag, Grafenau 1/Württ., 1985
Pukas, D.: Verbale Kommunikation, Merkur Verlag, Rinteln, 1976
Rahn-Pfleiderer: Deutsche Spracherziehung, Ausgabe B/VII, Ernst Klett Verlag, Stuttgart, 1975
Reiners, L.: Stilkunst, Verlag C. H. Beck, München, 1979
Ruge, E.: Behördenkorrespondenz, Falken-Verlag, Niederhausen/Ts., 1982
Seibicke, G.: Wie schreibt man gutes Deutsch? Dudenverlag, Mannheim/Wien/Zürich, 1969
Sowinski, B.: Deutsche Stilistik, Fischer Taschenbuch Verlag, Frankfurt/M., 1982
Sowinski, B.: Verstehen und Gestalten (6, 7), R. Oldenburg Verlag, München, 1976 (6, 7)
Süßkind, W.: Vom abc zum Sprachkunstwerk, Deutsche Verlags-Anstalt, Stuttgart, 1953
Schultz, E.: Deutschunterricht in der Erwachsenenbildung, Lexika-Verlag, Grafenau 1/Württ., 1976
Schneider, W.: Wörter machen Leute, R. Piper u. Co. Verlag, München/Zürich, 1976
Schönert, W.: Werbung, die ankommt, verlag moderne industrie, München, 1984
Schwab, V. O.: Anzeigen wirksam texten, verlag moderne industrie, München, 1971

8.7 Bildnachweise

Bild 37: Formale Aufbaumerkmale eines Briefes; Quelle: Der Brief des Kaufmanns, Heyne Verlag, München 1980, S. 13
Bild 39: Bergwacht-Hütte „Walberle"; Foto: Siegfried Weiss, Reuth (b. Forchheim)
Bild 40: Bergsteiger Paul Mauser; Foto: Siegfried Weiss, Reuth
Bild 41: Bergwanderer in der Fränkischen Schweiz; Foto: Gertrud Neumann, Erlangen
Bild 42: Gewitter über dem Schlern; aus: Kalender „Südtirol 1981", Athesiaverlag Bozen; Foto: G. Gasser
Bild 44: Visualisierungs-Methode „Ähnlichkeit"; aus: Vom Wort zum Bild, Wirtschaftsverlag Langen-Müller/Herbig 1982, S. 30 (Auszug)
Bild: Christian Haas, Leichtathlet; aus: Wochenspiegel, Nürnberg 1980;
(S. 383) Foto: Ph. Gerstner
Bild: Emil Zatopeck; aus: Die Olympischen Spiele der Neuzeit, Dortmund 1969, S. 258
(S. 385)

PS
Diese zwei Fotos sind Bestandteile der Facharbeit
„Formt Sport die Persönlichkeit?" (Arbeitsbeispiel, s. S. 381 ff.).